無数のひとりが紡ぐ歴史

日記文化から近現代日本を照射する

田中祐介【編】
Tanaka Yusuke

柿本真代・河内聡子・鬼頭篤史・志良堂正史・竹内瑞穂・堤ひろゆき・徳山倫子・大木志門・西田昌之・大岡響子

明・山田鮎美・島利栄子

Shirado Masafumi
Takeuchi Mizuho
Tsutsumi Hiroyuki
Tokuyama Rinko
Oki Shimon
Nishida Masayuki
Ooka Kyoko
Okawa Shiori
Yoshimi Yoshiaki
Yamada Ayumi
Shima Rieko

文学通信

目次

II　読者を意識した自己の真実性

III 自己を語り直す――日記・私小説・自伝・回想録

Ⅳ 無数のひとりに出会う

Introduction

総論

「日記文化」を掘り下げ、歴史を照射する

田中祐介

明治以降の日本では、近代的な学校教育制度の確立により人々のリテラシー（読み書きの能力）が格段に向上し、無数の人々が自発的・義務的に日記を綴った。本章では本書全体の総論として、①モノとしての日記（日記帳の体裁や生産流通）、②行為としての日記（習慣的に書き綴る営み）③史料としての日記（日記の内容）の三点の視座に即し、近現代日本の「日記文化」を掘り下げ、無数の人々が紡いだ歴史の意味を問うための論点を概観する。

1　はじめに

太平洋戦争末期の一九四五（昭和二〇）年七月一日、米軍の苛烈な空襲により日本各地が焦土と化すなかで、当時一五歳であった高梨とみは真新しいノートに日記を始めるにあたり、次の文言を冒頭に掲げた。

四月十五日　五月二四日　五月二五日
三回にわたって家を焼かれ、東京はほとんど焼け野原と化してしまった。わたくしも相当のものを焼いてしまった。なかでも一番惜しいものは、日記帳だ。ああ、惜しいかな日記帳[注1]

この年の三月一〇日の東京大空襲でも、とみの住む目黒区は被害が少なかったが、四月一五日、五月二四日、五月二五日の三度、各回約二〇〇機のＢ29による空襲の被害は甚大であった。▼注2とみの家も焼かれ、親類の住む千葉県山武郡の東金町に家族疎開を余儀なくされた。目黒女子商業学校に通学していたとみは、東金女子商業学校に転校することになった。

戦火に焼かれた思い出の品はほかにも沢山あったはずであろう。しかしとみが「一番惜しいもの」として挙げるのは、自分が綴った日記帳であった。その悔しさは「ああ、惜しいかな」という慨嘆にも色濃く滲んでいる。焼けてしまった日記帳は、特別高価なものではなかったであろう。しかし白紙の紙面に日記を綴り、記録が蓄積されるほどに、日記帳は自己の歩んだ道を言葉に留めた唯一無二の記念となる。過去の日記帳を手に取り、読み返せば、懐かしい過去の自分、しかし現在の自分とはどこか違う他者としての自分に出会い、対話することもできよう。日記帳の焼失は、これまで歩み、留めた人生の記録の一部を失い、過去の自分に再会する扉が閉ざされたことを意味する。だからこそ戦火により日記帳を焼かれたことが、ほかの何よりも惜しまれたのだと言える。

日記は書き手が過去を生きた証であり、個人が紡いだ一箇の歴史にほかならない。とみが「惜しいかな」と綴った紙面の裏面には「落着いて私の人生再出発の日記第一頁を此処に記す」と記された。喪失からの再出発となった日記は以後半世紀にわたり書き続けられ、その大部分は後年とみの意思により「女性の日記から学ぶ会」（千葉県八千代市）に寄贈された。▼注3会員有志の読み解きにより、日記に綴られた過去の言葉は新たな読者を得て、書き手が生き、紡いだ歴史は現在に繋がり、更に未来へと継承されてゆく。

明治以降の日本では、近代的な学校教育制度の確立により、人々のリテラシー（読み書きの能力）が格段に向上した。日記は自発的な習慣として、あるいは学校教育や軍隊教育で義務化されたことで、無数の人々が書き綴る行為を実践する媒体となった。日記執筆の需要が高まると、書き手の属性や用途に応じた多種多様なモノとしての日記帳が考案され、出版文化が隆盛した。書き終えたあとも長く保管された日記は、とみの場合のように後世に新たな

読者を得て、近年特に個人の経験から歴史を照らす貴重な史料として注目されることも少なくない。[注4]

本書では前著『日記文化から近代日本を問う――人々はいかに書き、書かされ、書き遺してきたか』（笠間書院、二〇一七年）以降の研究成果を踏まえ、書記文化史の観点から明治以降の日本の「日記文化」を主題とし、無数の人々が紡いだ歴史の意味を問う。「日記文化」の研究では、日常的に書き綴る営みを多角的に考察するために、①モノとしての日記（日記帳の体裁や生産流通）、②行為としての日記（習慣的に書き綴る営み）③史料としての日記（日記の内容）の三点の視座を重視する。全四部で構成する本書の総論となる本章では、以下の各節でモノ・行為・史料の視座それぞれに即し、「日記文化」を掘り下げるための論点を概観することとしたい。

2　モノとしての日記・家計簿・手帳の文化史を紐解く

モノとしての日記・家計簿・手帳の生産流通や多様化の歴史は、その数的質的な変遷を時系列に記述するにとどまらない。それは書くことを求めた人々の欲望の歴史を紐解き、人々に書くことを要請した社会的・国家的規範の反映の歴史を問うことでもある。本書の第Ⅰ部「モノとしての日記・家計簿・手帳の文化史」ではこの主題を掘り下げる。

出版文化の展開と隆盛

近代日本の日記帳出版の歴史は、大蔵省印刷局が製作した一八八〇（明治一三）年用の『懐中日記』『当用日記簿』に始まる。[注5]一八九〇年代になると民間事業者からの商品も現れるようになり、一八九五（明治二八）年に博文館が市場参入したことが決定的な画期となった。[注6]博文館はこの年に印刷局の判型に倣いながら品質を高めた『懐中日記』を、翌一八九六（明治二九）年には上製並製二種の『当用日記』を刊行する。以後、『懐中日記』『当用日記』は博文館の日記帳出版の主力商品となり、大中小の多様な判型と装幀に展開された。他社も続々と参入し、多種多様な日記帳の出版文化が生まれることになる。

どのような日記帳が商品として生まれ、流通するかは、潜在的な書き手の需要に由来するとともに、日記を綴る当事者に対するその時代の社会的・国家的要請が深く関わっている。一九〇〇（明治三三）年前後になると、学校教育では夏季休暇中の児童の生活管理のために日記が利用されるようになった（本書第Ⅰ部1章、柿本真代）。それからまもなくその用途に特化した市販の夏季休暇日誌が現れるようになり、博文館からも一九〇七（明治四〇）年に『夏季休暇　小学生日誌』が商品化された。

二〇世紀初頭は、家計簿記帳が女性の役割であるという意識が徐々に社会に広がる時期でもある。羽仁（はに）もと子編『家計簿』（内外出版社、一九〇四年）の出版を画期とする家計簿の商品化により、妻が家計全体を把握するという性役割の意識が、一部の高等教育を受けた女子にとどまらずに浸透してゆく（第Ⅰ部2章、河内聡子）。市販の家計簿の登場に対抗して、博文館は一九〇六（明治三九）年に『家庭日記』を新刊した。広告では「最も進歩せる最も有趣味なる日記」と謳われ、「在来の日記的家計簿とは全然其趣向を異に」する商品として差異化が図られた。[注7]以後、『家庭日記』は博文館の女性用日記として定番化する。

各社から出版される女性用の日記帳も多様化した。『少女日記』『女学生日記』『令嬢日記』『主婦日記』『婦人日記』などが続々と現れ、一九二八（昭和三）年末には女性用の日記帳の種類は男性用より多いと報じられるほどであった。[注8]その際、特に婦人用の日記は「以前は家庭日記一冊あれば」事足りたところ、「今は用途によつて専門的に書き込まねばならない様に」なり、「四五年後には一人の主婦が三四冊も日記帳を備へねばならない時代になりさう」と予想された。家計を司る主婦であり、夫の妻であり子の母であることを求められた女性の多重的な役割に応じた日記帳の使い分けが想定されたと言えよう。モノとしての女性用の日記帳の多様化は、女性に家庭内の性役割を負わせた近代日本のジェンダー規範を強く反映している。

各社からは教育段階、社会的立場、思想信条、趣味嗜好などに応じた多種多様な日記帳が出版された。日記帳出版は年末恒例の一大市場となり、新聞広告からもその活況が窺える（❶）。市販の日記帳の流通は国内にとどまらず、「外地」や戦場にまで広がった。▼注9

近代日本の日記帳出版が最盛期を迎えたのは一九三六（昭和一一）年であると言える。翌年用の日記帳は二〇数社の出版社から三〇〇種類以上、すなわち「一年の日の数よりもまだ多い」種類の日記帳が刊行されたという。▼注10 博文館刊行の日記も『当用日記』『新当用日記』『重宝日記 自由記入式』『ポケット日記』『懐中日記』『婦女日記』を軸とした計三六種類が刊行された。▼注11

❶『讀賣新聞』（1930 年 11 月 25 日、朝刊、7 頁）の日記帳広告

ところが翌一九三七（昭和一二）年になると、日記帳の出版点数は減少に転じる。その原因は同年七月に生じた盧溝橋事件を発端とする日中戦争の勃発であった。同年九月には戦時統制法規である輸出入品等臨時措置法が公布され、紙原料であるパルプの輸入制限により紙の国内価格は高騰した。▼注12 日記帳の出版点数もこの「紙飢饉」により顕著に減少し、東京堂取扱いの商品に限定しても前年より二八種類少ない二一二種類となり、価格も一割上昇した。▼注13

同時期に現れた国民精神総動員運動、および国家総動員法（一九三八年四月公布）により戦時体制が急速に整えられると、日記帳出版にもその影響が顕著になった。一九三八年末の新聞記事では見出しに「質素で行かう」

質素で行かう
來年の日記帳
金箔や革の豪華版なく
西暦年號も消ゆ

街に門松の走りが現れる頃になると、本屋の店頭に堆高く積まれた來年の日記類もボツボツ賣れ初める。今年は戰捷に明ける新春の香りを一日も早く嗅いでみたいと云ふ人情からか、例年より十日は

早目に賣れ初めたといふ話である。

處が非常時の影響は爭へず、用紙の制限から二流以下の出版元の日記類は略一割高、一流社も増刷廢止といふ建前だし、革が手に入らない關係から革装の豪華版日記は姿を消し、金箔の使用不能から頁

❷『東京朝日新聞』1938年12月15日、朝刊、6頁

と掲げられた（❷）。同記事によれば物資制限により革装の豪華版は姿は消し、金箔を掃いた天金仕様もなくなった。東京堂取扱いの日記帳は前年からさらに二五種を減じた一八七種類となり、翌年以降の日記では西暦年号が廃止されることも決まった。日記帳出版にも「非常時の影響」が拭えなくなり、「日記も戦時体制」を迎えたと同記事は語る。

一九四一（昭和一六）年一二月に太平洋戦争に突入したのちも、日記帳出版は規模を縮小しながら存続した。しかし紙資源が極端に不足した戦争末期から敗戦後の一九四八（昭和二三）年ごろまでは、新刊の日記帳の入手は困難になったという。[▼注14]

その状況下でも人々は古い日記帳を購い、あるいは手持ちのノートや手帳を代用して日記を綴った。

敗戦からの復興に伴い紙の供給が回復すると、日記帳出版も徐々に息を吹き返した。一九五九（昭和三四）年末には「十数社にのぼる出版社が思い思いの工夫」を競い、「日記帳から手帳まで含めて、毎年百五十何部から二百万部が店頭に出回る」と出版の活況が報じられた。[▼注15] 戦後の価値観の変動を反映するように、同時期の新聞投書には「人工衛星が飛び、大陸間弾道弾が完成されるという科学万能の世の中」にあって、六曜や日毎の運勢といった「非科学的な迷信」が依然として日記帳に記載されることを憤る声もあった。[▼注16]

戦後日本の日記帳市場の再興とともに急成長したのは、主としてサラリーマンに向けた手帳出版である。一九六六（昭和四一）年末の新聞記事「手帳と日記の季節」には「手帳、日記類を出している出版社は約七十、種類も約二百七十種にのぼる」とあり、高度経済成長下における日記帳出版の再興が窺える（❸）。しかし記事中で

日記より先に紙面を割いて紹介されるのは手帳であった。その筆頭に挙がる「ビジネスマンを対象にした」日本能率協会『能率手帳』（一九四九年誕生、一九五八年市販開始）について、「こうしたものに人気が集まるのも、それだけ毎日の生活があわただしくなってきたのでしょう」という書店員の声が紹介されている。当時、サラリーマンの間には「手帳文化」が醸成されつつあり、一九六〇年代後半になると情報整理学の文脈で手帳が論じられた（第Ⅰ部3章、鬼頭篤史）。日記帳の文化の再興も及ばぬ勢いで、以後は手帳の出版文化が急成長することになる。

家庭
手帳と日記の季節
その種類と利用法
楽しく役立つ趣味別
若い女性にカギつきも

❸『朝日新聞』1966年11月24日、朝刊、11頁

さらに時代を下り、インターネット上のブログやSNS等が発達すると、日々の生活記録や自己の内面を綴る媒体の「紙離れ」が進んだと言われる。それでもモノとしての手帳文化は依然として健在であり、毎年各社からガイドブックの類が出版される。[▼注17] 手帳と並んで紙の日記帳が毎年末に店頭に並ぶ光景は今日でも見られ、汎用ノートに日記を綴る人々も少なくない。二〇二〇（令和二）年四月には「日記を書くこと、読むこと、それぞれの魅力をひろめていく」ことを謳った日記の専門書店「日記屋 月日」（tsukihi.stores.jp）が開店し、新たな可能性を開こうとしている。

二〇一四（平成二六）年には、他人が書いた手帳を買い取り蒐集する「手帳類プロジェクト」（techorui.jp）が発足し、二〇一八（平成三〇）年には集められた約一五〇〇冊の手帳や日記の一部を閲覧できる「手帳類図書室」が開室した（第Ⅰ部4章、志良堂正史）。個人の記録を収めたモノは、持ち主の手を離れて予期せぬ読者を得ることで新たなテクストとしての意味を帯びる。「手帳類プロジェクト」の試みは、二〇二一（令和三）年に設立二五周年を迎えた「女性の日記から学ぶ会」の活動とも共鳴しながら、今後さらに展開することが見込まれる（第Ⅳ部15章、島利栄子・志良堂正史）。

書き手に自由と不自由をもたらす枠組み

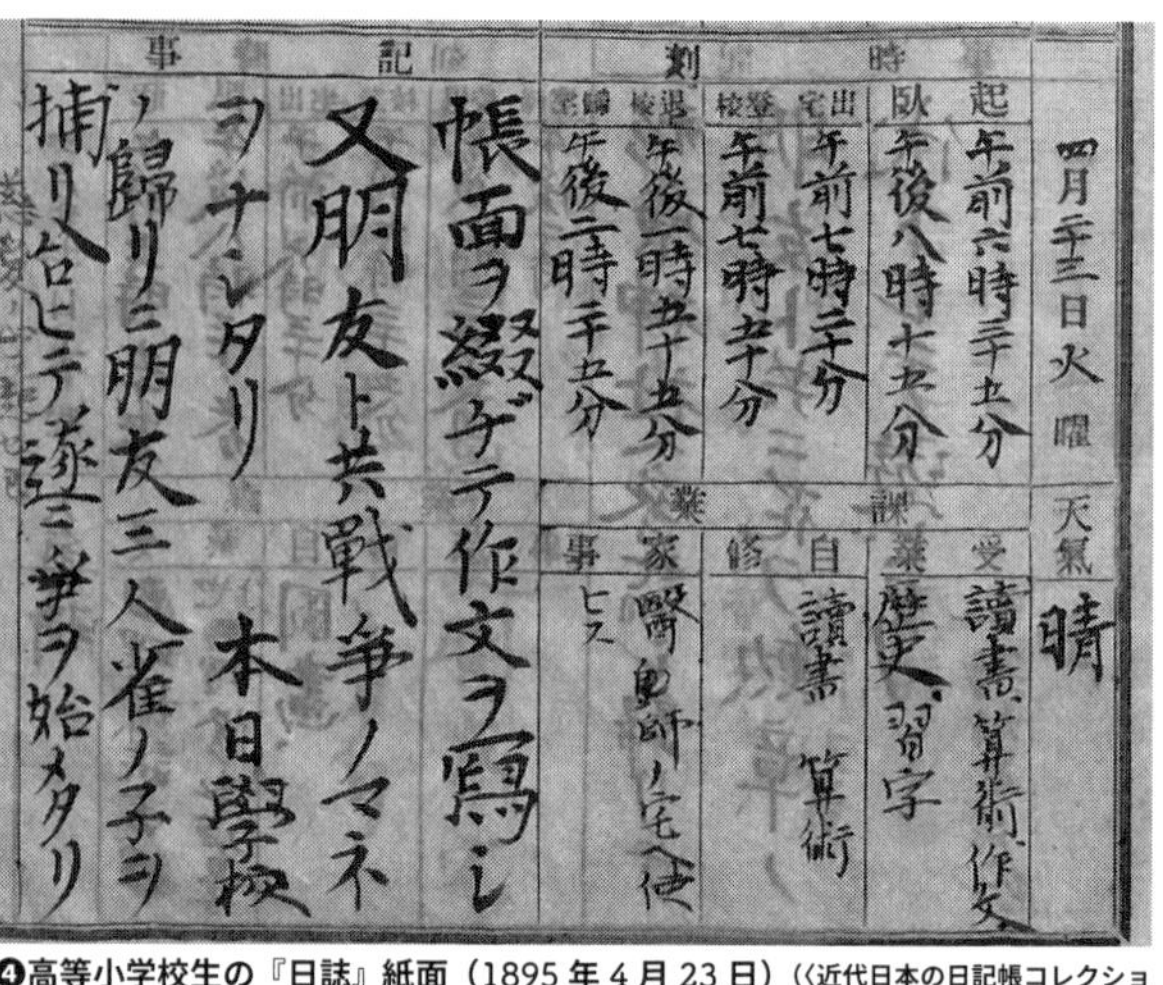

❹高等小学校生の『日誌』紙面（1895年4月23日）（〈近代日本の日記帳コレクション〉7-1）

多くの市販の日記帳・家計簿・手帳の紙面は罫線により分割され、紙面欄外や巻末には読者に有益であるべき情報が掲載される。博文館の『当用日記』を例に取っても、紙面には日付、曜日、天候などの基本的項目、欄外には古今東西の名言や、過去のその日に起きた歴史的事件などの教養的知識が日ごとに記される。巻末には生活に役立つ情報を満載した付録がつく。

市販の商品の宿命として、他社製品との差異化を図って商品価値を高めるべく、製作者側の工夫が重ねられた。そのため時には、『家計簿』を編纂した羽仁もと子と『主婦用会計帳』を編纂した嘉悦孝子とのあいだに交わされたように、相互の商品の独自性をめぐる論争が生じることもあった（第Ⅰ部2章、河内聡子）。

日記帳の紙面は書き手に自己を綴る自由な空間を提供する一方で、罫線の編成により書くべき事項を要請し、書き手の自由を制約する。一例として、福田秀一（ひでいち）（国文学研究資料館名誉教授・国際基督教大学元教授）が蒐集した計四九二冊の手書きの日記帳（〈近代日本の日記帳コレクション〉）[注18]の一冊である一八九五（明治二八）年の高等小学校生徒の日記[注19]は、教員への提出用日記であり、点検印やコメントも散見される早い事例である。紙面は罫線で分割され、日記の内容を記すべき「記事」と並んで「時刻」欄が設けられ「起」「臥」「出宅」「登校」「退校」「帰宅」に細分化された項目に時刻を記すことが求められる（❹）。細かな時刻の記載により、子どもに分単位で厳守すべき近代的な時間意識を養成するとともに[注20]、規律ある生活態度が取れているかを教員側で把握する狙いもあったと思われる。

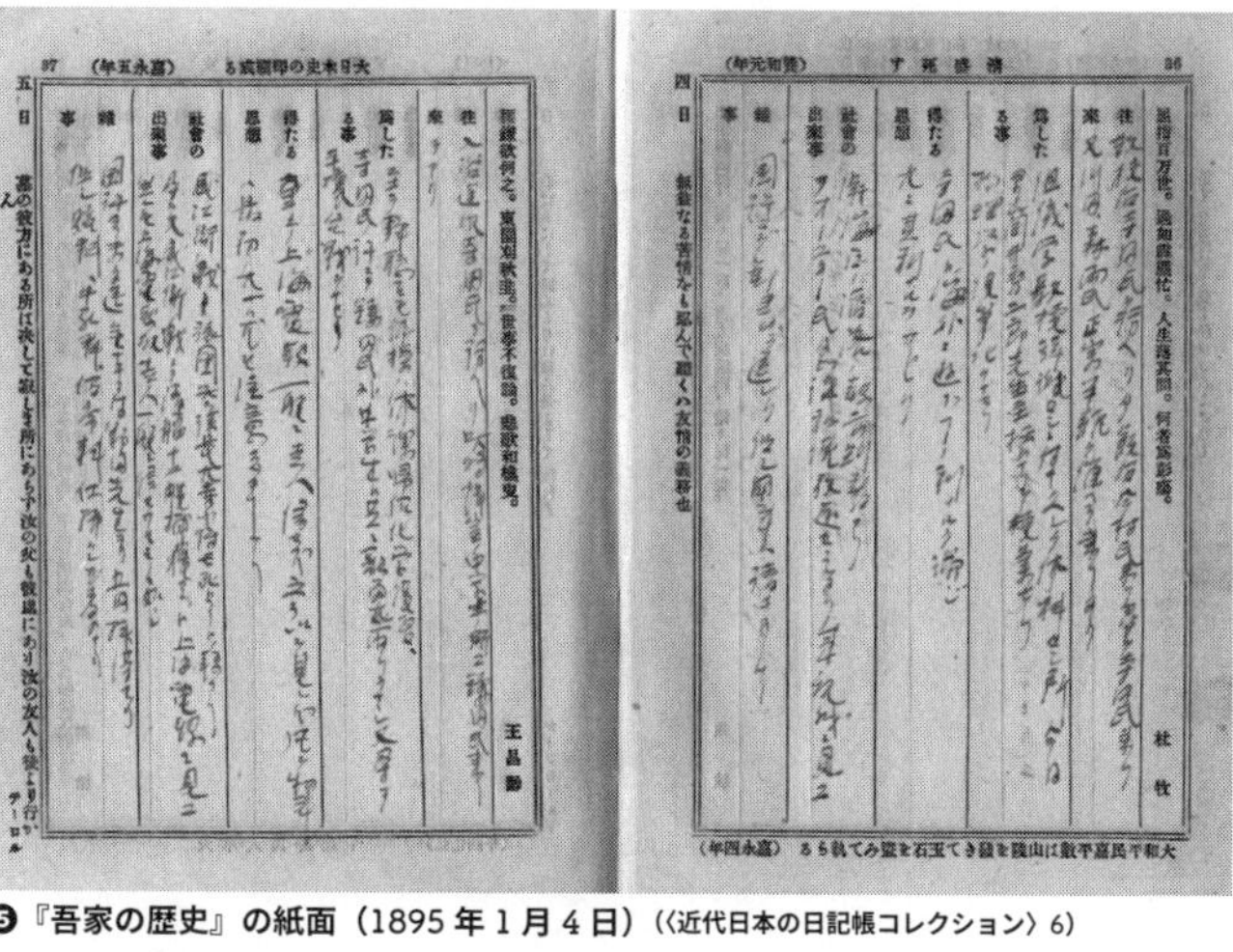
❺『吾家の歴史』の紙面（1895年1月4日）（〈近代日本の日記帳コレクション〉6）

日記帳出版の草創期には、独特な枠組みをもつ日記帳も製作された。博文館が市場参入する三年前の一八九二（明治二五）年、キリスト教関係の出版を手がける警醒社が創刊した『吾家の歴史』の日記欄は「往来」「為したる事」「得たる思想」「社会の出来事」「雑事」に区分される。巻頭言によれば、この珍しい紙面構成は、買い物や友人来訪など些細な日常の出来事の記録にとどまらず、自己の思考を紙面に留め、社会にも目を向けるようにとの製作者の意図によるものであった。

しかし実際に使用された紙面を見ても、菊半裁（四六九ミリ×六三六ミリ）の小型本の各欄は窮屈そうであり、狙いがどれほど成功したかは疑わしい（❺）[注21]。『吾家の歴史』の不便さは販売当時から指摘されており「複雑な毎日の出来事を斯う一々区別して記入する事が果して続くや否や覚束ない〔中略〕小形本で狭い紙面を又五側に割つたから一寸した事も書切れぬ程狭くなつて居る」[注22]と難色が示された。このように製作者の思惑により書き手の自由が損なわれる事例は、学校教育で導入された夏季休暇日誌にも見られた（第I部1章、柿本真代）。

紙面の枠組みが制約となり、書き手がより自由な書記空間を求めた結果として生まれたのが、情報を極力減らし、日付の記載も無くして一日一頁の限界を取り払った『自由日記』の類であったと言える。大正デモクラシーの只中にあたる一九一九（大正八）年に現れた『自由日記』（至誠堂）の広告では「一切の指定と制限」を廃した新機軸が強調され、「自由解放の声喧しき今日」において「覚醒したる者は、何を措きてもこの自由日記を求めざる可らず」と謳われた。[注23]

白紙の紙面は書き手を制約から解放するのみならず、書記空間を主体的に編成する欲望を刺激する。戦後サラリーマンの「手帳文化」においては、情報整理を「能率」的におこなうために、無地の紙面を自分なりにカスタマイズするという工夫の言説が現れた（第I部3章、鬼頭篤史）。

枠組みの制約から逃れ、完全に近い自由な書記空間を獲得する方法は、無地の、あるいはそれに準ずる罫線ノートを利用することであろう。先述した「手帳類プロジェクト」が所蔵するA４ノートの日記を例にとれば、広々とした紙面を贅沢に使って綴られるのは、

12/3（日）ＣＤラジカセ　ブッこわれた。

というたった一文で完結する日記である（❻）。翌日以降の日記を綴るための余白も存分にありながら、

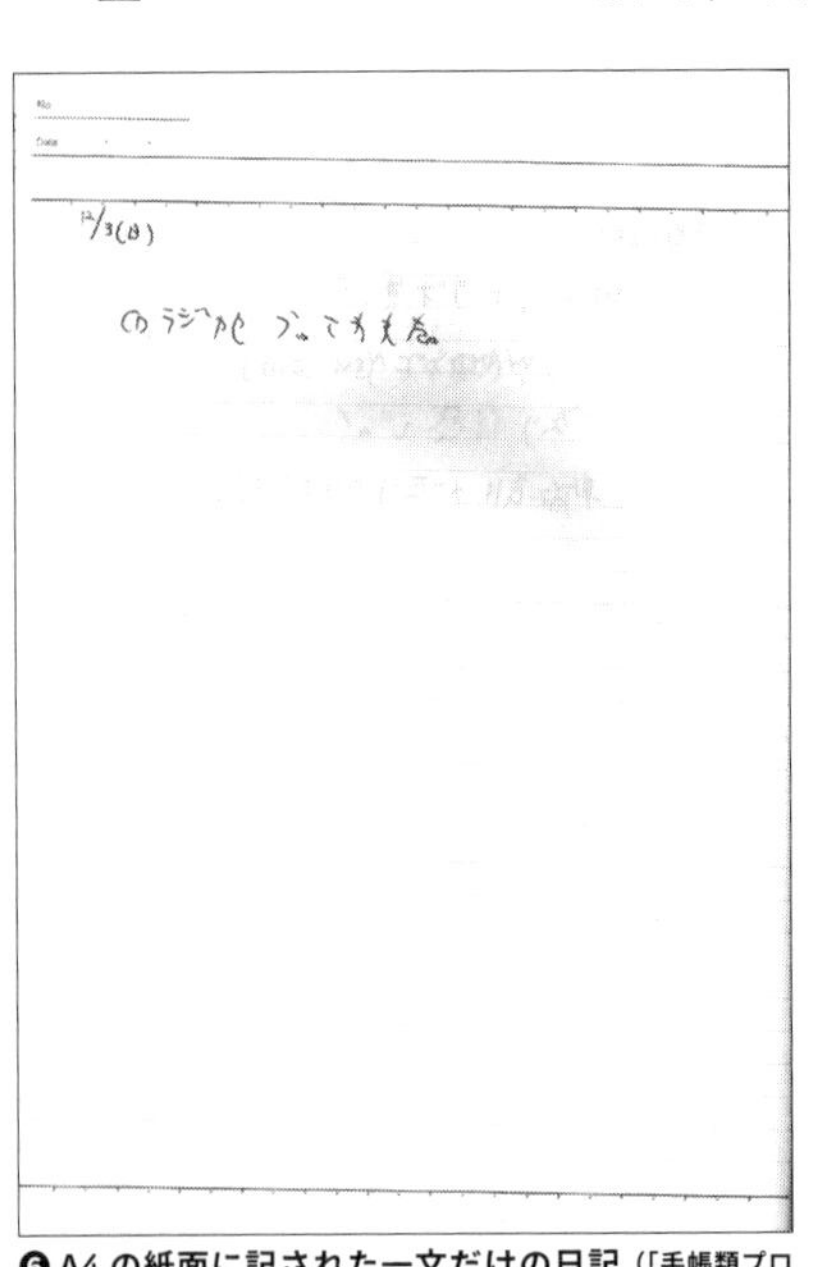

❻ A4の紙面に記された一文だけの日記（「手帳類プロジェクト」所蔵）

書き手はそうすることを望まなかった。その理由を尋ねたとして、恐らく客観的な回答は得難いであろう。合理性のある理由を伴わない自由な紙面の使用法こそ、書き手の欲望のままに綴る空間の利点を最大限に活かしたものと言える。ちなみにこの紙面を裏返すと、そこにも同じ要領でただ一文、「12/4（月）どうやら新しいのを買わんといかん。」と記される。

以上、本節では人々の欲望と社会的・国家的規範を反映したモノとしての日記帳・家計簿・手帳の歴史と文化を概観した。次節ではそのモノを利用して書き手が自己を書き綴る習慣、すなわち行為としての日記に視点を移したい。

3　行為としての日記――虚飾のない自己を綴るという制度

一八七二（明治五）年の学制発布後、近代教育制度が整備される過程で、日記は作文教育の一環として学校教育に導入された。早くは戸城傳七郎『作文教授書』（東京教育社、一八八九年）が児童に毎週日曜日の出来事を記す「日誌」の活用を説き、[注24]日記指導を取り上げた初の作文指導書と見なされる高橋省三編『幼年文範』（学齢館、一八九〇年）は「少年の文を学ぶには、日記を作ること何より大切なることなり」[注25]とその効用を説いた。高橋の著作では、旧来の型式模倣の修辞的作文ではない「ありのまゝに写す」[注26]ような写実主義的な文章作法を掲げており、そのために「最も実地の通りに書く」[注27]べき日記指導も重視されたと思われる。[注28]以後、日々の出来事を綴る日記は作文教育の一環であると同時に、家庭生活の様子を教員が把握し、指導するための手段として学校教育に浸透する。[注29]

明治末期から大正期にかけて作文教育全体に「実在から離れた文章を書くことから、書き手の内面を自己表現することへの転換」[注30]が生じると、日記指導の言説にも変化が現れた。赤裸々な告白を重んずる自然主義文学の影響も次第に強まる状況において、一九一〇（明治四三）年に現れた小林愛雄（あいゆう）編『日記新文範』（新潮社）では、日記文には「赤裸々な作者の姿」が浮かぶものであり、「何処までも自己を中心として」「ありのまゝで、虚飾を混へてはならぬ」と諭された。[注31] この考えは大正以降にも受け継がれ、一九二〇（大正九）年刊行の友納友次郎（とものうともじろう）『尋常小学綴方教授書（第三学年前期用）』（目黒書店）では、「日記文は児童の偽らない告白」であり、「その赤裸々な記述の中には一種の貴い或もの、伏在を認める」と位置づけられた。[注32] このようにして、日記は虚偽虚飾のない赤裸々な自己の内面を習慣的に綴るべき行為として定着してゆく。

読者を意識してはならない

日記が赤裸々な自己の内面を綴る行為であるならば、その秘密を守るために、誰にも見せない私的な自己語りの空間を確保することが必須となる。しかし近代日本の日記をめぐる言説において、日記はたとえ他者が読む場合でも虚飾のない自己の真実を綴るべき媒体として、独特に論理づけられることになった。

例えば文芸批評家の本間久雄が一九一八（大正七）年に著した『日記文の書き方』（止善堂書店）は、日記とは「人格修養」のために「多大の利益あるもの」と説く。[注33] 日記を綴るにあたり、「人に見られては困ると云ふやうな愚かな臆病な考へ」[注34]は一掃しなくてはならない。日記とは「一個の曇りなき澄み切つた鏡」であり、そこに映るべきは「偽らざる、飾りなき自己の本体」である。[注35] いわば「作者の生活そのもの、人格そのもの」[注36]である日記の執筆と反省を不断に反復する取り組みが「人格修養」になると考えられたのである。

興味深いことに、本間がこの立場から推奨するのは「親しい友人同志の間で、互ひに日記を見せ合ふ」ことであった。[注37]

そして最も真実に近い生活を日記を通して語らせる。さうすることは、やがて、人格的に接触させるに都合の好い手段ともなるし、また深い理解を齎らせることになるのである。それと、まだ外にあげねばならぬことが

ある。即ち、日記に現はれた生活――思想なり、考へ方なり――を批評し合ふことである。[注38]

常日頃から「最も真実に近い生活」を送り、日記に綴るならば、他者にその内容を開示しても何ら恥ずることはない。のみならず他者の「批評」は書き手自身の反省以上に有益な「人格修養」になるであろう。「一個の曇りなき澄み切つた鏡」であるべき日記の理想は、ここでは裏表のない人格ゆえに外に示す自己と内に秘めた自己が完全に一致することを意味し、他者の眼差しに左右される余地はないのである。

しかし、書き手は日記を見せる相手の存在を意識しないはずがなかった。国文学者、国語教育学者の西尾実(みのる)は、一九二九(昭和四)年刊行の自著『国語国文の教育』(古今書院)において、東京の高等女学校での教師時代(筆者注、淑徳高等女学校、一九一六年―一九一八年)[注39]のみずからの日記指導を振り返っている。西尾は生徒である少女たちに対して「日記は偽らざる自己告白」であり、「決して他人に見せるといふ意識で書かれるべきものではない」と説いたという。[注40]

西尾は綴った日記の全部の提出を要求せず、「見せて差支のない部分」だけを提出するよう求めた。しかしそれでも少女たちは、自分の日記が年上の異性である教員に読まれることを強烈に意識せざるを得なかった。西尾は「ある時私は通りすがりの廊下で、階段の蔭にひそかに何か読んでゐる一生徒を発見」したが、その生徒は返却された日記の「私の朱書きした批評」を隠れて読んでいたと語る。[注41]

長い間私は、作文に於ては生徒たちが、評点を離れた気持で、真の文を書くやうに育て得たと思つてゐた。しかし今考えれば、それは思ひ上りであつた。彼等の関心は、評点の代りに、私の朱書する「読後感想」にあつたのである。[注42]

「真の文を書くやうに育て得た」と信じた生徒の関心が西尾の「読後感想」にあったことで、西尾は「自己満足」が打ち砕かれたと述べる。[注43] 読者の眼差しに対する書き手の自意識への過小評価が生じたのは、それだけ日記は読者を意識しない「偽らざる自己告白」であるべきという前提が強固にあったからと言えよう。

軍隊教育での日記指導――「戦死セル後人カラ何トイハレタツテソレガ何ダ！」

軍隊における日記指導でも、読者を意識せずに虚飾のない自己を綴ることが要求された。その事例として、陸軍戸山学校生徒の青年が北満洲の南孫呉での軍隊生活を綴った日記（一九四二年七月二〇日から九月一九日まで）を見てみよう。[注44] 日記の紙面には頻繁に教官の点検印が捺され、日記に対する赤字の書き込みも目立つ。

書き手の青年は「日記ハ自己ノ反省ノ歴史、向上ノ跡ナリ」「心ニモナキ事ヲ述ブルハ不可ナリ」（一九四二年九月一日）と心掛けるが、過去に日記の内容が原因で懲罰を受け、以後はそのような事がないように留意したことで、日記が次第に「形式的ノモノ」になったという。

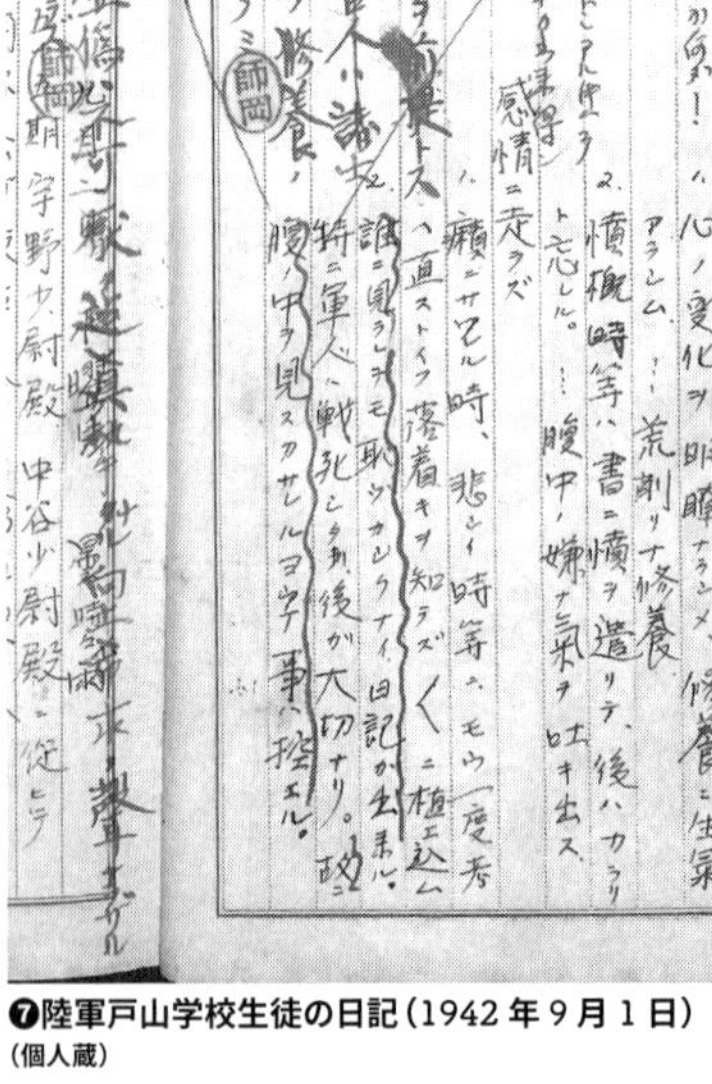

❼陸軍戸山学校生徒の日記（1942 年 9 月 1 日）
（個人蔵）

青年は「奔放ニ走ラントスル心」をそのまま記さず、内容を整えて綴るようになった結果、「何トナク物足ラヌ気」に駆られたのであった。しかし続けて青年は、高揚した感情をそのまま綴らずに「モウ一度考へ直ストイフ落着キ」を習慣づけることで「誰ニ見ラレテモ恥ヅカシクナイ日記ガ出来ル。特ニ軍人ハ戦死シタ後ガ大切ナリ」と今後の心構えを書き記す。つまり時間を置いて感情の発露を調整することで、読者に見せても恥ずかしくない自己の姿を死後にも留めようと考えたのである。

しかし虚飾のない自己を綴るという原則から外れたこの発想は、日記を点検する教官からの叱責を浴びることになる。教官は日記の該当箇所に波線を引き、「戦死セル後人カラ何トイハレタツテソレガ何ダ！」「人ニ見スルコトヲ前提トスベカラズ唯々吾人ハ諸士ノ精神ヲ見テ修養ノ方向ヲ与ヘンノミ」「不同意　虚偽ハ不可厭迨（あくまで）真摯ナル向上希求ノ聲（こえ）ナラザルベカラズ」と荒々しい調子で記した（❼）。日記は人に見せることを前提とせずに虚偽のない「真摯ナル向上希求」の声をこそ記すべきであるのに、「戦死セル後」の読者の眼差しを意識して「誰ニ見ラレテモ恥ヅカシクナイ日記」を綴ろうとする態度を戒めたのである。

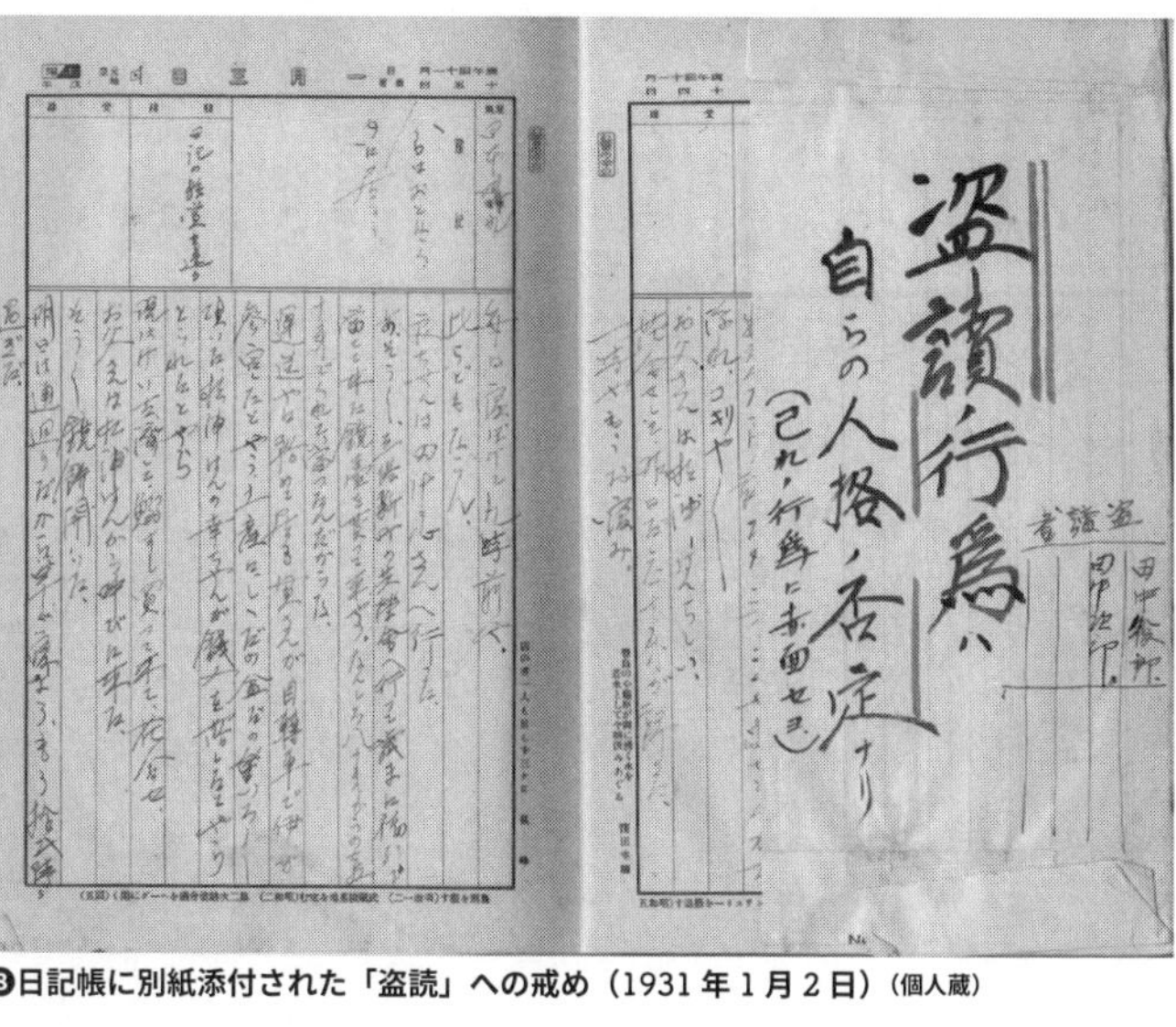

❽日記帳に別紙添付された「盗読」への戒め（1931年1月2日）（個人蔵）

読者を忌避し、あるいは架空に設定する

日記が赤裸々な自己を綴るという一種の秘密告白であっただけに、許可なく他者の日記を読む「盗読」[▼注45]行為には強烈な嫌悪が示された。一九三一（昭和六）年に綴られた職業人の男性の日記では、自分の日記が盗み読まれたことに気づいたのであろう、元日の日記紙面の左半分を別紙で覆い、「盗読スルハ自からの修養足ラザルヲ人に告白セルニ近シ」と警鐘を鳴らす。この別紙は日記の頁の裏面にまでわたり、そこにも「盗読ノ行為ハ自らの人格ノ否定ナリ（己れノ行為に赤面セヨ）」という訓戒の言を記し、その脇には「盗読者」の氏名記入欄が設けられた

（❽）。先述したように日記は「人格修養」の媒体でもあるがゆえに、「盗読」は修養不足の証であり、人格を毀損する行為であるとみなされたのである。

一方で、秘匿すべき日記でも書き手みずからが積極的に架空の読者や聞き手を設定することもある。著名な『アンネの日記』の書き手であるアンネ・フランクが自身の日記に「キティ」と名付けたように、日記を擬人化して対話相手と見なす事例は、時代を下って「手帳類プロジェクト」が保有する日記（一九九四年一一月三〇日）に見出せる（❾）。

> この日記は、ほんとうになんでも話せる友人だと思う。ぜったいに人にばらさない。こーやって、かいてきたものは、もちろん本心だけど、心の中のなにもかもを洗いざらいさらけだしたわけじゃない。自分でも全部の心の中はわからない。これからも、日記をかきつづけ、少しでも、はかりしれない心の中を少しずつ、かいていきたいと思う。

❾擬人化した日記帳との対話（「手帳類プロジェクト」所蔵の日記より）

自己の「本心」の秘密を完全に守る良き友人の前では、他人の前では決して言えない事柄も吐露することができよう。自己を脅かさない理想の他者への秘密告白は、安全な空間で書き手が自分の「本心」を客体化して見つめる自己内対話の実践に限りなく近い。書き手自身が述べるように、紙面に表出される「本心」は心の中の全体ではなく、その奥底は書き手にも「はかりしれない」ものである。したがって、対話を通じて自己を発見し探求する旅路にも終わりはない。

読者を意識した自己演出としての日記

本節で確認したように、日記は学校教育や軍隊教育において虚飾のない自己を赤裸々に綴るべき行為として指導されたのみならず、具体的な読者が存在する場合でも、決して他人に見せることを想定してはならない――いわば「見られているのに見られていないふりをする」[注46]約束事で成立する独特な制度として定着した。しかしいくら指導する側がそう求めても、点検者という具体的な読者がいる以上、書き手がその眼差しを意識せずに自己を綴ることは極めて困難であった。

しかしさらに言えば、たとえ具体的な読者がただちにいない場合でも、日記の書き手は他者の眼差しから逃れることはできない。日記とは、現在の自己が過去の自己を未来の自己に読まれることを想定して綴るという重層的な自己表象の空間である。どれほど他人に見られないよう秘匿した日記でも、日記を読み返す未来の自己を無意識にでも念頭に置く限り、それは紛れもない読者であり、現在の自己とは異なる他者である。この意味において、読者を想定しない日記はない。

読者の眼差しを意識する限りにおいて、日記の書き手は綴る出来事や感情を取捨選択して「見られても良い自己」「見せたい自己」を演出する。その過程において、時に誇張や虚構の導入が伴う可能性もあろう。事実性と真実性が期待される日記は、実のところは潜在的な読者を意識した自己演出の書記空間でもある。

以上を踏まえ、次節では読者を想定した自己表象に働く規範化と逸脱の力学について検討しておきたい。

4　自己表象に働く規範化と逸脱の力学

日記の書き手が読者の眼差しを意識することは、同時にその読者が体現する社会的・国家的規範を意識することでもある。書き手が真面目であるほどに、意識的・無意識的にその規範に順応した自己の姿を日記に綴ることになる。そのような自己を反復的に綴ることで、規範はいつしか書き手に内面化され、書き手の「本心」となる場合がある。

教育装置としての日記による内面の規範化

例えば戦時下に女学生であった芹沢茂登子は、戦後約三〇年を経て当時の日記を再読し、自分の「軍国少女」ぶりに驚いたという。

当時の日記は先生に提出していた。その制約は意識下にあったとは思うが、兵隊さんの手紙の検閲とは異なり、時折感想が一行書いてあるだけのもので、先生からのしめつけは感じられなかった。だから、私自身心にもないことを書いたとは思えない。しかし、やはりそこには「期待にこたえる学徒であらねば」という意識が働いていたはずで、建前的にその思いで生きているうちに、心底そう思ってしまうということになってしまったのではないだろうか。[▼注47]

点検者の眼差しは、少女が従うべき社会的・国家的規範を体現する。期待に応えるためにその規範に適った振舞いを心がけ、毎日の日記に綴ることで、規範はいつしか内面化され、「心底そう思ってしまう」ような少女の本心そのものになりうるのである。

軍人育成のための日記指導では、点検者による日常的な叱責と暴力により規範を内面化させることも少なくなかった。多米田宏司（陸軍士官学校第五五期）は士官学校時代を回顧し、「日記なんかの場合、自分の思ったとおりを書いて、たまたま軍人精神に合致していない場合は怒られる」[▼注48]と語った。しかも上官からは裏表のない「淡泊」さを身につけることを期待されたために、本来は書くべきでないことを素直に書いて叱責されるのは、自分が「淡泊」

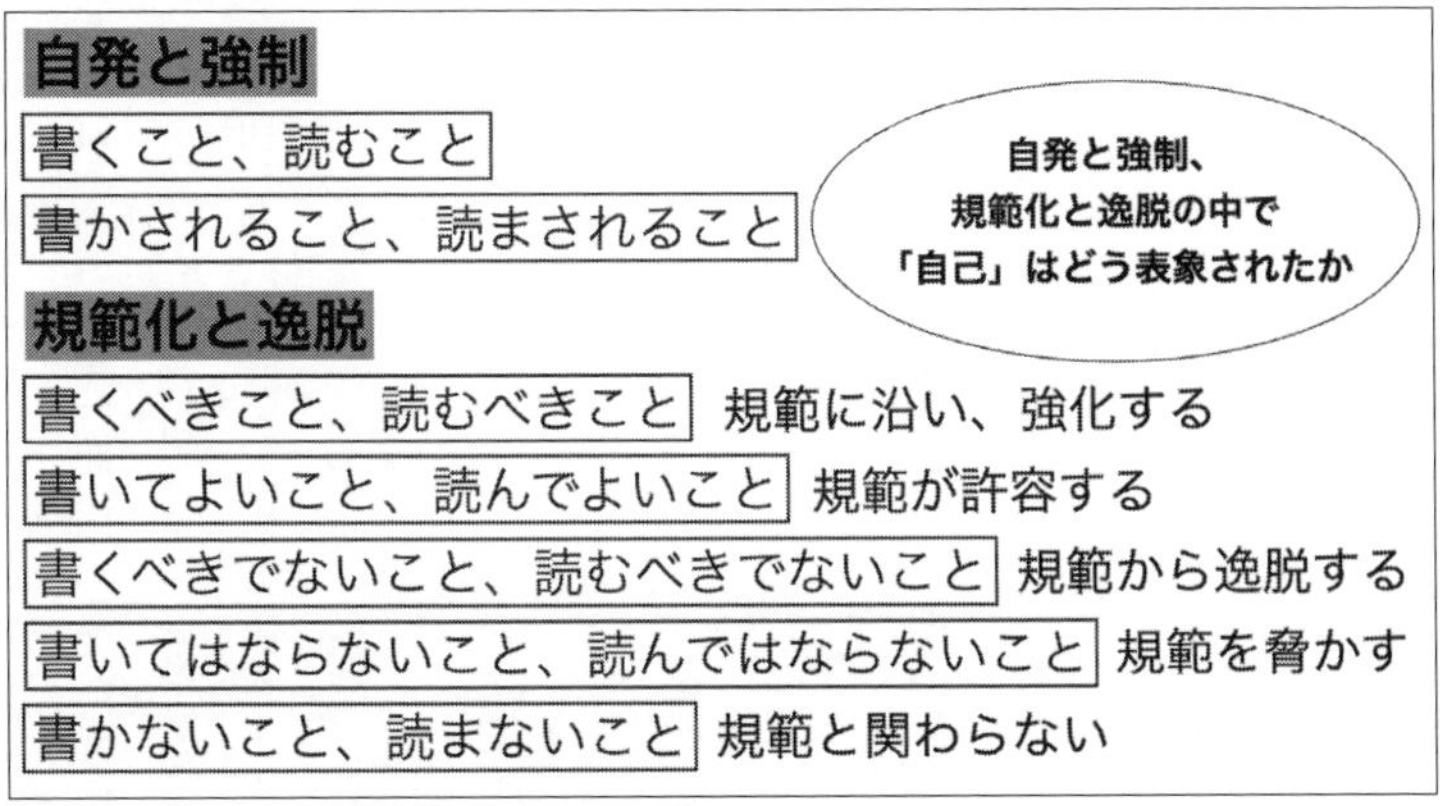

自発と強制

書くこと、読むこと
書かされること、読まされること

規範化と逸脱

書くべきこと、読むべきこと　規範に沿い、強化する
書いてよいこと、読んでよいこと　規範が許容する
書くべきでないこと、読むべきでないこと　規範から逸脱する
書いてはならないこと、読んではならないこと　規範を脅かす
書かないこと、読まないこと　規範と関わらない

自発と強制、規範化と逸脱の中で「自己」はどう表象されたか

⑩リテラシー実践の自発と強制、規範化と逸脱の力学

に——すなわち裏表なく日記を綴ったことを証明する機会となった。そのために「何べんも怒られても平気で書く奴」もいたという。このような振る舞いの反復により、「義務が内面化」され、「外からの規範」に従うのではない「主観的には全く自発的な行動」として定着する。[注49]多米田の発言に応答した小林順一（陸軍士官学校第五六期）のように、上官の要求から著しく逸脱し、いわば書いてはならないことを日記に綴った場合には、「自分で三五回までは数えていたんですが、その後は幾つ殴られたかわからない」[注50]ほどの暴力により逸脱の非が責められることもあった。

書き綴る行為に働く規範化と逸脱の力学の諸相を、対になる「読むこと」とあわせて整理したのが、⑩の図である。日記を含むあらゆる書記行為において、規範の存在を前提として「書くべきこと」（規範に沿い、強化する）と「書いてよいこと」（規範が許容する）が決定される。反対に「書くべきでないこと」（規範から逸脱する）と「書いてはならないこと」（規範を脅かす）は書き手の安全を脅かす行為である。一見露悪的な内容を臆さずに書いても、安定した社会の「書いてよいこと」の許容範囲は案外広く、致命的な失態にはなりえない。しかしその限界を越えて規範から逸脱し、あるいは規範を脅かす事態が露見した場合、書き手に加えられるのは規範の体現者からの制裁である。

規範の体現者からの制裁は、逸脱した書き手を再度規範化しようとする力として、日記の紙面に顕在化することもある。例えば戦時下の少女が教員に提出した日記では、敵愾心の希薄な記述が目立ちはじめると、教員は「何をしてゐるか！　こんな日記ではだめだ！」と激高して紙面全体に×印を刻み、少女の日記を全否定した。[注51]　少女は涙を流して反省し、再び敵を憎み、自国兵の活躍に期待する文章を日記に綴るようになる。また、これも戦時下の旧制高等学校の寮日誌では、「真面目なる心」で綴られるべき寮日誌に「不真面目」な態度が見出されるとき、紙面には他の寮生たちの批判や罵倒が殺到し、いわば炎上的な状態となった。[注52]　どちらの事例も、日記を綴るうえで従うべき規範からの逸脱行為に対して、読者＝他者の声が紙面に顕在化してそれを咎め、書き手の内面を再規範化する力として作用したものと言えよう。日記に綴る自己はこのような規範化と逸脱の力学のなかで表象される複雑さを孕んでいる。[注53]

日記を綴ることによる自己の内面の規範化は、具体的な読者がある場合に限らない。前節で触れたように、書き手自身が日記の読者でもある限り、内面化された倫理的・社会的規範を基準として「書くべきこと」や「書くべきでないこと」が意識的・無意識的に決定される。例えば学徒出陣により戦死した林尹夫(ただお)が第三高等学校在籍時の一九四二（昭和一七）年に綴った日記（二月二八日）には、自身の友人関係について書き綴るに先立ち「こんなノートにこんな事を書きたくない。俺はこんなことが嫌だ。しかし、之を書く。之を人に書きたい。一体俺は弱い人間だらうか」[注54]と書くことへの逡巡が告白された。友人への強い思慕や軽蔑といった生々しい感情は林の倫理的規範からは軽々しく「書くべきでないこと」であるがゆえに「書きたくない」ことでもある。しかしそのような規範意識では抑制できない書くことへの欲望に身を委ね、林は結局、自己の内面を赤裸々に綴ったのである。

規範意識に潜在する書き手の欲望

内面化した規範をみずから読者＝点検者に示した事例として、岡山県の倉敷国民学校に通う一二歳の少女が一九四一（昭和一六）年に綴った絵日記を見てみよう。教員への提出用日記であり、ほぼ毎日、日付の上部に「検閲」の印が捺されている。少女はクラスで日記を「私一人今日まで続けて来た」（日記帳末尾の所感より）真面目な存在

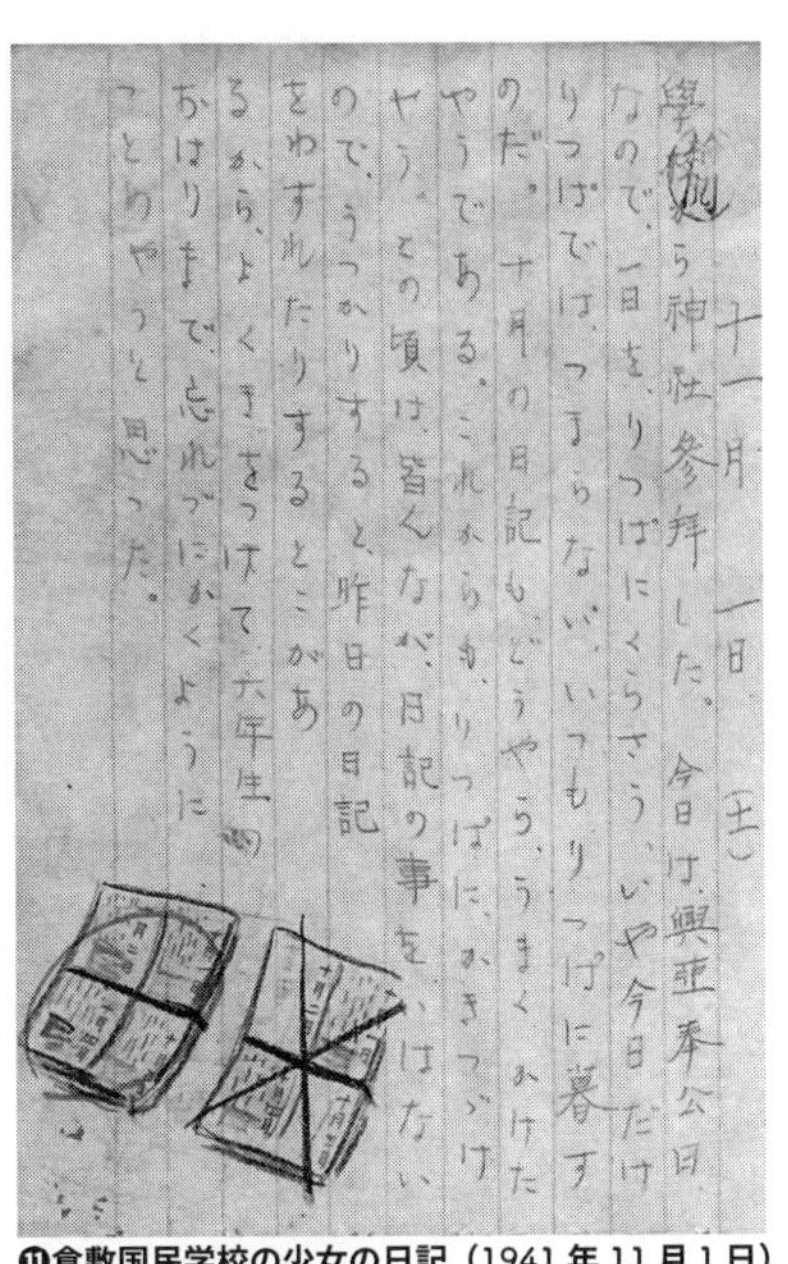
十一月 一日（土）
學校から神社参拝した。今日は興亜奉公日
なので一日をりっぱにくらさう、いや今日だけ
りっぱではつまらない。いつもりっぱに暮す
のだ。十月の日記もどうやら、うまくかけた
やうである。これからも、りっぱにかきつゞけ
やう。この頃は皆んなが日記の事をいけない
ので、うっかりすると、昨日の日記
をわすれたりするとこがあ
るから、よくきをつけて六年生の
おはりまで忘れづにかくように
つとめやうと思った。

⓫倉敷国民学校の少女の日記（1941 年 11 月 1 日）（国立歴史民俗博物館蔵）

十一月 五日（水）
學校からかへって勉強して、そうじをした。
今頃は糸取がはやって、妹達が少しか勉強をし
ないので、母は大へん心配してゐる。私も
たびく妹に糸取をしてはいけないと言ふ
のだけれど、友達
がやってゐるので
ついしたくなるら
しい。晩おふろに
はいって、七時半頃
ねた。

⓬図 11 と同じ少女の 1941 年 11 月 5 日の日記

であり、模範的な「少国民」にふさわしい振る舞いや反省は日記に頻出する。

少女の日記に添えられた絵には、時折、自分自身でつけた×印がある。例えば一九四一年一一月一日の日記の絵には二冊の日記帳が描かれるが、毎日忘れずに日記を綴った左側には○がつき、忘れた日もある右側には×がつけられた（⓫）。日記本文には「十月の日記も、どうやら、うまくかけたやうである。これからも、りつぱにかきつゞけやう」との意気込みが示され、「うつかりすると、昨日の日記をわすれたりすることがあるから、よくきをつけて六年生のおはりまで、忘れづにかくようにつとめやうと思つた」と続く。少女は日記は継続すべきものであり、忘れるのは良くないことだという規範意識を可視化すべく、絵に×をつけたのである。

同様の×印は、四日後の一一月五日の日記にも現れる（⓬）。「糸取［筆者注：あやとり］がはやつて、妹達が少しか（ママ）勉強をしないので、母は大へん心配してゐる。私も、たび〴〵妹に糸取をしてはいけないと言ふのだけれど［後略］」と綴り、妹があやとりに興じる

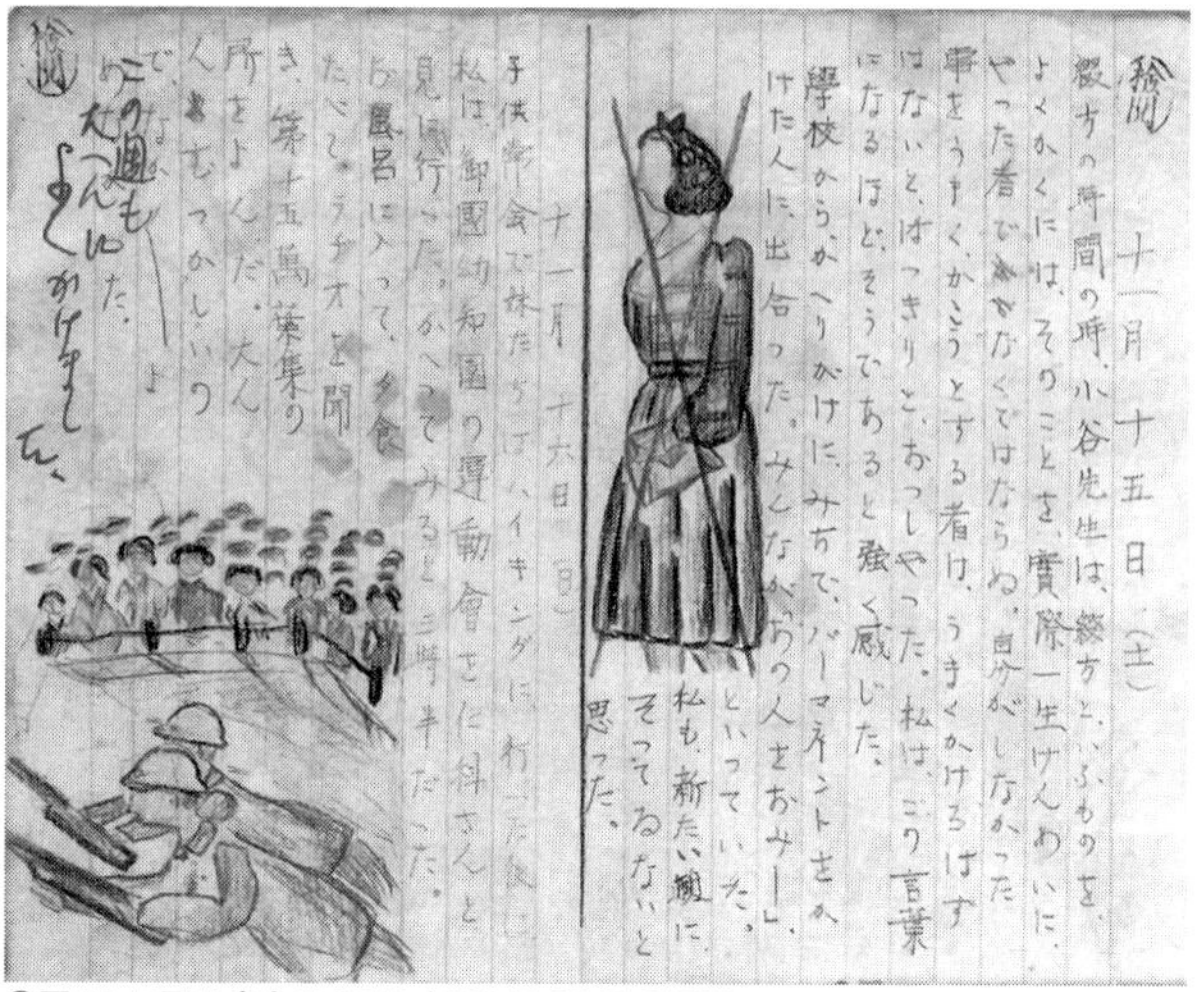

⓭図 11 と同じ少女の 1941 年 11 月 15 日の日記

姿の上から×印がつけられる。ここでも少女は、すべきでないこと、してはならないこと——すなわち自分が逸脱すべきでない規範を熟知していることを教員に明示するために、×印を日記につけたと言える。

時局との関わりがより深い事例は、一九四一年一一月一五日の絵に見出せる。この日の日記後半では、「学校から、かへりがけに、みちで、パーマネントをかけた人に、出合つた。みんなが、「あの人をおみー」といつていた。私も新たい制にそつてゐないと思つた」と記し、みずから描いたパーマ姿の女性に大きく×印をつけた(⓭)。日米開戦を直前に控えた「新体制」下の当時、パーマは時局にそぐわない華美として目の敵にされた。この少女も時局にふさわしい規範を知っているし、知っていることを教員に示すためにこそ、×印をつけて華美を否定したのであろう。

しかし一方でこの絵が興味深いのは、少女がパーマ姿を単に否定するにしては、描かれた女性が色彩豊かでみずみずしい点である。洋装には青、赤、黄、緑の各色が鮮やかに配され、パーマをかけた頭髪にはリボンが華を添えている。もしかすると少女は、規範意識からパーマ姿を否定しながらも、内心では大人の女性の華麗な姿に魅了され、ひそかに胸躍ったのかもしれない。仮にそうであるならば、×印がついたこの絵は、模範的な「少国民」の規範意識の具現化であると同時に、規範意識に沈潜する少女の欲望が滲み出た複層的な表象として読み解く必要があると言えよう。▼注55

自己を綴る行為を多角的に検証する

本章の第三節および第四節で取り上げた各種の論点を踏まえ、本書の第Ⅱ部「読者を意識した自己の真実性」では、自己を綴る書き手と読者の眼差しとの関係性の主題を各論的に深める。たとえば「変態心理」の研究で著名な中村古峡（なかむらこきょう）が遺した史料群に含まれる日記・書簡・療養日誌が示唆するように、読者の眼差しは書き手を一方的に規範化するのではなく、書き手が自己像を再構成（「調律」）する契機ともなる（第Ⅱ部5章、竹内瑞穂）。小学校教員が特例的に短期間で兵役を全うする六週間現役兵の日誌は、「軍人精神」を短期速成するという困難な課題に書き手と点検者が向きあう過程で、教育装置としての軍隊日誌がなかば機能不全に陥ったことを示した（第Ⅱ部6章、堤ひろゆき）。戦時下のウォッチェ島（マーシャル諸島）で兵士として飢餓を生きぬき、餓死の直前まで軍人らしい漢字カタカナ文で日記を綴った佐藤冨五郎の日記は、後世の読者を期待し難い極限状態にあって、本章第五節でも扱うように、なぜこの文体で日記を綴りぬいたかという問いをつきつける（第Ⅱ部7章、田中祐介）。農村の「模範処女」としての規範を内面化した未婚女性たちは、一方では男性の眼差しが許容する範囲内で「少女文化」に浸った自己を表現し、自分たちの文芸空間を作った（第Ⅱ部8章、徳山倫子）。

日記が自己演出であり、記述の取捨選択や虚飾が伴うことは既に述べた。執筆時のみならず、日記が活字化され、出版される場合には、一般読者に向けて編集段階で取捨選択と改変がなされることもある。先に挙げた林尹夫の日記はかつて『わがいのち月明に燃ゆ』（筑摩書房、一九六七年）として出版され、長く読まれた著作であった。編集工程で割愛された遺稿を収録した同書の「完全版」の刊行（三人社、二〇二〇年）により判明したのは、旧版では分からなかった林の実像であると同時に、旧版の掲載文の一部が遺稿の原文と一致しないという改稿の事実であった。▼注56 このような編集の介在による改変もあれば、書き手みずからが読者に提示する自己像を再構築するために、自己の経験の語り直しをすることもある。

本書の第Ⅲ部「自己を語り直す――日記・私小説・自伝・回想録」では、日記に加え自伝や回想録、私小説といった自己表象のテクストを題材に、過去の自己を語る上での取捨選択や虚飾の導入の主題を取り扱う。直木賞作家である水上勉の自伝的作品は、虚飾のない事実を描いた典型的な私小説のようでありながら、実際には実体験に虚構を導入することで真実性を高めることが意図された自己語りであった（第Ⅲ部9章、大木志門）。漆芸家の生駒弘の自伝と日記を比較することで浮き彫りになるのは、日記に綴った過去の出来事が、英雄譚としての自己の物語として再編成される過程で新たに意味づけられ、記述の取捨選択や単純化と劇化を伴いながら一貫した物語として語り直される構造化の様相である（第Ⅲ部10章、西田昌之）。国語教育者である芦田恵之助の回想録と日記の異同の精査からは、「純真」な原地児童に対して国語教育を施すことが国民精神涵養の要となるという明確な論旨が形作られ、その趣旨にそぐわない記述は排除されたことが窺える（第Ⅲ部11章、大岡響子）。

以上、本節では、第三節の「行為としての日記」の論点を掘り下げ、自己表象に働く規範化と逸脱の力学をめぐる諸問題を検討してきた。次節ではモノ・行為と並ぶ研究視座である史料としての日記にどう向きあうかという主題を取り上げたい。

5　史料としての日記にいかに向きあうか

個人の日記は歴史記述を補い、掘り下げ、相対化する可能性を秘めた貴重な史料である。しかし前節までで確認したように、日記は事実性と真実性が期待される媒体でありながら、実際には往々にして、他者の眼差しを意識した取捨選択と虚実からなる自己演出の記録でもある。書かれた内容を鵜呑みにできず、一筋縄ではいかない日記という史料にいかに向き合うべきか。本節では本書第Ⅳ部「無数のひとりに出会う」の構成を踏まえ、史料としての日記に向きあい、読み解いてきた実践者たちの試みを概観するとともに、人はなぜ日記を綴るのかという根源的な問いへの向きあい方も展望的に言及しておきたい。

データベース「近代日本の日記」（β版）の公開

史料としての日記を読み解くためには、一人の日記を時系列に読み深める「つづけ読み」（通読）と、同時期に綴られた複数の書き手の日記を比較検証しながら読む「ならべ読み」（併読）の方法がある。しかしそのような実践をするに先立ち、いつ、誰が綴ったどんな日記があるかという基本的情報を概観する手段は乏しい。刊行された日記に限定すれば、作家・芸術家・政治家・思想家の日記および書簡集の解題目録として貴重な『日記書簡集解題目録』（日外アソシエーツ、第一集が一九九七年、第二集が一九九八年刊行[注57]）は、日記の基本的情報を大規模な目録に集成したほぼ唯一の労作と言ってよい。

筆者は本章第二節でも名を挙げた福田秀一が遺した膨大な日記資料コレクション[注58]から、作業協力者たちとともに、最も点数が多い戦場および銃後の日記（出版されたもの）を抽出し、出版情報、執筆期間、日記のタイトルと概要、書き手の基本的情報などをデータ化した。のちに高度経済成長期の日記も加え、データの総数は約八五〇件となった。その蓄積に基づき、オンラインでの検索が可能な「データベース近代日本の日記」（β版）を二〇二〇（令和二）年一月に試験的に公開した（diaryculture.com/database）。

このデータベースは、「つづけ読み」と「ならべ

軍国少女の日記

「当時の日記は先生に提出していた。その制約は意識下にあったとは思うが、兵隊さんの手紙の検閲とは異なり、時折感想が一行書いてあるだけのもので、先生からのしめつけは感じられなかった。だから、私自身心にもないことを書いたとは思えない。しかし、やはりそこには「期待にこたえる学徒であらぬば」という意識が働いていたはずで、建前的にその思いで生きているうちに、心底そう思ってしまうということになってしまったのではないだろうか」（「はじめに」）

日記情報

記入者氏名：芹沢茂登子
記入者性別：女
記入者生年月日：不明
記入開始時の年齢：13
記入期間：1943/04/09〜1945/12/25
社会的属性：清水谷高等女学校
備考：日記の著者の解説を添えたもの。

出版情報

編著者名：芹沢茂登子
書名（メイン）：軍国少女の日記
出版社（発行所、発行者）：カタログハウス
出版年月日：1995/10/20
版：初版

⑭「データベース　近代日本の日記」（β版）の検索結果より

読み」を実践するための一助として、日記の執筆（現状のデータ上は「記入」）期間、執筆者の氏名とジェンダー、収録書名から、過去に出版された日記を探す検索機能を備える。例えば執筆期間を一九四一年一二月に絞り検索すると、該当する一〇〇件以上の日記が一覧化して表示される。その中にある『軍国少女の日記』の見出しを選択すれば、本章第四節で引用した芹沢茂登子の日記の基本的情報を閲覧することができる（⓮）。今後は明治から昭和戦前期の日記の情報を追加し、多角的な検索機能を充実させ、手書きの日記帳のデータの統合も見据えながら、充実化を図る所存である。

「日記の向こう側」に想像力を働かせる

二〇二一（令和三）年に活動二五周年を迎えた「女性の日記から学ぶ会」（千葉県八千代市）は、全国から寄贈された数千冊の日記を収蔵し、毎月開催される定例会を中心に会員有志で日記を読み解く。同会には、本章冒頭で引用した高梨とみの日記がそうであるように、一人あたりで数十冊に及ぶ長年の日記が寄贈されることも少なくない。日記の書き手はしばしば、私的な自己の記録である日記を廃棄することを望まない。同会への寄贈が続く背景には、自身の手を離れ、世を去った後にも日記が安全に保管され、後世に遺って欲しいという願いがあると言える。そこにはさらに、日記を大切にする人々になら自分の日記を読まれてもいい、読まれたいという期待や欲望さえも込められていよう。

同会の活動の原則は「書いた人間の生き方、暮らし、思いから学ばせてもらう」ことであり、具体的には次の四原則を掲げる。▼注59

①日記筆者に感謝する
②社会の遺産にする

③生活者の視点を忘れない
④記述には虚実があることを学ぶ

読み解く側が大上段に構え、先入観から都合よく日記を解釈すれば、生活者の視点は失われ、記された内容を鵜呑みにし、あるいは曲解する危険にも陥りかねない。四原則の③と④はこの危険を戒めたものであると言える。生活者の視点を忘れずに、日記の書き手に寄り添い、後世に記録を遺したことに感謝する（①）。そのような人格的な尊重があってこそ、保全された日記は単なる個人文書を超えた社会の遺産になり得る（②）。本書では個人文書を蒐集保管し、読み解く活動の意義と展望を考えるべく、「女性の日記から学ぶ会」代表の島利栄子と「手帳類プロジェクト」代表の志良堂正史の対談記録を収めた（第Ⅳ部15章）。

「女性の日記から学ぶ会」の会員であり、日記を史料として研究の最前線で活かし続けているのが歴史学者の吉見義明である。吉見は『草の根のファシズム』（東京大学出版会、一九八七年）において、著名な政治家や作家ではない市井の人々の日記に着目し、大々的に歴史分析に取り入れた。その後、出版事例としては男性より少なかった女性の日記を探す過程で同会を知り、入会を経て今日に至る。吉見は同会収蔵の日記を活用して『焼跡からのデモクラシー』（上下巻、岩波書店、二〇一四年）を上梓し、現在では高度経済成長期の日記の検証を進めている。本書には学術的見地から日記を取り扱う可能性と難しさを語る吉見のインタビューと、「女性の日記から学ぶ会」が収蔵する青木祥子日記を読み解いた最新の論考を収める（第Ⅳ部13章）。

史料としての日記に向きあうことは、時として全く無縁のはずの未知の他者との邂逅ともなる。本書の第二部七章（田中祐介）でも取り上げるウォッチェ島で餓死した佐藤冨五郎の日記の全文を読み解き、翻刻した大川史織は、マーシャルで暮らしたという共通点以外は何も重ならないはずの書き手に、日記を読み解くにつれて心中での対話を始めたという。大川は書き手への想像力を働かせることを「日記には書かれていない、日記の向こう側に注意を向けて読む」と表し、次のように述べる。

目に見えるものと、見えないもの。その狭間を行ったり来たりしながら、冨五郎さんが書きたかった言葉を想像する。どんな姿勢で、どんな場所で、この一文を書いていたんだろう。ここからどんな景色が見えていたのだろう。▼注60

遺された言葉の「向こう側」に書き手を想像するとき、無縁なはずの他者は時間と空間を超えて対話可能な他者となり得る。大川の試行錯誤を伴う日記読解の経験は、編者を務めた『マーシャル、父の戦場――ある日本兵の日記をめぐる歴史実践』(みずき書林、二〇一八年)、および大川自身が監督した映画『タリナイ』(二〇一八年初上映)へと結実した。本書には映画上映から一年後の時点での大川の歴史実践に関する講演記録を収録する(第Ⅳ部12章)。

日記の読み解きによる未知の他者との対話は、時として読み手が自分の言葉や思考を再考する機会ともなる。美術大学の学部在籍時に「他人の書いた日記に私注をつける」と題した作品を制作した山田鮎美は、他人の書いた日記を読み解く過程でその人生の一部に自分を重ねたという。日記を通じて年齢、性別、職業の異なる他者と向きあい、読み手の独り言や書き手との対話から生まれた言葉を「私注」として付す作業は、山田が述べるように「その人を見つめると言うよりは自分のことを見つめることに近い」ものでもある。本書には山田の取り組みを展示企画とした「花の日記に私注をつける」の紙面再現にも一章を設けた(第Ⅳ部14章)。

その人は「なぜ」日記を書いたのか――書くことの意思と欲望に接近する

直木賞作家の榛葉英治(しんばえいじ)は旺盛な創作活動の傍らで日記執筆を欠かさなかった。現存するだけでも一九四六(昭和二一)年から一九九八(平成一〇)年まで、ほぼ半世紀にわたる計三四冊の日記がある。▼注61 長期間にわたり榛葉がなぜ

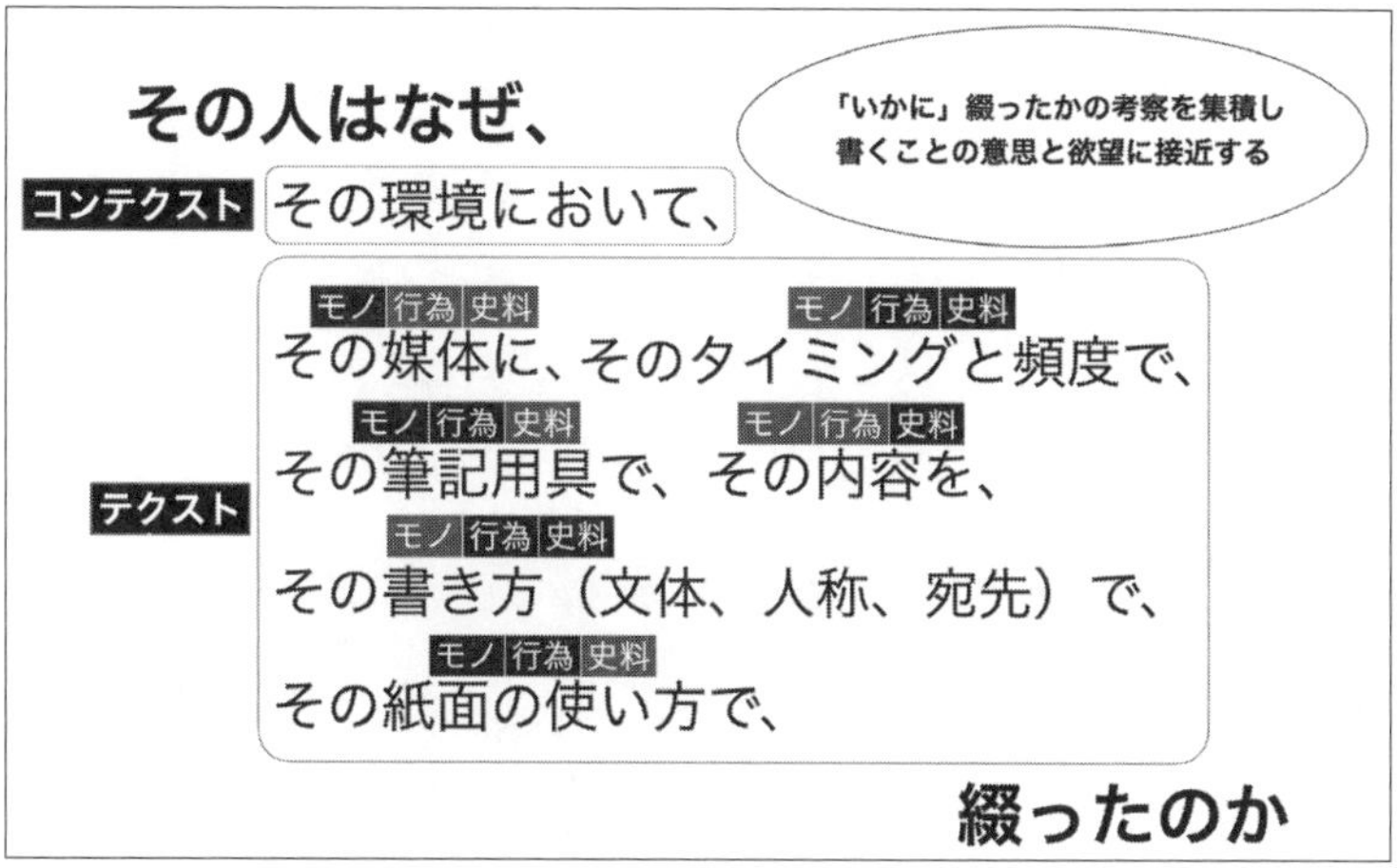

⑮「なぜ」の問いを分節する

日記を綴ったのか。日記を詳細に読み解いた有志の翻刻者たちに尋ねても、恐らく納得できるだけの明確な答えは得られない。それでも書き手がそもそもなぜ日記を書いたかという問いは、日記に向きあい、書き手の人格に想像力を働かせる過程でおのずから脳裏に浮かぶものでもある。

結論から言えば、「その人はなぜ日記を綴ったのか」という問いに客観的に答えることは不可能である。前著『日記文化から近代日本を問う』の「あとがき」でも触れたように、なぜ日記を綴るのかという問いは、人間の書くことの欲望は何に由来するのかという根源的な問いにほかならない。書きたいという潜在的な欲望、あるいは書こうとする潜在的な意思が本能的欲求に近い以上、その正体を言葉に尽くすことは書き手自身にもできない。たとえ日記の中で綴る理由が明言されたとして、それは自覚的な書くことの動機の一端ではあっても、継続する意思や欲望の説明にはならない。日記の読み手は書き手の意思と欲望を想像し、推察することはできても、日記本文から客観的に論証することはできないのである。

それでもなぜ日記を綴ったのかという論証不可能な問いに向きあうならば、一つの方法は「なぜ」の問いを、その人が「いかに」綴ったかという各論的な問いに分節し、多面的な考察を集積することであろう。すなわちその人はなぜ、①その媒体に、②そのタイミングと頻度で、③その筆記用具で、④その内容を、⑤その書き方（文体、人称、宛先）で、⑥その紙面の使い方で、綴ったのかという問いの分節である（⑮）。

「なぜ」を分節した「いかに」の各論的問いには、本章で示したモノ・行為・史料の三点の視座が深く関わる。例えば「その媒体に」（①）の論点ではモノとしての側面が前景化し、「その内容を」（④）の論点ではおのずから史料的側面を重視した分析が中心となろう。三点の視座の優先度や重要度の濃淡は論点の種類や分析対象により異なるとしても、一点が全く欠落することはない。

①から⑥の各論的問いは、日記に綴られた言葉（テクスト）に基づき成立する。当然ながらそれに加え、日記を綴るという言語行為がなされた状況（コンテクスト）をつくる環境条件も考慮する必要がある。環境とは日記を綴った物理的環境のみならず、書き手の健康状態を含む生存環境、書き手個人の属性や経験に関わる社会的環境や文化的環境といった諸条件が包含されよう。書き手がどのような環境条件において「いかに」日記を綴ったかという各論的な問いの諸考察を集積し、「なぜ」日記を綴ったかを推定する足場を強固にすることで、その人の書くことの意思と欲望に少しでも接近できれば、今度はその地平から日記の言葉に向きあうことで、気づかなかった新たな客観的考察の手掛かりを見出す可能性もある。[注62]

6　おわりに――無数のひとりに出会うために

以上、本章では本書全体の総論として、モノ・行為・史料の視座に即した主題から近現代日本の「日記文化」とその論点を概観してきた。モノとしての日記・家計簿・手帳の文化史は、人々の書くことへの欲望と、書かせたいという思惑の具象化の歴史的展開と様相を明らかにする。読者がいても自己の真実を綴るという行為の検証は、人々の自発的・強制的な自己表象に働く規範化と逸脱の力学の実態を浮き彫りにする。モノおよび行為の視座を十分に考慮してこそ、一筋縄ではいかない史料としての日記に腰を据えて向きあうことができると言えよう。

学術的な見地から「日記文化」を扱うにあたり、思い出されるのは「女性の日記から学ぶ会」の定例会で、発表資料に記載された用語に対して参加者からあがった「私たちは『民衆』なのか」という疑念である。史料およびその書き手を大きな歴史の流れに位置づけようとする際、ともすると研究的関心から個人の経験や思考の一般化を急ぎたくなる欲望に駆られる。本章でも「人々」という極力無色透明に近い文言を採用しながら、明治中期の高等小学校生、戦時下の高等女学校生、南方戦線で飢えと闘った日本兵といった形で書き手の歴史的経験や社会的属性を表してきた。

もちろんそのような一般化自体がただちに責められるものではない。書き留められた言葉を全て個人的経験に帰してしまえば、他者とともに生きた歴史との繋がりは見えなくなる。しかし日記が歴史理解を補い、掘り下げ、相対化する可能性を秘めた史料であるからこそ、文脈にあてはめた一般化が時に暴力となる危険には常に自覚的であるべきであろう。

本章でも確認したように、日記は読み手に都合の良い論証の材料ではなく、未知の他者との出会いであり、新鮮な問いが様々に生まれる磁場である。書き手の人格と人生に敬意を払いながら、紙面に留められた言葉のひとつひとつに向きあい、予見を排して慎重に読み解く。そうすることで過去の言葉は再び生彩を放ち、現在の読者の言葉と思考を揺るがし、再考を促すであろう。すなわち日記の読み解きを通じて出会うのは、社会的属性や特定の歴史経験に還元され得ない個別的な他者、換言すれば無数のひとりにほかならない。▼注63

日記を読み解くとは、無数のひとりが生きた歴史を紐解き、無数のひとりが日常的に紡いだ歴史に寄り添うことである。そのひとりひとりが生き、紡いだ小さな歴史に向きあい、書かれた言葉の向こう側に想像力を働かせながら、より大きな歴史との異なりや繋がりを検証する。そのような試みを集積し、無数のひとりの書き綴る営みへの思考を深めた地点から、近現代日本の歴史を照射することが本書の目的である。

▼注

1 この文言は、原文では以下のようにローマ字で書かれる。San kai ni watatte ieo yakare tōkyōwa hotondo yakenoharato kasite simatta. Watakusimo sōtō no mono o yaite simatta. nakademo itibanosiimonowa nikkitiyou da. aa osiikana nikkitiyo。石川啄木のローマ字日記のように、他者に判読されないためにローマ字を用いる例はある。とはいえ、とみがなぜ冒頭の文章だけをローマ字としたのか断言することはできない。

2 目黒区の空襲被害については東京都立大学学術研究会編『目黒区史　第3版』（東京都目黒区、一九七〇年）が詳しい。

3 飯塚（旧姓高梨）とみ氏は現在（二〇二一年）千葉県東金市でお元気にお過ごしである。日記の引用をご快諾くださり感謝申し上げたい。

4 近年刊行された日記を主題とする研究論文集には、鄭昞旭・板垣竜太編『日記からみた東アジアの冷戦』（同志社コリア研究センター、二〇一七年）、同編『日記が語る近代——韓国・日本・ドイツの共同研究』（同上、二〇一四年）、黒沢文貴・季武嘉也編著『日記で読む近現代日本政治史』（ミネルヴァ書房、二〇一七年）、『日記で読む日本史』（倉本一宏監修、全二〇巻、臨川書店、二〇一六年〜）、『日記に読む近代日本』（全五巻、吉川弘文館、二〇一一〜二〇一二年）等がある。また、本書の主題と関わる近年の研究書として、個人文書を意味する「エゴ・ドキュメント」を書名に掲げた長谷川貴彦編『エゴ・ドキュメントの歴史学』（岩波書店、二〇二〇年）、「自己語り」を掲げた小林多寿子・浅野智彦編『自己語りの社会学——ライフストーリー・問題経験・当事者研究』（新曜社、二〇一八年）、渡辺浩一・ヴァネッサ・ハーディング編『自己語りと記憶の比較都市史』（勉誠出版、二〇一五年）、自己を語る「私」に焦点を定めた梅澤亜由美・大木志門・大原祐治・尾形大・小澤純・河野龍也・小林洋介編『「私」から考える文学史——私小説という視座』（勉誠出版、二〇一八年）を挙げておく。なお、書き綴る習慣や商品としての日記帳も視野に入れた西川祐子『日記をつづるということ——国民教育装置とその逸脱』（吉川弘文館、二〇〇九年）は、「日記文化」を取り扱う本書の直接的な先行研究として位置づけられる。

5 大蔵省印刷局の日記については、大蔵省印刷局編『大蔵省印刷局百年史　2巻』（大蔵省印刷局、一九七二年）の二二六〜二二九頁、青木正美「本邦日記帳事始め」（『自己中心の文学——日記が語る明治・大正・昭和』博文館新社、二〇〇八年）を参照のこと。なお一八八〇（明治一三）年用の『当用日記簿』は、香川大学神原文庫が所蔵する。翌一八八一（明治一四）年用の『当用日記簿』は一橋大学西川文庫にあり、同大学の機関リポジトリで全頁の閲覧が可能（https://hermes-ir.lib.hit-u.ac.jp/hermes/ir/sc/46050/、二〇二一年一一月三〇日最終アクセス）。

6 近代日本における草創期の日記帳出版については、田中祐介「研究視座としての『日記文化』――史料・モノ・行為の三点を軸として」（田中祐介編『日記文化から近代日本を問う――人々はいかに書き、書かされ、書き遺してきたか』笠間書院、二〇一七年）や西川『日記をつづるということ』の第Ⅳ部「日記帳という商品」の「1 日記帳出版の前史」も参照されたい。

7 『東京朝日新聞』（一九〇六年一一月二五日、朝刊）、一頁。

8 「年々種類を増す婦人用の日記帳」『読売新聞』（一九二八年一一月七日、朝刊）、三頁。

9 田中「研究視座としての『日記文化』」、二二一―二二三頁。

10 「各種『日記帳』風景 一年の日の数よりもまだ多い」（『東京朝日新聞』一九三六年一二月二〇日、朝刊）、一六頁。

11 『東京朝日新聞』の掲載広告より（一九三六年一一月二五日、朝刊、一頁）。

12 日中戦争開始の出版界への影響は大橋信夫編『東京堂百年の歩み』（東京堂、一九九〇年）の第五章「戦時統制時代（昭和一二―二〇年）」が詳しい。

13 「日記帳の変り種 二百種に余る中から」（『東京朝日新聞』一九三七年一二月一七日、朝刊）、六頁。

14 西川『日記をつづるということ』、二二八頁。

15 「日記帳のいろいろ」『朝日新聞』（一九五九年一二月二〇日、朝刊）、一六頁。

16 「日記などにまだ大安、仏滅」（『讀賣新聞』一九五八年一二月八日、朝刊）、六頁。

17 例えばほぼ日刊イトイ新聞編著『ほぼ日手帳公式ガイドブック 2022』（マガジンハウス、二〇二一年）、佐久間英彰『ジブン手帳公式ガイドブック 2022』（実務教育出版、二〇二一年）など。

18 〈近代日本の日記帳コレクション〉の詳細は田中祐介・土屋宗一・阿曽歩「近代日本の日記帳――故福田秀一氏蒐集の日記資料コレクションより」（『アジア文化研究』第三九号、二〇一三年）を参照されたい。同稿は筆者が管理する「近代日本の日記文化と自己表象」ウェブサイトでも閲覧できる（diaryculture.com/database）。

19 コレクション中の通し番号の7-1から7-6までの全六冊。一八九五（明治二八）年の四月六日から約一年半の日記である。この日記を分析した論考として、柿本真代「教育手段としての日記が定着するまで――明治期少年の『日誌』にみる指導と規範」（田中編『日記文化から近代日本を問う』）がある。

20 近代的な時間意識の形成については、橋本毅彦・栗山茂久『遅刻の誕生――近代日本における時間意識の形成』（三元社、二〇〇一年）が参考になる。

21 〈近代日本の日記帳コレクション〉所収の一八九五（明治二八）年用の『吾家の歴史』（通し番号6）。この書き手は巻頭の元日から日記を綴るが、二日後の一月三日には未記入となり、その後は時折記入日があるものの、二月一七日を最後に途絶えている。

22 書き手が三日坊主になりやすい性格であった可能性もあるが、窮屈な紙面構成を嫌ったのかもしれない。
23 「四十二年日記評判（下）」『東京朝日新聞』（一九〇八年一二月一三日、朝刊）、九頁。
24 『東京朝日新聞』の掲載広告より（一九一九年一二月一三日、朝刊、一頁）。
25 戸城傳七郎『作文教授書』（東京教育社、一八八九年）、三八頁。
26 高橋省三編『幼年文範』（学齢館、一八九〇年）、一〇九頁。
27 同前、六〇頁。
28 同前、一〇九頁。
29 綴方教育史における高橋編『幼年文範』の位置づけに関しては、滑川道夫『日本作文綴方教育史1〈明治篇〉』（国土社、一九七七年）の八八頁、一六四―一六九頁を参照のこと。
30 一八八〇年代後半から一八九〇年代の学校教育における日記指導については、柿本「教育手段としての日記が定着するまで」が詳しい。
31 滑川道夫『日本作文綴方教育史2〈大正篇〉』（国土社、一九七八年）、二二頁。
32 小林愛雄編『日記新文範』（新潮社、一九一〇年）、一八八―一八九頁。なお、同時期の日記をめぐる言説を論じたものとして、佐々木基成「物象化される〈内面〉――日露戦争前後の〈日記〉論」（『日本近代文学』第六七集、二〇〇二年一〇月）が参考になる。
33 友納友次郎『尋常小学綴方教授書（第三学年前期用）』（目黒書店、一九二〇年）、一一―一二頁。
34 本間久雄『日記文の書き方』（止善堂書店、一九一八年）、「序」。
35 同前、六二頁。
36 同前、六三頁。
37 同前、六八頁。
38 同前、一〇八頁。
39 同前同頁。
40 安良岡康作『西尾実の生涯と学問』（三元社、二〇〇二年）所収の年譜による（八四六頁）。
41 西尾実『国語国文の教育』（古今書院、一九二九年）、二六頁。
42 同前、二七頁。
43 同前、二八頁。
44 同前、二七頁。

44　この青年の日記は三冊現存し、一冊目は一九四二年三月二七日から七月一八日まで、二冊目は同年七月二〇日から九月一八日まで、三冊目は一九四三年一一月一八日から翌四四年四月二〇日までが綴られる。

45　西川『日記をつづるということ』、一六九―一七一頁。なお西川が取り扱う野間宏の事例では、盗読行為は友人相互の暗黙の前提として認められていた節がある。

46　田中「研究視座としての『日記文化』」、二六―二七頁。

47　芹沢茂登子『軍国少女の日記』（カタログハウス、一九九五年）、九頁。

48　飯塚浩二『日本の軍隊』（岩波現代文庫、二〇〇三年）、四二頁。

49　同前、四二―四三頁。

50　同前、四四頁。

51　田中「研究視座としての『日記文化』」、二七―三一頁。

52　田中祐介「多声響く〈内面の日記〉――戦時下の第一高等学校『忠愛寮日誌』にみるキリスト教主義学生の信仰・煩悶・炎上的論争」田中編『日記文化から近代日本を問う』、一七六―一九二頁。

53　❿の図は読み書きのリテラシーの「実践」を取り扱うが、当然ながら実践に先立つ「獲得」に関わる視点もあり得る。すなわち、「書けないこと、読めないこと」（リテラシーの欠如）、「書けるようになること、読めるようになること」（リテラシーの獲得）、「書けなくなること、読めなくなること」（リテラシーの喪失）といった視点から、日記における言語利用を考察することもできる。前著『日記文化から近代日本を問う』には、日本の植民地における日本語リテラシー獲得に関わる論考として、満洲国時代に日本語教育を受けた中国人青年が日本語と中国語の両方で綴った日記（高媛「戦前期満洲における中国人青年の学校生活――南満中学堂生の『学生日記』（一九三六年）から」）、および台湾の黄旺成が日本語、漢文、白話文を使い分けて綴った日記（大岡響子「植民地台湾の知識人が綴った日記――黄旺成日記にみる読み書きの実践と言語選択」）に関する論考を収めた。また、宋恵媛「尹紫遠日記を読む――戦後日本で在日朝鮮人が書くということ」（『アジア太平洋レビュー』第一七号、二〇二〇年）は、日本語を中心としながら漢文、英語、朝鮮語が登場する尹紫遠の日記を分析した論考であり、「日記文化」研究の観点からも示唆深い。

54　『戦没学徒――林尹夫日記［完全版］　わがいのち月明に燃ゆ』（三人社、二〇二〇年）、六二頁。

55　戦時下にパーマネントを求めた女性たちを取り上げた著作として、飯田未希『非国民な女たち　戦時下のパーマとモンペ』（中公選書、二〇二〇年）がある。また、「目の敵でもパーマは続いた」（『朝日新聞』二〇二〇年八月一三日、朝刊、二六頁）もこの主題を扱った記事である。

56　改稿の実態の一部については、同書の編集担当である三人社の山本捷馬氏よりご教示いただいた（「戦没学徒兵の日記原文に向き合うこと――『林尹夫日記　完全版』出版経緯とその所感」「近代日本の日記文化と自己表象」第二六回研究会、二〇二〇年一二月一二日)。

57　二〇二二年一月には続編となる『日記書簡集解題目録　第二期』が刊行予定。

58　福田秀一の遺した日記資料コレクションの概要については、田中・土屋・阿曽「近代日本の日記帳」を参照されたい。

59　島利栄子「『女性の日記から学ぶ会』二十年に思う――活動を未来につなげたい」『女性の日記から学ぶ会　二十年の歩み　平成8年~28年』(編集責任島利栄子、非売品、二〇一六年)、七頁。

60　大川史織「わたしの〈タリナイ〉」大川史織編『マーシャル、父の戦場――ある日本兵の日記をめぐる歴史実践』(みずき書林、二〇一八年)、一一三頁。

61　榛葉英治の日記については、和田敦彦(早稲田大学教授)が主催する研究会があり、筆者も参加して二〇一七年より日記の読み解きと考察を進め、二〇二一年に一通りの作業が完了した。その成果は『ある直木賞作家の軌跡――日記資料から研究を拓く』(仮題)として、二〇二二年に文学通信から刊行予定である。

62　本書の7章(田中祐介)では、死の直前まで綴ることをやめなかった佐藤冨五郎の文体的特徴(漢字カタカナ文)に着目して、「なぜ」の問いの探求を試みた。また、「なぜ」の問いを扱った近年の刺激的な論考として、横山百合子「遊女の『日記』を読む――嘉永二年梅本屋佐吉抱え遊女付け火一件をめぐって」(長谷川編『エゴ・ドキュメントの歴史学』所収)がある。横山は新吉原という綴じられた空間において、切実な競争環境に置かれた遊女が日記を綴った理由を、文体的特徴や綴られた内容の詳細な分析を踏まえて論じている。

63　本書のもとになった二〇一九年開催のシンポジウム「近代日本を生きた『人々』の日記に向き合い、未来へ継承する」では、同様の意図から「人々」の語を括弧つきで用いた。最適でない違和感が残りながら採用した語であったが、本書の寄稿者の一人である大川史織の編著『なぜ戦争をえがくのか――戦争を知らない表現者たちの歴史実践』(みずき書林、二〇二一年)の「はじめに」の一節に「無数の〈ひとり〉」の文言を見出し、「人々」に代わる最適な語として大川の了解のもと、本書の書名に採用した次第である。

Part 1

I

モノとしての日記・家計簿・手帳の文化史

Chapter 1

1章 夏休みの日記の成立と展開——「夏季休暇日誌」から「なつやすみの友」へ

柿本真代

夏休みの日記は、現在も多くの小学校で宿題のひとつとなっている。最終日に慌てて仕上げた記憶をもつ人も少なくないだろう。なぜ日記を書くことが夏休みの宿題として定着したのだろうか。本章では、「夏季休暇日誌」がうみだされた社会的背景をまず明らかにする。また、学校現場で採用されていった過程やその規格の変遷、さらにどのような役割を期待されていたのかについて、明治から大正期を中心に検討していく。

1 はじめに

『ちびまる子ちゃん』の第二話「宿題をためたまる子ちゃんの巻」では、夏休み最終日の八月三一日、課題帳である『なつやすみの友』を友人に借りて写し、さらに「『こいつ家族に手伝ってもらいやがったな』とひと目でバレるような」日記を家族総出で仕上げる場面が描かれる❶。ちびまる子ちゃんほどではないにせよ、日本で小学生時代を過ごした人のなかには、夏休みの宿題や日記に苦労した経験をもつ人は一定数以上いるのではないだろうか。

小学生の保護者を対象にしたアンケートによると、二〇二〇（令和二）年は新型コロナウイルス感染症の影響で夏休みが大幅に短縮された。しかし小学生の保護者を対象にしたアンケートによると、宿題は減少傾向にあったも

❶「宿題をためたまる子ちゃんの巻」さくらももこ『ちびまる子ちゃん』1巻（集英社、デジタル版、2013年）12頁

のの、日記が課されたという回答は約四割を占めたという。しかし外出が制限されたことにより「遠出できず日記のネタに困る」など、日記について悩む保護者が多かったようである。[注1]

今日にいたるまで多くの子どもとその家族を悩ませてきた夏休みの日記は、どのような社会的背景からうみだされ、そしてここまで深く日本社会に根付いたのだろうか。本章では夏休みの日記の成立について、「モノとしての日記」という側面から考えてみたい。

「モノによる日本人の人間形成史」という観点から児童の生活教育史を描き出した唐澤富太郎は、明治から昭和戦前期までの「夏休み宿題帳」の内容とその変遷について、実物を交えて紹介している。唐澤によると、「全科目を網羅した日記的学習帳」は明治末期から出版されたが、一般には普及しなかった。ところが、大正期になるとこの種の学習帳が多種多様に出版され、学校単位で一括購入されるにいたった一方で、日記欄は大正後期になると消失したと指摘する。[注2] ここでは「夏休み宿題帳」のおおまかな変遷がとらえられるものの、なぜ「夏季休暇日誌」が誕生し、このような展開を遂げたのかなど、当時の教育制度や社会的文脈との関連性については言及されていない。

そこで本章では夏休みの日記帳、ここでは当時の呼び方にならい「夏季休暇日誌」と呼ぶことにするが、[注3] 商品としての夏季休暇日誌がどのように開発され、どのように流通し学校現場で採用されていったか、またどのような規格の変遷をたどってきたのかという「物質的側面と流通」[注4]、そしてその役割について、蒐集・閲覧しえた夏季休暇

日誌をもとに分析する。[注5] これらを通して、夏季休暇日誌の史的位置付けとその意義を明らかにすることが本章の目的である。

「枠組みをもった日記帳という商品の開発は、日記を記すという個人的な行動が集団の慣習となって急速に普及するために、大きく寄与した」[注6]と西川祐子が指摘するように、学校教育の場で子どもたちに配布され、記入と提出を義務付けられた夏季休暇日誌は、日本人の日記を綴る習慣の形成に少なからぬ影響を与えたはずである。したがってこの問題は、近代日本における日記文化の形成を考えるうえでも、今日も続く日記指導のありかたを検討するうえでも重要な課題であるといえよう。

2　夏季休暇をめぐって

夏季休暇の定着と日記

夏季休暇日誌が定着する過程を明らかにするために、まず「夏季休暇」がどのように定着したかについて、渡辺貴裕の研究を参照しながらみておこう。[注7]

渡辺によると、当初は各自治体の判断で盛暑の授業時間の短縮などが行われていたが、それが徐々に延長され、一八七七（明治一〇）年前後に制度として普及していったという。一八八一（明治一四）年には「小学校教則綱領」第七条によって、夏季休暇制度がはじめて全国的な法制度上に位置付けられた。

休暇中に子どもたちが暴飲暴食をしたり、不規則な生活をしたりと、子どもに悪習慣がつくことや、学習習慣が維持できないことへの批判もあり、一八九〇年代なかばまでは夏季休暇の存廃をめぐって活発に議論がなされた。しかし一九〇〇（明治三三）年前後になると、夏季休暇制度の是非ではなく、いかに有意義な夏季休暇とするか、規則正しい生活習慣や学習習慣を維持するためにはどうすればよいかという議論が中心になっていった。そこで強調されたのが、家庭の啓蒙の重要性である。

夏季休暇において家庭での児童の監督は不可欠だが、ほとんどの家庭ではそれは期待できないというのが、多くの教育者の見解であった。そこで、子どもと家庭への注意として、夏季休暇の「心得」を配布するなどの対策がとられるようになる。渡辺によると、この時期の「心得」の典型としては、教育勅語の遵守、規則正しい生活・学習習慣の維持、衛生の管理などが掲げられたものが多いという。

ここで注目したいのは「心得」には日記に関する言及がしばしば見受けられることである。伊勢四日市市各小学校で配布された心得は全部で二四箇条だが、そのなかには「学校の命令通日誌を作り国語又は国語書方の稽古を怠るべからず」との一条がある。[注8] 岡山県師範学校附属小学校でも「綴方ノ練習トナリ又教師ニ於テハ休業中児童ノ状態ヲ知ルノ助ケトナル」ために「夏季休業中ハ尋常三年以上ノ児童ヲシテ毎日適宜日誌」の記述を義務付けていた。[注9]

一九〇〇（明治三三）年前後は、「夏季休暇中の子ども」が発見された時期であると渡辺は指摘するが、夏季休暇中の子どもの生活管理ならびに家庭の啓蒙のためには日記が有効であることもまたこの時期に発見されたといえよう。ある教授書が、休暇中に日記を書かせることは「生徒の方から云へば、綴り方の練習に、恰好の材料であるし、教師の側から言へば、家庭の真相を詳述したところの、適当な報告書であるから、互いに益することが莫大」[注10]というように、作文の練習と同時に「家庭と学校の連絡」のためのツールとしての日記の役割が教育関係者に広く認識されるにいたった。

一方でこの時期は、国語教育の一大転換期でもあった。一九〇〇（明治三三）年八月には小学校令および同施行規則が改正公布され、それまでの読書・作文・習字の三科が「国語科」として統一された。さらに、作文は「綴り方」へと改められ、「綴り方」の教授内容として「児童ノ日常見聞セル事項」が提示された。当時の写生文の流行ともあいまって、作文の題材として日記が頻繁に用いられるようになったのもこの時期である。[注11]

拙稿「教育手段としての日記が定着するまで――明治期少年の『日誌』にみる指導と規範」[注12]では一八九〇年代から徐々に作文上達のための手段として広まりはじめた日記が、日清戦争を契機としたナショナリズムの高揚や就学率の向上とともに学校教育の場でも用いられ、国家への接続や家庭においても学校的秩序を維持するための手段としても用いられるようになったことを指摘したが、夏季休暇という学校教育不在の時期には、子どもの生活を管理し家庭の様子を知るため、なおいっそう日記が重要な役割を果たすと考えられるようになった。

文部省通牒と夏季休暇中の課題

「夏季休暇」が制度として定着した一九〇〇年代から、夏季休暇日誌の活用は広まっていくが、この動きをさらに加速させるきっかけとなったのは、文部省普通学務局長松村茂助から一九一〇（明治四三）年七月に各地方長官へ出された「夏季の復習法等に関する通牒」である。[注13]

この通牒では、各地方長官を通じて学校および教員に対し夏季休暇中に児童に復習の方法を示すこと、また児童の読み物の選択に注意することのふたつを求めている。文部大臣牧野伸顕による訓令「学生生徒ノ風紀振粛ニ関スル件」（一九〇六年）以降、青少年に対する有害図書の規制と良書の推奨が行われたが、続く小松原英太郎文相もまた通俗図書館の設置とそこで健全・有益な図書を提供することによって、「不健全なる思想の誘発感染」を防ごうとした。[注14]

こうした政策は、一九一〇（明治四三）年五月の大逆事件を契機にさらに強化され、自然主義の流行および社会主義の浸透をふせぐために青少年向けの良書を「認定」するなどの文芸奨励が行われた。[注15]この通牒もまた、学校の目が届かない休暇という期間中、児童に「不健全なる思想」に触れさせないことを目的としたものと考えられる。

また、この通牒とともに文部省諮問案「小学校児童ヲシテ長期休業中既修ノ教科目ヲ復習セシムニ最適切ナル方法如何」が全国小学校教員会議に出され、答申書が作成された。答申では、休暇の目的があくまで心身の休養にあるとしつつも放任は避けるべきとの立場をとり、学校としての統一方針の作成、さらに学級ごとの復習計画の作成を求めるとともに、教科ごとにかなり詳しく復習の内容を提案した。修身と国語の内容は以下のように示されている。

（一）修身科教科書ノ講読ハ勿論ナレトモコノ外ニ〔中略〕

（ロ）徳行ノ実践　休業中種々ノ実際生活ニ応シテ実行スル事柄ニツキ既習道徳ニ適合セリヤ否ヤヲ自覚シタル場合ハ之ヲ日記等ニ記入セシムルモヨカラム（附、他人ノ善行ヲ認メタル場合ニモ之ヲ記入セシムルモ可ナリ）。

（二）国語科　読本ノ講読ノ外〔中略〕

（ホ）日誌ハ尋常三学年以上ニ之ヲ課シテ可ナルベシ〔中略〕コレニヨリテ国語ノ力ヲ練ルコト少ナカラズ且ツ一ハ児童ノ反省資料トモナル等種々ノ価値アルモノナレバ成ルベク之ヲ記サシムルヲ可トス。[注16]

ここで挙げられた日記の目的は、主にふたつである。ひとつは「徳行ノ実践」、つまり自己または他者の行動を記録し省察するため、いまひとつには「国語ノ力ヲ練ル」、すなわち文章修練のための日記である。

一九一〇年代には綴り方教授の研究がさかんになり教授書も多く執筆されたが、[注17]この時期の教授書には、児童生徒の生活体験を書かせる自作文の題材として、「夏休の間におもしろかったこと」（三年）や「夏休の間の主な出来事」（四年）[注18]、「夏休み日記」（五年）[注19]が挙げられており、夏休みの経験を綴るということが国語科の定番の課題となっていた様子がうかがえる。

第一期国定教科書（一九〇四―一九〇九）『尋常小学読本』「小太郎の日記」に引き続き、[注20]第二期国定教科書（一九一〇―一九一七）にもやはり「太郎の日記」など、[注21]日記が教材としてあらわれていることからみても、国語科において

も日記の書き方を身に付けさせることが求められていたことがわかる。[注22]

以上でみてきたように、一九一〇年代には国家の管理が夏季休暇にも及ぶようになり、夏季休暇の課題として日記を書かせることは、一方では反省や美事美行を意識した生活を送らせるための修身科の課題として、他方では綴り方の練習のための国語科の課題として全国的に定着がみられた。そしてこうした流れを汲み、商品として「夏季休暇日誌」が市場に登場するようになった。

3　市販の夏季休暇日誌

夏季休暇日誌の商品化

夏季休暇日誌がいつごろから商品化されたのか、まずは新聞・雑誌に掲載された書評や広告からみてみよう。管見の限りでもっとも古い市販の夏季休暇日誌は、一九〇三（明治三六）年八月に『教育学術界』に書評が掲載された東京浅見文林堂の『暑中学校』および『休暇日誌』である。[注23]これらは「夏期休暇中に児童に持たしめんために作りたるもの」で、「一面には日誌記載の練習となると共に、他面には復習用ともなり、兼ねて消夏の一法ともなるべし。小学児童に用いしめて可」との評価がなされている。

浅見文林堂は、東京人形町の鶴喜から浅見文吉が一八九七（明治三〇）年に独立し創業した。東京市内の一般取次として知られたが、のちに教科書や参考書等の出版取次に仕事をしぼっていったという。[注24]教科書類の取次を行っていたことから、学校でのニーズをいち早く汲んで夏季休暇日誌を商品化したのだろう。「弊堂が暑中休暇日誌類の鼻祖として明治三〇年以来其任務の重大なるを自覚し〔後略〕」[注25]との文言には、夏季休暇日誌のパイオニアとしての自負がうかがえる。

浅見文林堂と同じく、浅見文昌堂もまた早い時期に夏季休暇日誌の販売を開始していた。[注26]浅見文昌堂は浅見鉦太郎が名古屋門前町で一八八八（明治二一）年三月に創業、国定教科書特約販売店として栄えた。[注27] 二代目鉦太郎が文林堂で修行をしたということからも、文林堂と文昌堂は関係が深く、縁戚関係にあったのではないかと推測される。これらの夏季休暇日誌は、様々な教科の課題に加え、日記欄があり、一冊で課題と日記を完了できる仕様であった。浅見文林堂や浅見文昌堂のような教科書の取次・販売店以外に、早い時期から夏季休暇日誌を発行しはじめたのは教育関係雑誌あるいは少年少女雑誌を発行していた版元である。[注28]

博文館は日清戦争後に各種雑誌を統合し、巖谷（いわや）小波（さざなみ）を主筆として一八九五（明治二八）年一月に『少年世界』を創刊、好評を博していたが、同じ時期に日記帳市場にも参入し、それ以降日記帳の出版文化を牽引したといわれる。[注29] 博文館は一九〇六（明治三九）年から夏季休暇日誌も手掛けるようになった。最初に『夏期休暇　女学生日誌』、翌年の一九〇七（明治四〇）年からは『夏期休暇　小学生日誌』を発行した。

博文館の夏季休暇日誌は皇族グラビアや風景などが写真口絵に挿入され、日記欄を中心に据えつつ、国定教科書に関連した課題や読み物などを交えた形式であった。最後のページには、幻灯機が映し出され、教員が評価を書き入れる枠が用意されるなど、学校で用いるための工夫もこらされていた（❷）。

金港堂も一九〇一（明治三四）年から『教育界』や『少年界』、のちに『少女界』などの雑誌も手掛けるようになったが、[注30] 一九〇九（明治四二）年には『休暇日誌』（❸）、『夏期休暇　女学生日誌』、『夏期休暇　小学生日誌』の三種を発行した。

また、雑誌『日本之少年』『少女之友』で人気を博した実業之日本社でも、一九一〇（明治四三）年に『小学児童お休み日記』を刊行した。こちらは夏季・冬季ともに使用でき、年度の縛りもないものであった。

こうした少年少女雑誌の版元が日記帳を手掛けるようになったのは、雑誌において日記文の投稿がさかんであったためだと考えられる。綴り方教育においても日記が重視されたが、一九〇〇年代以降、投書雑誌においても日記の募集がさかんになっていた。[注31]

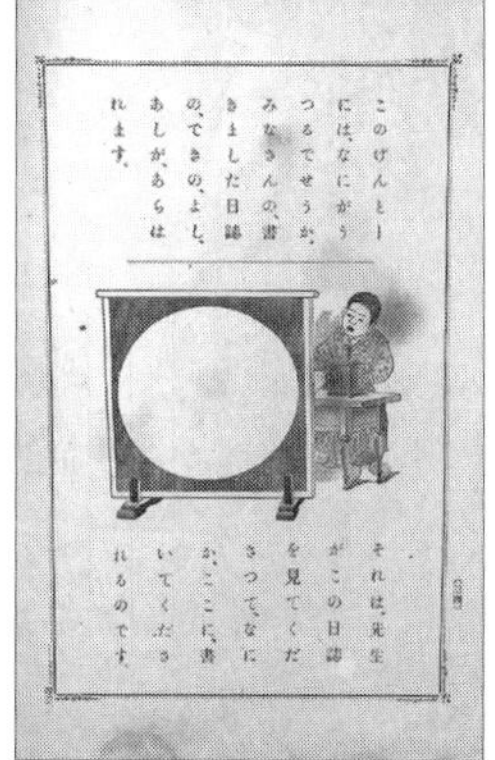

このげんとーには、なにがうつるでせうか、みなさんの、書きました日誌の、できの、よし、あしが、あらはれます、

それは、先生がこの日誌を見てくださつて、なにか、ここに、書いてくださるのです、

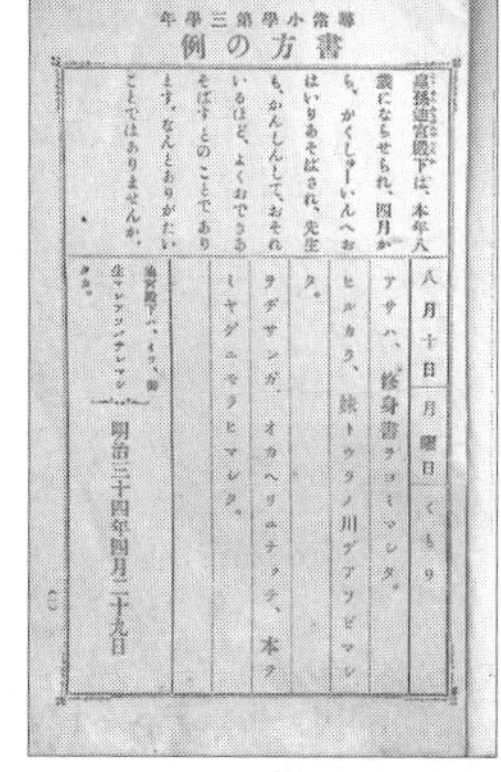

尋常小學第三學年

書方の例

皇孫迪宮殿下は、本年八歳にならせられ、四月から、がくしゅーいんへおはいりあそばされ、先生も、かんしんして、おそれいるほど、よくおでうそばすとのことであります、なんとありがたいことではありませんか。

八月十日　月曜日　くもり

アサハ、修身書ヲヨミマシタ。

ヒルカラ、妹トウラノ川デアソビマシタ。

ヲヂサンガ、オカヘリニナツテ、本ヲミヤゲニモラヒマシタ。

迪宮殿下ハ、イツ、御生マレアソバシマシタカ。

明治三十四年四月二十九日

❷『明治四十一年夏期休暇　小学生日誌　尋常小学第三学年生用』（博文館、1908 年）

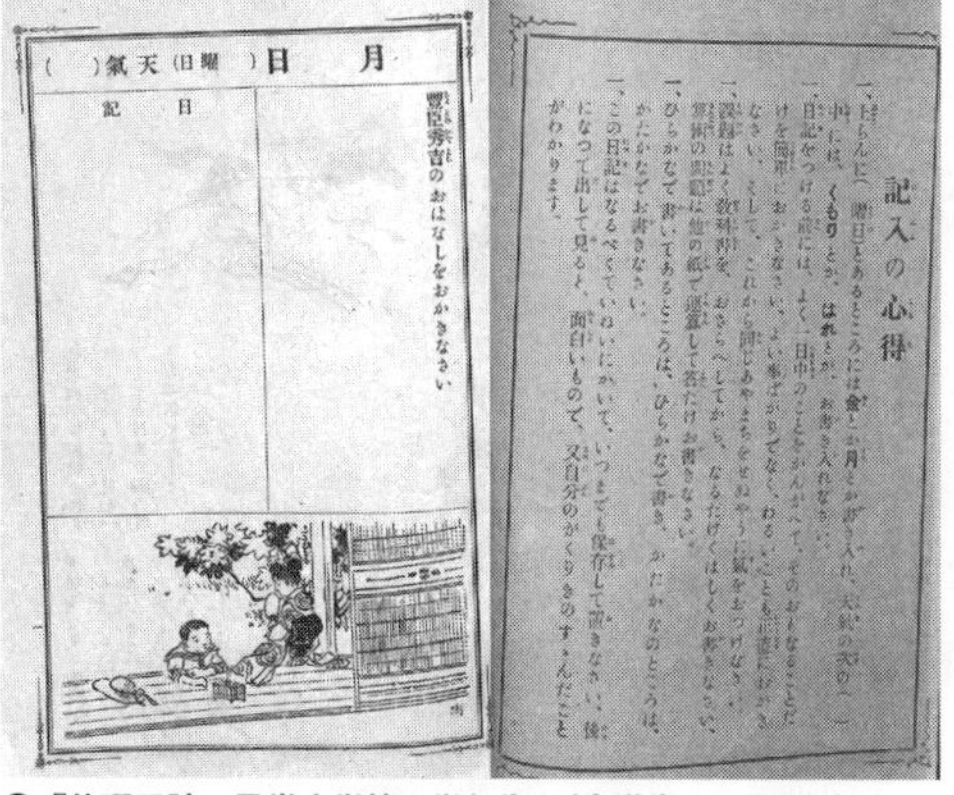

月　日（　曜日）天氣（　）

豊臣秀吉のおはなしをおかきなさい

日記

記入の心得

一、日らんに（曜日とあるところには金とか月とかお書き入れ、天氣の次の（　）中には、くもりとか、はれとか、お書き入れなさい。

一、日記をつける前には、よく一日中のことをかんがへて、そのおもなることだけを簡單におかきなさい、よい事ばかりでなく、わるいことも正直におかきなさい、そして、これから同じあやまちをせぬやうに氣をおつけなさい。

一、課題はよく教科書を、おさらへしてから、なるだけくはしくお書きなさい、算術の問題は他の紙で運算して答だけお書きなさい。

一、ひらかなで書いてあるところは、ひらかなで書き、かたかなのところは、かたかなでお書きなさい。

一、この日記はなるべくていねいにかいて、いつまでも保存して置きなさい、後になつて出して見ると、面白いもので、又自分のがくもんのすゝんだことがわかります。

❸『休暇日誌　尋常小学第五学年生』（金港堂、1909 年）

この傾向は少年少女雑誌においても同様で、例えば博文館では『少年世界』夏の特別懸賞として「休暇日記」を募集し[注32]、金港堂でも『少年界』『少女界』各誌において、一日分の日記を一五〇字以内で葉書に書いて投稿する「少年日記」「少女日記」欄が設けられた。実業之日本社の『日本少年』や『少女の友』でも「お正月松の内の日記[注33]」や「暑中休暇日誌」を懸賞募集しており[注34]、懸賞に合わせて『お休日記』を特価で売り出した。

これらの少年少女雑誌は、誌面において日記の効用を説き、日記をつけることを推奨することで日記文の投稿を募った。同時に、誌面で自社の夏季休暇日誌を宣伝することで、投稿者を夏季休暇日誌の消費者としても育てていった。また、雑誌の誌面だけはなく、「日記をうまくつけたい人（中略）は、此の本を御覧なさい[注35]」と、『少年／少女日記の手本』（金港堂、一九一〇年）や『少年少女　作文の秘訣』（実業之日本社、一九一二年）など、休暇日誌を購入した子どもたちへの手引きも提供した。

一方、子どもだけでなく教員向けの宣伝も行われていた。同文館は、雑誌『小学生』では自社の夏季休暇日誌を子どもたちへ宣伝するかたわら、『教育学術界』では教員に向けて学校単位の発注による割引を案内するとともに、夏季休暇日誌を用いた研究成果の懸賞も行っていた。つまり、教員に同文館の『夏期練習帳』を採用してもらい、児童が『夏期練習帳』を使用した結果を誌上で報告してもらうことで、夏季休暇日誌の販売促進と次年度にむけた改善を図ろうとしていたのである[注36]。

このように各版元は、雑誌の読み物や広告、そして投稿熱を利用しながら子どもたちに日誌の購入を促し、あるいは学校での採択を左右する教員にも実践報告の場をつくることで、夏季休暇日誌の販売を学校内外で促進していった。

夏季休暇日誌の採択

ここまで、市販の夏季休暇日誌の展開についてみてきたが、ここからは小学校での採択についてみていこう。

『全国附属小学校の新研究』（金港堂、一九一〇年）に掲載された群馬県師範学校附属小学校の報告によると、この小学校では多くの学級で同文館の夏季休暇日誌を採用していたという。同文館のものを採用した理由としては、学年別に展開されていること、難易度が低いため児童の負担が少ないことなどが挙げられた。ただし、誤字の多い点や問題の程度が低すぎる点などは欠点とされ、夏季休暇の前に児童に配布したあと、内容を一部修正させていたようである。[注37]

ほかに、福井県師範学校附属小学校でも「夏期休暇には、数年以来東京書肆より夏季休暇練習帖或は休暇日誌等の名を以て発行せるもの、中適当なるものを選択して児童に持たしめ」たといい、一九一一（明治四四）年も同文館・文昌堂のものを採用したとの報告がある。[注38] 同文館の採用が多いのは、先にみた『教育学術界』における懸賞の影響もあるかも知れない。

ただ、群馬県師範学校附属小学校のある訓導は、夏季休暇日誌の選択について以下のように述べている。

> 近頃練習帖の発行されたるもの夥しく、選択に頗る困難するのである。又練習帖を使用せしむることを絶対に反対するものなどもあるが、教育的に編まれたるものは多くの長所を持つて居て、乱雑なしかも不明瞭な謄写ずりなどを授けるよりも遙かに勝つてゐると思ふ。[注39]

ここからわかるのは、市販の夏季休暇日誌が多様に出版されていたこと、一方で市販のものを用いることに否定的な意見があったこと、さらに市販の夏季休暇日誌ではなく「乱雑なしかも不明瞭な謄写ずり」を用いるケースがあったことである。なぜ市販の夏季休暇日誌に否定的な意見があったのだろうか。考えられるのは、難易度など課題の内容のほかに、供給の問題、さらに価格の問題である。

まず供給の問題について、博文館を例にみていこう。一九〇九（明治四二）年六月二〇日に発行された『小学生日誌』

は、約一か月後の七月二七日には一〇版が発行されている。[注40] これは『小学生日誌』の売り上げの大きさを裏付けるものだが、一方で需要の見込みを大きく上回ったことも示している。実際に一九一二（明治四五）年七月の『女学生日誌』の広告では、再版も売り切れたことを知らせた上で「三版を出す余日なし」、さらに「割引売捌撤回」ともある。同じ年の『小学生日誌』の広告もまた「昨年は中途にて売切た」[注41] とある。

博文館の『当用日記』や『懐中日記』についても同様に、「年末に切迫しての需要者には初刷雑誌準備多忙の為め再版を企て難く充分なる供給を為し能はざりし」という状況であり、「販売予定数が果して年末迄持続し得るや否や保し難き所」であるため早期購入を求めていた。[注42] 多数の雑誌を定期的に刊行していた博文館においては、使用時期が限定される夏季休暇日誌の在庫を管理しつつ需要にすべて応えていくことは難しかったようである。

同じく、同文館もまた雑誌『小学生』上で夏季休暇日誌の好評に感謝しつつ「私共は雑誌『小学生』のために全力を注いでゐますので、外に、あの様に時間がかゝり、又面倒なものを編纂するだけの力も暇もなかつた」と雑誌編集のかたわら休暇日誌を発行することの大変さを吐露していた。[注43]

学級あるいは学校単位で宿題として夏季休暇日誌を課す場合、在庫が途中でなくなったり、人数分の日記帳が入手できなかったりということは教授上大きな障害となる。したがって、正確な供給が見込みにくい市販の夏季休暇日誌を購入することはためらわれる側面もあったのではないだろうか。

いまひとつの大きな問題は、価格の問題である。博文館の夏季休暇日誌は家庭用としてだけではなく学校単位での使用も見据え、定価は一冊五銭から七銭、郵税二銭に対し、五〇冊以上で五分引き、一〇〇冊以上で一割引などの割引価格が設定されていた。[注44]

このような割引に対応していたのは、博文館だけではなかったようである。❹は、文昌堂の『国定教科書準拠暑中学校　尋常小学第四学年用』（一九一三年）の見本誌に挟み込まれた広告である。この日誌は正価五銭郵税二銭との記載があるが、広告には「学校より一纏めにして御注文被下候節は特別割引各年共一冊郵送料を合わせ金三銭

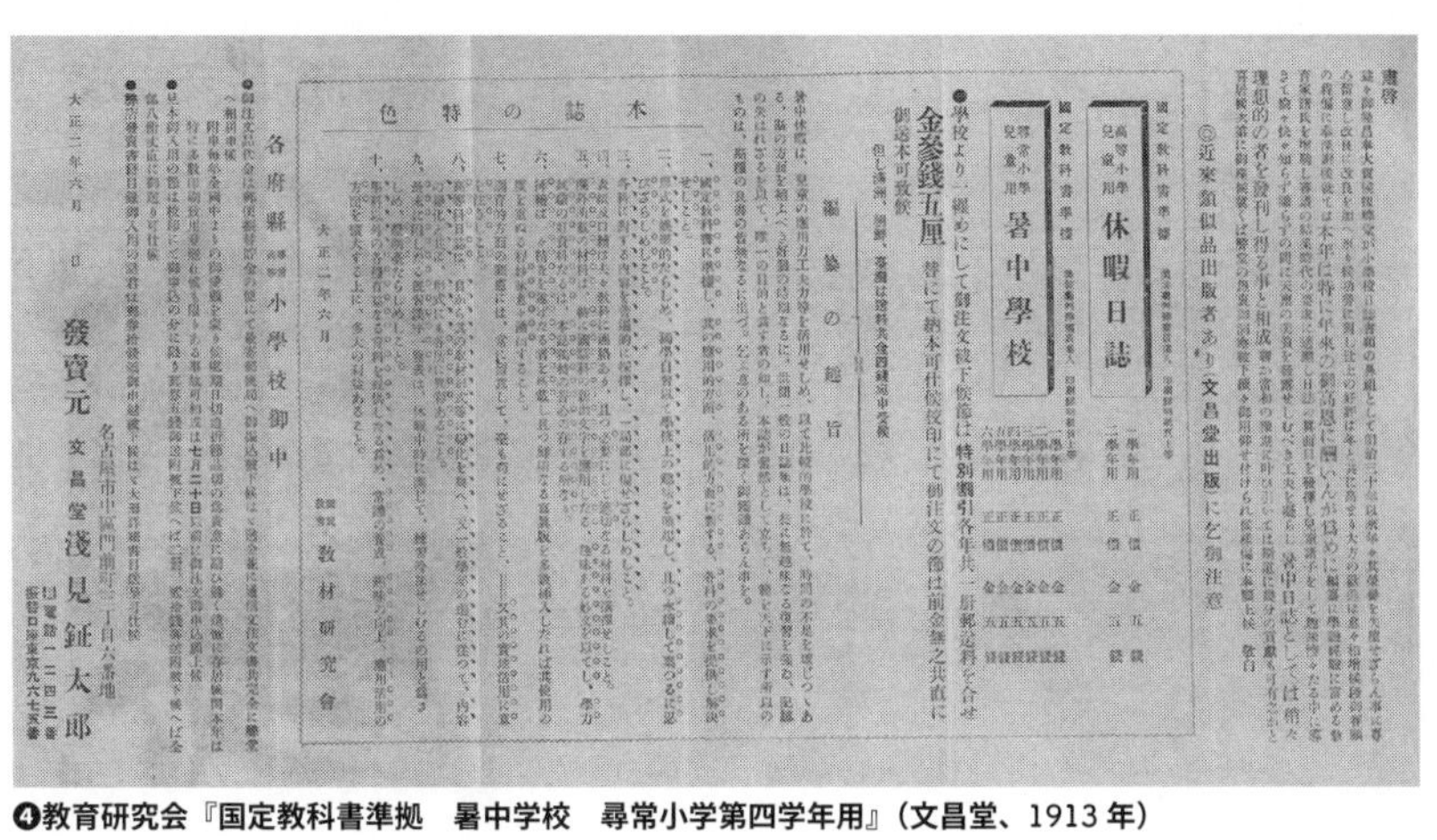
謹啓

◎近来類似品出版者あり（文昌堂出版）に乞御注意

國定教科書準據

高等小學児童用 休暇日誌

國定教科書準據

尋常小學児童用 暑中學校

●學校より一纏めにして御注文被下候節は特別割引各年共一册郵送料を合せ

金参錢五厘 替にて納本可仕候校印にて御注文の節は前金無之共直に御送本可致候

本誌の特色

編纂の趣旨

大正二年六月

教材研究會

各府縣 小學校御中

大正二年六月 日

發賣元 文昌堂 淺見鉦太郎

名古屋市中區門前町二丁目六番地

❹教育研究会『国定教科書準拠　暑中学校　尋常小学第四学年用』（文昌堂、1913 年）

五厘」、しかも「校印にて御注文の節は前金無之共直に御送本」ともあり、学校での採用を見込んで大幅な値下げをしていたことがわかる。同文館でも同じく冊数に応じた割引を行っており[注45]、同様の値引きを行っていたところは少なくなかったと推測される。

このような価格競争の背景には、学用品の高さが社会的な問題となっていたことがあった。そもそも日露戦争後は財政が大きく悪化し、一九〇八（明治四一）年に発布された戊申詔書では勤勉倹約がうたわれ[注46]、町村ならびに小学校においても勤倹貯蓄が奨励された[注47]。

一方で一九一〇（明治四三）年ごろには「今日の教授は大体学用品がなければ出来ない」といわれ、学用品費は年間五円一三銭にのぼるという状況であった[注48]。教員の間では筆記帳をはじめとした学用品の研究が行われるようになり[注49]、学用品を統一することで教授上の効果が上がるとの議論もさかんになってはいた[注50]。しかし一定の学用品を購求させることが保護者の大きな負担になり[注51]、結果的に就学率の低下を招いたり、あるいは「学校と商人との関係に〔中略〕誤解邪推」をうみ中傷を受けたりという問題が生じていた[注52]。

一九一二（明治四五）年六月には文部省通牒「小学校児童学用品其ノ他ノ費用節約方」が出され、「学用品其ノ他ノ費用」を節約する方法を講じ、取り締まることが各地方長官に求められた[注53]。筆記帳類の学用品は保護者負担であったために、一定の学用品を用いようとする場合、可能な限り廉価なものを選択するよう慎重にならざるを得なかったと考えられる。

先にみた群馬県師範学校附属小学校でも、同文館の夏季休暇日誌を採択するにあたって、「休暇中児童に使用せしむべき『練習帳兼日誌』は印刷物にして相当のものこれあり候に付御差支これなく候はば学校に於いてまとめて購入し使用せしめ度御意見の程御伺ひ申し上げ候」との案内を出し、保護者に同意書を書かせるなど慎重な対応をしていた。▼注54

以上みてきたように、地域や学校によっては、価格や供給などの問題で市販の夏季休暇日誌を採択することは難しかったと考えられる。では市販の夏季休暇日誌を用いない場合は、どのような形で課題を出していたのだろうか。

4　謄写版から共同購入へ

謄写版の夏季休暇日誌

❺は、京都府加佐郡共立尋常高等小学校の夏季休暇で配布された「日課表」である。共立小学校では、保護者への案内と心得に加え、この学年ごとの日課表が謄写版で印刷・配布されていた。この日課表をもとに各自が自身の帳面に記入したものと推測される。この様式をとっていた学校は一定数以上あったとみられ、「日課時間割表」を作成・配布した実践報告が雑誌上で散見される。▼注55

おそらく、こうした「日課表」に対応して作成されたと思われるのが、❻「明治四十五年冬期休業日誌」である。これは冬季休暇用のものだが手製本で、前半が課題、後半が日記の構成である。前半の課題部分は問の答えのみが記されていることから、おそらく日課表など問題は別途指示があったものと考えられる。

一方で、日誌そのものを謄写版で印刷、配布した学校もあった。❼は京都府宇治郡山階尋常高等小学校での「暑中休暇日誌」の様式である。この学校では「無味乾燥ナル白紙」では児童の興味を惹くことができないと、独自の

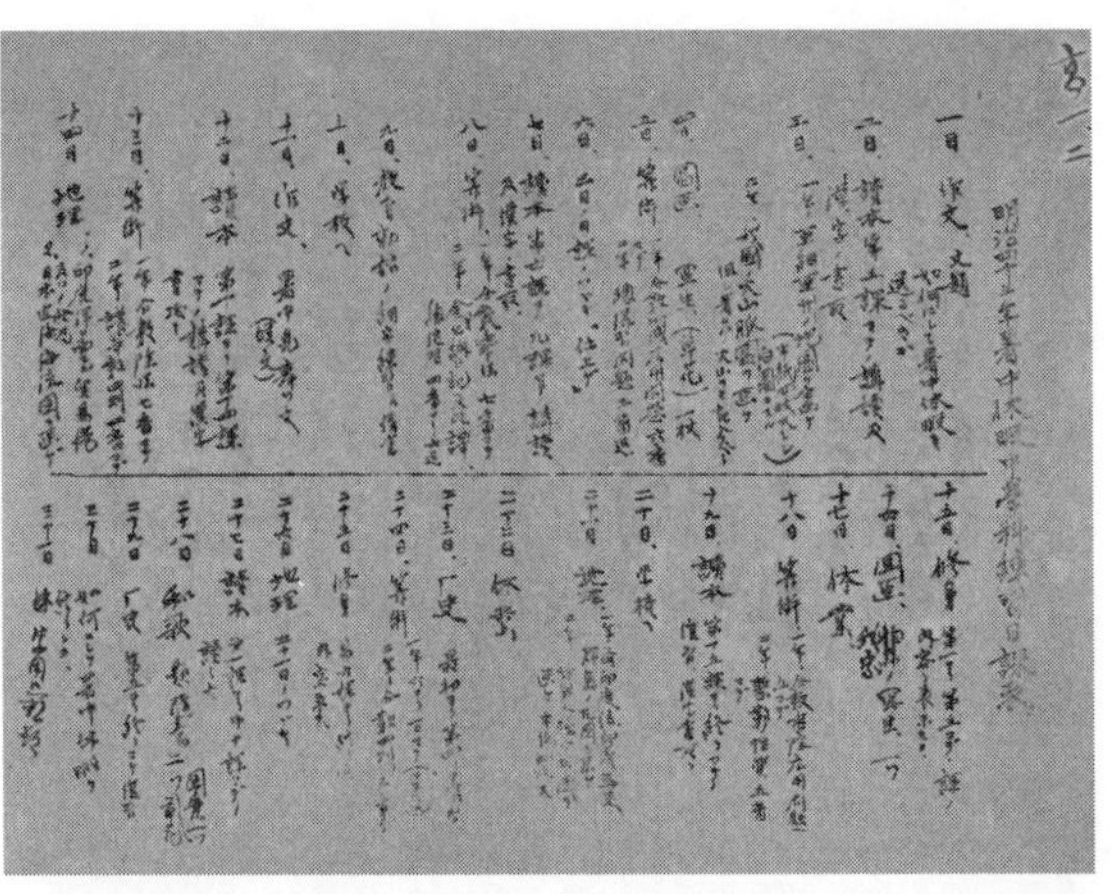

❺京都府加佐郡共立尋常高等小学校「明治四十三年暑中休暇中学科練習日課表」
京都府立京都学・歴彩館　上野家文書

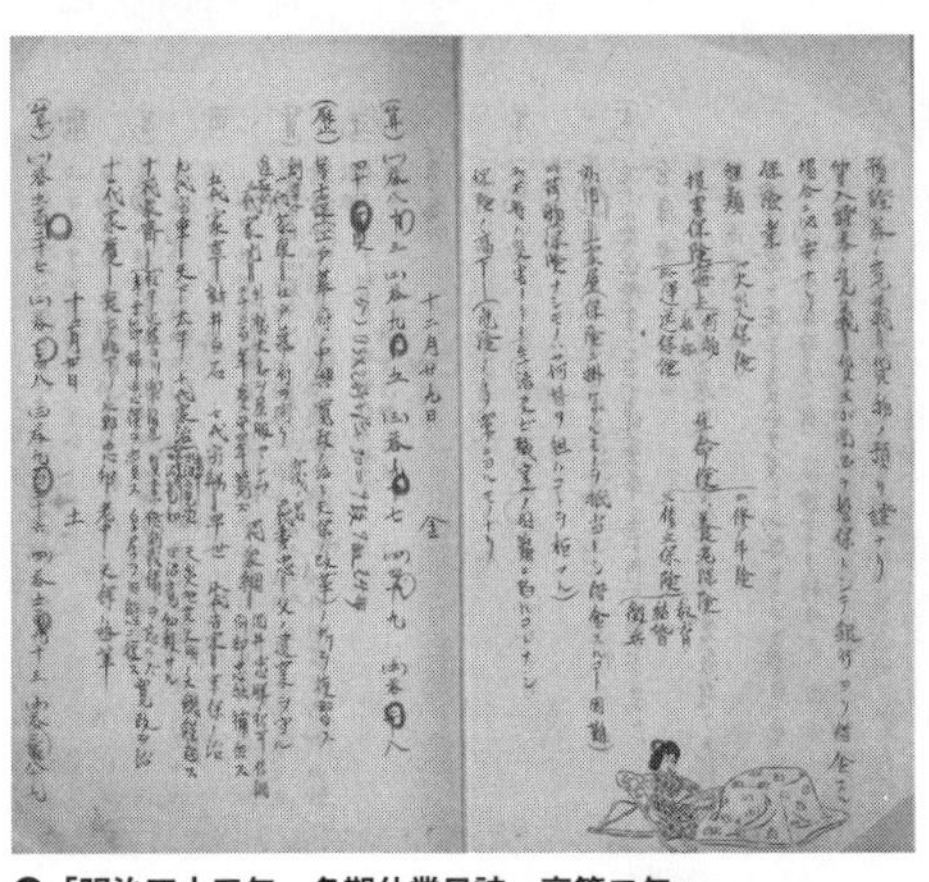

明治四拾五年
冬期休業日誌
高等貳年

❻「明治四十五年　冬期休業日誌　高等二年」

様式で日誌を編纂することにしたという。[▼注56] 編纂にあたっては委員会が市販品や教科書を参考に課題を設定し、「各学級担任教員ハ謄写盤ヲ以テ之ヲ印刷シ当該学級児童ニ配布シ」たという。

同じように、宮崎県の多くの小学校でも謄写版で印刷、あるいは各自で欄を作成した日誌が配布されていた。例えば山田尋常高等小学校では、「児童ヨリ半紙ヲ徴収シテ休暇日数ニ対スル日誌練習帖ヲ謄写シテ各児童ニ附典」したという。[▼注57] 宮崎県文書センター所蔵のある「休暇日誌」は上下に二分割、上に課題、下に日誌という様式で、課題や挿絵などが配置されている（❽）。欄外の慣用句やレイアウトなどは、浅見文林堂や文昌堂のものとかなり似ている。❼の山階尋常高等小学校の例でも「内容及形式ハ之ヲ世上ニ行ハル、日記類ヲ取捨選択」したとあり、各学校・各地域で独自に休暇日誌を編纂する場合においても、先行した市販の夏季休暇日誌に少なからぬ影響を受けていた様がうかがえる。

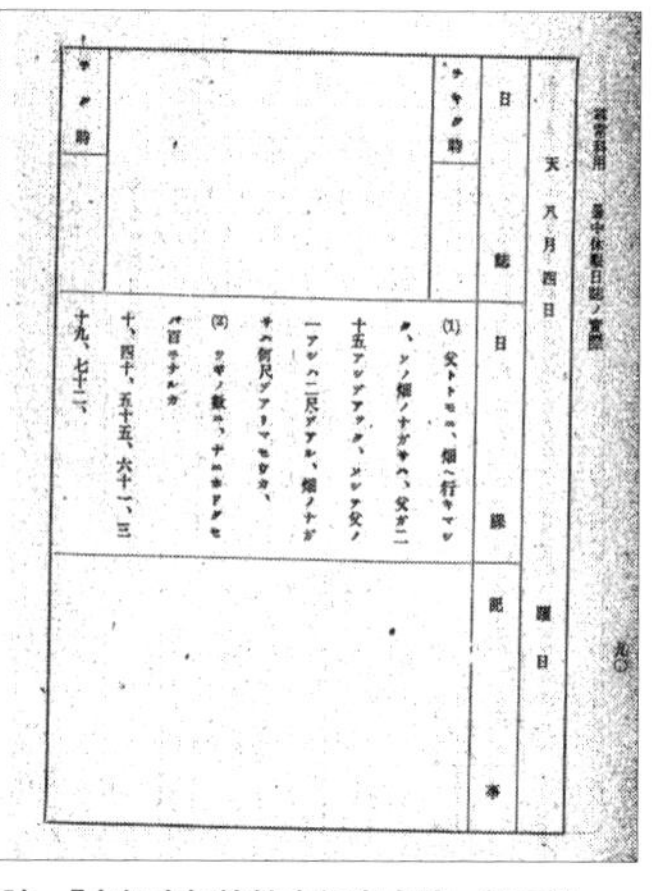

天　八月四日　曜日

日誌

日課記事

(1) 父トトモニ、畑ヘ行キマシタ、ソノ畑ノナガサヘ、父ガ二十五アシアアッタ、ソシテ父ノ一アシハ二尺アル、畑ノナガサハ何尺デアリマセウカ、

十、四十、五十五、六十一、三十九、七十二、

九〇

天　八月二十七日　曜日

日誌

日課記事

水ガ海ニユクマデノミチスヂヲ作文ニナサイ

九一

❼「宇治郡山階尋常高等小学校ノ暑中休暇日誌」『京都府初等教育優良事蹟　第二篇』（京都府内務部学務課、1908 年）、90 ～ 91 頁。国立国会図書館デジタルコレクション

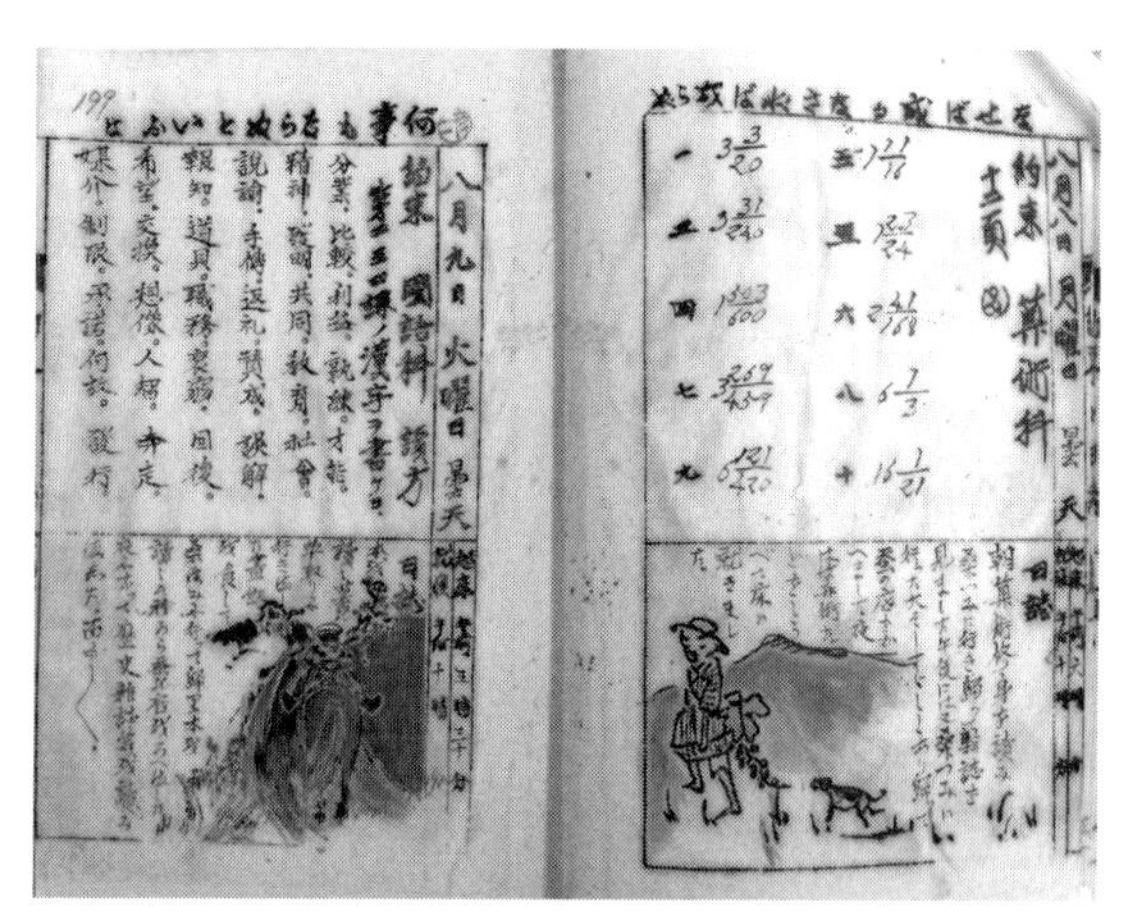

❽「明治四十三年八月　休暇日誌」宮崎県文書センター所蔵

一方で、各学校または地域において、謄写版で作成・配布された日課表や休暇日誌は「乱雑なしかも不明瞭な」ものになってしまう。また「労した丈けの効果があるならばまだしもの事、労苦に比して其の効果は微々たるもの」▼注58との評価もみられ、教員にとっては大きな負担となっていたようである。

教授を円滑にするためには統一された学用品が必要だが、一方で価格を低く抑えられ、供給も安定した謄写版の夏季休暇日誌は不明瞭かつその作成は多忙な教員には大きな負担であった。かといって、保護者の金銭的負担や就学状況の維持を考えると、高価で供給に不安のある市販の夏季休暇日誌を採択するのも難しい。①統一されたもので、②教員の負担が少なく、③しかも安価というこれらの条件をすべてかなえたのが、地域ごとに同一の夏季休暇日誌を製造し一括で使用する、いわゆる共同購入という方法であった。

地域ごとの夏季休暇日誌へ

教授用品研究会は、東京教育博物館や東京師範学校関係者を中心に一九〇九（明治四二）年に組織された団体で、衛生的かつ経済的で、教授上有益な学用品を研究し、業者に製造を依頼するなどの活動を行っていた。[注59] 教授用品研究会の例会で、ある校長は以下のように述べた。

> 学用品に対する父兄の負担を減ずるには、共同購入に限る。一緒に製作を命するといふ事は、独り経済上の利益ばかりでなく、全級の児童様式を一にすることを得て、教授上に於ても亦非常な便利が得られる〔中略〕私の学校で一括して商人に命じて製作さして居つた一冊五銭の算術練習帳を、今度神田区全体の小学校が共同して製作させる事になつた結果、同じ冊子が一冊三銭で供給する事が出来る様になつた。[注60]

同一の様式の筆記帳を区単位で発注し、共同購入をすることで価格が大きく下がったという報告である。学用品のなかでも特に需要が高まったのは筆記帳類だが、当初は「多くは、紙商または帳簿商の副業となすものにして〔中略〕間合はせ的のものに過ぎ」なかった。[注61] しかし、「教育的に専業的に」児童用の筆記帳を扱う業者もあらわれた。先鞭をつけたのは大阪の鐘美堂で、一九〇四（明治三七）年に発売した「練習帳」がその最初期のものといわれる。[注62] 東京でも博文館系列の文房具類製造販売会社として文運堂が一九〇九（明治四二）年九月に設立された。[注63]

これらの業者では、注文に応じた筆記帳類の生産にも対応した。例えば、文運堂では「目録に掲載無之特種の御註文をも、多少に拘はらず、迅速廉価に調製」するとあり、[注64]実際に東京女子高等師範学校附属お茶の水小学校では文房具研究会で考案した筆記帳を「文運堂へ命じて調製さして居」たという。[注65]同様に、鐘美堂でも「一郡又は団体の御考案により〔中略〕原稿御送附被成下候はゞ御希望に応じ特に調製可仕候」[注66]と、学校や地域の注文に応じた筆記帳の製造を行っていたことがわかる。先にみた神田区の例も、やはりこれらの業者に依頼して製造したものと推測される。

❾普通教育研究会編『尋常小学　なつやすみおさらひてふ　第二学年』（鐘美堂書店、1913年）

文運堂や鐘美堂では、学校での使用を明確な目的として教育界と協力しながら筆記帳類を廉価に製作・販売したが、夏季休暇日誌も刊行していた。❾は普通教育研究会編纂、鐘美堂発行の夏季休暇日誌である。浅見文林堂や博文館のものと同様に、口絵つきで一日一頁、課題と日記欄が一体となった様式であった。鐘美堂では、単色刷表紙で三銭のものや、多色刷表紙で四銭のものなど、筆記帳類と同じく夏季休暇日誌も多様に展開していった。

さらに重要なのは、こうした業者が他の筆記帳と同様、夏季休暇日誌についても地域の注文に応じたものを発行していたことである。❿の『尋常小学夏期練習帖』は、表紙右上に「福井県用」とあり、編集は若越教授法研究会、印刷は鐘美堂第二印刷所とある。口絵や注意書きなどは鐘美堂発行の❾と類似していることから、鐘美堂に発注したものと考えられる。『福井県教育会雑誌』に大きく広告が掲載されていることからも、[注67]先にみた神田区の例のように県単位で発注することで価格を抑えることができたのだろう。

ほかにも、地域の出版物を手掛けた書肆が夏季休暇日誌を手掛けた例もあった。⓫神奈川県教育会の『夏季復習日誌』（一九一三年）がそれである。印刷所は神奈川県教育会の機関誌『神奈川県教育会雑誌』と同じく横浜市青木町の木曾書店印刷部である。冒頭には「書入の心得」および「明治天皇御製（物学ぶみちにたつ子よ怠りにまされる仇はなしとしらなむ）」があるが、その上に学校で配布された謄写刷「夏休ノ心得」が貼り込まれている。

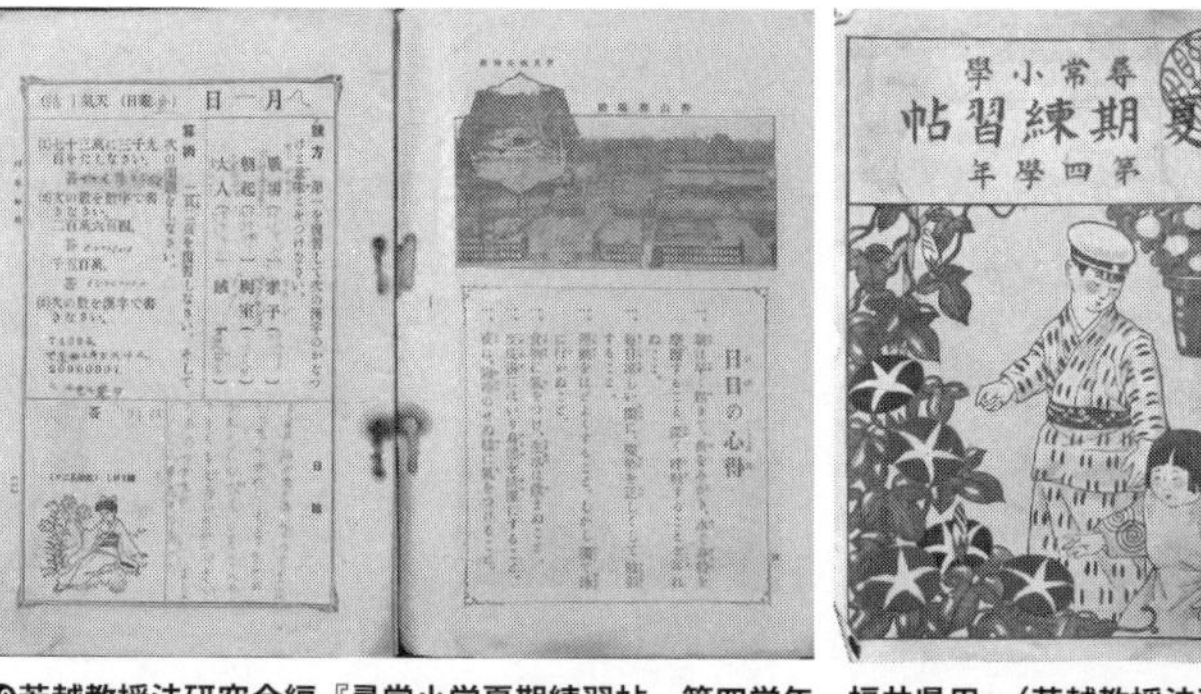

❿若越教授法研究会編『尋常小学夏期練習帖　第四学年　福井県用』（若越教授法研究会、1913 年）　福井県文書館寄託　坪田仁兵衛家文書

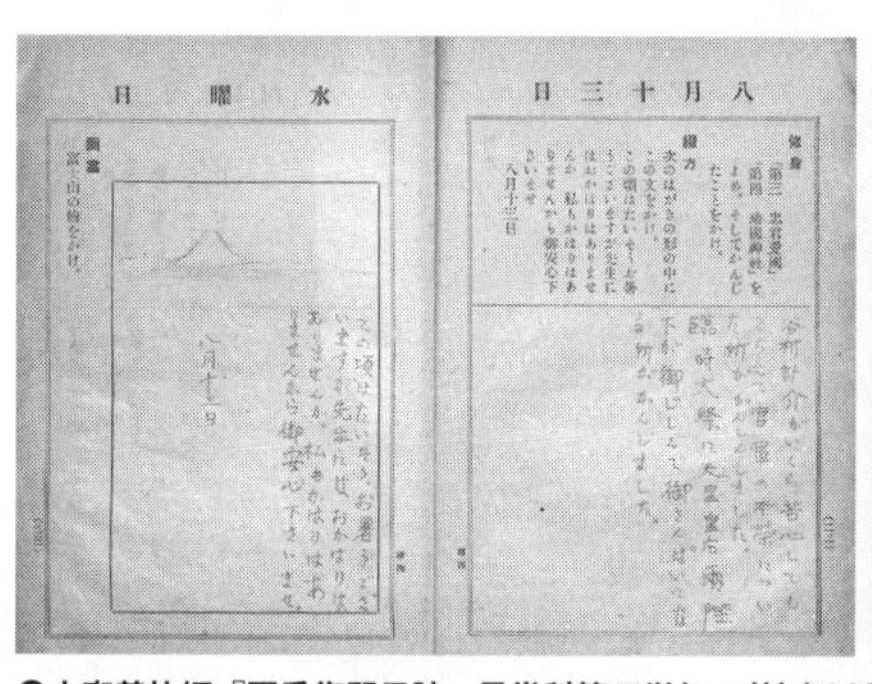

⓫小宮義比編『夏季復習日誌　尋常科第四学年』（神奈川県教育会、1913 年）　近代日本の日記帳コレクション（福田日記資料コレクション所収）目録番号 38

明治末期から大正期にかけて、神奈川県のように徐々に地域ごとに製作・発行された夏季休暇日誌が増加してくる。それは、市販の夏季休暇日誌を用いる場合に問題となった難易度などの内容面のほか、供給や価格などの問題をクリアしえたからだろう。

例えば、神奈川県教育会の夏季休暇日誌の場合、価格は尋常小学校用で三銭五厘から四銭、高等小学校用で五銭から六銭とさだめ、原稿を神奈川県内の各市郡に回覧し、意見を聴取して編纂したという。▼注68 内容については、一九一三（大正二）年版は前年度のものが「郡部に於ては分量多く程度高きの感あれば少しく分量を減じ程度を低め」るという変更がなされたほか、[注69]一九一七（大正六）年版からは「生徒の十分なる感興を惹かず〔中略〕愛着の念薄」いという欠点を改善すべく表紙の図案を懸賞募集とすることになった。[注70]

さらに供給の問題についても、一九一一（明治四四）年度は、当初二万五〇〇〇冊の発行を予定していたが、結果的には例年五万冊程度を売り上げていた。[注71]東京の書肆に追加で依頼するよりは、はるかに部数の調整が簡単だったとみられる。[注72]

以上みてきたように、夏季休暇日誌を地域単位で共同製作・共同購入することによって、内容を児童の実情に合わせ、なおかつ廉価で安定した供給も可能になった。もちろん、地域によっては謄写版あるいは手製の休暇日誌を用いた学校もあるようだが、大正期には地域ごとの夏季休暇日誌が増加していき、同時に博文館など大手の版元による夏季休暇日誌の発行は大幅に減少してゆく。[注73]

「各地の小学校では土地ごとの教材を活用するようになり、独自に編集した練習帳や学習帳を用いることが多くなってきた」[注74]と文運堂の社史において述べられているように、明治末期以降は、地方改良運動のもと小学校における教授の実際化、郷土化がすすめられ、大正なかば以降の文部省による社会教育振興、昭和初期の郷土教育振興へとつながり、[注75]郷土教材が用いられることが増加していった。

文林堂や富田屋、積善館などからも引き続き夏季休暇日誌は発行されるが、一九二〇年代に入ると、例えば静岡県教育会『夏休みの友』、[注76]岐阜県教育会『夏休み』、[注77]京都府教育会『朝の間』[注78]など、各地の教育会ごとに制定されることが一般的になっていったとみられる。

ここまで、発行団体の変遷を中心に、夏季休暇日誌の展開をみてきた。日記と課題が一体となった夏季休暇日誌は当初、教科書類の取次や少年少女雑誌の版元が手掛けた。しかし流通や価格の問題から、市販の夏季休暇日誌を参照しつつ謄写版で日誌や日課表を作成した学校も多く、一九二〇年代には地域ごとの夏季休暇日誌が主流となっていった。

一方で夏季休暇日誌の枠組みの変遷に注目すると、日記欄は徐々に小さくなっていき、唐澤も指摘したように、一九二〇年代になると日記欄をもたない夏季休暇日誌が多くなっていったことがわかる。なぜこのような枠組みの変化が起こったのか、次節ではこの問題について、夏季休暇日誌の役割という観点から考察していくこととする。

5　夏季休暇日誌の役割

管理者としての夏季休暇日誌

これまでにみてきたように、夏季休暇日誌は一九一〇年代から小学校でさかんに用いられるようになった。その主だった役割は、①修身科の課題としての児童の生活・家庭の把握と管理、②国語科の課題としての綴り方の上達のふたつに集約される。では、この①②についてそれぞれの役割をみていこう。

まず①児童の生活の管理についてである。教員による夏季休暇日誌に関する事後研究においてもやはり、児童の生活や家庭でのしつけがどのようなものであったかを日記欄の記述から統計的に把握しようとしたものが多くみられる。▼注79 善行調査や家庭生活の把握には、ある程度夏季休暇日誌が効果を上げたと考えられる。

夏季休暇前に保護者にむけて「心得」を配布していたことは先にみたとおりだが、夏季休暇日誌そのものも「父兄をして児童学習事項の大要を窺はしむる方便▼注80」として、つまり「保護者に学校教育の大体を窺はしむる▼注81」ための役割も期待されていた。

さらに、休暇日誌の「最も有効なる処理法▼注82」として、「成績品展覧会」も度々実施された。▼注83 ある記事では、「一般児童は勿論父兄其他有志を学校に招きて、暑中休暇中の児童学習の状況を観察せしむる」ことによって「児童に対して利益なるのみならず、父兄並に一般有志に対して学校と連絡を計り且又教育上に力を致さしむる上に於ても」効果があると述べられている。児童への教育効果のみならず、学校と家庭、さらに「一般有志」との連絡がはから

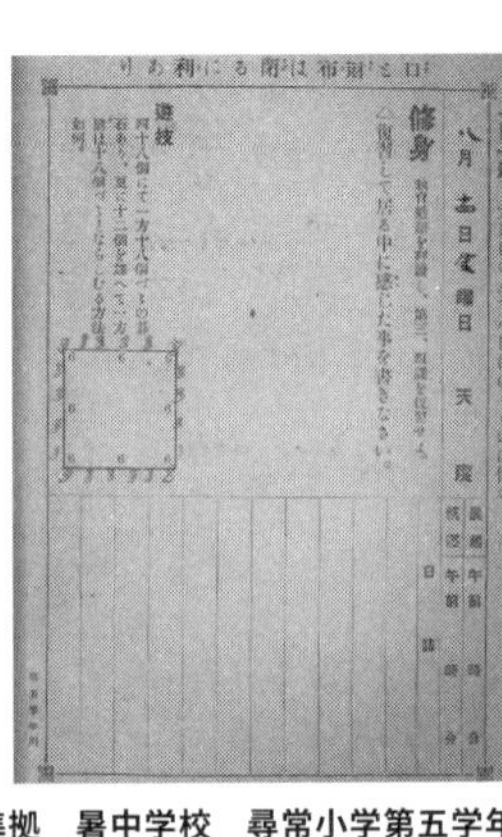

⓬普通教育研究会『国定教科書準拠　暑中学校　尋常小学第五学年用』（浅見文吉、1914 年）

れている点が注目される。

この時期は町村経済の立て直しとそれによる国富の強化、さらに国民道徳の徹底を目指した地方改良運動がすすめられており、小学校は町村の中心として子どもの教育を行うだけでなく、子どもの生活を管理することを通して、家庭、さらに地域社会を啓蒙していくことが小学校ならびに教員の使命となっていた。▼注84

花井信は一九〇〇年代以降、学芸会が「学校による地域民の教化▼注85」の手段となっていたこと、地方改良運動下において教育勅語や戊申詔書を掲載した通知表が広く使用されるようになったことを指摘し、「民衆がこれらに接する機会はそれほど多くな」かったものの、「子どもの教育を通じて、親はそれらを目にすることに」なったと述べる。

夏季休暇日誌も、通知表と同様の役割を果たしたのではないだろうか。夏季休暇日誌は冒頭に皇室関係の口絵を掲げ、⓬の修身の課題に「教育勅語を拝読し、第一、二課を復習せよ」とあるように事あるごとに教育勅語の奉読を求めた（⓬）。さらに、それらを成果物として展示し、地域に公開していくことによって、保護者や地域へ学校的秩序を拡大していこうとした。夏季休暇日誌は、児童や家庭の生活の管理・把握という役割だけでなく、地域の教化にも一定の役割を果たしたと考えられる。

綴り方のための「日記」

一方で、②綴り方の上達という効果についてはどうだろうか。

群馬県師範学校附属小学校で三年生を受け持ち、同文館の夏季休暇日誌を採用した訓導は、休暇日誌の成果として「休暇中に於ける児童の生活状態などを伺ふに足る」と、①の結果については評価している。

夏季休暇日誌のなかでも「熱心の最も溢れてゐるものは、図画成績で〔中略〕就中彩色を好むもの、如くであつて、練習帖中の挿絵は美しく彩られてある」▼注86とする一方で、「日誌を調べたるに、往々にして龍頭蛇尾に終つてゐるのがある。即ち始めは叮嚀に記入し課題も忠実に解答してあるが、中頃よりは殆ど申訳的に天候、起臥の時間のみを走り書きしてゐるものもある。或いは只弥縫的に同一文句を記してをるものなどあつた」と述べ、「所期の目的を達することが出来たかどうかは疑はざるを得ない」▼注87と結論づけている。

⑬研文館編輯局『尋常小学第二学年　なつやすみおさらひ帳』(吉田岩次郎、1918年)

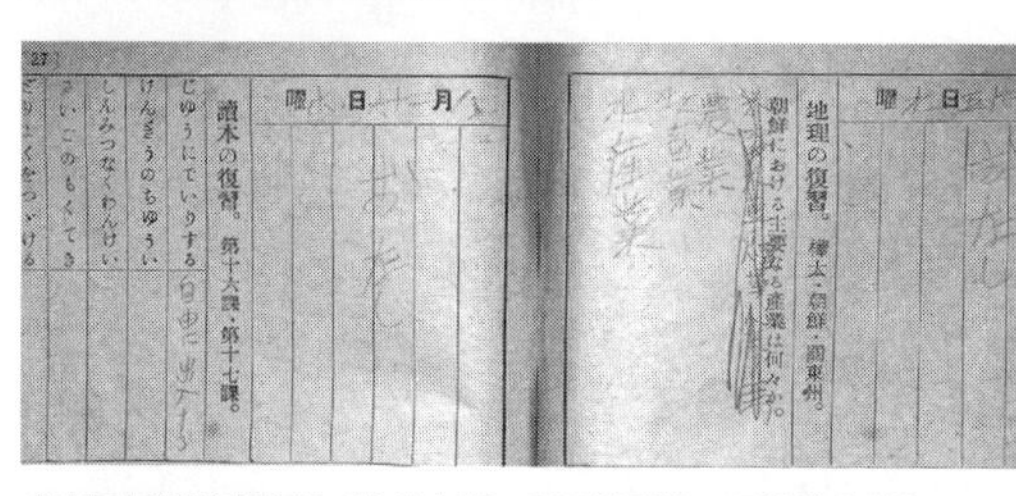

⑭帝国初等教育会編『自学自習　夏季練習帳　尋常科六学年』(積善館、年代不詳)

実際に⑬は、「勤倹」の話を書けという修身の課題だが、話は書かず彩色のみ施されている。同様に課題の内容にかかわらずあらゆる挿絵に彩色した夏季休暇日誌は散見される。また、日記欄についても⑭に「二十三日とおなし」「おなし」とあるように、「同一文句」が記されたものも多い。

この訓導以外にも「休業中児童の課業として日誌を書かしむべく命ずる事は、随分行はれて居る様ではあるが、其効果に至つては甚だ疑はしい〔中略〕児童の日誌を読んで見ると、往々活版摺りの如く同じ文句か(ママ)書いてあつた」▼注88と、夏季休暇日誌の文章上達の効果に疑問を呈する声は少なくなかった。

その要因について、ある教師は夏季休暇日誌の目的が多岐に渡りすぎることを挙げている。

兎に角児童に対する要求が大であつて、其の方法の如きも複雑煩瑣で、全く浩瀚に渉るため、児童は路頭に迷ひ日誌を倦厭して、かの『何時から何時まで何何をした』の類を連発するやうになつて来るのだと思ふ。一方に於ては家庭に於ける状況を知らんとし、又一方に於ては文章力を養はんとするが如きは、所謂二兎を追ふの類であつて、前者を主眼とすれば遺憾乍ら後者は満足ならず、後者に全力を集中せしむれば前者は眼中にあつてはならぬのである。況んや日課帳の一隅に掌大の空欄を設けて、細大漏らさず書き留めしめ、又文章の立派なるを強ひ、記事の正確文字の丁寧なるを希ふ、真に無理なる要求といはねばならぬ。▼注89

つまり、①生活の管理と②綴り方の上達というふたつの目的を達成しようとするのは不可能だというのが論者の意見であった。

明治中期以来、日記の主な効果のひとつとして、文章の上達が挙げられてきた。それは教育者だけでなく、作家も認めるところであった。例えば幸田露伴は「日記は文章を学ぶ最良法」として、日記の効果を認めている。ただ、露伴が繰り返し述べるのは、天気や訪問を忠実に記録するような「事実の摘録」では文章の上達には意味がなく、「工合よく面白く書くこと」を心がけるべきということであった。▼注90

ところが、一九一〇年代以降には他教科にわたる復習課題が一冊にまとまったことにより、日記欄は「掌大の空欄」となっていった。これでは、「事実の摘録」を書くので精一杯であり、文章の上達の目的は達せられない。同時期の作文教授書もやはり、「簡単なる要項をのみ挙げる日記は綴方教授として効果少し」▼注91と指摘している。

初期の夏季休暇日誌である❷などは日記欄が中心に据えられていたものの、その後の夏季休暇日誌では、日記欄の大きさは一定しない、あるいは狭小なものへと変化し、日記欄をもたない夏季休暇日誌も登場してくる。さらに、一九二〇年代に地域ごとの夏季休暇日誌が一般的になると、日記欄そのものがないものが大部分を占めるようになった。

⑮は、早期に夏季休暇日誌の出版に着手していた浅見文林堂が一九二〇年代なかばに出版したとみられる夏季休暇日誌である。[注92]対象学年は異なるものの、⑯と比較すると明らかなように、下三分の一程度を占めていた日記欄が⑮ではなくなっている。

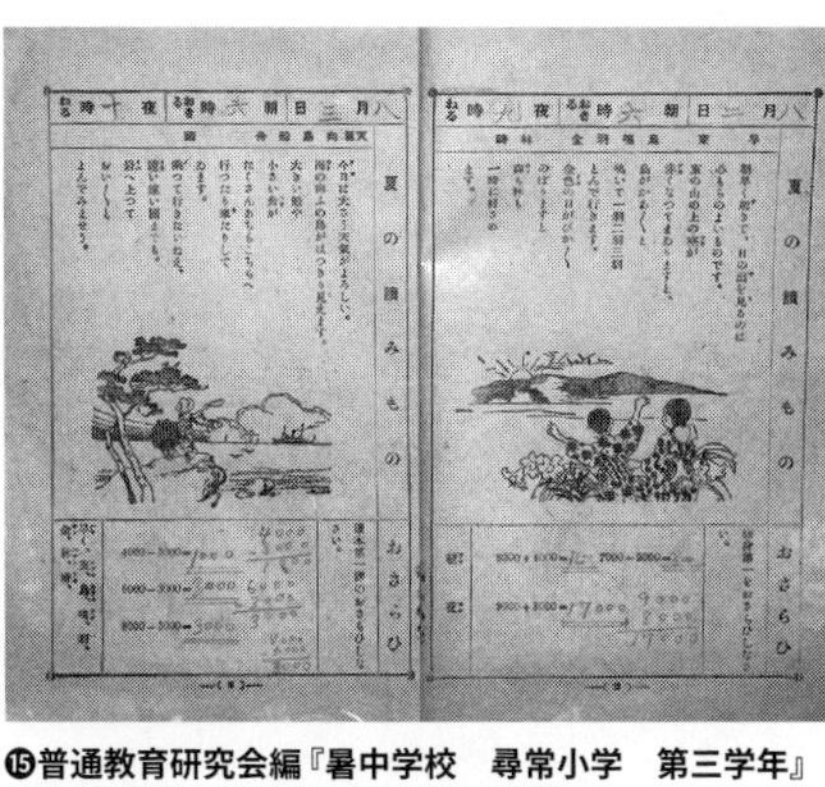

⑮普通教育研究会編『暑中学校　尋常小学　第三学年』（浅見文林堂・浅見文昌堂、年代不詳）

⑯普通教育研究会『尋常小学　暑中学校　第五学年』（浅見文林堂・浅見文昌堂、1920年）

ただし、綴り方教育において日記を書かせることそのものの意義が薄れたわけではない。[注93]むしろ、日記を書くことが重視されることによって、夏季休暇日誌から分離していったのではないだろうか。

鈴木貞美は一九一〇年代を通じて、備忘録的な日記の書き方に加え、自身の内面の記録の意味が大きな比重を占めるようになったことを指摘したうえで、「この日記の書き方が、一九二〇年代に、明治末に「綴り方」と名前が変わった子供たちの作文教育にも導入される」[注94]と述べる。戦前の綴り方教育論を分析した元森絵里子もまた、子どもが「生活」を書き、それによって「内省」するという役割が大正末期の綴り方で求められるようになったことを指摘している。[注95]

> 日記はもと〳〵備忘録として意義をもつてゐるものでありますが、日々の創作的生活が残らず記述されてゐるところから考えると、綴り方から観て、この上もない価値をもつものであります。[注96]

これは一九二〇（大正九）年八月に東京高等師範学校附属小学校の訓導が夏季休暇について述べた記事だが、この学校では子どもたちに「創作的生活」を送らせるため夏季休暇中に宿題は課さないが、日記は書かせるという。「明治期的な「文章を書く」作文教授が、児童性の尊重と解放の教育思潮によって「生活を書く」綴方教育へ発展をとげていく」[注97]と滑川道夫が述べるように、大正期には綴り方において児童の生活をありのままに書くことが普及した。日記は、児童が生活や経験をありのままに書く練習として改めてその意義が確認される。[注98]大正自由教育運動の拠点のひとつであった成蹊学園でも、「生活即ち文章といふ文章道の真の立場に児童を誘ふ事が出来る」ということから、全児童に毎日日記を書かせていたという。[注99]

「備忘録」ではなく、「創作的生活」を綴ることを日記の目的とするならば、日記欄は「掌大の空欄」でおさまるはずがない。このような背景から、日記は課題帳としての夏季休暇日誌から分離し、一冊に独立していったのではないだろうか。一九一三（大正二）年と少し早い例ではあるが、神奈川県教育会の夏季休暇日誌（⓫）見返しに貼られた「夏休ノ心得」には復習以外に「日記ヲツケルコト」を忘れないようにとの文言があり、別に日記帳を用意されていたものと推測される。冒頭にみた『ちびまる子ちゃん』は一九七〇年代の描写と思われるが、ここでもやはり課題帳と日記帳は別の冊子であった（❶）。

先にみたように、一九二〇年代には地域ごとに『朝の間』『夏休み』『夏休みの友』などが使用されるようになるが、多くは日記欄をもたず、その名称も「夏季休暇日誌」ではなくなっていた。こうして、「日記」と「課題」が一体となった夏季休暇日誌はその役目を終えるにいたったと考えられる。

6　おわりに

本章では夏季休暇日誌が成立し、どのように展開していったかを史料をもとにみてきた。夏季休暇が制度として定着すると、家庭における児童の生活の把握のため、また綴り方の練習のために宿題として日記が課されるようになり、一九一〇年代に各学校で「夏季復習法」を定めることが求められたことを契機に、課題と日記が一体化した夏季休暇日誌が商品として出版されるようになった。地方改良運動期における夏季休暇日誌の役割は、児童の生活管理と同時に、「地域民衆のイデオロギー統合、組織化という機能」[注100]をもつものでもあった。しかし、やがて綴り方の練習として、生活をありのままに書くという機能が重視されていく。結果的に、日記帳の機能が夏季休暇日誌から切り離され、地域ごとの課題帳と日記帳というパターンが広がり、このスタイルは戦後まで続いていったと考えられる。具体的な検証は別稿に譲るが、昭和期から現代までの流れを素描し、本章の結びとしたい。

一九四一（昭和一六）年に小学校が国民学校に改組されると、夏休みの課題帳は夏季修練帳に改められ、一九四二（昭和一七）年には発行も道府県およびその教育会と、帝国教育会出版部に限られることになった。[注101]この時期においてもやはり「日記を記載せしめて児童に日々修練の反省をせしめる」ことは求められていたものの、文部省および出版文化協会の指示により紙数の制限が課されていたために、例えば信濃教育会では「手帳や画用紙」を別に持たせそこに日記などを書かせたという。[注102]

戦後、課題帳の発行はまず日本教職員組合文化部が一九四七（昭和二二）年度版を発行した。翌年以降は都市部で様々な出版社が、また地方では府県教員組合を中心に再び発行するようになった。[注103]一九九〇年代になると子どもの主体性を重んじる「新しい学力観」にもとづき、夏休みの宿題も減少傾向になったといわれる。

しかし、現行の『小学校学習指導要領』においても日記は国語科の言語活動のひとつとして位置付けられており、[注104]コロナ禍の夏休みにも日記の提出が求められていたことからもわかるように、宿題としての日記がなくなったわけではない。

モノとしての夏季休暇日誌に加え、そこに子どもたちが日記としてなにを書いたのかについても変遷をたどっていくことで、学校教育における日記指導の功罪が浮き彫りになってゆくはずである。稿を改めて論じたい。

▼注

1 「短い夏休み楽しめた?各地で授業再開」『朝日新聞』(二〇二〇年八月一八日朝刊、大阪本社)、三一頁。

2 唐澤富太郎「夏休み日記帳」『図説明治百年の児童史 上』(講談社、一九六八年)、三五一―三五四頁。

3 本章では、夏休みの日記帳本体を指す場合は「夏季休暇日誌」、そのなかの欄や文章そのものについては「日記」と呼ぶこととする。明治末期までは「日記」と「日誌」の用語は混同されていたためである(拙稿「教育手段としての日記が定着するまで――明治期少年の『日誌』にみる指導と規範」田中祐介編『日記文化から近代日本を問う――人々はいかに書き、書かされ、書き遺してきたか』笠間書院、二〇一七年、七二頁、注六参照)。

4 西川祐子は、自著『日記をつづるということ――国民教育装置とその逸脱』(吉川弘文館、二〇〇九)において、この着眼点が日本型近代論のなかで日記を検討していくうえで有効であったと述べている(西川祐子「近代において日記を書くことの意味」鄭炳旭・板垣竜太編『日記が語る近代――韓国・日本・ドイツの共同研究』同志社コリア研究センター、二〇一四年、一八頁)。

5 史料については、故福田秀一が蒐集し、田中祐介らが整理した福田日記資料コレクション〈近代日本の日記帳コレクション〉(田中祐介・土屋宗一・阿曽歩「近代日本の日記帳――故福田秀一氏蒐集の日記資料コレクションより」『アジア文化研究』三九号、国際基督教大学、二〇一三年、二三七―二六九頁参照)、大阪府立中央図書館国際児童文学館、兵庫県立歴史博物館入江コレクション、福井県文書館坪田仁兵衛家文書、塩竈市民図書館、宮崎県文書センター所蔵の夏季休暇日誌を参照したほか、古書店等で蒐集した夏季休暇日誌を用いた。特に注記のないものは筆者が所蔵する資料である。

6 前掲論文西川、一八頁。

7 渡辺貴裕「明治期における夏期休暇をめぐる言説の変遷」『京都大学大学院教育学研究科紀要』四九号(二〇〇三年三月)、二四六―二五八頁。

8 「夏期休業中の心得」『教育時論』五八六号(一九〇一年七月)、三八頁。

9 泉英七『岡山県師範学校附属小学校教授訓練実施集覧』(武内教育書房、一九〇二年)、九一頁。

10 石川彦太郎『小学校用 言文一致教範』(教育書房、一九〇二年)、四三頁。

11 高橋修「作文教育のディスクール――〈日常〉の発見と写生文」小森陽一・紅野謙介・高橋修編『メディア・表象・イデオロギー――明治三十年代の文化研究』(小沢書店、一九九七年)、二五七―二八七頁。

12 田中祐介編『日記文化から近代日本を問う――人々はいかに書き、書かされ、書き遺してきたか』(笠間書院、二〇一七年)、四七—七六頁。

13 「小学校児童夏季中の読物」『神奈川県教育会雑誌』六四号（一九一〇年八月）、四八—五二頁。

14 東條文規『図書館の政治学』（青弓社、二〇〇六年）、九四頁。

15 目黒強『〈児童文学〉の成立と課外読み物の時代』（和泉書院、二〇一九年）、六一—六五頁。

16 「小学校児童夏季中の読物」『神奈川県教育会雑誌』六四号（一九一〇年八月）、五〇—五一頁。宮崎県文書センター所蔵「明治四十三年　学事関係諸令達通牒」にも同内容が掲載されている。

17 深川明子「明治期後半における綴方教授題材考——自己の体験表現を中心として」『金沢大学教育学部紀要』二七号（一九七九年三月）、一—一五頁。

18 藤井慮逸・久芳龍蔵・内藤岩雄・新國寅彦『綴方教授法精義』（弘道館、一九〇九年）、四五五—四五八頁。

19 谷垣勝蔵『系統的綴方教授法並教授細目』（隆文館、一九〇九年）、四三五—四三六頁。

20 「小太郎の日記」『尋常小学読本　巻七』（海後宗臣編『日本教科書大系　近代編　第六巻　国語（三）』講談社、一九六四年、四九九—五〇〇頁所収）。

21 「太郎の日記」『尋常小学読本　巻六』（海後宗臣編『日本教科書大系　近代編　第七巻　国語（四）』講談社、一九六三年、九六—九七頁所収）および「参宮日記の一節」『尋常小学読本　巻八』（同、一二六—一二七頁所収）。

22 明治期からの国語教育史における日記指導の展開については、大熊徹『作文・綴方教育の探求——史的視座からとらえる課題と解決』（教育出版、一九九四年、五四—六四頁）、同「日記指導の課題に関する史的考察」『日本語学』二二号（明治書院、二〇〇三年五月、二八—三六頁）が参考になる。

23 『教育学術界』七巻六号（一九〇三年八月一日）、一二八頁。

24 橋本求『日本出版販売史』（講談社、一九六四年）、九六、三三九頁。

25 普通教育研究会『尋常小学　暑中学校　第一学年』（浅見文林堂・浅見文昌堂、一九一九年）。

26 浅見文昌堂が発行した夏季休暇日誌で実物が確認できたもっとも古いものは、一九一一（明治四四）年七月に発行された教育研究会『国定教科書準拠　暑中学校　尋常第六学年』である。

27 「愛知県『名鑑篇』」後藤金寿編『昭和十年版　全国書籍商総覧』（新聞之新聞社、一九三五年）、一—二頁（日本出版文化協会監修『出版文化人名辞典』四巻、日本図書センター、一九八八年所収）。

28 博文館・金港堂・実業之日本社が発行した子ども向けの日記帳については、拙稿「少年少女雑誌と日記帳——博文館・金港堂・実業之日本社を中心に」『大阪国際児童文学振興財団研究紀要』三四号（大阪国際児童文学振興財団、二〇二一年三月）、一五—

三四頁を参照。

29　田中祐介「研究視座としての『日記文化』――史料・モノ・行為の三点を軸として」前掲書田中編、一八―一九頁。

30　金港堂については稲岡勝『明治出版史上の金港堂――社史のない出版社「史」の試み』（皓星社、二〇一九年）を参照。

31　佐々木基成「物象化される〈内面〉――日露戦争前後の〈日記〉論」『日本近代文学』六七集（二〇〇二年一〇月）、三〇―四二頁。

32　『少年世界』一一巻九号（一九〇五年七月）、一三六頁。

33　「懸賞募集日記文　お正月松の内の日記」『少女の友』二巻三号（一九〇九年二月）、七四―八二頁。

34　『日本少年』六巻八号（一九一一年六月）、八〇―八一頁、『少女の友』四巻八号（一九一一年七月）、八二―八三頁。

35　『少年界』九巻九号（一九一〇年七月）。

36　教育学術研究会「懸賞募集「小学児童夏期練習帳」の実際的研究」『教育学術界』二七巻四号（一九一三年七月）。

37　群馬県師範学校附属小学校「第十七　夏季休業利用の方法及其の効果」金港堂編輯部編『全国附属小学校の新研究』（金港堂、一九一〇年）、二六八頁。

38　「附属小学校通信」『福井県教育』七七号（一九一一年一〇月）、四三頁。

39　森田精一「第九学級（尋三男）夏季休業の利用の効果」前掲金港堂編輯部編、二八四頁。

40　『明治四十二年夏期休暇　小学生日誌　尋常小学第六学年生用』奥付（福井県文書館寄託坪田仁兵衛家文書）。

41　『少年世界』一八巻九号（一九一二年六月）。

42　『少女世界』二巻一四号（一九〇七年一〇月）。

43　「編輯局より」『小学生』二巻五号（一九一二年八月）、六二頁。

44　『少年世界』一六巻一〇号（一九一〇年七月）。

45　同文館も博文館と同様、五〇冊以上での割引価格を設定していた（『教育学術界』二五巻四号、一九一二年七月）。

46　見田宗介『近代化日本の精神構造』（岩波書店、二〇一二年、初出「『立身出世主義』の構造」『潮』一九六九年一一月号）、二〇〇頁。

47　笠間賢二『地方改良運動期における小学校と地域社会――「教化ノ中心」としての小学校』（日本図書センター、二〇〇三年）、二八三頁。

48　戸倉広雅『校具及教具の研究』（昭文堂、一九一〇年）、四八一―四八三頁。

49　仙台市教育研究会「小学校児童用帳簿に関する研究」『宮城県教育会雑誌』一七一号（一九一一年六月）、四―一三頁など。

50　「学用品の一定」『防長教育』一〇五号（一九〇八年八月一〇日）、二頁。

51　「図書雑誌購読勧誘に関する注意」『兵庫教育』二四八号（一九一〇年六月一日）、五七頁。

52 山松鶴吉『模範的小学校経営の実際』（同文館、一九一〇年）、三〇六頁。

53 文部大臣官房文書課編『文部省例規類纂――明治四十五年大正元年』（文部大臣官房文書課、一九一三年）、八一〇頁。

54 前掲書金港堂編輯部編、二六〇頁。

55 高橋玄治「夏期休業中復習課題に関する研究（上）」『宮城県教育会雑誌』一四六号（一九〇八年一〇月）、二一―二二頁、高橋欽堂・高倉其竹「夏季休暇課題の実際」『小学校――初等教育研究雑誌』一三巻九号（一九一二年七月）、一三―一五頁など。

56 京都府内務部学務課編「宇治郡山階尋常高等小学校ノ暑中休暇日誌」『京都府初等教育優良事蹟第二篇』（京都府内務部学務課、一九〇八年）、八八―九三頁。

57 「明治四十三年　学事関係諸令達通牒」（宮崎県文書センター所蔵）。本資料の詳細と所在については、北濱幹士「明治時代後期の尋常小学校における夏期休暇――宮崎県の公文書資料と夏休みの宿題の事例を中心に――」『東海大学短期大学紀要』四六号（二〇一二年、一三―一九頁）に教示を得た。なお、深谷圭助「明治期における日本の尋常小学校の「夏休帖」等に関する研究」『現代教育学部紀要』一三号（中部大学現代教育学部、二〇二一年三月、三九―四七頁）でも同じ資料を参照しており、本章と関連が深い内容でもあるが、本章脱稿後であったため反映することができなかった。

58 高橋玄治「夏期休業中復習課題に関する研究（下）」『宮城県教育会雑誌』一四八号（一九〇八年一二月）、三六頁。都城尋常高等小学校報告（「学事関係諸令達通牒」所収、宮崎県文書センター所蔵）にも苦労に見合う利益なしとの指摘がある。

59 「教授用品研究会と児童用品研究会」『紙之世界』一二号（一九〇九年一〇月）、一二頁。

60 「教授用品研究会の活動」『教育研究』六四号（一九〇九年七月）、一〇四頁。

61 鐘美堂第二支店『教育品月報』一号（一九一三年二月）。なお、佐藤秀夫『ノートや鉛筆が学校を変えた』（平凡社、一九八八年、一七二―一七三頁）には一九〇九（明治四二）年七月二五日発行の鐘美堂教育用品部『教育的雑記帳　製本体裁内容見本』「教育的雑記帖発行の要旨」が掲載されているが、『教育品月報』と同一の文章である。

62 野口茂樹『通俗文具発達史』（紙工界社、一九三四年）、一四六頁。

63 文運堂一〇〇年史編さん委員会編『文運堂一〇〇年のあゆみ』（文運堂、二〇〇九年）、二九―三七頁。

64 『紙之世界』一七号（一九一〇年三月）、一一頁。

65 藤井利誉「一定の文房具を使用せしむる利益」『紙之世界』一七号（一九一〇年三月）、八―九頁。

66 前掲『教育品月報』。

67 『福井県教育会雑誌』九八号（一九一三年七月）。

68 神奈川県教育会で休暇日誌を編纂しはじめたのは、一九一一（明治四四）年度からとみられる（「本会委員会開会」『神奈川県教

育会雑誌』七二号、一九一一年四月、五七―五九頁)。

69 「代議員会」『神奈川県教育会雑誌』九五号(一九一三年三月)、六〇頁。

70 「夏季復習日誌表装意匠図案募集趣意書」『神奈川県教育会雑誌』一四五号(一九一七年五月)、一〇頁。

71 注69、六三頁。

72 神奈川県知事官房編『神奈川県統計要覧　明治四十四年』(神奈川県、一九一三年、四〇頁)によると、神奈川県内の小学校在籍児童数は一三万八〇七五名とのことなので、神奈川県内全域・全学年の児童が用いたというわけではなさそうである。

73 詳細は前掲拙稿二〇二一を参照されたい。

74 前掲書文運堂一〇〇年史編さん委員会編、四二頁。

75 前掲書笠間、一三頁および二二六―二二七頁。

76 静岡県出版文化会編『静岡県出版文化会・静岡教育出版社五〇年史』(静岡教育出版社、一九九七年、三八頁)によると、原形となったのは一九〇八(明治四一)年の静岡県教育会編『暑中学校』で、一九二四(大正一三)年七月に『夏休みの友』となった。

77 岐阜教育会編『夏休み』改訂八版(河田貞次郎、一九三四年、兵庫県立歴史博物館入江コレクション)の奥付によると、初版発行は一九二七(昭和二)年である。

78 確認できたもっとも古いものは京都府教育会主事吉村保編『朝の間』(京都府教育会、一九二九年)。一九二四(大正一三)年生まれの秋山十三子も『朝の間』の思い出を綴っている(朝日新聞社京都支局編『京の女ごよみ――あんなあへえ』白川書院、一九七四年、一八二―一八四頁)。

79 長野県下伊那郡松尾小学校「夏季休業中指導報告」長野県教育史刊行会編『長野県教育史』一三巻(長野県教育史刊行会、一九七八年)、五二七頁、仙台市連坊小路尋常小学校「長期休業中児童取扱に関する状況報告」『教育時論』九八一号(一九一二年七月)、一六頁など。

80 水野牛稚「夏期休業課題の方針」『小学校――初等教育研究雑誌』一三巻九号(一九一二年七月)、一一頁。

81 溝部生「長期休業中児童取扱法」『防長教育』一三三号(一九一〇年一二月)、一三頁。

82 堀城山「休暇中児童に課せし作業を如何に処理すべきか」『兵庫教育』二九九号(一九一四年九月)、三三―三六頁。

83 宮崎県高岡尋常高等小学校でも展覧会が実施されていたことが確認できる(前掲宮崎県文書センター)。ほかに戸澤留吉「夏季休業中の教育」『小学校――初等教育研究雑誌』一五巻九号(一九一三年八月、六四―六五頁)でも学芸会および展覧会が推奨されている。

84 宮地正人『日露戦争後政治史の研究』(東京大学出版会、一九七三年)、花井信『近代日本地域教育の展開――学校と民衆の地域史』

（梓出版社、一九八六年）、前掲書笠間を参照した。

85 前掲書花井、一二六頁。

86 前掲書金港堂編輯部編、二九二頁。

87 同右、二九七—二九八頁。

88 玉水生「夏季休業中の児童召集につきて」『教育研究』三二号（一九〇六年一一月）、八〇頁。

89 行村吉之助「綴方を主としたる暑休日誌に就きて」『防長教育』一五五号（一九一二年一〇月）、一九頁。

90 幸田露伴「日記は文章を学ぶ最良法」『文章世界』一巻六号（一九〇六年八月）、九—一一頁。

91 駒村徳寿・五味義武『写生を中心としたる綴り方　下』（目黒書店、一九一五年）、一〇二頁。

92 奥付に発行年はないが、掲載されている広告から一九二〇年代なかばの発行であることが推測される。

93 一九一八（大正七）年から使用された第三期国定教科書『尋常小学国語読本』巻五においても、「松太郎の日記」が掲載されている。

94 鈴木貞美『「日記」と「随筆」——ジャンル概念の日本史』（臨川書店、二〇一六年）、一三九頁。

95 元森絵里子「第一章「子ども」の発見・教育の自律——戦前期綴方教育論の分析から」『「子ども」語りの社会学——近現代日本における教育言説の歴史』（勁草書房、二〇〇九年）、四三—四六頁。

96 馬淵冷佑「児童の夏季生活と日記」『主婦の友』四巻八号（一九二〇年八月）、一三〇—一三二頁。

97 滑川道夫『日本作文綴方教育史二　大正篇』（国土社、一九七八年）、二五頁。

98 友納友次郎『綴方教授法の原理及実際』（目黒書房、一九一八年）など。昭和前期には地方、特に農村地域を中心に展開する「生活綴方」における日記指導へとつながっていく（河内聡子「農民日記を綴るということ——近代農村における日記行為の表象をめぐって」前掲書田中編、七七—一〇四頁）。

99 前掲書滑川、一四五頁ならびに岡利道「明治・大正期における日記文指導の研究——自覚的な書き手を育てる指導を求めて」雲石「国語」の会編『自覚的な表現者を育てる——小学校国語科の授業』（渓水社、二〇〇二年）、一五三—一七六頁、同「日記文の指導についての歴史的研究（二）——小瀬松次郎の所論」『国語教育攷』一八号（国語教育攷の会、二〇〇三年五月）、一三—三二頁。

100 前掲書花井、一五〇頁。

101 編纂委員「夏季修練編纂趣旨」『信濃教育』六六八号（信濃教育会、一九四二年六月）、五四頁。

102 編纂委員「夏季修練帳各題目の趣旨および取扱」『信濃教育』六六九号（信濃教育会、一九四二年七月）、一九—二〇頁。

103 八並誠一「夏休み学習帖の系譜」『教育社会』（西荻書店、一九四九年七月）、一四頁。

104　『小学校学習指導要領（平成二十九年告示）』（文部科学省、二〇一七年）、三〇頁。

▼謝辞

本稿執筆のための調査にあたっては、香川雅信氏（兵庫県立歴史博物館学芸課長兼美術館課長）、田中祐介氏（明治学院大学教養教育センター専任講師）、大阪府立中央図書館国際児童文学館、塩竈市民図書館、福井県文書館、宮崎県文書センターの職員のみなさまに多大なご協力を賜りました。坪田恵子氏（福井県文書館寄託坪田仁兵衛家文書管理者）には史料掲載をご快諾いただきました。ここに記して厚く御礼申し上げます。

Chapter2

2章　家計簿と女性の近代——モノとしての成立と展開に見る

河内聡子

本章は、近代以降の日本において「家計簿」が女性のアイテムとして認識されるようになった経緯について、モノとして果たした機能に注目して考察する。明治期以降、家計管理が女性の担う行為となり、家計簿が商品化して普及した背景には、ジェンダー規範や性別役割、また階層性の変容が関わっていた。そのような近代化の過程において家計簿は、私的領域のみならず公的領域にも影響を及ぼすモノとして役割を拡張させていき、女性が社会貢献しうる存在として主体形成していく上で重要な意味を持ったことを明らかにした。

1　はじめに

日本の書店では年末近くになると、翌年に備えて様々な種類の日記・手帳類がフロアの一角を占める様子が一つの風物詩にもなっている。その中には「家計簿」も含まれており、とりどりのデザインやフォーマットの商品が数多く並んでいる。近年では、『働くふたりのかんたん家計簿』（デザインフィル社）といった共働き世帯を想定した構成のものも登場しているが、近代以降の日本において家計簿記帳は、長らく女性の役割として位置づけられてきた。それは特に「妻」あるいは「母」としての営為であり、例えば次の引用に津野海太郎が述べるように、ある世代にとっては家庭内における女性の姿を象徴する行為として記憶されるものでもある。

子どものころ、したがってもう半世紀もまえ〔引用者注――一九四〇―五〇年代〕のことになるが、夜中に何かの拍子に目が覚めて、隣の茶の間をのぞくと、まだ若かった母が卓袱台(ちゃぶだい)にむかって家計簿をつけている、というようなことがよくあった。〔中略〕おそらくこれは、私ひとりの経験ではあるまい。私と同年代のかなりのかずの人たちが、かならずや、夜おそくひっそりと家計簿をつける母親のすがたを、いわば、こころの原風景として記憶にとどめているはずである。▼注1

ここで津野は、同世代に共通する「こころの原風景」として、夜業に家計簿をつける「母親のすがた」があるとしている。実際に一九五〇年代に家計簿記帳に関する実態調査を行った三東純子によれば、女性単独での担当率は七割以上で、共同も併せると八割余りに上る。▼注2 この結果を踏まえ三東は「家庭における会計の仕事は、主婦の重要な仕事の一つであるべきだと考えられるが、これは実際に、世間の主婦がこの点についての認識をもっていることを示すものと考えてよい〔傍点引用者〕」と述べており、家計簿記帳の女性担務を、社会的な共通理念として自明化し捉えていることがうかがえる。確かに、近現代にかけて「家計簿をつけるのは女性」という認識は一時期までの通念としてあり、性別によって割り振られる家庭内分業の、女性に託された領分であったと言えよう。

そもそも江戸時代まで家計管理は主に家長である男性の役目であり、▼注3 近代以降に「家計簿」という道具に付与されたジェンダー性は、時代的な文脈に布置して考える必要がある。つまり家計簿が「女性のモノ」として流通し消費され、所持し使用された経緯は、近代という時代性を考慮しなければならない。そこで本章では、近代において家計簿が女性のモノであるという属性を持った意味を問い直し、また女性用のアイテムやツールとして果たした機能について明らかにしていきたい。

すでに先行論では近代における家計簿について分析された多くの蓄積があり、大別すると家計簿の様式や用法を整理したもの、▼注4 家計簿を資料として近代生活史を論述したもの、▼注5 そして本章に通じる研究として家計簿と女性の関

❶「新婚生活読本」『婦女界』(54巻4号、1937年4月)「新家庭の家事処理法」第二課「家計簿のつけ方」新婚女性に対する記事に「先づ家計簿をつけることが第一です」とある。

係性に着目したものがある。[注6]その中で西川祐子は家計簿が「（主婦日記とともに）家庭の主婦の役割をはたすための装置として創出され、完成されていった[注7]〔傍点引用者〕」とし、またヒラリー・マクソンは「家計簿は、近代日本において、家計管理が女性の役割として広く認識されるようになり、女性性の象徴的な構成要素となったジェンダー構造・言説に深くかかわる中心的な物的要素である[注8]〔傍点引用者〕」と、いずれも女性に関わるモノとしての性質に言及している。

本章では先行研究の成果を踏まえて、家計簿が近代において女性向けのモノとして果たした機能について、明治から昭和初期にかけての言説を通して考えていきたい。これまでの議論では家庭内における機能を問うことが中心となってきたが、家計簿を巡る事象や表象を辿っていくと、それだけに留まらない論点を得ることができる。結論を先取りすれば、家計管理を主な目的とする家計簿は、家庭という私的な領域のみならず、社会にも影響する公共的なモノとして意味づけられていくことになる。それは、近代化の過程で女性のジェンダー規範が揺れ動く中で生じているのである。家計簿に付与された意味の変遷を歴史的に跡づけることで、近代において家庭および社会で女性に求められた役割が変動した経緯と背景を捉えていくことを試みる。

2　近代における家計簿の展開——行為からモノへ

江戸時代まで家計管理は男性の仕事であり、帳簿も和紙を綴り合わせた大福帳を使用することが主であった。[注9]それが近代以降、徐々に女性の役割へと移行し、家計簿の様式化と商品化が進んでいくこととなる。本節では、先行研究の成果に基づいて日本における家計簿の展開を整理し、日々の家計管理が女性の担う「行為」として確立し、またそれを記録するための「道具・商品＝モノ」として家計簿が成立していく過程を確認していきたい。

2・1　行為としての家計記帳――「家政学」の登場と新たな女子教育

日本で女性の行為として家計簿記帳の必要が説かれるようになったのは明治時代の始めに遡り、もとは「イギリス、アメリカの家政学が日本に紹介され」[注10]たことを契機として生じた。関連する早い時期の言及として注目されてきたのが、一八七四（明治七）年に文部省より刊行された『家事倹約訓』である。[注11]本書は、英国で発行された百科事典チェンバー（Chamber）著 *Information for the People* の最終編 Household Hints を永田健介が翻訳したものであり、「その後の家政書、家政の教科書に大きな影響を与えた」[注12]とされる。その上巻第二項に「家務ヲ管理スル方」の節があり、ここで

> 一家ノ主婦タルモノハ凡テ其家ノ出納ヲ日々算計シ無益ノ費ナキヤウ注意スルヲ其任トス此事ハ実ニ家務中ノ最モ緊要ナルモノナリ然ルニ之ヲ怠ル主婦ハ恐ラク其心放恣（ワガマヽ）懦惰（ブシヨウ）ナルカ又ハ其教育ノ悪キナルベシ[注13]

と、「出納ヲ日々算計」することを「主婦」の最も重要な「家務」として定めている。この『家事倹約訓』では、特に「産業中等ノ家ナレバ其主婦タル者殊ニ節倹ヲ旨トセザルベカラズ」と述べられ、その方途についてまずは「石盤（スレート）」に「石筆ヲ以テ日々ノ失費ヲ記」し、後に「数日又ハ一週間毎ニ勘定ヲ正簿（モトチヤウ）ニ写シ取ルベシ」[注14]とし、中産階級の主婦が収支を管理するために、短期的な手控えと長期的な帳簿を併用することを推奨している。これは、女性を家計管理の担い手として位置づけ、その方法として帳簿記載について言及した行政機関発行の教育書における早期の事例であり、このような言説が明治初期には一定の公共性を持って表れ始めていたことを示唆するものと言えよう。[注15]そ

の後、一八八一（明治一四）年に翻訳書以外で初めて青木輔清『家事経済訓』（同盟舎）が刊行されたことを皮切りに続々と国産の家政書が登場し、欧米から導入された内容を礎とした日本における独自の議論が活発化した。その中で、家計簿の理論化と体系化も進み、白紙に罫線を引いて作る私製の帳簿の仕立て方が具体的に提示されるようになる。[▼注16]

また、併せて特筆されることとして下田歌子『家政学』（博文館、一八九三（明治二六）年）など女性の手による家政書が刊行されたことが挙げられ、いわば女性の学問・教育として「家政学」が成立していく過程としてうかがえる。下田歌子『家政学』は女子師範学校の家事科用教科書であり、その第一章に「家事経済」が掲げられ家計管理の必要が説かれている。そして一八九九（明治三二）年に後閑菊野・佐方鎮子による高等女学校家事科用教科書『家計簿記法――家事教科書続編』（目黒書房・成美堂）が発行され、「家計簿記」が一単元として本格的に教授されることとなる。[▼注17]

ここまでをまとめると、明治前期から中期にかけて、欧米からの理論を基礎として「家政」という概念が導入され、その担い手として女性が位置づけられていき、また女性の学問・教育として「家政学」が高等教育において行われ、その中で家計簿記帳が女性の行為として浮上していったと言える。しかし、この時期には「家政学」の教養に基づいた私製の帳簿を使用しており、その知識も一部の高等教育を受けた女子に限られるものであった。下田歌子は『女子学芸全書』（女子学芸講習会、一九〇三（明治三六）年）「家計簿記」の章で「家政を治むるには是非共計算上の智識無からざるべからず、今此智識を得んとせば、単に家計簿記の様式を知るを以て足れりとすべからず。宜しく先づ簿記法一般に関する大体の主旨を知るべきを要す」[▼注18]と述べ、家計簿を記帳するには家政に関する広範な知識を前提とする必要を説く。女性が身につける教養として、体系的な経済の知識や技術を習得すべきであり、家計簿もその一環として意味を持つと考えられたのである。「家政学」は経済学の派生として展開した明治という時代における新たな女子教育の形であり、「経済学教育は、女性が旧来の隷属的な状況から脱し、「新しい時代の主体」として生きるために必要とされた」[注19]ものでもあった。それは、次世代の女性に向けられた可能性の提起でもあるが、あくまで学問として享受できる層に特定されるものであった。

2・2 モノとしての家計簿——商品化による普及

女性の行為として家計簿記帳の必要が説かれるようになった明治中期までの流れを受け、それを一般にまで普及させる画期となったのが、一九〇四(明治三七)年に登場した羽仁もと子編纂『家計簿』(内外出版社、のち婦人之友社)である。雑誌『家庭之友』(のち『婦人之友』)の派生商品として刊行されたこの『家計簿』は、フォーマット化された記入式の家計簿として国内で市販された嚆矢とされる。[注20]一九一一(明治四四)年には嘉悦孝子編纂の『主婦用会計帳』(のち『最新実用家計簿』)が実業之日本社から刊行されると、羽仁もと子との間に「家計簿論争」が勃発し、『婦人之友』『婦人世界』誌上や新聞において、互いの家計簿様式について議論が交わされることとなる。その一端を報じた『東京朝日新聞』の記事を以下に引用する。

> 嘉悦孝子女史が本年八月の婦人世界誌上に於て家事経済の執り方を説ける際発表せる家計簿の様式に対し婦人の友主筆羽仁もと子女史が此の様式は八年前に発行し今日既に十数版を重ねたる自著『家計簿』の眼目とする所なるに之を嘉悦女史自身の創案なる如く発表せるは悖徳の甚だしきものなりと九月号の婦人の友に於て攻撃を試みてより一時此問題に対する是非の論は一部の社会に喧しかりしが今回嘉悦女史の『主婦用会計帳』愈出版されたる為め問題は茲に再び燃え上るに至れる[注21]

右によれば、羽仁が自身の考案した家計簿と類似の形式を、嘉悦が創案したように述べたことに抗議したものであった。この議論自体が興味深いものであるが、ここでより注目したいのは、まず商品として競争を生み出す市場原理が生じているということ、そして新発売される家計簿について個人の論争に留まらず「一部の社会に喧しかりし」と世間的な話題となっていることである。この頃より家計簿は、モノとして流通し一部で消費され始めたと推察されそうである。

大正期には新たに数種類が発売され、様々な理論と主張に基づいた家計簿が登場した。[注22] 一九二六（大正一五）年には主婦之友社が簡易な方式を採用した『新式家計簿』を販売し、それを一九三〇（昭和五）年に『模範家計簿』と改題して翌年には雑誌『主婦之友』の付録とし、「もはや今日では、『家計簿』は全家庭に必要なものとなりました」と「全読者へ贈呈すること」[注23] とした。[注24] 婦人雑誌の誌上においても「主婦が家計全体を把握することの重要性、また主婦と家計簿の密接な結びつきが強調され」[注25] るようになり、メディアを通じて「女性のモノ」としての家計簿イメージが流布された。

明治後期から大正期に至って家計簿は、商品化されたことが契機となり都市部を中心に一般主婦層への普及が進み、必ずしも学問的な知識を前提としなくても家計管理できる、女性に有益なアイテムとして流通するようになった。さらに、基準となる形式のものが市販されたことにより、そこから工夫と改変を加えた商品開発も促され、消費者の需要に応じて多様化していった。そして家計簿は、昭和期以降にかけてまで、女性の道具・商品というモノとしての意味合いを強めていったのである。

2・3　家計簿の公共性――社会的意味の付与

大正から昭和にかけて家計簿は徐々に大衆化して記帳の習慣化も進み、家庭経済を担う女性にとって重要なアイテムとなった。例えば、次に挙げる「モダン・ガールに新案女房教育」（❷）という新聞記事に掲載された一九二六年に東京府が実施した事例も、女性あるいは妻のためのモノとして家計簿に期待された意味を示していると言える。

モダン女房の家庭経済思想や手腕の駄目なのが社会政策上非常な故障になるといふので東京府地方課ではこの春市内の女学校を卒業する奥様の候補生達七千名に対して同課で新案の家計簿と消費伝票を無料で差あげる事に決定し、目下その準備を急いでゐる、地方課では語る「世の中がます〱せち辛くなるにつけ家庭のお台所の指揮者や実際家は常に家の収入を基礎として消費の予算を立て、かゝらなければお台所は破産してしまふ、〔中略〕これが予防策として又家庭生活の向上策として、結婚前の女性に予算生活の習慣を予め養つて真実の意味のモダン・ワイフに次の時代のお台所を切り回してもらひたいと考へる、その第一段として女学校の先生の会合を開いた結果卒業生に家計簿と伝票の贈り物をすることになつた」▼注26

記事によれば「結婚前の女性に予算生活の習慣」を身につけ「真実の意味のモダン・ワイフ」として次世代の家庭を担って欲しいと、女学生に家計簿が頒布されたという。ここで注目すべきは、その背景に「モダン女房の家庭経済思想や手腕の駄目なのが社会政策上非常な故障になる〔傍点引用者〕」との発想があることである。

モダン・ガールに
新案女房教育
だらしない奥様は困ると
女學生に家計簿

❷「モダン・ガールに新案女房教育」(『東京朝日新聞』1926年12月19日6面)「だらしない奥様は困ると女学生に家計簿」と、東京府の試みが報じられる。

これを一例として、大正期になると行政の施策上のツールとしても家計簿が利用されるようになり、いわば家庭経済が政策的に干渉される糸口ともなった。家計管理が「家庭」の問題でありながら「社会」に通じるという考え方は、後述するように当時の言説として散見されるものであり、家計簿が大衆化のみならず社会化された過程とも見なすことができる。例えば、一九二六年から昭和前期にかけて内閣統計局により家計簿に基づいた家計調査が全国的に実施され、各地域・階層ごとに国民

生活を把握するための基礎情報として活用されることになったのも、それを裏付けると言える。[注27]

大正末から昭和前期の展開として特筆すべき点は、時に家計簿が「家庭」と「社会」を媒介する装置として機能し、その影響が私的領域だけでなく公的領域にも及んでいたということである。それは家計簿を記帳する行為としての意味を社会的な営為として再解釈し、所有するモノとしての価値を再発見していくことにもつながった。また、家計簿が印刷物として販売・頒布されたことにより、食費・衣服費・住居費・交際費など費目別に様式化・分節化された家計の構成イメージが社会的に共有され、家庭経済に一定の標準を与えることになった。いうなれば、家計が国民的な規模でフォーマット化され、家庭経済の枠組みや指標が示されることで、それに基づく生活の運営が規準化されていったと考えられる。つまり、モノとして家計簿が流通することで、もとは個別的な行為であった家計管理のあり方が、公共的に規格化されることにも通じた可能性を指摘できるだろう。

3　「中流家庭」の必需品としての家計簿——羽仁もと子編纂『家計簿』に見る

前節で家計簿の歴史的な変遷を確認してきたが、ここではモノとして成立する画期となった羽仁もと子編纂『家計簿』（以後『羽仁家計簿』）（❸）について改めて着目していくことにしたい。既述したように『羽仁家計簿』は一般に市販された初めての家計簿であり、女性が考案した女性のための商品としてジェンダー性も明確に示されたものであった。[注28]明治後期に刊行されてから販売部数を順調に伸ばして、大正期には多くの愛用者を獲得して長く市場の主流を占め、現在も発売され続けている世紀を超えたロングセラーである。[注29]これがモノとして広く流通したことは、女性用アイテムとしてのイメージの定着に影響を与えたことは間違いない。

『羽仁家計簿』の特徴は、まずは一年間の予算立てをして月割りにしていくというもので、家計を年当初の予定に基づいて月毎に設計していく仕組みであることである。これは、「一カ月間一定の収入の範囲内で賄うという俸

❸『家計簿（2020年版）』（婦人之友社、2019年）家計簿の様式だけでなく、表紙のデザインや羽仁もと子の巻頭言が踏襲されている。

給生活はまだなじみないものであり〔中略〕こうした家計簿は合理的生活の指針として多くの人に喜ばれた」[注30]という。もう一つの特徴は、家計費目を頁ごとに区切り、その順番を重要度に応じて並べるという点であり、例えば「副食物費」を最上位にして、次に主食の米を含む「台所消耗費」とし、後に「住居費、家具費、衣服費、交際費、教育費、教養費、娯楽費、職業費、特別費、臨時費」と一二の事項に分かれて配列される。[注31]殊に副食物費は日毎に予算を設けるなど重視する項目となっており、別立ての当座帳の方にも品目（魚・肉・野菜等）を細かく記すことを推奨するなど、「主食を中心とした食生活を栄養的な面から変えようとした」[注32]ことによる独自の様式であった。『羽仁家計簿』には、予算の切り盛りを女性の工夫と裁量に任せるための仕掛けが細部に施されており、専門的な教育を必要としないまでも基礎的な教養を前提として家計を担えるようになっている。

ここに旧来までの家計簿との違いが表れており、夫から給与を受け取って収支を記録するという従属的な立場に留まらず、妻の知恵によって主体的に家計を運用して家庭を設計するという「家」における女性の役割を明確化するところに特徴があった。羽仁もと子は「常に生活を基盤とし、各人の家庭生活に清らかな思いを成長させ、そこから生れる生活技術の合理化から、家庭生活の改善、婦人の知的、精神的向上をはかる。そして初めて女性の解放はなりうると考え、家事家計運動を推し進め」[注33]たとされ、その理念を具現化したのが『羽仁家計簿』であったと言える。

『家庭之友』『婦人之友』の読者は主に都市部に住む「日本中流の新家庭」[注34]の主婦であり、『羽仁家計簿』のターゲットも同様であった。明治後期から大正期にかけて拡大した「中流」は「新中間層」とも呼ばれ、その特徴について小山静子の説明に依れば[注35]、夫は「職場へと通勤する俸給生活者」で、妻は「家事・育児に専念して」おり、生産から切り離された消費を基本とする都市型の貨幣経済において「夫の給料によって家計をやりくり」する必要があった。近代化と都市化が進む中で増加した中流家庭において「従来の家事・育児に関する経験知は、その有用性を次第に希薄化させ、新しい家族形態にふさわしい新しい知識が求められ」、改めて情報として獲得していかなければならなかった。そのような女性たちにとって、羽仁もと子の理論と、それに基づく『羽仁家計簿』も必要とされた。

「中流」を主な対象として家計簿が重視されていく背景には、新時代の家庭にふさわしい生活の模索と改善の指向があり、一義的には家内の課題への対応であったが、一方でそれは公共性を帯びた言説とも強く結びつくものであった。久井英輔は明治後期以降の「〈中流〉の「生活」のあり方に対する視線」について、「「社会改良」「風俗改良」の動向と密接に関連しつつ現れた」とし、「上流」でも「下流」でもない階層として、「堕落している「上流社会」に対して、「健全」であるべき「中等社会」は自らを区別しなければならない、という論理構造を有していた[注36]」と述べている。その中で「社会の中堅・主導層としての〈中流〉[注37]」という認識が形成されたとし、次のように指摘している。

〈中流〉と名指されていた社会階層の主要な一つである新中間層が明治末期以降に下方拡大していき、かつ、物価高騰に伴い新中間層の生活難が深刻化したことにより、その社会的基盤は不安定になりつつあった。このような背景の変化を受けつつも、大正期には生活改善運動との関わりでは「社会の中堅・主導層としての〈中流〉」という認識はある程度保たれていた。むしろ大正期には、そのような公共的に重要な位置づけにある〈中流〉を生活難から救い出さねばならない、あるいは、〈中流〉が自ら立ち上がらなければならない、という論理が、生活改善運動や生活をめぐる啓蒙に関わるさまざまな場面で語られたのである。[注38]

明治末から大正期にかけて、中流の階層が拡大して都市部の構成員の主要を占めていくにつれて、その生活のあ

●羽仁氏家計簿
中流家庭の必要品
羽仁もと子女史發案の家計簿と主婦日記大正四年用のが發行されました。兩方とも中流家庭になくてならぬ必要品として、明治卅七年から年々非常な賣行きです。この家計簿は支出高と、豫算との關係が日々分るのですから、兎角危險に陷り易い家計の安全器といつてよいと思ます。定價四十錢

❹「羽仁氏家計簿―中流家庭の必要品―」『読売新聞』（1914年11月23日5面）「中流家庭になくてならぬ必要品として、明治三十七年から年々非常な売行きです」とある。

り方が社会全体にも直接の影響を及ぼすようになると、公共的な重要性を増していくことにもつながった。「公共的な位置づけを与えられた〈中流〉が、理想的な「生活」のあり方の提示・体現という責務を負う、という認識の構図が見いだされる」[▼注39]中で、「生活改善」が「社会改良」「風俗改良」に通じるものとして、私事に留まらない問題にまで拡張されることとなったのである。家計簿がとりわけ中流家庭において強調されるようになった意図も、このような文脈の中で併せて解釈する必要があるだろう。家計簿の持つ意味には、家計を管理し家庭生活を改善するという私的な達成を建前としながら、社会を改良するという公的な利益を大義とする側面もあった。家計簿を始めとした家事家計の合理化や効率化は、旧弊的な「家」の価値観から脱して女性の解放や自立に寄与するものであり、また他方では家庭という枠を越えて社会に参与する契機ともなるものであった。それは逆に言えば、女性を「国」のシステムに包摂する回路にもなったということをも意味したのである。

4　女性のモノとしての家計簿――『婦人之友』の記事に見る効能

以上のように、近代において私的領域から公的領域まで横断する多様な意味と価値を持ち得た家計簿は、具体的にどのようなモノとして語られたのだろうか。家計簿が「家庭の主婦の役割をはたすための装置」[▼注40]であったとするならば、その「装置」に期待された機能とは何だったのか。本節では、「主婦と家計簿の結びつきの浸透に先駆的な役割を果たした」[▼注41]とされる雑誌『婦人之友』の記事を中心に見ていくことで、家計簿が女性のアイテムとしていかに表象されているのかを確認し、モノとして所有することによってもたらされる効果の言説について考察してい

きたい。[注42]

羽仁もと子と夫・吉一の編集による『婦人之友』は、一九〇八（明治四一）年一月より発売され、その前身となる『家庭女学講義』を改題する形で刊行された。先立って一九〇三（明治三六）年より刊行されていた『家庭之友』としばらくは並行して編集に携わっていたが、一九〇八年一二月には辞して内外出版協会を去り、一九一〇（明治四三）年に婦人之友社を設立、『羽仁家計簿』の出版も同社に移行された。[注43]

『婦人之友』の主な読者層は「高等女学校卒業、あるいは在学中の女性やその家庭（男性を含む）のいわゆる「中等家庭」[注44]」であったとされ、具体的に読者会員名簿を調査した小関孝子によると「夫の職業は官吏、銀行員、医師等が目につき、会員本人が教員である事例も多く」、「『婦人之友』の愛読者が中産階級の中でも上位階層である」[注45]とされる。[注46]つまり『婦人之友』の読者は、大正期以降に拡大した中流家庭の婦人の中でも一定の教養を身につけた上位階層であり、先述したような生活改善を基盤とした社会改良を志向する潮流においては、その担い手としての自覚を持つことが期待された層とも言えるだろう。[注47]そのような読者を想定して「『婦人之友』では（中略）主婦主導による生活管理、家族の団欒、家事の合理化、科学的な育児が主張され」[注48]、『羽仁家計簿』もその一役を担うツールとして強調されていった。それはもちろん、自社が売り出す関連商品として宣伝する意図があったことは否めないが、だからこそ読者にとって訴求力のある文句がわかりやすく提示されているとも言える。すなわち、中流家庭の女性を主たるターゲットとする、商品（モノ）としての家計簿の需要を喚起させる言説を見ることができるだろう。

4・1　家内領域における機能——家庭の安寧・家計の安定

家計簿に関する言説で強調されるのは、やはり家内領域における意義であり、家庭における女性の役割や立場を規定するものとして表象される。それは時には夫婦関係にも影響を及ぼすものとして語られ、『婦人之友』においてたびたび、家計簿が仲を取り持ったというエピソードが掲載されている。

「私に代つて弁疏（いいわけ）して呉れた家計簿」（横浜）多賀子

主人は不きげんな顔をして、いくら物価が騰貴しても、さう不足させては困ると、よく小言を云つて居りました。丁度月の二十一日、主人が月給をいたゞいて帰り、例の経済問題が晩餐後の問題となり、私が無駄な金でも使ふかのやうに、小言を云つて居りましたが、その内私が『家計簿』をつけ終り、用足しに行つて席に帰つて見ますと、何だか主人の顔が急に柔らいで居ります。（中略）私が用足しに立つた間に、仔細に『家計簿』を見たらしいのであります。これを聞いた私は、思はず熱い涙を『家計簿』の上に濺（そそ）ぎ、思はずそれを押し戴きました。[注49]

この読者投稿の後に、羽仁もと子による寸評として「それも『家計簿』の役目の一つでせう、涙に濡れた『家計簿』も嘸（さ）ぞ満足して居りませう」と、夫婦の仲立ちとなることも家計簿の「役目」であることを付言している。他にも「（主人に）家計簿を見せますと、已むを得ないことがわかつて、それからは無暗に叱言（こごと）は申さなくなります」[注50]などのように、家計簿を見せたことにより夫の態度が好転したという読者の経験談が散見される。いわば、家計簿を通して女性（妻・母）の地位が保証され、男性に対して優位性を示せる家庭内の領分を規定するために機能した事例と言えよう。これは前述したように、女性が従属的にではなく主体的に家計を運用して家庭を設計する立場を担うことを目的とした、『羽仁家計簿』の意図に適うものである。

そして、家計簿を巡る言説で最も多いのは、やはり家計管理上の有効性である。これは家計簿が持つ本来の機能からしても目立つ主張であると言えるが、その論調には一定の傾向が見られる。それは「つけない生活」との比較において意義を提示していくという図式で、逆説的に家計簿の効能を説くものである。例えば、陸軍大尉婦人の経験談として「『家計簿』の使用を怠つてこんな打撃を受けました」と題された記事では、次のように記されている。

この夏号の婦人之友に、皆さまの『家計簿』を上手にお使ひになつた報告を拝見して、六年の久しい間、一日も手ばなさず用ゐて居ましたのが、いさゝかな動機から怠つて、家計の上に大きな打撃を被つて居る私は、どんなにか恥かしく感じましたでせう。／私は自分の『家計簿』をつけなかつた間に、しみじみ私たちの、日々の家計の切りもりを、あゝせよかうせよと云はないばかりに、ハッキリと指し示してくれる、『家計簿』をつけずにゐるといふことは、実に恐るべき結果を来すものだと云ふことを知りました。[注51]

この記事では、家計簿記帳を怠ったことにより無駄な出費を重ねて予算超過を繰り返し、結局は実家に送金を乞う始末になったことが綴られ、新年からは『羽仁家計簿』を用いて「くづれた家計を築きなほす」決心が示されて終わる。他にも、海軍少将夫人が大正年間中『羽仁家計簿』を記帳し続けた経験を紹介する記事では「家計簿をつけて見ると、つけない生活はほんとうに不安だと思ひます。一家の毎日の経済の状態が頭に入つてゐればこそ、ゆたかな心で倹約も出来、貯蓄も出来るのですけれどさうでなくては、徒らにたゞけち〳〵して過してしまひます」[注52]とするなど、新中間層の家庭の夫人の立場から「つけない生活」の困難を述べて、逆に家計簿の有効性を主張するというのは、『婦人之友』における常套的な論法と見られる。

このような「家計簿をつける利益／つけない不利益」という二項対立的な構図は、他の記事でも表れている。大正期の物価騰貴における読者経験談の特集記事[注53]では、不景気による生活難の事例と、家計簿によって難局を乗り切った事例が、対置して掲載される構成となっている。この中では、第一次世界大戦を背景とする物価騰貴の影響[注54]により大きな打撃を受けた家庭の経験談が語られる一方で、「『家計簿』より受けた利益の色々」[注55]が紹介されている。例えば、無計画な支出により家計が破綻して病院にも行けず長患いをしたという投稿の後には、次のような内容が続く。

貧民救済から中産階級救済の叫びさへ起つて来る今日、別に心配もなく不安もなく、その日〳〵を緊張した態度で送つて行けるのは、全く過去十年間の『家計簿』より受けた賜と思ひます。〔中略〕唯一の『家計簿』は私共の生活の指針で、今日の堅実な生活は『家計簿』が築き上げたものです。文明は中産階級以下に年々猛烈なる圧迫を加へて来ますが、それを防ぐ唯一の鉄条網は、唯この家計簿であると信じます。[注56]

『羽仁家計簿』が刊行された一九〇四（明治三七）年は日露戦争が開戦した年であり、また一九一四（大正三）年からは第一次世界大戦が始まり、この一〇年間の年間物価上昇率の平均は四～五％と高水準を記録していた。[注57]さらに一九二〇（大正九）年以降は戦後恐慌により下落に転じるなど、頻発する戦争を背景として目まぐるしく景気が変動する時期であり、そのような不安定な経済状況下で、家計の健全な運営のために女性が取れる具体的な対応策として、家計簿を活用する意義が強調されていったのである。それは、直面する厳しい生活のイメージとともに伝えられることでより切迫感を伴って「つける」ことが正当化され、「唯一の鉄条網」などのように中流以下に堕さないための予防線として表象されることにもつながったと考えられる。[注58]

近代において新たに設定された新中間層の家庭が、激動する社会状況の中でその階層を維持するための戦略の一手として家計簿は見なされたと言える。その背景には、一線を越えれば下流に転ずるという明確な没落の危機感があり、だからこそ、中流として主体形成した読者たちにとって、その属性を存続するための死活的な問題として切実さを帯びたであろう。いわば、経済が長期的に動揺を続ける中で、中流家庭の生活を担保するための生命線となるアイテムとして、家計簿が意味づけられることにもなったのである。

4・2　公共領域における機能――生活改善と社会参画

すでに述べたように、家計簿を巡る言説は家内領域に留まらず、公共領域にも波及するものとして効能が説かれる。例えば『羽仁家計簿』（昭和五年版）の羽仁もと子自身による広告文には、前節で確認した時局を背景とする家計の動揺は、国の経済と直結するものとして以下のように記される。

> 戦争景気の盛んな時に、物価も突飛に高くなりました。私たちの収入もふえました。続いて不景気も来ました。そんなことをして、自分たちの掻き乱された経済状態は国も家も全然同じことでした。〔中略〕全社会の経済状態やその組織の改まつてゆくことも、個人の深い自覚から動き出して行くことが、何より最大善の方法です。何につけても日本人の聡明さは、他の国々に優るとも劣つてゐないことを感じます。この私たちが、こゝの道理を心に入れて、一様に本気になつたら、誇るべき感ずべき状態に於て、この世紀の頭上にかゝる経済組織の合理的改革を出来るだけ速に実現して行くことが出来るでせう。▼注59

ここでは「自分たちの掻き乱された経済状態は国も家も全然同じこと」であり、社会と経済の改善のためには「個人の深い自覚から動き出して行くことが、何より最大善の方法」であるとする。これに続けて羽仁は、「国民個々の家庭にこの明かな予算がないならば、一方で国の予算が暫く計画通りに実行されても、この日本という本当の大きな家の経済は混乱から疲弊に落ちてゆくより外はないでせう〔傍点引用者〕」と、家計が国家経済を揺るがすことにもつながると述べている。ここからは家庭の上位概念として「国」が設定され、その構成要素である個人が果たすべき重要な役割の一つに家計管理＝家計簿記帳が位置づけられていることがわかる。「国民」であるという自覚に基づいて家計簿による家庭生活を運営することが推奨され、それは「全社会」に貢献する行為とされた。これは逆に言えば、家計簿を通じて社会に参画することができるという投げ掛けであり、女性を社会改良の主体として機能させる可能性を提起するものでもあった。

その実践の代表的な事例の一つに挙げられるのが、「東北セツルメント（隣保事業）」である。これは東北地方が飢饉に見舞われた一九三四（昭和九）年より『婦人之友』の読者共同体（全国友の会）[注60]が始めた事業で、「最初に行った奉仕活動であり、大凶作に見舞われた東北地方の生活を五ヶ年計画で更生させ自立させるという運動」で、「「全国友の会」が実践的な団体であることを特徴づけたのは、「東北農村生活合理化運動（東北セツルメント）」である」[注61]と評価されている。[注62]その事業での達成の一環として、東北地方での家計簿の普及について「奇跡のやうな進歩」と次のように報告されている。

「近頃東北の小母さん達は、家計簿がないと暮せないといつてゐます。この素晴らしくよくつけた家計簿を見て下さい！」／これは二月下旬、前年の締括り今年度の委員改選のため、東北セツトルメント（ママ）を一巡した、友の会中央委員が帰つての報告です。（中略）「私達でさへ毎日きちんとつけていくのはなか〳〵骨の折れる家計簿を、小母さん達はこんなやさしい（重宝の意味を含む）ものはないといつてゐます。きまり（予算）がついてゐるから安心して暮しが出来る、家計簿がなくてはとても暮せないといふのです。」／報告をきいてゐると、ぢつとしてゐられない程身内に熱いものを感じます。これが八年前まで凶作の村々の、その中でも極貧者として人らしい生活もできなかつた人達のいふことでせうか。この奇跡のやうな進歩は一体どこからきたものでせう。[注63]

これは福島県の農村で、「友の会」の指導のもと八人の女性が家計簿記帳を習慣化したことを、中央委員の担当者が報じる記事である（❺）。文章の最後は「東北事業十年の日も近く、ます〳〵相励まし合つて進みませう」と読者に呼び掛ける形で締められ、地域社会を改良に導く主体としての意識を共有することが促されている。ここでは家計簿が社会改良を実現するものとして表象されており、女性による社会貢献の実効性を明らかにする象徴的な

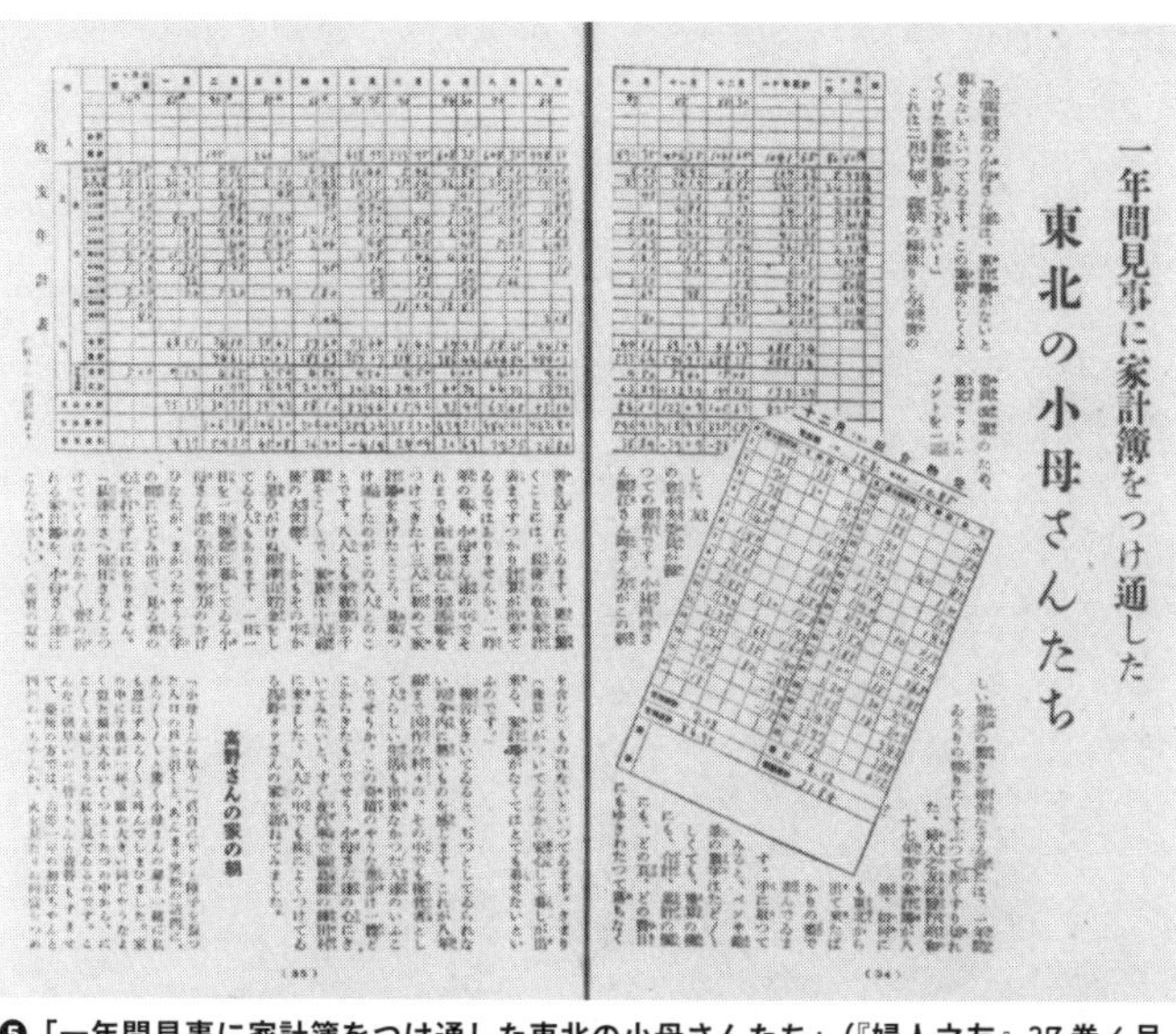
一年間見事に家計簿をつけ通した
東北の小母さんたち

❺「一年間見事に家計簿をつけ通した東北の小母さんたち」（『婦人之友』37巻4号、1943年4月）写真の家計簿について、「一年間ゐろりの煙りにくすぶつて黒くすり切れた、婦人之友社発行十七年度の家計簿が八冊、如何にも東北から出て来たばかりの姿で並んでゐます」と記される。

アイテムとして描かれている。いわば「社会の中堅・主導層としての〈中流〉」の役目を女性も十分に担えることを具体的に証明し、男性とは異なるフィールドとアプローチで社会へ参画する可能性と意義を示すものとしてである。

以上のような家計簿を巡る言説は、小山静子が大正期以降に求められた「新しい女性規範」のあり方について指摘したように、「潜在的能力を開発し、活動力や積極性をそなえた女性を育成していくことを目指し、他方では従来の性別役割分業を温存しつつ、女性の「男性化」を避ける」[▼注64]という時代的な状況に対応していると言える。先に触れたように「国」の下位概念として家庭が位置づけられ家内領域（家計・家事）の意味が公共圏にまで拡張されたことで、「男は仕事、女は家庭」という旧来的なジェンダー規範は維持しながらも、女性の存在は社会に参与できる立場へと再編された。その中で、「国」の基盤となる家庭の健全化を司る家計簿は、公共に寄与しうる女性の役割を規定するツールと見なされ、社会を改良する担い手という認識を喚起するアイテムとしても意味づけられるようになったと考えられる。

5　おわりに

家計簿の近代における展開は、始め西洋から家庭経済の観念が導入され、その後に教育や学問として「家政学」が成立することで制度的な整備が進み、女性が家で行うべき行為として奨励された。そして、明治末に羽仁もと子案の『羽仁家計簿』が市販品として刊行され、大正期にかけて多様な形式の商品が発売されるようになり、モノとして一般に普及することとなる。大正期から昭和前期にかけて家計簿は大衆化していき、家庭生活の健全化に寄与するものとして、家事を担う女性にとって重要なアイテムとなった。

一方で、「国」が「家」の上位概念として布置される中で、生活の改善は社会の改良につながるものと見なされ、家計簿は公的な意味も付与されることになった。その背景には、近代における中流の拡大があり、都市部の主な構成員となった新中間層の家庭に対して社会改良の担い手として公共的な位置づけが与えられるようになると、生活改善のために家計簿が効果を発揮するツールとして重視されるようになった。それは、変動する経済状況に対応するための生活の指針、あるいは中流から没落しないための生命線として、特に強調されることとなった。また、そのような時局下において、家計管理を司る女性が、社会貢献に主体的役割を果たせることを証明するアイテムとしても表象されていったのである。

以上、本章での検討を踏まえると、近代におけるモノとしての家計簿とは、近代的な性別役割の規範が成立する過程の中で登場したツールであったということ、また家庭における女性の地位や権威を保証するアイテムであったということ、そして女性を社会的立場に位置づけるための回路として機能していたということが指摘できる。日々の家計を記録する日記行為を通して、女性としてのジェンダー性や、国民としてのイデオロギー性を内面化するという家計簿の特性は、近代における日記文化の展開を考える上で重要な視点を提供するであろう。それは、次章で取り上げられる「手帳」が近現代において特に男性のアイテムとして受容されたことと併せて、日記行為を巡るジェンダー規範の問題として、様々な角度から検討される余地を残している。

社会参画への回路としての機能は、国民統合の論理と連なることに他ならないが、「家（ウチ）」から「社会（ソト）」へ関与できるという家計簿が示した可能性は、旧来は抑圧されてきた社会貢献への女性の欲求を満たす上で有効であったと考えられる。家計簿は確かにジェンダー規範を規定するものではあったが、前近代から現代に至る過程において、女性の地位向上や社会的自立の意識を促す上で一定の役割を果たしたと言えるのではないだろうか。しかし昨今では家計簿の公共的な意義はほぼ失われて、家内領域に有効性が限定されたものになっている。それを逆手に取れば、冒頭で触れた『働くふたりのかんたん家計簿』のように、家庭における性役割分業を問い直すアイテムとして、意味を持つことになるだろう。現代ではむしろ、家内領域におけるパラダイムシフトをもたらすモノとして、機能を果たすことが期待できるのかも知れない。

最後に課題を述べて終わりにしたい。本章では家計簿の近代における初期的な展開を検討するに留まったが、本格的な普及は戦後になってからであり、一九六〇年代以降、地域社会も含めた全国に利用者を拡大させていくことになる。[注65] それは高度経済成長期を背景として、やはり変動する経済状況に対応することを迫られた女性たちが、適切に家計管理するためのツールとして活用されたものであり、都市部と農村部では異なる様相を描いていた。これもまたモノとしての家計簿の機能を考える上で重要な観点となるが、また稿を改めて論じたいと思う。

▼注

1　津野海太郎「羽仁もと子と家計簿――私のこころの原風景――」（『婦人之友』九八巻四号、二〇〇四年四月）、七二頁。

2　三東純子「家計簿記普及上の諸問題（第一報）」（『家政学雑誌』一一巻一号、一九六〇年三月）、六八頁。

3　三代川正秀『日本家計簿記史――アナール学派を踏まえた会計史論考――』（税務経理協会、一九九七年、二七―四四頁）、安川みどり「家計簿記の歴史――明治初期を中心に――」（『家計経済研究』一〇号、一九九一年）を参照。ただし、安川は幕末の事例から一部ではあるが女性による記帳も確認できることを触れている。

4　近世から近現代にかけての家計簿の変遷や特徴を明らかにした研究として、三東純子「家計簿記に関する史的考察（第一報）――明治期発行の家計簿記及び家計簿記書について――」（『東京家政学院大学紀要』一四・一五合併号、一九七五年）、同「家計簿記に関する史的考察（第二報）――明治期発行資料からみた家計簿記の組織・形式・効用について――」（『東京家政学院大学紀要』一七号、一九七七年）、同「家計簿記に関する史的考察（第三報）――大正期発行の資料からみた家計簿記の組織・形式・効用について――」（『東京家政学院大学』二〇号、一九八〇年）、安川みどり「家計簿記の歴史――明治初期を中心に――」（『家計経済研究』一〇号、一九九一年）、三代川正秀『日本家計簿記史――アナール学派を踏まえた会計史論考――』（税務経理協会、一九九七年）、鶴見正史「明治初期の簿記に関する一考察」（『中部消費者教育論集』一一号、二〇一五年）が挙げられる。

5　家計簿を基に近代日本の生活の具体相を明らかにした研究として、後藤和子「戦後20年の家計構造に関する一考察――共働き家庭の一例を中心にして――」（『岩手大学教育学部研究年報』三一号、一九七一年）、中村隆英編『家計簿からみた近代日本生活史』（東京大学出版会、一九九三年）、藤井千賀「家計簿から見た昭和の生活史――家族周期の視点から――」（『家庭科教育』七三巻三号、一九九九年）が挙げられる。

6　亀田春枝は、羽仁もと子の考案した『家庭之友家計簿』について「明治母の会」との関わりにおいて考察し、羽仁もと子が「母親（婦人）達が中心となって日本の家庭生活の改良及び子供達の為の家庭教育（養育）の在り方を求め」た「母の会」の影響を受けて「家庭改良の一基本とも云うべき家計家事管理の方法を形成していった」（三三二頁）としている（亀田春枝「明治母の会と羽仁もと子――『家庭之友家計簿』出版をめぐって」近代女性文化史研究会編『婦人雑誌の夜明け（新装普及版）』大空社、二〇一六年／初版：一九八九年）。中里英樹は、日本において家計簿が「主婦」の役割となっていることについて婦人雑誌（『家庭之友』・『婦人之友』・『主婦之友』）を中心に検討し、「主婦の役割として家計管理およびその手段としての家計簿記帳が強調されるようになった経緯」（一七九頁）を明らかにしている（中里英樹「主婦の役割と家計簿――婦人雑誌にみる家計管理――」『近代日本文化論八女の文化』岩波書店、二〇〇〇年）。西川祐子は、家計簿と主婦日記の創出について併せて言及し、『婦人之友』と『主婦之友』の分析を中心として「主婦の役割」となった背景を述べている（西川祐子『日記をつづるということ――国民教育装置とその逸脱――』吉川弘文館、二〇〇九年）。ヒラリー・マクソンは、家計簿と家庭料理の成立について分析しており、「食、ジェンダー、家計管理の関連性」を捉えている（ヒラリー・マクソン（ネイスン・ホプソン訳）「家計簿と現代日本の家庭料理の成立」『JunCture超越的日本文化研究』一一号、二〇二〇年）。

7　前掲西川書、一二二頁。

8　前掲マクソン論、四七頁。

9　注3に同じ。

10　前掲中村書、四頁。

11　『家事倹約訓』については、亀高京子・三東純子他「家政書からみた明治初期の家政（学）について」（『東京家政学院大学紀要』一八号、一九七八年）、安川みどり「家計簿記の歴史――明治初期を中心に――」（『家計経済研究』一〇号、一九九一年）、三代川正秀『日本家計簿記史』第三節「学制導入期の家計簿教育」（税務経理協会、一九九七年）で触れられている。また、中里英樹「主婦の役割と家計簿」（『近代日本文化論八 女の文化』岩波書店、二〇〇〇年）においても、主婦の役割としての出納管理の早期事例として言及されている。

12　前掲安川論、五三頁。

13　文部省『家事倹約訓』（丸屋善七版、一八七七年）一五頁。

14　同前、一五、一六頁。

15　安川みどりの調査によれば一般書肆の刊行物として『家事倹約訓』に先んじて翻訳された家政の啓蒙書に『泰西三需辨』（明治六年）と『女学必読』（明治七年）がある（前掲安川論、五三頁）。

16　前掲安川論、五四頁、三代川書、五一―五四頁。

17　前掲三代川書、五七―六三頁。後閑・佐方『家計簿記法　家事教科書続編』は、一八九五（明治二八）年に文部省令・高等女学校規程において「家事」の教育内容として「家計簿記」が明記されたことに基づいて編纂され、文部省検定を認可され、家政学の課程の教科書として採用された。

18　下田歌子「家計簿記（女子学芸全書・上巻）」（女子学芸講習会、一九〇三年）一頁。

19　栗田啓子「女子高等教育におけるリベラル・アーツと経済学」（栗田啓子・松野尾裕・生垣琴絵編『日本における女性と経済学――一九一〇年代の黎明期から現代へ――』北海道大学出版会、二〇一六年）、四三頁。

20　前掲中村書（四頁）参照。羽仁もと子の『家計簿』以前に、明治中期頃より印刷された帳簿は発行されていたが、一般の書店で販売されて商品として流通したものとしては国内初となる。なお、この時期の状況について三代川は洋紙の普及や万年筆など文房具の発展について言及しており、家計簿の発行や流通を考える上で重要な観点と言える（三代川書、四九―五四頁）。また、前掲亀田論では、羽仁もと子が「母の会」との関係の中で家計簿の様式を考案した可能性を指摘している。

21　「婦人界の一紛擾――羽仁女史と嘉悦女史／家計簿記帳の考案争ひ」（『東京朝日新聞』一九一一（明治四四）年一二月三日、六面）

22　大正年間に発行された家計簿は、山本留次『家計重宝 台所勘定帳』（大正五年）、森川琴史『新式実用家計簿』（穂善館、大正七年）、林平馬『家計簿』（修養団、大正九年）、井上秀子『予算生活に適応したる新家計簿』（文光社、大正一五年）など（前掲三代川書、九四―九八頁）。また、日記帳出版の大手である博文館も、大正一五年に家計簿に類するものとして『家計日記』と『家庭出納帳』

を発売している。

23 「家計整理は家計簿が第一」（『主婦之友』一五巻一二号、一九三一年一二月）、二五四頁。

24 ただし戦前に『主婦之友』が家計簿を付録としたのはこの一度で、その後は派生商品として別売りの形を取った。毎年の付録として定番化したのは一九五三（昭和二八）年以降であり、それより先に『婦人倶楽部』と『主婦と生活』が一九四九（昭和二四）年から家計簿を付録としている（前掲三代川書、一六五―一六九頁）。宮崎礼子によると「婦人雑誌付録に家計簿がつく新年号は、平常月に比べて大量に発行される。たとえば『婦人倶楽部』は昭和四〇年代に平常月の二・五倍」であり、「付録家計簿の良しあしが、新年号の売れゆきを左右」したという（宮崎礼子「家計簿――主婦が書き続けた〝家庭史〟の歩み――」『朝日ジャーナル』二六巻一一号、一九八四年三月、三二頁）。

25 前掲中里論、一九六頁。

26 『東京朝日新聞』（一九二六（大正一五）年一二月一九日、六面）。

27 家計調査の事例として先立つのは一九一六（大正五）年五月に東京府が実施した家計簿に基づく調査で、高野岩三郎が行った「東京に於ける二十職工家計調査」であり、「我が国に於ける近代的家計調査の嚆矢」（高野岩三郎編『本邦社会統計論』（『経済学全集』第五二巻）改造社、一九三三年、八頁）とされる。その後、各地の自治体単位での調査が実施され、「一種の家計調査狂時代をさへも出現せしむるに至つた」（同前、一三頁）。中央官庁では一九二一（大正一〇）年に農商務省と内務省が家計簿記に基づく「職工家計調査」「農業者生計調査」「鉄夫生計調査」（農商務省）「細民家計調査」（内務省）を行っているが、いずれも期間は一、二ヵ月と短く、また地域・階層とも限定されていた。本格的に全国規模で調査が行われたのは一九二六（大正一五）年九月から一年間にわたり各地域の各階層を対象とした内閣統計局による「家計調査」であり、国民経済の基礎資料として集計していくこととなる（同前、一四―六六頁）。これらは大正期から昭和前期にかけてたびたび行われ、行政機関が刊行した帳簿を利用して国家的な規模で展開され、家計簿記帳の習慣を国民化することにつながる事業でもあった（松野尾裕「松平友子の家事経済学――日本における女性による経済学研究／教育の誕生――」栗田啓子・松野尾裕・生垣琴絵編『日本における女性と経済学――一九一〇年代の黎明期から現代へ――』北海道大学出版会、二〇一六年、九二、九三頁）。

28 家計簿が発売された三年後の一九〇七（明治四〇）年に同じく羽仁もと子考案による『主婦日記』が刊行されている。これは「家庭というフィールドの中で女性に自由になる時間を捻出させるという意味で、明治期において進歩的な考え方」を反映した「主婦の予定生活を実践するための日記」であり、家計簿と併せて使用することが誌上において推奨された（小関孝子『生活合理化と家庭の近代――全国友の会による「カイゼン」と『婦人之友』――』勁草書房、二〇一五年、三二頁）。

29 羽仁もと子考案『家計簿』については、前掲亀田論、西川書（一〇六―一一一頁）を参照。また津野海太郎「雑誌の読者が「同志」

だった時代」(『読書欲・編集欲』晶文社、二〇〇一年、六二―九二頁)にも詳しく、その中で津野は刊行当初の様式と比較し、「この家計簿のしくみは現在もそのまま踏襲されている」と、ほぼ内容が変わらず一世紀にわたって刊行されていることを明らかにしている。

30 斉藤道子『羽仁もと子――生涯と思想――』(ドメス出版、一九八八年)、五二頁。

31 前掲亀田論(三一九頁)参照。

32 吉廻敏江「羽仁もと子と〝婦人之友〟――やりくりの歴史と家事家計運動――」(『思想の科学』第五次、六〇号、一九六七年三月)、九二頁。

33 同前、八六頁。

34 久井英輔『近代日本の生活改善運動と〈中流〉の変容――社会教育の対象/主体への認識をめぐる歴史的考察――』(学文社、二〇一九年)、九五、九六頁。なお、久井は「〈中流〉」と表記する意味について「ここでは〈中流〉をとりあえず、「中流階級」「中産階級」などの語で表された、「中程度」の位置づけにある社会集団、としておく」(一頁)と述べている。

35 小山静子『家庭の生成と女性の国民化』(勁草書房、一九九九年)、三九―四一頁。

36 前掲久井書、九一頁。

37 前掲久井書、三三八頁。

38 同前。

39 同前、六八頁。

40 前掲西川書、一二二頁。

41 前掲中里論、一九一頁。

42 『婦人之友』および『家庭之友』における家計簿の記述については、それに基づいて中里英樹が「家計簿記帳が主婦の役割として定着してきた経緯」を分析している。中里は併せて『主婦之友』も取り上げ、いずれも「主婦と家計簿のつながりが強調されていること、また「読者の家計の実例を詳細に紹介して、さらに読者の関心を引くという手法を用いた」こと、そして「家計の管理者としての主婦像が、明治末以来増加してきた専業主婦層の関心を引き、大きなやりがいと自信を与えた」ことを指摘している(前掲中里論、一九五、一九六頁)。

43 『婦人之友』の刊行経緯については、前掲亀田論(三三〇、三三一頁)、および土屋礼子『近代日本メディア人物誌――創始者・経営者編――』(ミネルヴァ書房、二〇〇九年)「羽仁もと子」(一四九―一五一頁)を参照した。

44 前掲土屋書、一五一頁。

45 前掲小関書、四七頁。

46 近代の女性雑誌の普及について分析した永嶺重敏によると「大正前期まではなお明治期創刊雑誌の力が強く、その中でも婦人雑誌の原型を作ったと言われる『婦人世界』が発行部数一位（二〇―三〇万部）を誇り、それに対抗して『女学世界』と『婦女界』の両誌があり、その他『婦人画報』『婦人之友』も固定読者をつかんで」おり、「中産層の家庭婦人に読者をもつ」とする（永嶺重敏『雑誌と読者の近代』オンデマンド版、日本エディタースクール出版部、二〇〇四年（初版：一九九七年）、一八四―一八六頁）。

47 主筆である羽仁もと子も、巻頭言で「我日本の国の責任の段々に加はつて行くことを自覚する人は、何人も今の多くの中流の家庭の、不得要領なる生活に就て、痛切なる感慨を持つでありませう」と述べるなど、たびたび読者に向けてその意識化を促している（羽仁もと子「世帯の苦労」『婦人之友』八巻一二号、一九一四年一二月、一二頁）。

48 前掲小山書、四四頁。

49 「私たちは物価騰貴のためにどんなに困つたことでせう」（『婦人之友』一二巻一一号、一九一八年一一月）、五四頁。

50 「『家計簿』についての座談会」（『婦人之友』二三巻一二号、一九二九年一二月）、四四頁。

51 某陸軍大尉夫人「『家計簿』の使用を怠つてこんな打撃を受けました」（『婦人之友』八巻一二号、一九一四年一二月）、一二三頁。

52 徳田久子「十八年家計簿をつけて」（『婦人之友』二二巻一号、一九二八年一月）、八九頁。

53 注49。

54 第一次世界大戦（一九一四―一九一八年）の影響は日露戦争以上であったとされ、「卸売物価の対前年増加率は、大正5年20・9％、大正6年25・8％、大正7年31・0％と年々上昇率を高めた。その後も大正8年22・5％、大正9年10・0％と次第に上昇率は減じてきたとはいうものの、かなりの上昇が記録され」、「このような物価の急上昇は社会不安を引きおこし、大正7、8年には米騒動などが起った」とされる（花輪俊哉「わが国物価の歴史的分析」『生命保険文化研究所論集』二三号、一九七二年、六頁）。

55 注49「見す〳〵手遅れとなつて五十日の病（岡崎 野の花）」、四七頁。

56 同前「経済的圧迫に対する鉄条網（北海道 鈴蘭）」、四九頁。

57 前掲花輪論、四頁。

58 このような言説の傾向は同時代の他の婦人雑誌にも共通して見られ、『主婦之友』と『婦人公論』を分析した久井によると両誌の記事においても「労働者階級と差のなくなりつつある新中間層の中・下層の生活を踏まえて経済面での没落を嘆き、そこからの何らかの脱出手段を講ずるという構造を取って」おり、「このような「没落」が、社会に位置づけられた〈中流〉の課題としてよりもむしろ、〈中流〉を構成する個々人の生活の課題として描かれる傾向」を有していた（前掲久井書、三一〇、三一一頁）。

59 羽仁もと子「今年は特に新しい目で私の家計簿と主婦日記を御覧下さい」（『婦人之友』二三巻一二号、一九二九年一二月）、四九頁。

60 『婦人之友』の読者共同体である「全国友の会」は一九三〇（昭和五）年に発足した組織で、現在も存続して国内外に展開され、一八〇以上を数える。同会について詳細に分析した小関は「『婦人之友』が、羽仁もと子の思想に基づいた生活を広く伝えるという情報発信機能を持っている一方で、「全国友の会」は羽仁もと子の思想に基づいた生活を研究し、実践する機能を持ち、両者は羽仁もと子思想によって結びついた並列の関係である」としている（前掲小関書、七頁）。

61 前掲小関書、一〇五頁。

62 『婦人之友』が「東北セツルメント」を重視した背景には、羽仁もと子自身が青森県の出身であるという点も関わっていると考えられる。羽仁は当事者の目線から東北の生活を「改めるべき」と捉えており、例えば座談会で岩手県出身の参加者が東北の贅沢について事例を話したところ、「東北は今もさうですか。私も幼さい頃の記憶に、唐もろこしを大きなお膳に山のやうに積み上げて一度に五本も六本も食べたことや、漬け柿といふのを器に盛りあげて、炬燵に当つていくつもいくつも食べたことなどあつて、今思ふとどうしてあんなに食べられたのかと不思議な気がする程です。乏しい〳〵といひながら、東北程無駄の多い贅沢な所はありませんね。」と自身の体験に基づいて難じている（東京友の会有志「家事下手・家計下手が上手になるための円卓会議」『婦人之友』三四巻一二号、一九四〇年一二月、七一頁）。

63 「一年間見事に家計簿をつけ通した東北の小母さんたち」（『婦人之友』三七巻四号、一九四三年四月）、三四頁。

64 小山静子『良妻賢母という規範』（勁草書房、一九九一年）、一三五頁。

65 一九五〇年代以降、主要な婦人雑誌が家計簿を付録とし（注24）、さらに農村部で多くの読者を持つ『家の光』も一九六三（昭和三八）年に付録化したことで地域社会にも利用が促された（前掲三代川書、一五七―一五九頁）。また一九六〇年代以降、銀行でも発行されるようになり、さらなる普及につながった。

Chapter 3

3章

昭和戦後期のサラリーマンの手帳文化
——一九六〇年代末から一九八〇年代の手帳をめぐる言説を中心に

鬼頭篤史

本章では、昭和戦後期のサラリーマンの手帳の位置付けについて、手帳を所持し使用することに与えられていた意味に注目し、サラリーマンを主な読み手とする手帳の選択や使用法に関する活字メディア言説から考察する。そうした言説の中で手帳は、主に情報整理および「知的〇〇」の二つの文脈で語られており、前者の文脈では、情報整理の手段として、そして後者の文脈では、使用者の知性や感性、あるいは有能さを演出するためのツールとして論じられた。そして手帳は、サラリーマンとしての成功のためには不可欠のモノとして位置づけられていた。

1　はじめに

本章は、日本のサラリーマンを主な読み手とする書籍や雑誌などの活字メディアにおいて、手帳文化に関する言説がいつ、どのようなものとして登場したのか明らかにし、それらの言説の論理の考察を通じて、サラリーマンにとって手帳とはどのようなものであり、いかなる意味が付与されていたか考察することを目的とする。

最初に手帳文化という概念について説明しておく。本章で手帳文化という場合、①記入された手帳の内容（史料としての手帳）、②媒体としての手帳のあり方（モノとしての手帳）、③手帳を記入する営みおよびその背景（行為としての手帳）に関する言説を総称するものとするが、[注1]特に②と③に注目したい。[注2]より具体的に説明するならば、手帳を所有し、携帯し、使用するという行為が、手帳の持主にどのような効能をもたらすのか（あるいはもたらすと想定されるのか）、そしてどのように手帳を選択し使用すれば効能が増大化されるのかに関する言説である。このような言説に注目するのは、これらが手帳を所有し携帯し使用する場合の指針や知識や選択基準を提供していると同時に、手帳に付与されていた意味を浮かび上がらせると考えられるためである。なお検討対象とする主要な時期は、サラリーマンをめぐる言説に手帳文化が登場する一九六〇年代末から、電子手帳が発売され、手帳の媒体が紙に限定されなくなった一九八〇年代とする。▼注3

次に文具史の古典的な著作で手帳がどのように理解されていたのかみてみよう。最初にとりあげるのは、一九三四（昭和九）年に出版された野口茂樹『通俗文具発達史』である。なお、『通俗文具発達史』は手帳に言及した文具史研究としては、管見の限り、最も早い時期に書かれたものである。

> わが日本人が手帳を使用するやうになつたのは明治維新以後のことであるが、海外に於ける手帳の歴史は可なり古いやうである。それは服装や生活様式の関係上、容易にポケットに収め得て携帯に至便なる小型ノートは、日常洋服を着用する外人に対して必然的にその要求を促進した為であらうと思ふ。
>
> 我が国に於ても手帳は洋服の流行に伴うて普及した。それは明治以後である。明治以前の日本には特に手帳といふものは無く、たゞ携帯用の帳面として用紙を適宜の大きさに折り之を綴つて紐で腰に吊り下げて持ち歩くものがあつたが、之は昔の帳簿である長帳や袋帳と殆ど変りがない。その役目は今日の手帳代りを務めてゐたのであるが、無論手帳とは呼べない。▼注4

また、事務用品メーカーのリヒト産業株式会社創業者の田中経人は、欧米由来の手帳の日本への導入以前の状況について、一九七二（昭和四七）年に左記のように述べている。

わが国では平安時代（七八四—一一九一年）の「枕草子」は手帖の先駆と見てよく、そのほか、旅人、俳人、歌人、詩人、画家などが旅行には美濃紙または半紙半切の紙を三、四十枚綴った冊子を携帯して、現在のメモの代りに使っていたので、これも手帖の前身ということが出来る。[注5]

近代日本の手帳の普及の要因を、野口は洋服の普及に伴ったものであるとし、田中も「明治中、後期から大正年間にかけて、洋服の着用も一般化してきたので、携帯に便利な手帖は大いに重宝がられ、需要も本格的な傾向を示して必要品の一つになってきた」[注6]と洋服を着用した際の便宜性と需要の高まりに帰すように、両者は同様の解釈を示している。近代以前の日本における手帳に類する媒体の有無に関しては、野口は近代以前の携帯用の帳面と近代以降の手帳とが機能面で共通性を有していたことは認めていたが、衣服の中に収納できるか否かという簡便性における差異を指摘して、携帯用の帳面と手帳とは異なるものであるとみなした。一方、田中は野口とは異なり、「枕草子」や美濃紙または半紙半切の紙を綴った冊子の機能面の共通性を重視し、これらも手帳とみなすべきであると主張しており、解釈が一様に定まっているわけではない。しかし日本の手帳文化を歴史的に考える場合、手帳の特徴をどこに見出すかという視点すら文具に関する事実史の文脈でも定まっていないことが重要視されるべきであろう。なぜならツールとしての手帳の形態や簡便性、使用条件が多岐にわたっていることが、手帳および手帳文化とその受容のあり方に影響を及ぼしていたと想定されるからである。

次に、先行研究において近現代日本の手帳文化がどのように取り扱われてきたかについてみてみよう。近現代日本の手帳文化を歴史的に考察した著作は数少ないが、舘神龍彦[注7]および牧野智和[注8]の研究について言及しておく必要がある。前者は近代日本のモノとしての手帳の歴史、特にシステム手帳流行以後の各種手帳の流行の趨勢を、同時代の経済・社会情勢と関連付けて整理を行っている点が評価できる。後者は、「手帳（術）とは、私たちにとって最も身近な自己啓発界への入り口をなしている」[注9]とみなし、一九七九（昭和五四）年から二〇一〇年代までの手帳術本を、時間感覚という論点に引きつけて分析し「日常生活に自己啓発が侵入する様態」[注10]を考察している。ただし、昭和戦後期における手帳文化をめぐっては、流行や趨勢の背後に、技術革新や産業発展、あるいは社会慣習や文化などによって影響された多様な思想や論理の展開があると想定されるため、流行の対象となるツールの移行や自己啓発の文脈のみで説明されるのでは不充分であろう。むしろ、それらの多様な思想や論理の展開を、当時の手帳文化に関する言説を分析しながらたどっていくことこそ、手帳文化の歴史的な考察に資することにつながるのではないだろうか。

さらに、サラリーマンの手帳文化を考える意義について述べる。昭和戦後期、特に高度経済成長期以降のサラリーマンは量的な増加をみせ、中間層として社会に定着したと意識され、日本人の生活様式や意識構造の変容を主導する階層であると認識されるようになった。[注11]また、都市部を中心とする日本社会においては、実態としてもまた憧れの対象としても大きな地位を占めていたとみなされている。[注12]ただし、「サラリーマンが日本人の標準モデルであったとしても、それは決して「女らしさ」のモデルではなく、あくまで「男らしさ」のモデルであった」[注13]といわれるように、サラリーマンに関する言説で言及される対象となるのは原則的には男性であった。したがってサラリーマンの手帳文化も、男性に限定されたものであることには留意が必要であるが、サラリーマンの手帳文化を考えることは、日本の、特に都市社会における男性にとって手帳がいかなるものであったのか、そしてなぜ今日にいたるまで手帳を所持し使用し続けてきたのかという理由の一端を明らかにすることにつながると考えられる。[注14]

次節からは、サラリーマンを主な読み手とする言説に手帳文化がいつどのように登場したのか明らかにし、それらの論理を考察していく。

2　サラリーマン向けの言説への手帳文化の登場

都市部を中心とする近代日本社会にサラリーマンが一定の存在感をもった存在として認識されるようになったのは、両大戦間期といわれている。[注15]しかしその時期のサラリーマンを主な読み手とする言説で主要なトピックとされていたのは企業組織内における上司との良好な関係の構築方法であり、[注16]手帳文化が登場することはなかった。[注17]このことは、現在のビジネスマナーについての解説書が、「話をするときはメモ帳が必須／ビジネスパーソンとして、メモを取る習慣を持っておくことは基本です」、「取引先の担当者の名前や連絡先、依頼の内容など、電話や口頭で聞いたものは、あとで問題にならないよう、しっかり記録に残しておきましょう」、「よりスキルアップのため(ママ)には、仕事をしていて気づいたこと、思いついたアイデアなどもメモしておくと、あとで役に立ちます」などのマニュアル化されたメモの取り方を、[注18]対人関係の構築方法とともにとりあげていることとは、異なる様相を見せていた。

それでは、いつ、どのように、サラリーマン向けの言説に手帳文化が登場してくるのか。管見の限り、手帳文化が登場する最初の事例は、一九六九（昭和四四）年九月から一〇月にかけて週刊誌『サンデー毎日』に掲載された連載記事「ビジネスマンのための情報整理学」の第二回で、「ひらめきのエスカレーション作戦」と称されたメモのツールとしての手帳に関するものである。[注19]ただしこの記事は、次節で詳述する情報整理学の文脈に沿ったものであるため、代わりにこの時期の手帳文化の全体的な特徴を示してくれる同年一二月の『週刊現代』の記事をとりあげる。

最近サラリーマンの間で知的生産の技術としてカードシステムがクローズ・アップされているが、このカードシステムに残された問題は、収集した情報を、いかにして分類し、必要なときにひき出して、創造に役立てるかという点――。

ところが、この収集、分類、検索という一番の難問を、電算機システムを応用して解決した、手帳セットが開発されて話題をよんでいる。[注20]

話題をよんでいる手帳セットとは、一九六八（昭和四三）年に販売が開始されたシステム・ダイアリーである（❶〜❹）。これはメモ一件に対し一葉のカードを綴じて日常的に携行するバインダー式手帳と、カードに任意のインデックスを付けて整理し保管するファイルボックスによって構成されていた[▼注21]。開発者の奈良総一郎は、開発動機を「研究所〔引用者注――奈良が所長を務める電算システム研究所〕の技術者が集まって、どうも、従来の手帳は不便だ。もっと〝情報化社会〟にぴったりした〝コンピュータ手帳〟をつくらないか、という声がでてきたことからなんです[▼注22]」

❶システム・ダイアリー

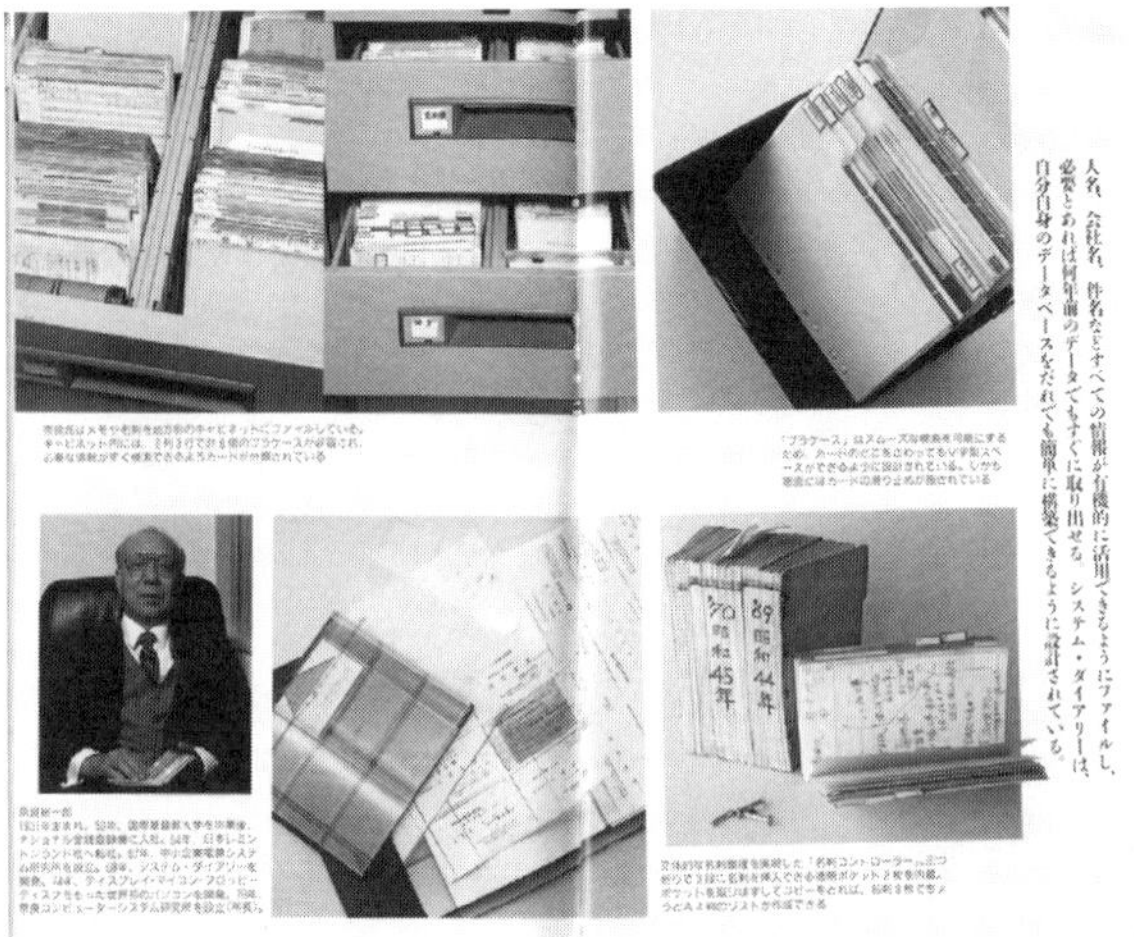

❷カードのファイリングと開発者・奈良総一郎

❶〜❹の出典：奈良総一郎『電脳システム手帳――システム・ダイアリー入門』（弓立社、1988年）、口絵。

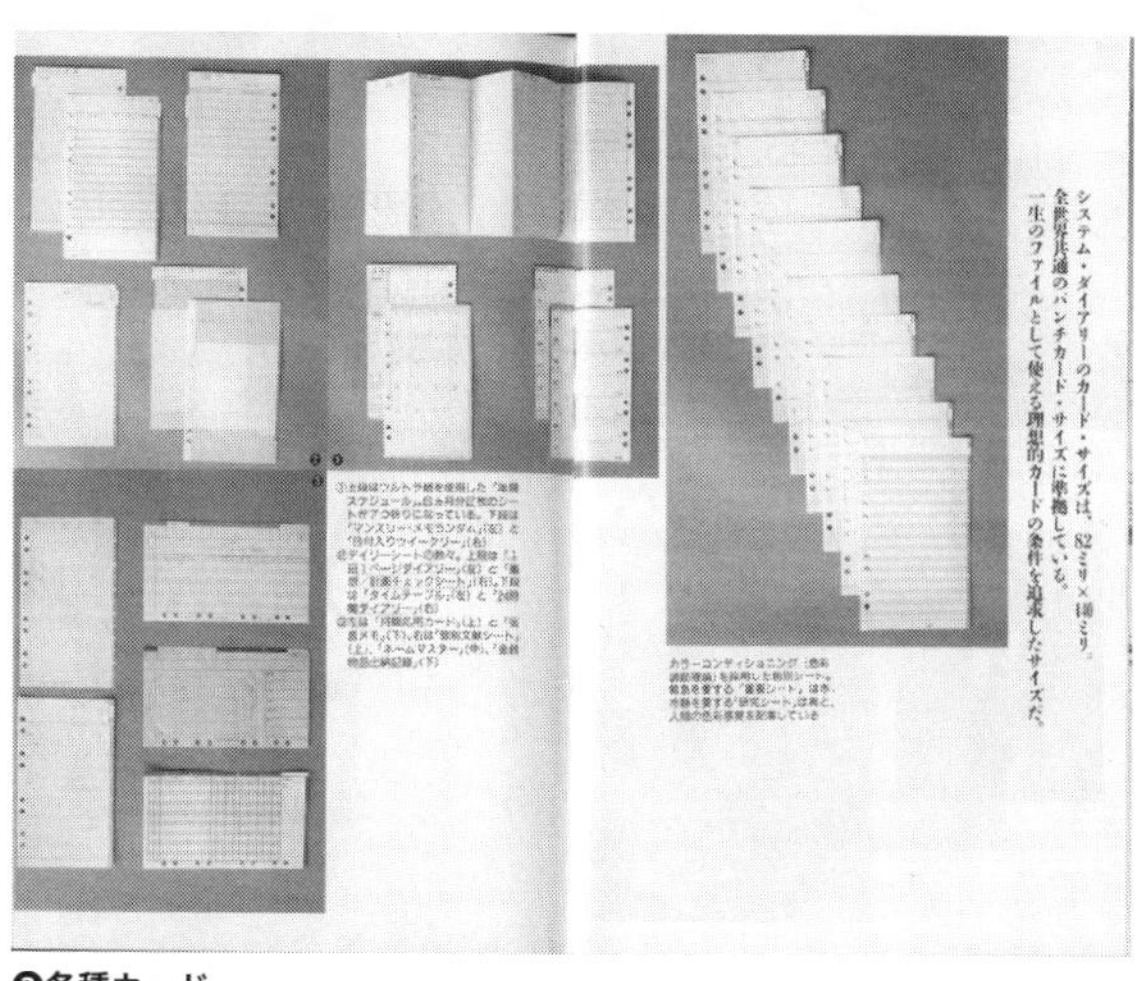

❸各種カード

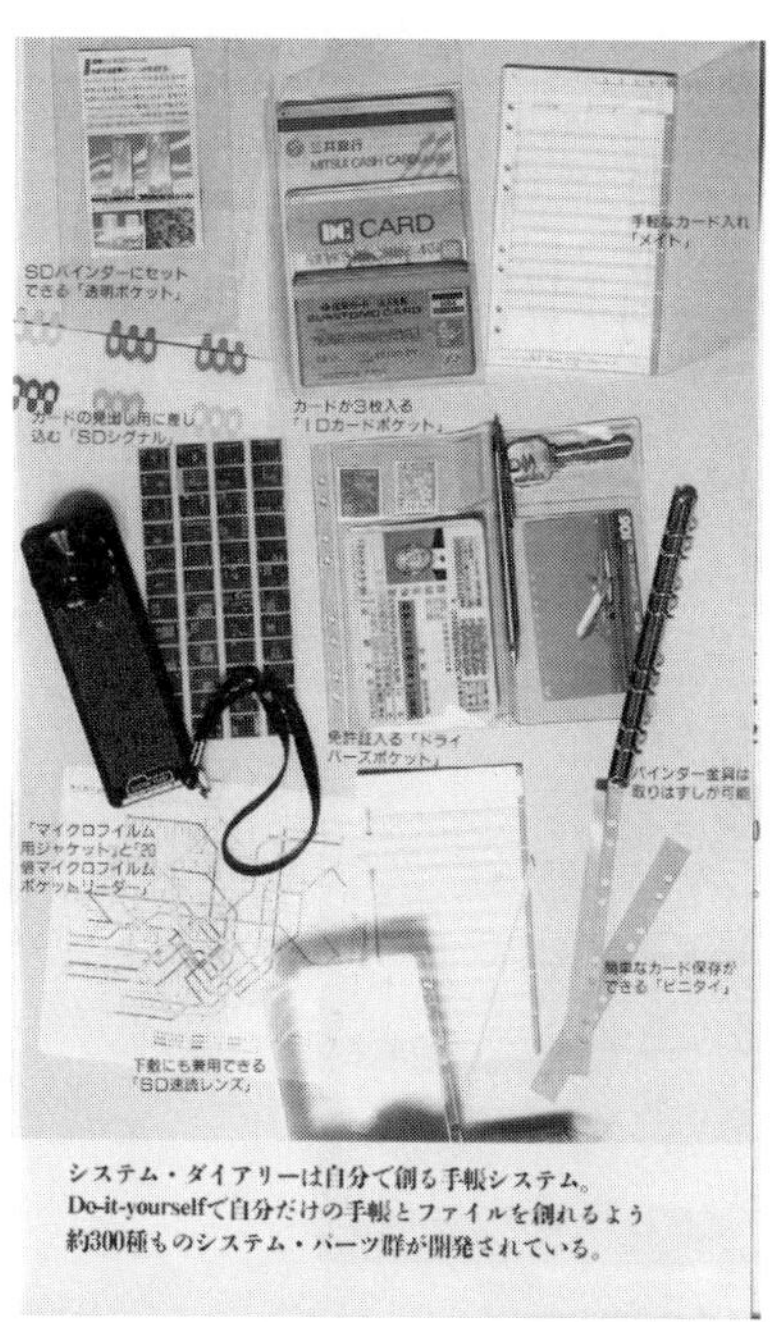

❹システム・パーツ群

と述べている。

ここで注目すべきなのは、システム・ダイアリーというそれまでには存在しなかった形態の手帳がつくられた動機が、「情報化社会」という新たな段階の社会に適応するというものであったことである。

キーワード① 「情報整理」

「情報化社会」という言葉は、今日では新鮮味のあるものではないが、この記事が掲載された一九六〇年代末においては新奇性を帯びていた。実際、「情報化社会」について初めて論じた林雄二郎『情報化社会——ハードな社会からソフトな社会へ』▼注23が一九六九（昭和四四）年に出版されたのを皮切りに、「情報化社会」および「知識社会」

論が勃興・隆盛しつつあり[注24]、学術分野では「情報科学」や「創造性の理論」などが生まれ、より一般向けの読み物には、「問題解決法（問題学）」や、情報の収集・分類・検索を方法論化したものと考えられる「情報整理学」に関する論考が掲載されるようになった[注25]。

技術の進歩とそれに伴う「情報化社会」や「知識社会」論などの概念の発展を背景として、サラリーマン向けの手帳文化を扱った言説には「情報化社会」および「情報整理」というタームが提示されていった。例えば、この時期のサラリーマン向けの手帳文化の全体的な特徴を示すものとしてとりあげた前出の『週刊現代』の記事は、システム・ダイアリーの効能を「大阪出張なら〝京阪神〟の項目のものだけを、手帳に入れて持ってゆけば、これまでの取引先について書きこんだ知識、話し合おうと思っていた懸案事項、会うべき人の電話、住所、以前に話したことまで、ぜんぶカードをみて、思い出せます[注26]」と、それまでに収集した大量の情報の保持の容易性、目的に応じた弾力的な選別、それに必要な情報検索の迅速性であるとし、「こうした情報量だけでも、商談は優位に立てますよ[注27]」とビジネスを行う上で有利となるものであることを強調している。また、一九六九（昭和四四）年頃、社員手帳としてシステム・ダイアリーを導入したヱスビー食品の経営戦略部長も、営業、総務、人事、庶務、宣伝の各部署におけるシステム・ダイアリーを使用する効能を列記しているが、特に「大量の情報入手と情報処理が必要となる部署」である宣伝課では、「情報を的確に処理し、必要なときにはすぐに取り出せるという能力は、宣伝マンには欠かせないことであり、そのために一冊の手帳が効果を発揮していることは有益なことである[注28]」と、「情報処理」能力を宣伝マンの必須条件とし、システム・ダイアリーはその能力を効果的に発揮するためのツールと意味付けていた。そして、システム手帳が流行し、OA機器（オフィスオートメーション機器）の発展やワープロの普及によって[注29]「情報化社会」が漸次的に現実のものとなりつつあった一九八〇年代末にも、「OA機器の目的を、個々のビジネスマンのビジネス行動のサポートというように考えるなら、決してその波はオフィス内だけにとどまらない。オフィスの内と外をつなぐツールというのも必要にな」り、「そうしたオフィスの内と外をつなぐビジネスツールの代表的な例が「システム手帳」と「電子手帳」である[注30]と、「情報化」の進展によって導入された新しい機器をより効果的に機能させるためのツールとしての意義が手帳には付与されていた。

加えて、システム・ダイアリーを紹介する『週刊現代』の記事からはもう一つのキーワードが浮かび上がってくる。それは、記事の冒頭でトピックとして提示されている「知的生産の技術」というものである。

キーワード②「知的○○」

この「知的生産の技術」とそれを具現化しているとされるカードシステムとは、一九六九（昭和四四）年に出版された梅棹忠夫『知的生産の技術』（岩波書店）で紹介されている、野外調査の結果をカードに記録したり、共同研究の参加者の全員が同じカードを同じ方式で書くことで、巨大な共有財産を作ろうとしたりするという情報整理のための方法である。『知的生産の技術』は出版後の一月で一一万部も売れてその年のベストセラー第四位となり[注31]、梅棹自身、後に「「知的生産」という言葉も、つくったのはわたしだが、いまはふつうにまかりとおるようになった。その後、「知的生活」そのほか、「知的——」という言葉がしきりにつかわれるようになった[注32]」と回顧したように、「知的○○」というタームの流行を招いた。そしてこの流行は「情報化社会」および「知識社会」論の隆盛とも結びついて、手帳文化の分野にも影響が及び、「知的○○」の推奨という体裁の記事や論考が散見されるようになる。

このように、一九六〇年代末以降の手帳文化に関しては、「情報化社会の進展」のもとでの「情報整理」および「知的○○」が、キーワードとなっていた。そこで次節以降では、それぞれのキーワードに即して述べられる手帳文化の論理がどのようなものであるか考察を行う。

47　サンデー毎日　　サンデー毎日　46

ビジネスマンのための情報整理学①

新シリーズ

活字の洪水をどうさばくか

アポロ11号からミニ・スカートまで、現代はまさに情報はんらんの時代だ。その洪水をいかにさばくか。情報の交通整理が、情報社会に生きるビジネスマンにとって"有能"かどうかの分かれ目ともなる。そこで、新時代のビジネスマンを目ざすあなたのためのセミナー、まず活字メディアに関する六章から開講。

〈プロローグ〉

あなたはアインシュタインより頭がいいか

手アカのついた宝のノート

アクチブに集めクリエート

❺『サンデー毎日』1969年9月21日号「ビジネスマンのための情報整理学①活字の洪水をどうさばくか」（46～47頁）

3　情報整理の文脈における手帳文化

サラリーマンの情報整理の内実と意義

最初に、一九六九（昭和四四）年九月二一日号から一〇月二六日号まで六回にわたって週刊誌『サンデー毎日』に掲載された「ビジネスマンのための情報整理学」（❺）という連載記事をみてみよう。初回の記事では、方法としての情報整理を「あなたの仕事に関係のある情報を、Tさん〔引用者注——記事中で例示されている業務上必要な情報をノートにメモして分析することで成績を良好にしているタクシー運転手〕ほどに集め、整理し、吸収し、自分と自分のビジネスのためにフル運転させているか、ということ」[注33]としている。そして、「アポロ十一号からミニ・スカートまで、現代はまさに情報はんらんの時代だ。その洪水をいかにさばくか。情報の交通整理が、情報社会に生きるビジネスマンにとって〝有能〟かどうかの分かれ目ともなる」[注34]と、情報整理の能力の大小と「ビジネスマン」としての有能さとをリンクさせて情報整理という方法の重要性を強調した。

また、一九七〇（昭和四五）年に出版され、「多忙な人、ズボラな人、お金の余裕のない人」といった「平均的ビジネスマン」向けに書かれた[注35]川勝久『情報整理学』は、「情報整理学」を「情報集めから、整理分析をして活用にいたるまでの技術を理論づけた」ものであるとした上で、[注36]企業活動におけるその意義を解説した。

川勝は最初にこの時期のオフィスにおける業務が、モノ、カネ、ヒトの流れを文字に表現し整理することに主力をおいていた事務管理から、情報に価値を見出し、その価値に応じて情報の流れをコントロールすることに重点をおく情報処理へ変換されつつあるという認識を示す。[注37]そして、企業における情報処理とは「ある目標を設定し、それを達成するために駆使される手段」であると定義付け、その定義と同義の、目標達成の効率化を目的とする事態の予測および組織への命令系統の調整を意味する「マネジメント・サイクル」という経営学上の概念を提示して、「その最初の段階である計画には、情報の収集と整理・分析が不可欠な活動になってくる」と、[注38]企業活動における情報整理の重要性を強調するのである。一方、個々のサラリーマンにおける情報整理の重要性は次のように論じられている。

> この情報整理学をマスターすることによって、ビジネスマンそれぞれのPIS（パーソナル・インフォメーション・システム）が完成する。〔中略〕ことにスペシャリストになろうとする人、頭角を現わし（ママ）たい人、情報ノイローゼになっている人、情報集めはじょうずだが整理していない人、情報の活用ができない人、よいアイデアが生まれない人などは、すべて一日も早くPISを完成させることが望ましい。[注39]

情報整理の重要性は、何らかの分野のスペシャリストとなり、優れた業績をあげ、情報の整理や活用を効率的に行い、よいアイデアを生み出すというビジネスマンとしての成功と、方法としての情報整理をマスターすることが直結するという理由付けのもとで提示されている。

なお、ここでいわれる情報整理の範疇には、自身の目的と関心に応じた情報の調査・選別・収集、収集した情報の大まかな分類と分析、特定の問題を解決するための情報のより細かい分類、情報の定期的な更新などが含まれていた。[注40]

このように一九六〇年代末から一九七〇年代初頭のサラリーマンをとりまく空間では、情報整理は、大量の情報を仕分けするという行為のみを意味するのではなく、自らの仕事に関連のある情報を集め、関連度合いや有効性に応じて分析・分類することを意味していた。そして、組織としての企業およびサラリーマン個人の双方にとって、情報整理は不可欠であり、その能力の高低が組織および個人双方の優劣を判断する基準であるという位置付けがなされていたのである。

「情報整理」の文脈における手帳文化の論理

では、その文脈で手帳文化はどのように語られていたのだろうか。ここで事例として示すのは『サンデー毎日』の連載「ビジネスマンのための情報整理学」で手帳をとりあげた回である。記事は仕事を終えた後の飲酒や通勤の際に「あなたの頭に天啓のごとくコツ然と浮かび上がる〝ひらめき〟〝アイデア〟」を「あなたのうちなる立派な〝情報〟」とみなし、情報整理学の提唱者が「アイデアや思考の発展に結びつく」と認識しているひらめきやアイデアの活用を重要視するところから始まっている。[注41] そしてそれらのひらめきやアイデアといった情報の活用のために記憶力や記憶術に頼るのではなく、「シャツのポケットに忍ばせた一枚の紙切れが、あるいは自分なりに工夫した一冊の手帳が、それを助けてくれるかもしれない」[注42]と、一片の紙切れや手帳にメモするという方法が提示され、手帳の選択基準を「自社の手帳〔引用者注――会社から支給される手帳〕にこだわるな、能率本位、自分に合ったものを捜せ」と述べられるのである。[注43]

ただし、この「能率本位、自分に合ったもの」というのは、単に書きこめる量を増やすとか、個人的な好みに合うということを意味するわけではなく、具体的な選択基準は、東京の某大手化学メーカー軽金属課に勤める三〇歳のサラリーマンと日立製作所出身の日産建設顧問の事例によって説明されている。前者は会社から配布される日本能率協会発行の大型の能率手帳の無地頁をカットしたり、小型の能率手帳を自費で購入したりした。無地頁をカットするのはメモできる項目数を倍加させるためであり、小型の能率手帳を購入するのは、会社から配布される大型に比べて、通勤途中などにポケットから引っかからずに取り出しやすいという簡便性のためだった。[注44]また後者は、見開き頁のうち左側が日程表、右側が白紙になっている手帳を選び、左側には線を引いて縦に三等分し、午前、午後、夜の予定を書きこむ。日程表を三等分するのは、「「能率手帳」ほどに、時間刻みの毎日ではないから、これがいちばん」向いており、右側が白紙になっているものを選択する理由は、予定だけではなくその補足や記事を区別してメモするためだという。[注45]これらの事例から見出すことができる基準は、メモの量ではなく、情報の整理・分析を行う際に求められる仕分けの度合いや便利さを増大させられるか否かであり、未来のイベントを把握し、実施の前後で加えられる情報を手帳の中で巧みにリンクさせることができるかという自由度の有無や幅であるともいえる。ただしそれらに加えて、携行時の簡便性に基づくサイズや、スケジュールの時間的余裕の有無などの使用者の都合に適応するか否かについても、同じくらい重要な基準となっていたようである。

このような選択基準については前出の川勝久『情報整理学』や、雑誌『企業実務』（日本実業出版社）に一九七〇（昭和四五）年から翌年にかけて連載された「身辺情報整理術」[注46]などの同時期の他のサラリーマン向けの手帳に関する言説にも散見される。例えば『情報整理学』では、手帳は「情報整理学に必要な七つ道具」[注47]のうちの一つに位置付けられており、「いっそう能率的に情報のメモをし整理する」[注48]という目的のもとで手帳を選択することが求められ、市販の六種類の手帳に対して論評が加えられている。評価されているポイントは、計画表、日記欄、横罫頁などである。[注49]計画表に関しては、「能率手帳には、最初に一括して一二ヵ月分の月間計画表があ」るが、「月間計画表は各月のアタマにほしい」[注50]、あるいは「ビジネス・ダイアリーは、最初に年間計画表があり、各月のアタマに月間予定表があって便利だ」[注51]などと年間計画表と月間計画表の手帳内での配置が問題にされた。日記欄は「各曜日に関連したことがら、その他のメモを充分に記入できるブランクページ〔引用者注――白紙頁〕をもっているのは能率手帳とビジネス・ダイアリーだけだ」[注52]と白紙のメモ欄の広さが問題にされている。また、横罫頁はどの手帳にも備えられていて「アイデアをはじめさまざまなメモを自由に記入できるようにしたもの」とみなされているが、縦罫が自由に引けるように目盛りが印刷されているか否か、あるいは破り取って読書カードに転用できるようにミシン罫が入っているか否かについての指摘がなされている。[注53]これらの論評は、情報の整理・分析に必要な仕分けの度合いおよび便利さや自由度の有無と幅に関わるものであるといえるが、「身辺情報整理術」でも同様に、手帳の日程表への記入に関して、個々の「事項に要する必要時間や一つひとつの事項を処理するに必要な成熟度合い〔資料整備の状況から考えの成熟度など〕から、必ずその時間内に完結するものを優先するよう順位づける」必要があるため「余白部分の多い手帳」を選択するべきであると述べられており、[注54]やはりイベントと情報をリンクさせて記入できる自由度が重要視されていることが窺われる。

　また使用者の都合というポイントも、『情報整理学』では市販の手帳の比較検討をふまえて、「ブルーダイアリーは、どちらかといえばマネジャー用だ」、「能率手帳は幹部も社員も使える」、「セールス・ダイアリーはセールスの実践向けだ。生産性手帳は〔中略〕目標管理や生産性の向上に関係したビジネスマンや工場管理者には使いやすいものである」[注55]など個々人の業務内容や職階と各手帳の仕様とを関連付けて、適切とされる手帳の選択についての情報が提供されていた。ここで考慮されているのは、携行時の簡便性や時間的余裕の有無という一般的な都合から一歩踏み込み、使用者の職務に応じた情報および情報整理の性質に適合するか否か、という観点であり、異なった職務環境におかれたサラリーマンの情報整理の能力を増大させるために、職務の特徴の定型化を試みそれらに応じた情報整理のフォーマットを提供したと考えられよう。

4 「知的○○」の文脈における手帳文化

手帳および手帳文化が「知的○○」という文脈で提示される場合、しばしばみられるのが「知的生活」に資する手帳の使用という主張の言説である。例えば、「知的生活を送ろうと志す若い人々」[注56]に向けて一九八〇（昭和五五）年に編まれ、文具を中心とするさまざまな道具の選択および使用について解説した生活システム研究会編『知的文具図鑑――こんな使い方を知っていますか？』から考えてみよう。なお想定される読者は「知的生活を送ろうと志す若い人々」としながらも、本文には「ビジネスマンのきみなら」[注57]という語句があるため、若いサラリーマンであることが推測できる。

「知的生活」とは何か

最初にまず「知的生活」の定義が次のように述べられている（太字はママ）。

知的生活とは、一口にまとめて、「仕事、家庭、趣味、その他さまざまの生活の場を通じて、**自分なりのものの考えかたと行動の基準に基づき、知的であろうとする意欲に支えられる、計画性のある、創意・工夫に満ちた生活である**。そして、**生活態度そのものに、遊びと余裕があり**、また、**他の人をして価値を感ぜしめ、ある種の美しさがある**と同時に、**自身にとっては自己完成への道程でもある生活である**」ということになる。[注58]

つまり、自分独自の価値観に基づき、知的であり計画的であろうとする意欲をもって、物事の変化に柔軟に対応していくという姿勢が求められているのである。このような定義に引き続いて、知的生活を送るためには、第一に「物の見方を変える」ための「意味論、シネクティクス、センシティビティ・トレーニングなどの技術」や「ブレーンストーミング、KＪ法」などの「発想の技術」、第二に「外国語の能力、速読術、速記、情報分類法の知識など、情報処理に関連する技術」、そして第三に「遊びの技術」といった三つの基礎技術の必要性が提唱される。[注59] そして「自分の考えているテーマに応じて、情報を集め整理すること」や「これらの技術〔引用者注――情報処理に関連する技術〕を身につける（ママ）過程」こそが「知的生活の一部」であると述べられ[注60]、知的生活に密接に関わり重要なのは第二の情報処理の技術を身に付けることであるという構図が提示される。

「知的生活」における手帳文化

『知的文具図鑑』のこの構図の中で手帳は「情報を集めるための用具」と理解されている。[注61] 前述したように情報収集や情報整理、情報処理技術が知的生活の文脈では重視されているが、それに加えて「知的生活者の第一歩は、身近な情報の取材をいかに手際よく進め、どう使うかにある[注62]」と、情報収集は知的生活の実現への過程の第一段階におかれ、手帳はメモ帳と並んで情報収集のための取材道具の筆頭[注63]に位置付けられていた。

では具体的にどのようなものとして言及されるのか。問題とされるのは、まず手帳の選択基準で、「自分なりに編集しやすい手帳であること」、「巻末に付録の多いものは、できるだけ避ける」、「背広の内ポケットに入る限度まで大きいものの方がよい。小型で間に合う生活をきみはしていないはずだ」などとされた。[注64] 使用法についても紙幅が割かれ、第一に銀行口座番号、免許証やパスポート番号、使用頻度の高い交通機関の時刻表、年間スケジュールなどの、「忘れては困る情報を正確、最少（ママ）限に記入」し常時携帯しておくこと[注65]、第二に自分の仕事や趣味に必要な情報を記入し、付録の表は自分なりに必要なもののみを選び手帳を編集すること[注66]、第三に毎日の記入はできるだけ簡潔にすること[注67]、第四に余裕があれば同じものを二冊もち、一冊は携帯用として、もう一冊は紛失時の予備として家に置いておくこと、[注68]第五に年玉手帳などのもらった手帳をありがたがって使うべきではなく、自分の知的生活を支えるのに不適切であれば欲しい人に譲るのが望ましいとの内容が述べられていた。[注69]

このような「知的生活」のための手段として手帳を位置付ける言説を、「知的〇〇」という流行のきっかけとなった梅棹忠夫『知的生産の技術』での「知的生産」の内容と担い手に関する言説と比較してみたい。[注70]

梅棹は「知的生産」を「いかによみ、いかにかき、いかにかんがえるか、というようなこと」[注71]、あるいは「頭をはたらかせて、なにかあたらしいことがら——情報——を、ひとにわかるかたちで提出することなのだ、くらいにかんがえておけばよいだろう」[注72]とし、その主体となる人々について次のように述べている。

> こういう生産活動（引用者注——知的生産）を業務とする人たち（ママ）が、今日ではひじょうにたくさんになってきている。研究者はもちろんのこと、報道関係、出版、教育、設計、経営、一般事務の領域にいたるまで、かんがえることによって生産活動に参加しているひとの数は、おびただしいものである。[注73]

『知的文具図鑑』の読者層は前述したように若いサラリーマンを中心とする人々であると想定される。一方、「知的生産」の主体となるのは、研究者、マスコミ・出版業者、教育者、設計、経営、事務職員などのいわゆる知能労働に携わる人々であり、『知的文具図鑑』で想定される人々も含まれるものの、「知的生産」の内容は「知的生活」で意味されるところとはかなり異なっており、新しい事柄（情報）を他の人々に理解されるように発信するという行為を含めるか否かという違いがある。もちろん「知的生活」も、生活を送る際に独自のものの考え方と行動の基準に基づくという点では、「知的生産」の「頭をはたらかせる」という部分との近似性を有している。しかしやや後に、作家の倉橋由美子によって「「知的生活」とは自分では作らずに「消費」して楽しむ人の生活なのである」[注74]と批判されているように、『知的文具図鑑』における「知的生活」の主眼も、他の誰かによって既に作られた方法や技術を身に付け利用して情報収集や情報処理を行う（＝消費する）ことにあり、自ら情報発信をする（＝自分で作る）ことは重視されていない。

要するに、「知的〇〇」の文脈で提示される手帳文化は、「知的生産の技術」で提唱されたものに似通っているが、内実は異なっており、情報収集および情報処理とその方法や技術の習得や利用に主眼をおいていることからみると、前節で述べた情報整理の文脈における手帳文化の装いを取り換えた変奏であると理解できよう。[注75]

「知的」さを演出する手帳文化

また、『知的文具図鑑』における「知的生活」の後半には、「他の人をして価値を感ぜせしめ、ある種の美しさがある」という文言があるが、この部分は「知的〇〇」の文脈で提示される手帳文化のもう一つの特徴を述べている。例えば、一九八八年に出版された梅澤庄亮『男の文具図鑑』の裏表紙の内容紹介からもそれは読み取れる。

データの採取、分類、整理をはじめ、記録、通信、あるいは時間管理などを強力にバックアップする文房具のいろいろを紹介し、知的生産の効率化のためにどう活用したらよいかを解説する。アイディアいっぱいの新製品から、誰もが欲しくなる世界の名品までを網羅。豊かな書斎生活を演出するための一冊。[注76]

この文章の背後にあるのは、さまざまな文房具を使用することで「知的生産の効率化」を図るが、「知的生産の効率化」の目的は、データの採取、分類、整理、記録、通信、時間管理そのものや、梅棹が提唱する情報発信としての「知的生産」にあるのではなく、「豊かな書斎生活」を演出することであるという図式なのである。実際、「知的生産」に没頭ないし成就できているのであれば「演出」する必要などなく、新たな情報を他人にわかる形で発信すればよいだけなのだ。しかしこの文章が目標とするのは「知的生産」の実行ではなく「豊かな書斎生活」の演出であり、重要なのは、他人から「知的」であるという評価や賛辞をどのようにすれば獲得できるかということである。前出の『知的文具図鑑』でも、「他の人をして価値を感ぜしめ」るための概念として「知的な雰囲気」が、そして尺度として「知的度」が提示されている。[注77]

また、中央公論社の『別冊暮しの設計一〇号　文房具の世界』(一九八三年)では、総論としての手帳の選択基準が次のように述べられている。

〔前略〕ましてや、さまざまな情報が氾濫する現代社会において、手帳はますますその重要性を増している。しかし、ただの記録物に終わってしまってはつまらない。持つ人のポリシーが感じられる、そんな手帳を持ちたい。そんな手帳に使いこなしてみたい。[注78]

このような文章に引き続いて四〇種以上の手帳が商品として紹介されるが、共通して言及されるのは、表紙カバーの材質と色であった。[注79]このことからは、手帳の外見が、さらにはその手帳を携帯し使用している様子が他人にどう見られるかが重要であり、使用者が有していると思わせたい知性や感性が手帳からにじみ出るように仕向けるにはどうすればよいか、という視点が選択に大きな影響を及ぼしているものと読める。その一方で、情報整理の文脈で重要視されていた記録という営為に関しては、それを目的とするだけの手帳ではつまらないと、やや軽んじられているのである。

機能性よりも外見や雰囲気を重視するこのような言説は、「能率手帳といい、ビジネス・ダイアリーといい、〔中略〕圧倒的な人気を得ているようだが、手帳というものは使い易くなればなるだけ、それだけ部厚く大型化するもので、そこが手帳というものの泣き所でもあるわけだが、そういう手帳にペンや鉛筆をはさみこむと、幼稚園児の弁当箱くらいの量感が出て、いささか厄介なのはこまったものである」[注80]、あるいは、スーツのポケットには型崩れさせないために「物を入れないのが常識」なので「システム手帳は何とも持ち運びの邪魔にな」り、「あの高価なシステム手帳も、見た感じは、実務派の汗臭さといったイメージがつきまとっていて、どうも頂けない」[注81]などと、携帯時の服装への影響や外見からにじみ出る印象などの観点から、秀でた機能性故にしばしば肯定的に評価されてきた能率手帳やシステム手帳などを否定的に評価する手帳のあり方について述べた言説とも共通性をみせる。さらに、一九八〇年代後半になると、演出を目的とする手帳に関する言説では、一見、これまでとは全く異なる論理が展開されるようになる。

いまやビジネスマンの必携ツールのシステム手帳、ソフトが充実してきた電子手帳、エグゼグティブ（ママ）なら一度は持ち歩いてみたいチタン素材のアタッシェケースなど、エリートビジネスを演出する七つ道具はこれだ。〔中略〕今春、社会に巣立った新人類は大卒だけで約二十九万人。なにしろモノに囲まれて育ってきただけにツールを見る目は確かだ。持ち物によって旧人類の有能、無能を見極めることぐらい朝飯前だ。[注82]

現在ではほぼ死語となった「エグゼグティブ（ママ）」や「エリートビジネス」、あるいは記事タイトルの「できる男」などの賛辞を散りばめ、システム手帳や電子手帳、モンブランの万年筆、ワープロ、チタン素材のアタッシェケース、ラップトップパソコンなどの機器が「まずこれだけあれば〝オジン〟のレッテル解消」、「進化する男はここが違うをみせつける（ママ）」などの殺し文句とともに紹介された。[注83]この言説で提示される図式は、これまでの手帳文化で提示される図式とはやや異なり、ツールの尖端性が所有者の有能・無能の尺度となるという新しさをみせる。ただし、評価の対象となる概念の違いを除けば、ツールの所持・使用と肯定的評価とが演出という媒介を通じてリンクするという、「知的生活」や「知的な雰囲気」の文脈、あるいはファッションの文脈における手帳をめぐる言説と共通の論理構造をもつものであり、「知的〇〇」の文脈の変形であると考えられよう。

5　おわりに

昭和戦後期のサラリーマンをめぐる言説に手帳文化が最初に登場したのは、一九六九（昭和四四）年のことであり、それ以降、一九八〇年代末までの手帳文化は、情報整理の文脈と「知的〇〇」の文脈の双方で提示されてきた。ただし、「知的〇〇」の文脈で提示される手帳文化は、梅棹忠夫の著作『知的生産の技術』に表面的には大きな影響を受けつつ、内実は情報整理の文脈で語られる手帳文化を引き継ぎ、装いのみを取り換えたものから、情報整理の機能を重視しつつ手帳の使用者に「知的な雰囲気」をまとわせようとするもの、手帳の機能性よりもファッション性を優先させて使用者の知性や感性を演出させるためのツールとするもの、そしてツールの尖端性を所有者の能力を計測する尺度とみなすという図式を適用させて「エリートビジネス」や「できる男」に見せるための手段とするものなどの多岐にわたった。

情報整理の文脈で提示される場合、手帳には方法・技術としての情報整理の手段としての意味が与えられており、使用者の職務の内容や性質に応じて使いこなすことはサラリーマンとしての成功につながると提唱されていた。このような構図が提示される背景には、パソコン導入以前に全国のビジネスを支えたとされるオフィスコンピュータの普及が一九六〇年代に始まり、[注84] 一九六〇年代末からは「情報化社会」および「知識社会」論、あるいは「未来学」[注85]が勃興や隆盛をみせたことに影響され、大量の情報をどのように取り扱い整理するのか、という問題への関心が高まったことがあると推測できる。一方、「知的〇〇」の文脈では、情報をただ消費する「知的生活」や「知的な雰囲気」を誇示したり、使用者の知性や感性を外見や印象から演出したり、所有物の尖端性によって有能なサラリーマンに見せたりするためのツールという意味が手帳に付与された。

昭和戦後期のサラリーマンにとって、手帳とは実際に職務上必要なツールとしても、また演出を目的とする小道具としても、サラリーマンとしての成功を現実化するためには不可欠なものとされ、選択や使用法は、サラリーマンとしての評価の査定対象となるものと位置付けられてきたと考えられる。

舘神龍彦は、近年の手帳の流行を「自己啓発ブームと文具ブームに挟まれた肥沃な三角州」と評した。[注86] しかし、本章で明らかにした一九六〇年代末から一九八〇年代の手帳文化の流れをふまえると、昭和戦後期から現在にいたる手帳文化の展開と変遷は、方法（情報整理）としての洗練性、ファッション性、技術の先進性、自己啓発や文具に関わるブームなどの並列的な要素を項目軸とする何枚ものレーダーチャート（蜘蛛の巣グラフ）の積み重ねに例えることができよう。

本章は、昭和戦後期の手帳文化における論理を明らかにしたが、背景の考察は不充分である。ただし手帳文化の論理展開から、思想としての「情報社会論」や「未来学」、日本語ワープロや電子手帳などの電子機器の普及によって生じた個人の情報処理の質と量の変化、そして電子機器の所有および携帯に付随したファッション性などの背景に関連する視角が浮かび上がる。また、一九八〇年代末以降の手帳文化の考察に際しては、パソコンや携帯電話端末の普及と、それによる個人の情報処理やポピュラーカルチャーへの影響という視点も有効になるだろう。今後の課題としたい。

▼注

1 手帳文化についての定義は、田中祐介による「日記文化」の定義に示唆を受けたものである（田中祐介「研究視座としての「日記文化」――史料・モノ・行為の三点を軸として――」田中祐介編『日記文化から近代日本を問う――人々はいかに書き、書かされ、書き遺してきたか』笠間書院、二〇一七年、一二頁）。また、本書総論も参照されたい。

2 ①手帳の記入された内容（史料としての手帳）に注目する場合、手帳に記された内容を分析する必要があるが、そのためには記入済みの手帳のアーカイブズ化が不可欠であると考えられる。そうしたアーカイブズ化の可能性の一つとして、本書第Ⅰ部４章（志良堂正史）で説明されるプロジェクトに期待したい。

3 一九六〇年代末から一九八〇年代の手帳に関連する事柄については、章末の関連年表を参照されたい。

4 野口茂樹『通俗文具発達史』(紙工界社、一九三四年)、一四九—一五〇頁。

5 田中経人『文具の歴史』(リヒト産業株式会社、一九七二年)、一三七頁。田中は、リヒト産業株式会社(現・株式会社リヒトラブ)を一九三八(昭和一三)年に創業した。

6 同前、一三八頁。

7 舘神龍彦『手帳と日本人——私たちはいつから予定を管理してきたか』(NHK出版、二〇一八年)。

8 牧野智和『日常に侵入する自己啓発——生き方・手帳術・片づけ』(勁草書房、二〇一五年)。

9 同前、一六二頁。

10 同前、一六八頁。牧野は「手帳という日常的なアイテムにどのような意味が込められてきたのか」という問いを、「日常生活に自己啓発がどのように侵入してきたのか」という問いに読み替えている(一六八頁)。

11 市原博「ホワイトカラーの社会経済史」中村政則編『近現代日本の新視点——経済史からのアプローチ——』(吉川弘文館、二〇〇〇年)、一四六頁。また、サラリーマンの量的な増加を示唆するデータとして、国勢調査を元データとするホワイトカラーの全就業者に占める構成比率の推移があるが、昭和三五年には一七・四%だったものが、昭和四五年には二四・五%、昭和五五年には二九・八%に増加している(猪木武徳『増補 学校と工場——二十世紀日本の人的資源』筑摩書房(ちくま学芸文庫)、二〇一六年、二七九頁)。なお、この数値は専門的・技術的職業従事者、管理的職業従事者および事務従事者の総和が全就業者数に占める比率である。

12 三浦展『「家族」と「幸福」の戦後史——郊外の夢と現実』(講談社、一九九九年)、一七—一八頁。

13 多賀太「揺らぐ労働規範と家族規範」多賀太編『揺らぐサラリーマン生活——仕事と家庭のはざまで——』(ミネルヴァ書房、二〇一一年)、三頁。

14 日本社会において女性のアイテムと認識されるようになった家計簿が、女性にとってどのようなものであり、そしていかなる意味が付与されていたかについては、本書第I部2章(河内聡子)を参照されたい。

15 松成義衛・田沼肇・泉谷甫・野田正穂共著『日本のサラリーマン——歴史・現状・将来』(青木書店、一九五七年)、三一頁。ここでサラリーマンと把握されているのは、「会社銀行員と官公吏を二大グループとする」人々である。その裏付けとなる数量的な変化としては、東京市在住の有業人口中の「職員」が占める比率が、一九〇八(明治四一)年に五・六%だったものが、一九二〇(大正九)年には二一・四%に膨張したことが指摘されている(三一頁)。また、全国規模の推計でも「新中間階級」が明治末年から増大し、一九二〇(大正九)年前後には全国民の七~八%に達していたとされている(伊東壮「不況と好況のあいだ」南博+社

会心理研究所編『大正文化』勁草書房、一九六五年、一八三頁)。

16 例えば、伊藤重治郎「実業界の作法と心得を説く書」『新会社員学』(実業之日本社、一九三〇年)、五九―六七頁。

17 例外的に『実業之日本』第一二巻第二四号(一九〇九年一一月一五日)に、高野復一「簡単にして実行し易き机上整理法(デスクシステム)と手帳整理法(メモシステム)」(ルビはママ)との記事が掲載されているが、この記事で説明されているのは当時普及していた手帳使用法ではなく、アメリカのカード式懐中手帳や外国人の用いていた分題手帳(題目をあらかじめ印刷した頁を綴じ込んだ手帳)などの使用法の紹介であり、本章でとりあげる手帳文化とは性質が異なっている。

18 NPO法人日本サービスマナー協会監修『完全図解 仕事ができる!男のビジネスマナー』(学研パブリッシング、二〇一四年)、六四頁。

19 「ビジネスマンのための情報整理学②会社支給の手帳は捨てる」『サンデー毎日』第四八巻第四一号(一九六九年九月二八日)。

20 「早くも評判の情報化時代の新型手帳 システム・ダイアリー」『週刊現代』一九六九年一二月一一日号、五〇頁。

21 バインダー式手帳はコンピュータにおけるコアメモリーに、ファイルボックスは大容量の磁気ディスクにそれぞれ見立てられていた(奈良総一郎『電脳システム手帳――システム・ダイアリー入門』弓立社、一九八八年、六〇頁)。

22 前掲注20、五〇頁。

23 林雄二郎『情報化社会――ハードな社会からソフトな社会へ』(講談社、一九六九年)。

24 岩崎隆治「付 知的生産の技術に関する一五〇冊の本」「知的生産の技術」研究会編『わたしの知的生産の技術』(講談社、一九七八年)、二二〇頁。ここでいわれる「情報化社会」とは、一九六〇年代に提唱された Post Industrial Society の訳語として、「産業化以後の社会」、「工業化以後の社会」、あるいは「脱工業化社会」などと並んで提示されたものである(林雄二郎「超技術社会への展開」林雄二郎・科学技術と経済の会編『超技術社会への展開――情報化システムと人間』ダイヤモンド社、一九六九年)。

25 岩崎、前掲注24、二二〇頁。

26 前掲注20、五二頁。大量の情報の保持の容易性、目的に応じた弾力的な選別、それに必要な情報検索の迅速性については、鵜沢昌和「ビジネスマン手帳③完璧に記録を整理、活用できる〈システムダイアリー〉」『特選街』創刊第三号(一九七九年六月)、五五頁、でもシステム・ダイアリーのスケジュール、行動、および情報の管理に資する重要な機能として紹介されている。

27 前掲注20、五二頁。

28 一ノ宮祐之(エスビー食品(株)経営戦略部部長)「社員相互のコミュニケーションを深め、通達事項も徹底した食品会社」『特選街』第二巻第一二号(一九八〇年一二月)、一〇七頁。

29 日本語ワープロ(発売当時は、ワープロではなく日本語ワードプロセッサーと呼ばれていた)が初めて発売されたのは一九七九(昭和五四）年二月（東芝JW-10。価格は六三〇万円）のことであり、その後、沖電気、シャープ、富士通、日本電子（現・NEC）、日立などの各社から続々と新型のワープロが発売された。一九八〇年代初めから半ばにかけては、大企業を中心にビジネスの分野で導入され、エプソン、日本タイプ、シルバー、三洋電機、富士ゼロックス、日本オリベッティ、日本ユニバック、日本IBM、ミノルタ、ブラザー、電電公社などが市場に参入した。この時期には「ワープロ」という言葉が生まれてきたとされている。そして一九八〇年代後半になると、低価格化とコンパクト化が進み、中小企業や個人でも使用されるようになり、一九八〇年代前半の第一のブームに続く第二のブームが起きたとされた（森健一・八木橋利昭共著『日本語ワープロの誕生』丸善株式会社、一九八九年、九五―九六頁）。

30　平林千春「三十・四十代ビジネスマン狙いで久々の大ヒット商品シャープ「電子手帳」が男の仕事を変える!!」『販売革新』第二六巻第五号（一九八八年五月）、一七六―一七八頁。

31　小長谷有紀『ウメサオタダオが語る、梅棹忠夫――アーカイブズの山を登る』（ミネルヴァ書房、二〇一七年）、三八頁。

32　梅棹忠夫「序文」「知的生産の技術」研究会編『わたしの知的生産の技術』（講談社、一九七八年）、二頁。

33　「ビジネスマンのための情報整理学①活字の洪水をどうさばくか」『サンデー毎日』第四八巻第四〇号（一九六九年九月二一日）、四七頁。

34　同前、四六頁。後出する川勝久は、この連載を「「情報整理学」ということばをひろめた」ものであると評価している（川勝久『新・情報整理学　集める・捨てる・活かす技術』ダイヤモンド社、一九八五年、二五〇頁）。

35　川勝久『情報整理学　集める・捨てる・活かす技術』（ダイヤモンド社、一九七〇年）、九―一〇頁。一九七〇年以降、「情報整理学」あるいは「情報整理術」という語をタイトルに含む書籍は多数出版されていったが、川勝のこの著書はそれらの嚆矢であり、また「ひまな人間（といっては失礼かもしれないが）が、自分の専門分野の研究をするために、比較的金をかけてやる整理学や創造の方法を教えたもの」（九頁）とする加藤秀俊『整理学』（中央公論社、一九六三年）や梅棹忠夫『知的生産の技術』（岩波書店、一九六九年）、樺島忠夫『情報創造』（三省堂、一九六九年）などとは異なるというオリジナリティを打ち出して「平均的ビジネスマン」のための情報整理学を説いている点で注目すべきである。

36　同前、八頁。

37　同前、四頁。

38　同前、五頁。

39　同前、九頁。

40　同前、八一―八五頁。

41 前掲注19、四二頁。
42 同前、四三頁。
43 同前、四三頁。
44 同前、四三―四四頁。
45 同前、四四頁。能率手帳は日程表頁に時間目盛が印刷されていた。
46 この一連の記事は、「身辺情報整理術」というタイトルで、断続的に七回にわたって掲載されたものである。毎回異なる執筆者により異なるテーマがとりあげられ、サブタイトルは「名刺の整理法」（第九巻第一四号（一九七〇年一二月）、「住所録の整理法」（第一〇巻第一号（一九七一年一月））、「手帳の活用法」（第一〇巻第四号（一九七一年三月））、「新聞の切り抜き整理法」（第一〇巻第五号（一九七一年四月））、「雑誌記事の整理法」（第一〇巻第八号（一九六一年六月））、「目と耳からの雑多な情報の整理法」（第一〇巻第九号（一九七一年七月））、「机の中の整理法」（第一〇巻第一二号（一九七一年九月））となっていた。また一九七〇年代初頭の雑誌『企業実務』は「企業の経理・税務・庶務・労務担当者の執務指針」とのサブタイトルを併記しており、総務・経理・管理部門のサラリーマンを主要な読者層としていたと推測される。
47 川勝、前掲注35、一三三頁。
48 同前、一六四頁。
49 同前、一六五―一六七頁。本文で指摘したポイントに加え、縦横の大きさ、厚さ、重さ、定価、日記欄の割付けと一頁当りの日数、時間目盛の範囲と区分、余白の有無、しおり紐の本数、横罫頁の行・頁数、グラフ罫頁および白紙頁の有無、附録の項目数、収容可能数などの情報も提供されている。
50 同前、一六五頁。
51 同前、一六五頁。
52 同前、一六六頁。
53 同前、一六七頁。
54 脇田保（経営評論家）「身辺情報整理術〈3〉手帳の活用法」『企業実務』第一〇巻第四号（一九七一年三月）、七四頁。
55 川勝、前掲注35、一六八―一六九頁。
56 生活システム研究会・編（ママ）『知的文具図鑑――こんな使い方を知っていますか?』（立風書房、一九八〇年）、頁番号なし（三頁）。
57 同前、三九頁。
58 同前、二二頁。

59　同前、二四―二五頁。
60　同前、二〇頁および二五頁。
61　同前、二七頁。
62　同前、二七頁。
63　同前、三八頁。
64　同前、三八頁。
65　同前、三八―三九頁。
66　同前、三九頁。
67　同前、三九頁。
68　同前、三九頁。
69　同前、三九頁。
70　同時期に広く読まれた「知的〇〇」をタイトルに含む著作に渡部昇一『知的生活の方法』（講談社、一九七六年）があり、本章が考察対象とする「情報整理」や「知的生活」、そしてその中の一要素としての「カード・システム」などもとりあげられている。しかし、渡部が想定する読者は「本を読んだり物を書いたりする時間が生活の中に大きな比重を占める人たち」（三頁）とされ、とりあげられる「知的生活」も「本や論文を書いたり、新聞・雑誌など、マス・メデア（ママ）に意見を公表する」という「能動的知的生活」であって、サラリーマンの「情報整理」や「知的生活」に関する言説を考察する本章の分析対象とはややずれていると考えられるため、渡部『知的生活の方法』は言説としてとりあげない。
71　梅棹忠夫『知的生産の技術』（岩波書店、一九六九年）、二頁。
72　同前、一〇頁。
73　同前、一二頁。
74　倉橋由美子「まえがきにかえて　人間の聰明さと「知的生活」との不連続線」倉橋由美子編・著『おんなの知的生活術』（講談社、一九七九年）、二頁。引用は、その享受者の性別に関わらず、当時流行していた「知的生活」についての定義付けを行おうとしている文章である。
75　ただし、評論家の紀田順一郎が「当時〔引用者注――一九七九（昭和五四）年〕わたしは「知的生産」ということが、個人の知的生産という文脈から、だんだんと企業の成員の情報整理という文脈に流れていってしまうことへ疑問を感じていた。本当の意味での知的生産は、個人の創意や意思というものが反映されなければならない。〔中略〕じつは企業自身もそれを欲しているんだけど、なかなかそこに結びつけることができなくて、単なる仕事の整理といったような、小さな分野のほうへ逸れていってしまう」（「紀田順一郎氏に聞く・日本語の未来」赤木昭夫・紀田順一郎・浜野保樹・名和小太郎監修『いまの生活「電子社会誕生」』晶文社、一九九八年、八六頁）と回顧していることから、「知的生産」を個人の創意や意思に基づく新たな情報発信として打ち出したいという方向性があったが、現実には情報整理というより容易な方向に逸脱していってしまうと認識されていたことがわかる。

76 梅澤庄亮『男の文具図鑑』（講談社、一九八八年）、裏表紙。ただし本文では、手帳はメモ帳とともに常時携帯して、①時間と行動管理②情報記録管理の用途で使用するべきものとされ、機能の重点は時間管理、行動管理、情報管理に置かれていることからみると、情報整理の文脈で提示される手帳文化から著しく逸脱しているわけではない。

77 生活システム研究会・編、前掲注56、二四頁。

78 「最低一年間はつき合う手帳なのだから、納得のいく一冊を選んで欲しいものだ」『別冊暮しの設計一〇号　文房具の世界』（一九八三年四月一日）、九六頁。

79 同前、九六—九九頁。

80 梅田晴夫『紳士のライセンス——国際人のための一級品事典』（読売新聞社、一九七〇年）、一六八—一六九頁。

81 板坂元『文房具が好きな人の本』（日本実業出版社、一九八九年）、一七一頁。なお、ここで言及されている「高価なシステム手帳」とはシステム・ダイアリーではなく、一九八五（昭和六〇）年前後には三万六〇〇〇円で販売されていた（販売開始は一九八四年）イギリスのシステム手帳「ファイロファックス」を指していると思われる。

82 「新人類ハイテク社員に負けるな！システム手帳からパソコンまで できる男のビジネス・グッズはこう使え」『週刊現代』第三〇巻第一七号（一九八八年四月二三日）、一六六頁。

83 同前、一六六—一六七頁。

84 オフィスコンピュータについては、ホームページ「コンピュータ博物館 日本のコンピュータ　オフィスコンピュータ　誕生と発展の歴史」[http://museum.ipsj.or.jp/computer/office/history.html]（閲覧日：二〇二〇年一〇月八日）および井上英明「オフコンユーザーの憂鬱」『日経XTECH』[https://xtech.nikkei.com/it/atcl/ncd/16/121600057/]（閲覧日：二〇二〇年一〇月八日）。

85 例えば梅棹忠夫・加藤秀俊・川添登・小松左京・林雄二郎監修『未来学の提唱』（日本生産性本部）は一九六七（昭和四二）年に出版されている。

86 舘神龍彦『手帳の選び方・使い方』（枻出版社、二〇一六年）、二〇頁。

年表

年	手帳の発達に関連する事項	本章でとりあげた手帳関連の論考および書籍
昭和 17 (1942)	日本能率協会創立	
昭和 24 (1949)	能率手帳発行 日本初の時間目盛入り手帳として誕生	
昭和 33 (1958)	能率手帳市販開始	
昭和 42 (1967)		梅棹忠夫・加藤秀俊・川添登・小松左京・林雄二郎監修『未来学の提唱』
昭和 43 (1968)	「システム・ダイアリー」販売開始	
昭和 44 (1969)		林雄二郎・科学技術と経済の会編『超技術社会への展開——情報化システムと人間』
		林雄二郎『情報化社会——ハードな社会からソフトな社会へ』
		梅棹忠夫『知的生産の技術』
		『サンデー毎日』「ビジネスマンのための情報整理学」連載
		『週刊現代』「早くも評判の情報化時代の新型手帳システム・ダイアリー」
昭和 45 (1970)		川勝久『情報整理学　集める・捨てる・活かす技術』
		梅田晴夫『紳士のライセンス——国際人のための一級品事典』
		『企業実務』「身辺情報整理術」連載（〜昭和 46 (1971)）
昭和 53 (1978)		「知的生産の技術」研究会編『わたしの知的生産の技術』
昭和 54 (1979)	日本語ワードプロセッサー「JW-10」（東芝）発売（価格 630 万円） 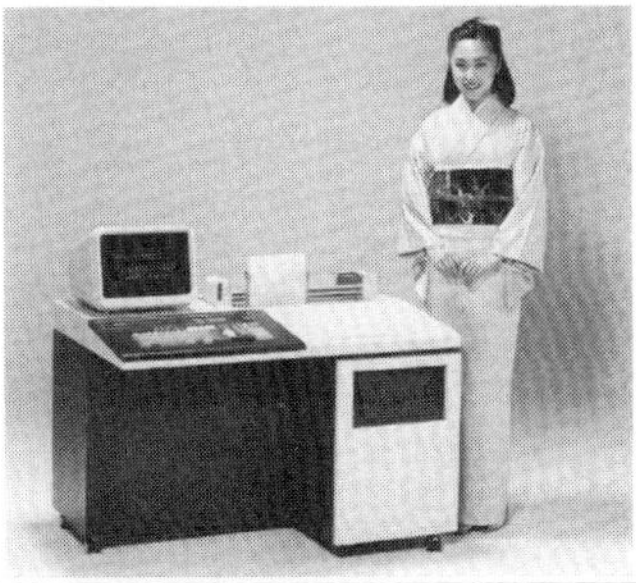	『特選街』鵜沢昌和「ビジネスマン手帳③完璧に記録を整理、活用できる〈システムダイアリー〉」
		倉橋由美子編・著『おんなの知的生活術』
昭和 55 (1980)		生活システム研究会・編『知的文具図鑑——こんな使い方を知っていますか？』
		『特選街』一ノ宮祐之「社員相互のコミュニケーションを深め、通達事項も徹底した食品会社」
昭和 58 (1983)	電子手帳「PF-3000」（カシオ計算機）発売 電子手帳第 1 号機。機能は計算および 50 人分の電話番号・メモのアルファベット記入のみ	中央公論社『別冊暮しの設計　文房具の世界』第 10 号

昭和59（1984）	イギリスのシステム手帳「ファイロファックス」の日本での販売開始	
昭和60（1985）		川勝久『新・情報整理学　集める・捨てる・活かす技術』
昭和62（1987）	電子システム手帳「PA-7000」（シャープ）発売 漢字が使える世界初の電子手帳。カレンダー・スケジュール・メモ・電話帳・電卓などを基本機能とし、用途別ICカードによって辞書や英会話などの機能を拡張できた。電子システム手帳の「システム」とは、紙媒体のシステム手帳がリフィル（替え用紙）を追加できることと、「PA-7000」がICカードによって機能を拡張できることを重ね合わせていることによる	『週刊現代』「システム派か電子派か　'88年ビジネスマンの手帳　利用術から便利グッズまで全公開」
昭和63（1988）		奈良総一郎『電脳システム手帳――システム・ダイアリー入門』
		梅澤庄亮『男の文具図鑑』
		『週刊現代』「新人類ハイテク社員に負けるな！システム手帳からパソコンまで　できる男のビジネス・グッズはこう使え」
		『販売革新』平林千春「三十・四十代ビジネスマン狙いで久々の大ヒット商品　シャープ「電子手帳」が男の仕事を変える！！」
平成元（1989）		板坂元『文房具が好きな人の本』
		森健一・八木橋利昭共著『日本語ワープロの誕生』
平成10（1998）		赤木昭夫・紀田順一郎・浜野保樹・名和小太郎監修『いまの生活「電子社会誕生」』
平成27（2015）		牧野智和『日常に侵入する自己啓発――生き方・手帳術・片づけ』
平成28（2016）		舘神龍彦『手帳の選び方・使い方』
平成30（2018）		舘神龍彦『手帳と日本人――私たちはいつから予定を管理してきたか』

【画像出典】

・日本語ワードプロセッサー「JW-10」（東芝）は、森健一・八木橋利昭共著『日本語ワープロの誕生』（丸善出版株式会社、1989年）、58頁。

・電子システム手帳「PA-7000」（シャープ）は、執筆者所有の機器を執筆者が撮影したもの。

Chapter 4

4章　手帳類プロジェクトの設計と実践
――私的なプレイヤーのためのプラットフォームへ向けて

志良堂正史

現代の人々が自分のために書いた手帳や日記から、同じ時代を生きる他者は何を読み、見いだすのか。著者は二〇一四年からプライベート性のある手書きの記録帳を収集し展示やSNSを通して共有する活動を行ってきた。本章ではまず初期の実践を振り返りながら、このプロジェクトがゲームとして作られていることを確認する。次に集まった記録の特徴を指摘しつつ手で書くことの可能性を考える。最後に「私的な人々のためのプラットフォーム」へと向かう直近の実践を紹介する。

1　はじめに

1・1　私的な記録を見ることのタブー

現代において日記やスケジュール帳は自分自身のために書くものである。家族や恋人のような親しい人に見せたりあるいは盗み見たりといった限定的なケースはあれど、基本的には共有されない。例外的に公開される記録は著名人や戦時中の日記といった特定の属性やテーマを持っていることが多い。

情報化時代になってSNSやブログのようなオンライン空間に自身の書いた日記やスケジュール帳を共有する人も現れたが、撮影するページは入念に選択され、見られたくない場所を隠す加工をした後にアップロードされるのが普通だ。そこにはプライバシーの意識がある。

では、これまで読まれてこなかった――同時代を生きる誰かが自分のために書いた――いわば私的な記録を書き手以外が読むことに意味はあるのだろうか。いや、意味以前にそれを漠然と悪いことのように思っている人も少なくない。例えば秘密を暴き立てるといったイメージのように。

こうした状況下で生まれたのが著者が中心となって活動している手帳類プロジェクトであり、この問いに対し、一般の人々の記録を集めて一般の人々に共有するという帰納的アプローチで答えようとするものだ。

1・2 本章の概要とスタンス

本章の概要を説明する前に頻出する独自用語である「手帳」と「手帳類」についての説明をする。本プロジェクトおよび本章における手帳とは、スケジュール帳や日記帳やメモ帳などを含む手で書かれた紙の束全般を指す。手帳類とは集めた手帳の総称でありプロジェクトの名称でもあるが、本章では手帳類という言葉を主に前者の意味で用い、後者は本プロジェクトと書くルールで統一している。

さて本章の中心は、手帳類の意図や成り立ち、手で紙に書くことの可能性、今後の構想といったもので、本プロジェクトの実践や経験をもとに書き進めた。何かの結論を導くというよりは、読者の方に実践を面白がってもらい参加してもらうことを目的としている。結果的に本章はマスメディアが聞いてくれないプロジェクトとしての側面に比重をおいた。そのしわ寄せとして、手帳の中身についての楽しい紹介は省かざるをえなかった。特に読み物としての手帳類には一切立ち入らない。ギャンブルから抜け出せない日々を綴った記録や赤裸々な恋愛日記の紹介は別の機会にゆずろう。手帳類をご存知の方はより深く楽しむためのメイキングやサブテキストとして楽しんでほしい。

大まかな構成は以下のようになる。最初は設計についての節で、手帳類というプロジェクトをゲームデザインの視点で紹介する。これは筆者が普段はゲームのプログラミングを仕事としていることに関係がある。ここでは私的な記録を共有する上で避けては通れないプライバシーという問題をどのように扱っているかについても触れる。この節はプロジェクト初期の実践レポートとしても読めるだろう。

次の節は、集めた手帳についてのものだ。まずコレクション全体の統計的な情報をおさえ、手帳類というメディアの性質を説明する。それから手帳類ならではと思われる体験や魅力をいくつか紹介し、パソコンやスマートフォンで記録することと紙と筆記具で書くことの比較へと進む。

最後は未来についての節で、再び実践の話が中心となる。初期の実践で得た課題を整理し、本プロジェクトの今後の構想や展開についてプラットフォームというビジネス方面やテクノロジー界隈で使われる言葉を用いた説明を試みる。短く言い切れば、筆者は社会に私的なものや人を増やしたいと考えている。そのほうが面白いに違いないという理由だ。そのためには私的さがさまざまな形で表現され体験されるべきだが、そもそも私的さという言葉を筆者がいまだ十分に説明することができないという大きな問題がある。この課題を解決するためにより多くの人に参加してもらう方向にかじを切った。機能だけではなく見過ごされがちな思想についても合わせて確認する。

念のために言っておくと、本章は筆者の主観をかなり含んでおり、他の論考とは毛色が違うはずだ。どうぞお気軽に読んでいただきたい。

2　手帳類というプロジェクト

2・1　生ものの記録を求めて

唐突な話になるが、三〇歳をすぎて人間が好きになってきた。思い出せるトリガーのひとつは、ゲームをプログラミングする仕事に慣れてきた二〇代の半ばに出会った友人との会話だろうか。さまざまな知識の領域を横断しながらお互いが自分の言葉で話し続けるという他者からすればありふれた体験だが、ビデオゲーム以外で夜通し夢中になった記憶がほとんどない自分にとって個人的なインパクトがあった。

『思考の手帖』[注1]という題名通りの断片的な思考を記録した書物との出会いも大きかった。思考についての思考、手帖についての手帖といった内容で、すぐに影響を受けて瞬間的な思考や感想を小さなメモ帳に書くようになっていた。ここから二つの意図が生まれる。ひとつは自分自身を小さく保存し更新し続けることで未来の自分を興味深くしようとしたこと、もうひとつは断片的な過程の記録から着想を得る[注2]ことで独創的なゲームを作れるようになることだ。すると着想の源になりそうな未完成な記録——いわば生ものの記録——はもっと欲しくなる。しかし『思考の手帖』のような本を当時の自分は他に見つけられなかった。あるいは生ものの会話を求めてオフ会のような手段で人と出会ってもみたが、仕事や好きな有名人といった当たりさわりのない話から始めないといけないのが苦痛だった。そうした欲望との乖離から、個々の人間が持つ深い部分を直に知れるアプローチを模索するようになっていた。

他人の書いた手帳を集めようという着想が生まれた瞬間のことは覚えていないが、少なくともそういった背景があった。集めるだけならばビデオゲームを一から作るよりもはるかに簡単そうだし、仕事をしながら収集活動を行い、手帳から得られた着想や人物像を素材にして物語重視のビデオゲームを個人制作するつもりだった。

ところがいざ入手してみると考え方が変わった。noteというウェブサービスを通して手に入れた一冊目の手帳には、『思考の手帖』のような客観的な思考の断片ではなく主観的な日常の断片が書かれていた。読んでみて「これは僕以外が読んでも面白い」ものだとすぐに分かった。これは振り返れば「手帳を素材にしたゲームを作る」から「手帳そのものをゲームにする」への転換だった。

2・2　手帳収集ゲーム

いま初期の本プロジェクトについて尋ねられたら「収集ゲームであり広義のゲーミフィケーションのようなもの」と答えるだろう。とはいえ、この一文だけだと分かりにくいと思うのでいくつかの言葉について補足する。まずプロジェクトとは「生み出したコンセプトに沿って、具体的なアウトプットを生み出すために必要な作業のこと」[注3]をいう。この説明で新たに出てきたコンセプトという言葉だが、一旦は「実現したい面白さと指針を凝縮した短い文章」ぐらいの意味で捉えてほしい。後に再登場する。それからゲーミフィケーション[注4]とは、ゲーム的な考え方や手法を娯楽の外側で活かす実践と考えて差し支えないはずだ。

そして肝心のゲームという言葉だが、定義が大変なので本章では主観的かつ大まかなイメージを伝えるにとどめよう。本章におけるゲームとはコンピューターゲームよりも抽象的で、「ルール」「プレイヤー」「審判」「シップ」からなる。ルール、プレイヤー、審判までは野球やサッカーのようなスポーツ[注5]に当てはめると分かると思われるので、ここではシップのみを確認する。スポーツにおけるシップとはスポーツマンシップである。この言葉からイメージするものはなんだろうか。簡単に言えばシップとは心構えや尊重のことだが、個人的には卑怯な真似はしないといった道徳的な意味合いよりもシップによって楽しくなると考えたほうが活きる概念だ。例えば実力差のある試合で点差が開きすぎないように手を抜く行為は一見紳士的だが、楽しさから遠ざかる点でスポーツマンシップには反している。双方が全力でプレイするからこそゲームの世界に入り込める。著者はスポーツにかぎらずあらゆるゲームについてシップを重視する。

以上のようなイメージを元に手帳類というゲームを考えてみると以下のようになるだろう。まずゲームのジャンルは収集になる。ルールについては後で述べるが、手で書いた紙の束を手帳と呼ぶ／手帳をたくさん集めるのが目的／本人や家族からのみ買い取りや寄贈を受ける／死後を除き手帳類は第三者に譲渡しない、などがある。プレイヤーは収集家である著者自身をはじめ、手帳の書き手と読み手が含まれる。審判は大胆に言ってしまえば社会だ。社会がこの活動にノーと言えば即ゲームオーバーとなる。そしてシップだが、私的なプレイヤーの心構えを表す「プライベートプレイヤーシップ」を提唱し日々見直している（この造語については後述する）。プライバシー問題という環境要因は、ルール、プレイヤー、審判、シップすべてに影響を与えている。

ここまで読んでなぜゲームという言葉を使うのか疑問に思う方がいるかもしれない。もちろん本プロジェクトがゲームとして優れていると言いたいのではない。これから見ていくようにむしろそうではないところが多い。それでもこの言葉を持ち出したのは理由がある。ゲームとして眺めることで思想や課題を共有できること。能動的な読み（プレイ）が要求されること。そしてプレイヤーとして参加することでプロジェクトが成長していく点にある。どうしてもこの言葉に馴染めない場合は、ゲーム性が強いプロジェクトなんだなと大雑把に理解してほしい。

振り返ってみると収集ゲームのデザインはある程度成功したと言える。最初の手帳が分かりやすい面白さを持っていたのは幸運だったが、それでも一冊だけでは不十分だった。SNSでバズることはできるかもしれないが、瞬時に消費されて終わってしまう。収集をゲームデザインの中心にすえるのは自然に思われた。ゲームの報酬は集めた手帳を誰もが手にとって読めること。これらを念頭に置いて「今までにない快感」を短いフレーズに落とし込む作業を行い、[注6]「誰にも見せない前提で書かれた手帳を読んでみたくないか?」というフレーズができあがった。この段階で手応えを得つつも、ぬか喜びにならないよう同様の活動をしている人がいないか（日本語の範囲ではあるが）検索もした。もしここで出てきたらショックだったが、当時見つけられなかったのは幸運だった。[注7]

ところで他人の手帳を扱うときの課題は誰しも想像がつくだろう。プライバシーの問題だ。もし提供された手帳類からプライバシーと思しき部分をかたっぱしから除去すれば、私的な記録ならではの面白さは失われてしまう。しかしそれは思いもよらぬ形でほぼ解決できた。なんと買い取ることで書き手のもとを離れた手帳は読まれても書き手自身には影響を及ぼさないのだ。当たり前のようでいて、この点はとても大事だ。例えば過去の恋愛を書いた日記を書き手の現在の恋人が読めば二人の関係に影響を及ぼす確率は高い。あるいはSNSでこの日記を公開したらどうだろうか。思いもよらぬ拡散やネガティブなリプライがつく可能性は捨てきれない。これらは書かれた内容と書いた人が繋がっており書き手にアクセスできるために起こる。しかし買い取った手帳にはそれがない。ほぼ解決できたというのはそういう理由だ。一方で読み手は、知らない他人ではあるものの私的な部分を味わうことができる。むしろ他人であるがゆえに遠慮なく読めさえする。

ただこういった作用は書き手の不安を完全に払拭するものではない。しかもその不安には個人差がある。そのため提供の際には気になる部分をあらかじめ消してもらう対応をお願いするほか、大きく分けて「展示のみ利用許可」か「テレビやSNSなどのメディアも利用許可」を選択してもらっている。（当たり前だが）SNS利用許可の場合でも掲載範囲のトリミングや固有名詞を隠すなどのプライバシー対策は最低限の責任であり尊重だ。加えて後述する展示のような第三者に公開する形態では写真撮影の禁止をお願いしている。

残る問題として、偶然にも書き手をよく知る人物が閲覧し書き手が特定されるケースや、記載された個人情報を使って書き手に連絡をとってしまうケースがなどが挙げられる。これらは完全に防ぐことは難しいため、覚悟の上で運用していると言う他はない。▼注8

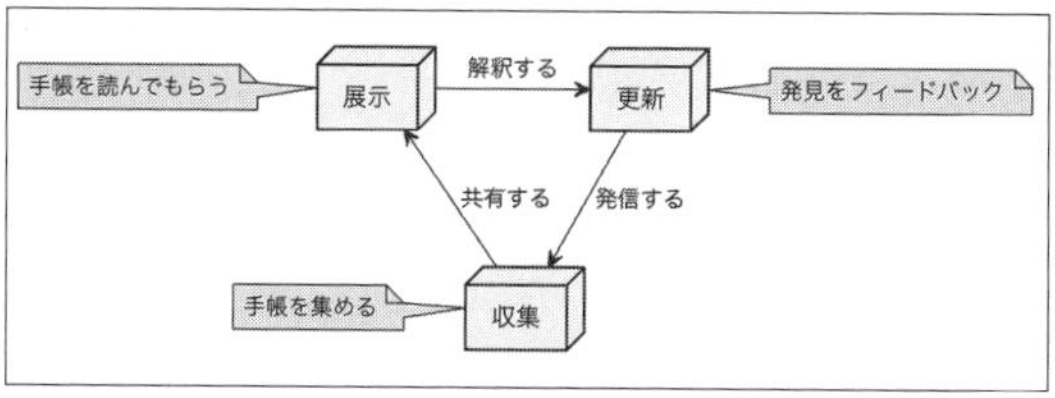

❶初期のプロジェクトモデル（2014）

ゲームデザインの骨格は二人目の手帳を買い取ったときに決まった。最初の手帳をルームメイト二人に見せたところ、面白がって読んでくれた。ここまでは予想通り。しかしそのうち一人が「私のもあげよう」と売ってくれたのは予想以上だった。手帳を見せれば手帳が手に入るというなんともゲーム的な体験で、これをベースに手帳を読んでもらいながら手帳を集めるという本プロジェクトの基本構造が固まった（❶）。収集と展示（共有）に更新を加えて循環させることでプロジェクトの持続的な成長が目論まれている。

収集の手法についても触れておく。最初の課題であり最大の課題でもあったのは、他人が書いた手帳をどうにかしてたくさん集めることだ。知らない人に「ください」と言ってもらえるものではないので買うしかないとは直感したが、問題は値段だ。書き手の自分自身が詰まった記録を一冊いくらで買い取るか。ここで頭にあったのは記録を尊重しますというメッセージで、これを買取価格にも込めたかった。一〇円や一〇〇円では安すぎて買い叩かれているように感じるだろうし、かといって一万円にすると財力が持たない。間を取って一〇〇〇円に設定した。これなら安い値段ではあるが失礼な値段ではないと考えた。いくつか例外はあったものの一〇〇人目あたりまでは一〇〇〇円で買い取りを続けたと記憶している。

買い取る際には、展示やSNSなどの利用範囲を盛り込んだ説明を行い必要に応じて契約書にサインしてもらった。正直なところ、すべての買い取りにおいて契約を交わすべきではあった。しかし、そうしていたらプロジェクトはずっとゆっくり進んでいたはずだ。なお、転売はしないという条件のほか、買取価格と同額を支払えば買い戻せるオプションもつけている。個人情報については、任意の削除依頼とプロジェクト側で削除対応は行わない旨を必ずセットで連絡している。心配だと感じる気持ちは分かるが、ほぼ実害はないということが経験的に分かっている。見知らぬ他人の手帳を読む行為において、書き手の氏名・住所・電話番号といった個人情報は、ただの名前であり文字列であり数値の羅列だからだ。[注9]

2・3 持続的な収集のためのプレイ

集めた手帳の展示や共有に話を移していくと、当初はプライバシー問題を恐れるあまりオフラインの展示以外に選択肢は持てなかった。いまはSNSでも手帳の中身をシェアしているが依然として怖さはあるし、当初はことさら人々の反応は予測がつかなかった。[注10] さきほど審判は社会と書いたが、取材などでも「まっとうな活動のつもりだが炎上すれば一発で終わるタイプのプロジェクト」と説明している。特にマスメディアの人々にはリスクをしっかり伝えておかないと個人特定に繋がるページがテレビで大写しになるといった事態になりかねない。

収集ゲームである以上、共有には（読んで楽しんでもらうだけではなく）他人から自分の記録がどう読まれるかのイメージを掴んでもらう意図がある。最初の展示である「あなたが使った手帳、売ってください展」[注11]（❷）はまさにそのような企画であり、手帳の展示であると同時に手帳を売ってもらう商談の場でもあった。反響の怖さもあり小さく試すつもりで友人を中心に告知したはずが、口コミもあり開始時点で二〇冊だったコレクションは一〇日間の開催を終えて五〇冊に増えていた。

展示はその後いくつかのスタイルを試し、現在は手帳類図書室[▼注12]（❸）という施設として東京都参宮橋にあるギャラリーピカレスクの一角で営業している。ここでは約七〇人四〇〇冊の手帳を目録から選んで読むことができる（一時間一〇〇〇円）。初期の展示では手帳を自由に選んでもらうスタイルだった。これは運の要素が強いやりかたで、数回選んだ手帳のどれにも面白さを見いだせず読むのをやめてしまう人が少なくなかった。そもそも誰にも見せない前提で書かれた記録なのだから面白さが保証されるわけではない。それすらも楽しんでもらえるのが理想的だが、間口を広げることを優先し、推定にはなるが書き手の性別・職業・記録時の年齢といった基本情報に見どころの文章を書き添えた目録を用意した（❹）。これが意外と好評なのは嬉しいかぎりだが、例えば性産業に従事する者の

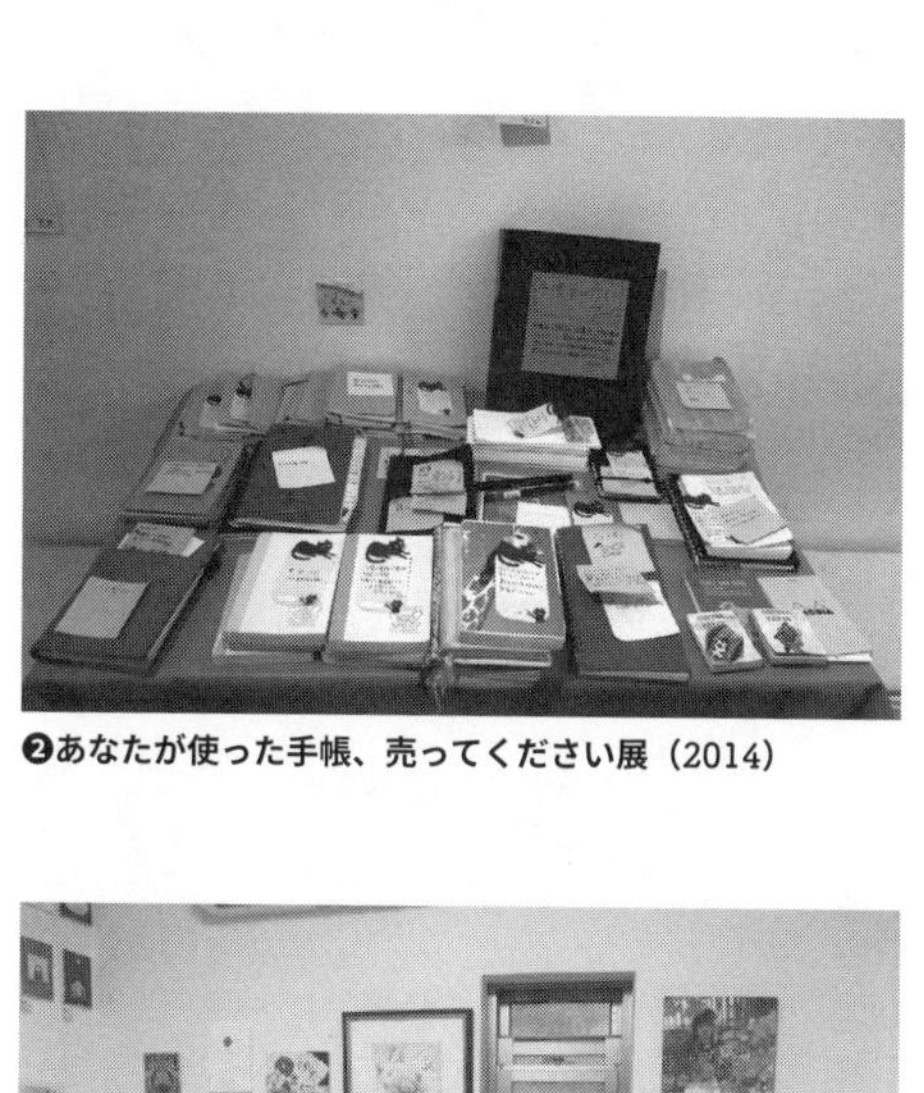

❷あなたが使った手帳、売ってください展（2014）

❸手帳類図書室（2018～）

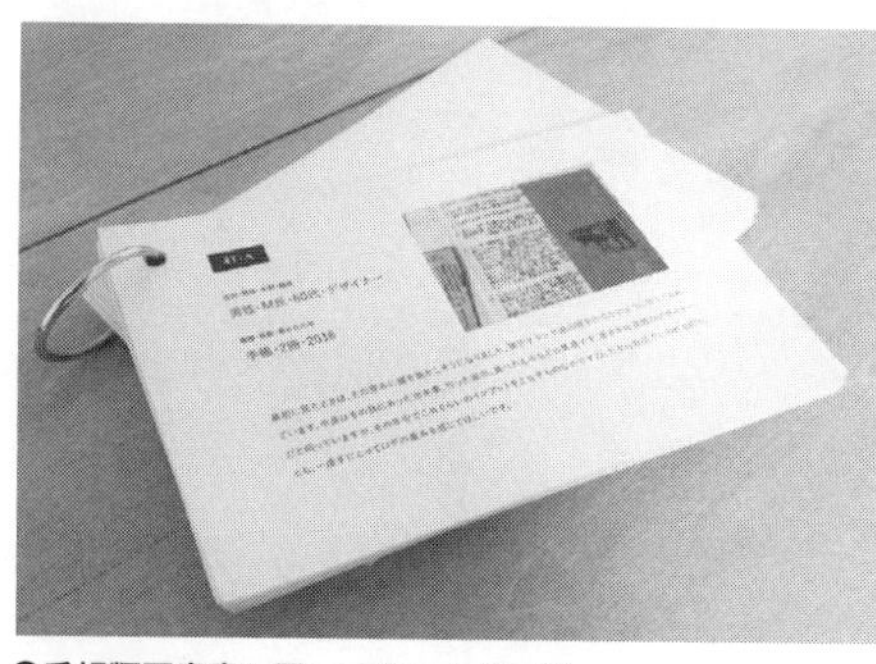

❹手帳類図書室に置いてあるカタログ

スケジュール帳など特定の手帳が選ばれがちなのは良し悪しがあるように思われる。

❶で示した三項目のうち、「更新」はいくぶん抽象的だが、実践で得られた知見を反映することでプロジェクトに厚みや奥行きを与えていく営みだ。▼注13 参考になりそうな書籍やウェブサイトを探して読んだり、チラシの裏に書かれたメモは手帳類なのかを検討したり、手帳類は芸術かどうかを考えたりといった試行錯誤が含まれる。

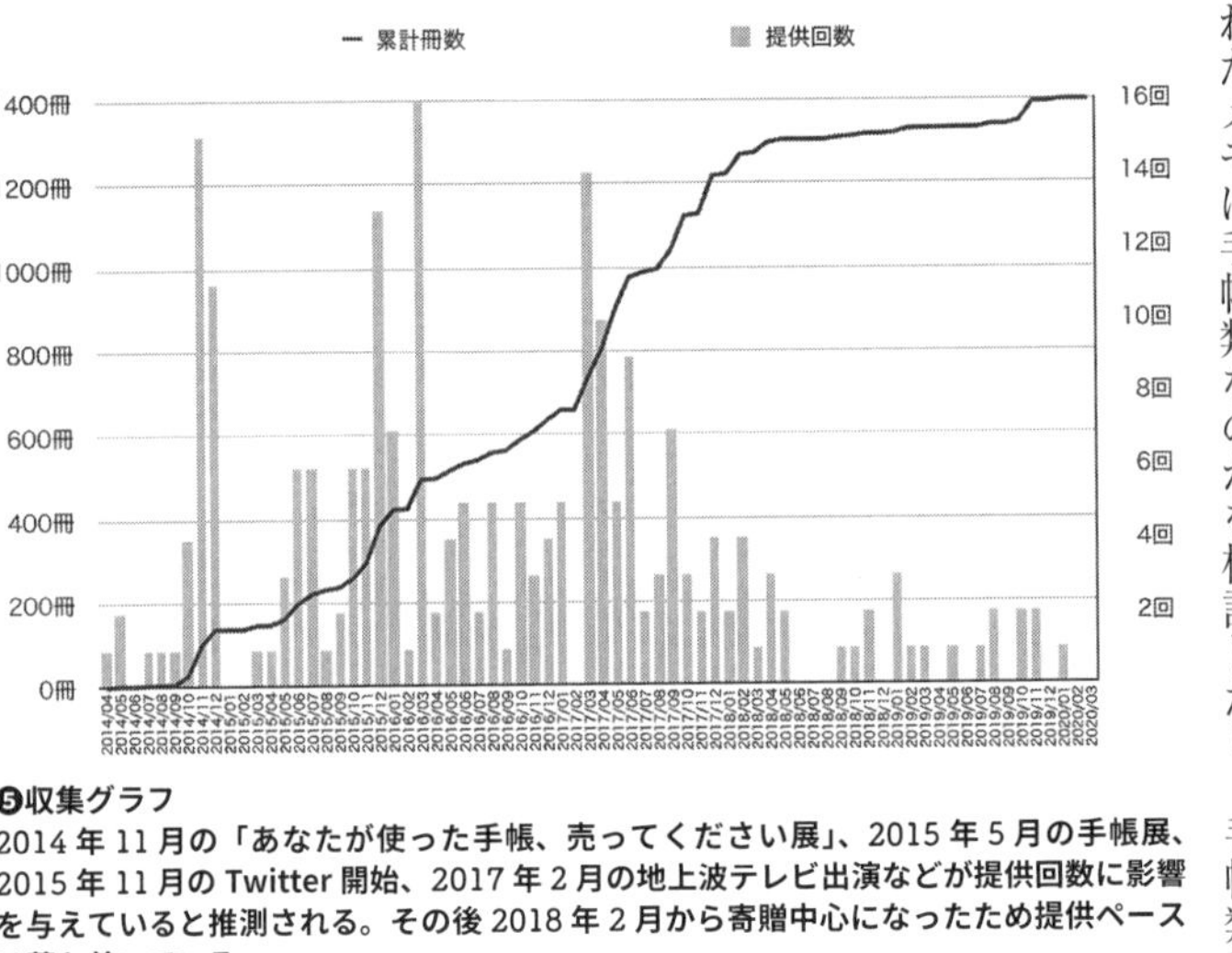

❺収集グラフ
2014 年 11 月の「あなたが使った手帳、売ってください展」、2015 年 5 月の手帳展、2015 年 11 月の Twitter 開始、2017 年 2 月の地上波テレビ出演などが提供回数に影響を与えていると推測される。その後 2018 年 2 月から寄贈中心になったため提供ペースは落ち着いている。

加えてメディア取材も更新の一要素として捉えていた。ウェブ、テレビ、ラジオ、雑誌、新聞と一通りの媒体のものは時間と体力の許すかぎり受けていった。著者の収集家としてのキャラクターや特定の手帳ばかりが取り上げられるきらいはあったが、メディアの関心や発信は人々の欲望やニーズを汲んだものであり参考になる部分も多かった。スポットの当たらない手帳を紹介するためにも、勉強して発信力を高める必要性を感じた。

もっとも取材を受ける一番の狙いは、これまでとは違った層に認知されることで新しいタイプの手帳が手に入るのではという収集ゲームとしての期待だ。実際、本プロジェクトはアートギャラリーを基点に始まったこともありしばらくは芸術系の手帳が多くを占めていたが、テレビ等に出演することで恋愛の日記といったより一般的な記録も集まり始めた（❺）。

このような「収集」「展示」「更新」のサイクルはある程度はうまくいき、二〇一六年には改名して▼注14「手帳類」と名乗り始めた。手帳「類」としたのには、集まってきた手帳を分類しよう

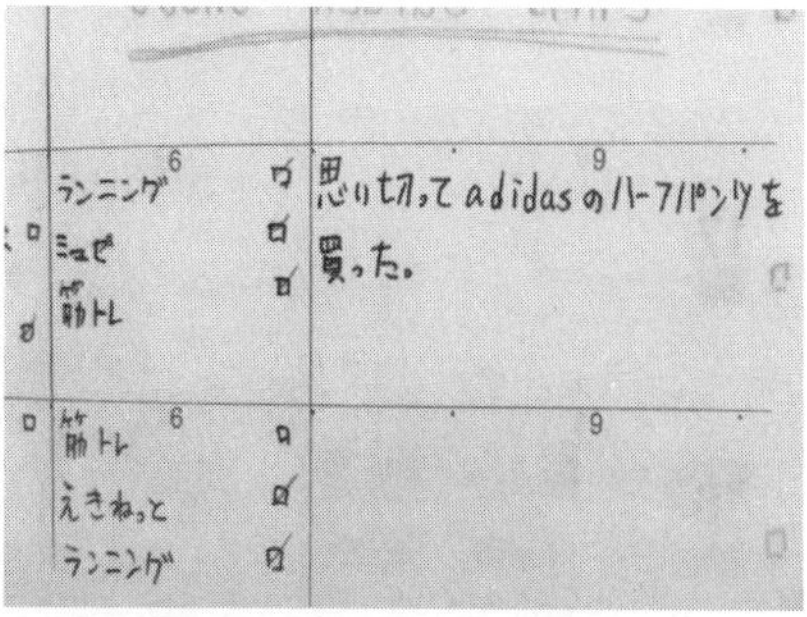

❻ある大学生のスケジュール帳（2017）
時間割の中に縦線が引かれ日記が書かれている。平成の記録にこういった工夫は多数見られる。

とする意図があった。だが、これはうまくいかなかった。大まかな区分においても「スケジュール帳」「日記帳」といった簡単な分類はできなかった。スケジュール帳に日記が書かれることもあれば、一冊の中にスケジュールも日記も家計も含まれている場合すらある（❻）。ならば職業での分類はできるだろうか。短い期間の記録ならまだしも、一〇年分の記録ともなればいくつもの職歴を重ねていることは珍しくない。あるいはテーマ別ならどうか。発達障害についての記録を専門知識がない著者が分類するのは……。一事が万事こんな調子だった。収集ゲームとしての本プロジェクトは順調に進んだ一方で、解読や分析という点ではプレイが追いつかなくなっていた。

3 手帳類というモノ

3・1 統計的情報

前節では収集ゲームとして本プロジェクトを見てきた。反省はともかく、結果としてどのような手帳が集まったのだろうか。本節では集まった手帳類そのものに焦点を当てる。コレクションの統計的情報を概観し、それから手帳の性質や面白さへと展開していく。

統計的に見ることの前提条件として、集まったコレクションには偏りがある。第一に、手帳を書いて捨てずに持っていた人。第二に、個人の小規模な活動である本プロジェクトを知ることができた人。第三に、他人の記録を読んで楽しむという目的にある程度以上賛同できる人。第四に、他人に手帳を売ったり預けたりできる人。これらすべ

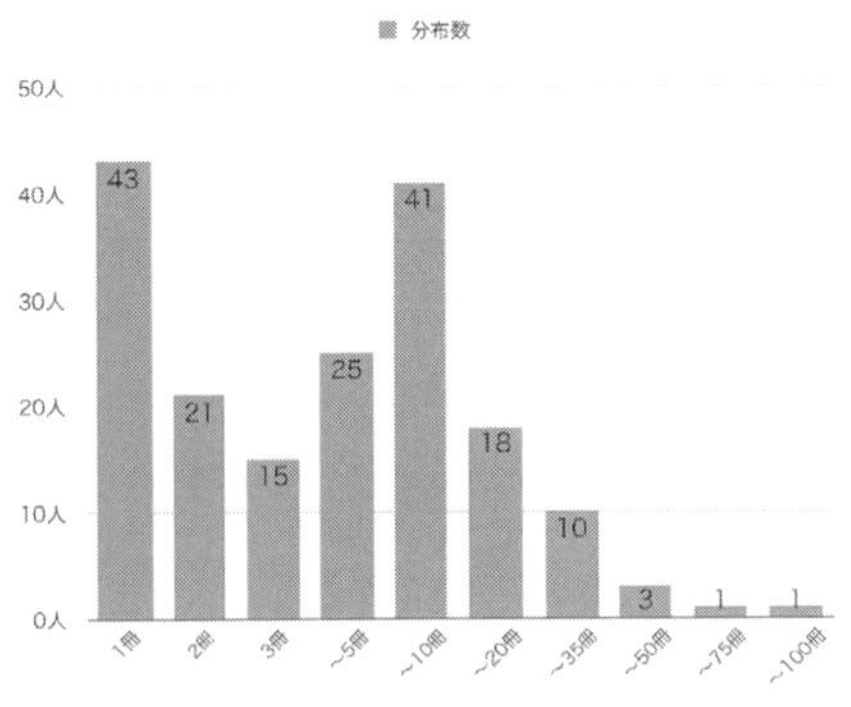

❽提供者１人ごとの提供冊数分布

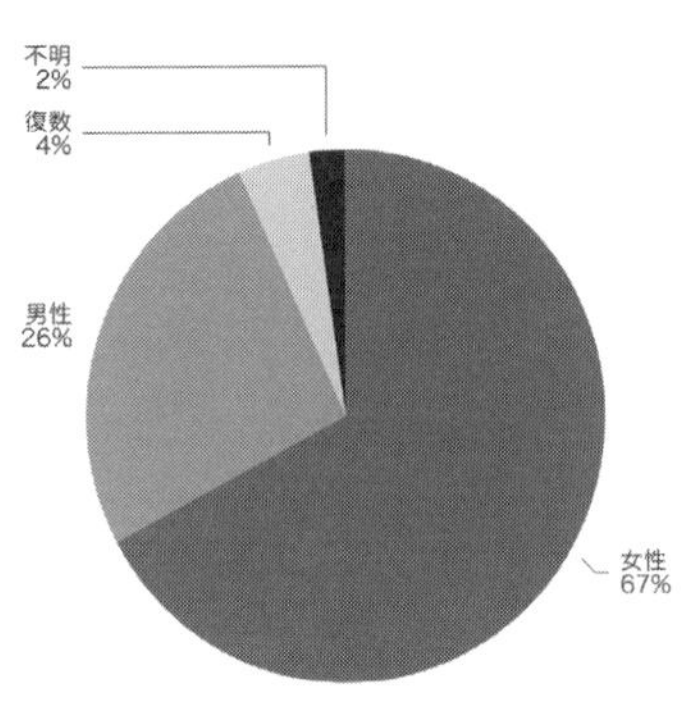

❼提供者割合

てを満たした人の手帳しか集めることができない。他にも条件はあるかもしれないが、もう十分に特殊な集合であることが感じられたと思う。

それらを踏まえた上で約一四〇〇冊が集まっている。[▼注15] 買い取りや寄贈といった提供は約二三〇回受けているが、これは同一人物による複数回の提供も含んだ数字であり、書き手の人数でいえば約一八〇人になる。ここで「約」と言ったのは、交換日記[▼注16]など複数人で書いている記録もあるためだ。

書き手の性別は❼を見ての通りで女性が多い。[▼注17] また、提供者一人ごとの提供冊数の分布については❽で示した。一冊のみの提供が最も多いが、一〇冊~三〇冊の提供も少なくない。冊数が多いものはたいてい数年~数十年分の記録である一方で、一冊でも五年日記や一〇年日記ならば記述期間は長い。なお一人の書き手による最大提供冊数は九九冊（男性）で、一〇回以上にわたって買い取りを続けた。

職業の観点で見ていくと、学生、会社員、専業主婦、無職、経営者、舞台女優、芸術家、詩人、看護系、編集者、探偵業、性産業、ＩＴ技術者などの記録がある。書かれている間に職業や経歴は変化するため、ひとつを選んで書き手の職業とするのは失礼かもしれないが、読み手にとっての入り口として目録には表記させてもらっている。

その中でも多く集まっているのは高校生や大学生といった学生時代の記録だ。体感的には約半分を占める。理由としては三つ考えられる。ひとつは社会人時代の手帳には仕事上の記述が多く、提供がためらわれること。それから本プロジェクトがインターネット中心で発信を行っているのもあり、若い世代への認知が比較的多いこと。残るひとつは仕事で忙しくなったために記述量が減ったという可能性で、これは同一人物の学生時代と社会人時代をまたいだ記録において社会人以降で記述量が激減するケースが多いことからの推測である。関連する話題として、学生時代は日記帳を選択し社会人時代ではスケジュール帳を選択するパターンがあり、このようなケースの多くで時間の経過とともに私的さが減少しているように感じられる。ただし、選択された手帳の媒体だけが原因だとは思わない。スケジュール帳に私的な記録を書いている例も少なくないからだ。

記録の書かれた年代についていえば、ほとんどが一九九〇〜二〇一九年の範囲に収まっており[注18]、現時点では平成のコレクションと言える。ところで著者は平成をコンピューターとインターネットが一般に普及した時代だと大まかに捉えている。パソコン、ウェブ検索、電子メール、オンラインゲーム、ブログ、スマートフォン、SNSなど挙げればきりがないほどハードもソフトも広まっていった。それによってこれまでは紙と筆記具を使って書くしかなかった個人の記録が、コンピューターを使って入力できるようになった。いまではウェブ上でスケジュールを管理し、アプリやSNSを日記として使う人も多いだろう。手帳類はそういった過渡期の記録事情が反映したコレクションでもあるはずだ（❾）。

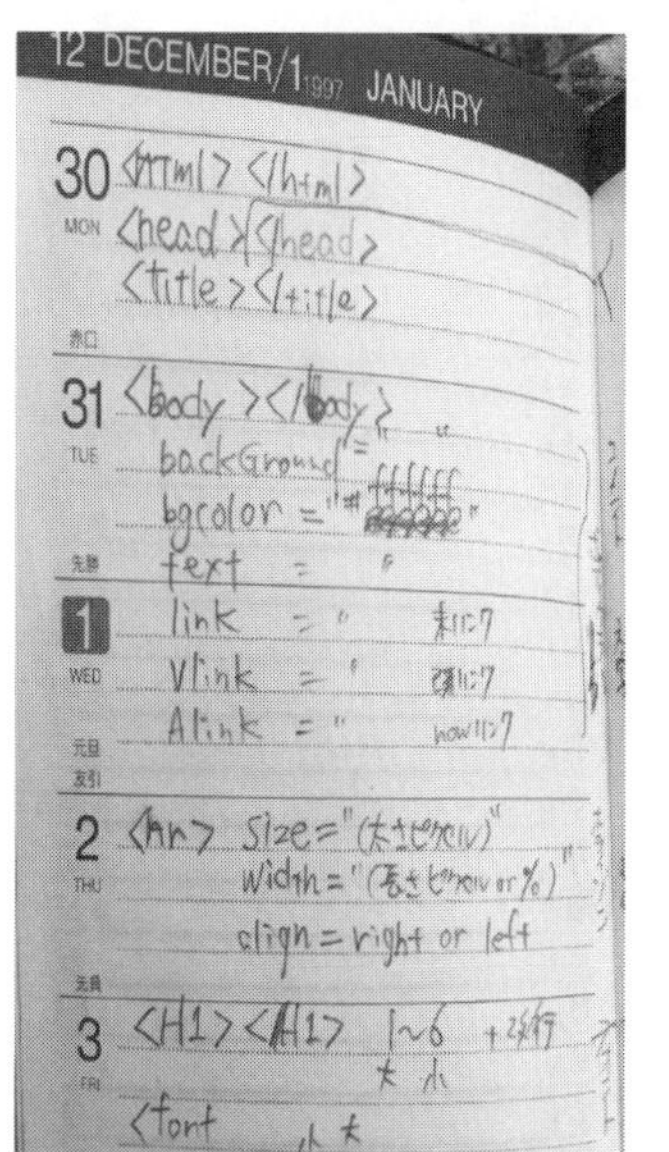

❾ある編集者のスケジュール帳（1997）
手で書かれたHTMLは時代性をも刻んだ記録といえるだろう。

3・2 書き手と読み手の私的領域が交わるメディア

そんな誰かの手帳を読むモノとして捉えるとどんなことが言えるだろうか。まず考えておきたいのは書き手と読み手との関係である。本プロジェクトでは「誰にも見せない前提で書かれた記録」と紹介しているがこれは厳密には正しくない。物質としてそこにある以上、ほとんどの手帳は手に取ることで誰もが読める。外出時や死後などの不在により家族などの親しい人に見られる想定は少なからずあるだろう。また自らが読み返したことを示唆する記述が散見されることから、未来の自分自身を読者として想定している書き手は多そうだ。それでも小説などの流通している書籍と比較すれば読まれうるターゲットは限定的といえる。訂正や修正が（例えば打ち消し線のような形で）気軽に書き残されている点でも、他人に見せる清書のような記録ではないことを示している。

ただし、SNSなどでの公開を念頭に書かれた手帳は例外で、著者はこれをパブリックな手帳[注19]と呼んでいる。これはビジュアル的に映えることでコミュニケーションを狙ったものはもちろん、自己語り[注20]のように内面から出発したものであっても地位や権威を高める意図を伴った記録も該当する。だがそういった記録と手帳類は著しく毛色が異なるため、読めば感覚的にすぐに分かるものだ（もちろん良し悪しの話ではない）。少なくとも手帳類はフォロワーを増やすために書かれた記録ではないといえるだろう。

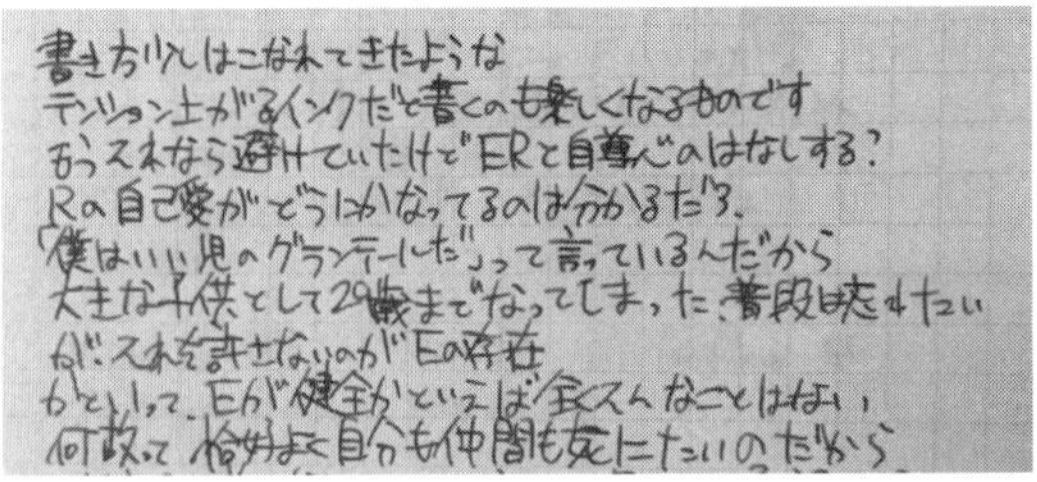

⑩インクに導かれた記録（2011）

また現代のプライベートな手帳は他人に検閲や修正を迫られることは想定していない。これは学校などで書かされた内面の記録とは大きく異なり、強制されないどころか、書く書かないのレベルで個人にゆだねられている。書くことの規範意識は薄いというか、むしろ規範を自分自身で探さなければならない。あるいは意識的・無意識的に規範を作り出しながら書いてもいるだろう。それらは個々人の日常的なあがきであり、これまで共有されてこなかった領域だ。そんな私的さを探る上で、スケジュールの欄に書かれた日記、印刷された罫線をまるで無視したなぐり書き、新しい文具で気持ちよく書いていくうちに予想外の記述になっていく（⑩）……といった逸脱性はその端緒になるとみている。インクの書き心地に楽しくなり書くつもりじゃなかったことを書き始めている様子は、読み手としても愉快だ。

このような記録を読み手の側はどう読んだら良いのだろうか。日記のように物語として読めるものはまだたどりやすいが、断片的に予定が書かれたスケジュール帳に逐次的な読みかたは難しい。一ページの中でさえ読む順番を誘導するような視線のデザインはないのだ。日記にしても商業作品のような面白さや品質は保証されていないわけで、びっしりと隙間なく何冊分も書かれた日記帳を最初から一字一句追って読み通そうとすれば時間も体力もつぎ込むことになる。それは見知らぬ書き手をどこまで信頼するかという問いでもある。書き手の人物像に迫るつもりで読むのか、あるいは路上観察的な態度でもって手書きの視覚的な面白さを発見していくのか、あくまで役立ちそうな内容を探し出すのか。書き手のもとから離れた手帳は自由すぎる読み物であり、この読みかたが問われる状況は、能動的な人間にとってはたまらないはずだ。そして読み手が持つ私的さは洞窟における松明になるであろう。

まったくの他人である書き手と読み手は、それぞれが自らの中に私的な領域を保持している。それが日常でどっぷりと交わることは本来ない。手帳類は、書き手と記録を切り離してプライバシーを宙吊りにすることで、その領域へのアクセスを可能にする。このとき個人的な記録は、二つの異なる私的さを交わらせるメディアに生まれ変わっている。

3・3　「ならでは」の体験を列挙する

どの手帳を読むときにも言えることだが、体験は読む前、もっと言えば個々の手帳類と出会う前に始まっている。映画や小説にはアクションや恋愛といったジャンルがあり、人々はあらかじめ何かしらの期待をして鑑賞に臨む。手帳類は一冊ごとに内容は異なるが、前提としてのジャンルは存在する。それはプライバシーだ。

プライバシーにまつわる知識や観念から、まず多くの人は覗き見するような感覚や見てはいけないものを見る背徳感を備えたものとして本プロジェクトを認識する。当然だがそのジャンルはプロジェクト側が設定したものではない。社会が設定したものだ。すでに読んだ側が「それは違う」と声高に叫んだところで、先行するイメージを覆すことはできない。できるのはもっと奥深い可能性をほのめかすぐらいだ。実際に少なくない人が「思っていたより罪悪感がなかった」「不思議と癒やされた」「人間の基本に立ち返った」といった、事前の予測とは異なった体験を持ち帰る。一方で抱いた背徳感や罪悪感をそのまま持ち帰る人も多い。「入り口は広く、奥は深く」という設計なのでこのこと自体に問題はない。ここで言いたかったのは、社会的な規範や意識が体験を左右していることだ。特にプライバシー意識の変化によって、今後同じ記録がまったく違う読まれ方をする可能性は大いにある。

手帳が手で書かれたものであることも、人々にさまざまな感情をもたらしている要因のひとつだ。端的に言えば情報量が多い。例えば手で書かれたものを写真に撮った場合、解像度が下がるのはもちろん物質が持つ手触りや匂いも失われる。活字にすると筆跡やレイアウトが失われる。デジタルの活字であれば簡単にコピーペーストできるほどの情報量にまで削ぎ落とされている。純粋な文章であり読みやすさは抜群だが、他のデータはすべて犠牲になったといってもいい。大胆にいえば、文章の内容以外を読むのが手帳類ならではの面白さになる。

さらにデジタルな記録環境や言葉をベースとした商業作品とは異なり編集されていないことも興味深い体験をもたらす。断片的に書かれた情報は読まれる順番を想定しておらず、目次や索引のような案内もないため、読み順は読まれた数だけある。

山本貴光氏は『文体の科学』の中で創発を念頭に置きながら「文体を適切に捉えるには、書物や文章を構成する個々の要素だけでなく、そうした要素が組み合わさることで生じる効果に眼を向ける必要があります」と言っている。[▼注21] 手帳類でいえば、直接書かれていないにも関わらず、書き手の手帳への愛着を見い出すことがある。それは創発的な認識であり味わいだと思う一方で、それを導いた要素までは特定できていない。将来的に言語化したい領域だ。

手帳類全般から個々の手帳類が持つ特徴へと進んでいく。まず物質としての面白さがある。スケジュール帳なのか。日記帳なのか。ノートなのか。日記帳といっても一年単位の日記もあれば五年日記のように前年度の自分を振り返りながら書けるものもある。値段の高そうな重厚な媒体には読む前から身構えてしまうし、一〇〇円で買えそうな大学ノートならば弘法筆を選ばずといった捉え方も可能だ。書く媒体の選択には書き手のこだわりがうかがえる。また同じメーカーの手帳であっても汚れ具合や表紙の書き方、シールによるカスタマイズ、中に挟み込まれた手紙や印刷物（⓫）など、開く前から解釈を誘ってくる。劣化具合は残念ながら手帳類として管理され読まれることで進行してしまうものの、本来は書き手がどのようにその手帳を扱ってきたを示す手がかりをたっぷりと含んでいる。

⓫あるデザイナーのスケジュール帳（2016）
新聞の切り抜きや美術館のチケットなどがログとして多数貼り付けられている。その厚みによって物質としての存在感が高まっている。

同じ書き手から複数の手帳を提供された場合は、一冊という単位だけではなく書かれる媒体の変化を味わうこともできる。統計情報でも触れたように、若い頃は日記を書いていたが就職後はスケジュール帳の運用が中心になってくるパターンは多い。あるいは数冊の手帳に交じって「夢を叶える手帳」が一冊だけ含まれていれば転機を迎えた年の記録かもしれないという想像がはたらく。一方そういった人間のうつろいやすさを確認することで、同じノートに数十冊と書き続ける人のすごみに改めて気づかされもする。複数の媒体を同時に使い分けている人もいる。例えば、⓫の書き手は、スケジュール帳に一日の詳細を記録する一方で、携帯しやすい小さなノートにアイデアや短めの感想メモを残している。

中身についても外見的な第一印象がひとつの特徴となっている。初めて開いたときに感じるのは、使われている筆記具、記述の配置や密度、筆跡がもたらすリズムなどだ。言い換えれば、記述を受け止める手帳（紙や印刷など）だけではなく、筆跡や筆圧による凹凸なども含めた物質（モノ）として見ている。その後も、内容を読み進める前に一通りのページをめくり字体の変化や一冊あたりの文章量を把握したり、提供された冊数が多いときは基礎情報となる書き手の年齢を知るために誕生日の記述を探したりするなど、文章の意味内容は後回しになることが多い。

念のため補足しておくと、先頭から順に読み物として楽しむアプローチを否定するものではない。それでもモノとしての手帳類からは、意識的にせよ無意識的にせよ内容以外の要素を多く受け取ることになる。

3・4　紙媒体に手で書くことの可能性

手帳類の特徴を見た上でデジタルな記録へと目をむけると、言うまでもないが入力にそって実に規則正しく文字を表示してくれる。楽で早いし間違えても簡単に直せる。フォントや装飾が設定可能であれば文字の見た目すら入力後に変更できるし、劣化もないのだから、例えば本章を手で書こうとはまったく思わない。

ただ、制作物の編集や管理といった点では確実にデジタルが便利だと思うものの、瞬間的な感情や思考をできるだけ（ニュアンスも含めて）生の状態で保存したいような用途において必ずしも適しているとは言えない。含みのようなものが記録しきれていないと感じることがある。設定についても、設定可能な項目は簡単に変更できる反面、用意された項目以外を変更することはできない。かたや物質としての手帳には紙質などの特性はあるにせよ、設定による縛りはなく自由度が高い。

ここで指摘したいのは情報の量と質についてだ。森博嗣の『すべてがFになる』という小説の中で、物質的なアクセスが贅沢品になるだろうと天才科学者が語るくだりがある。[▼注22] エネルギー問題で人間も電子の世界へ入っていかざるを得ない、というのだ。

これを手帳に限定してみると、紙媒体の手帳とスマートフォンの手帳アプリのうちどちらが贅沢かと聞かれたら、いまは紙のほうだと答えるのではなかろうか。その根拠は値段ではなく、物質が持つ空間性や記録できる情報量だ。ときには物質が持つ過剰ともいる情報はノイズとして扱われるが、情報処理の側から見ればノイズを保存することは贅沢なのだ。[注23] 私的さを読むとはそのノイズに注目することなのかもしれない。もし人々が手帳類などを通して、これまでノイズだとか味だとかしか言えなかったようなものからさまざまに見い出して楽しむようになれば、私的さは大事にされ始めるだろう。

コンピューターが普及し機能の一部はデジタルな手帳に軍配があがるようになったいま、紙に書くことの可能性は何か。ここまで見てきたことをもとに答えるならば、本人の意識とは裏腹に豊かな情報が自然と記録されることにある。プライバシーの問題や著名人の記録以外は後世に残されにくいという事情もあって、十分に検討されたとはいえない領域だ。

本章執筆時点（二〇二〇年三月）で心配な情勢もある。新型コロナウイルス感染症（COVID–19）の影響でソーシャルディスタンスのような概念が強く根付いた場合、物質的アクセスはさらに急激かつ非可逆的に減少しうる。そうなると手帳類のような贅沢なメディアが持つ私的な可能性はより見過ごされていく。著者としては本プロジェクトの意義は高まっていくとみている。

4　手帳類というプラットフォーム

4・1　ゲームチェンジ

前節までで本プロジェクトの設計、初期の実践、手帳類の基本的な特徴などを紹介した。簡単におさらいすれば、二〇一四年に始めた本プロジェクトは私的な記録を一〇〇〇冊以上を収集し、またインターネットや各種メディアへの露出を通じて認知度を高めるなど、プロジェクトとして一定の成果を出した。しかし一方で提供回数や取材対応の増加により、手帳を読む十分な時間が取れなくなっていた。この問題点を解消し活動を楽しく続けていくために、一旦状況を整理する必要があった。

表　本プロジェクトの整理と展望（2019）

	初期（2014）	第1期（2015）	第2期（2017）	第3期（2019/7～）
主目的	手帳類の発見	1000冊収集	手帳類を多くの人に届ける	手帳類の魅力を引き出す
収集	1冊1000円	1冊1000円	1冊100円～500円	寄贈中心
展示	手帳展（8日間）	手帳展（常設）	手帳類図書室（常設）	手帳類図書室（第2期）
研究	収集家	収集家	収集家／単発イベント	継続的な読み会
保存	無頓着	無頓着	無頓着	着手開始
発信	自分	SNS・イベント	各種メディア取材	書籍などにまとめる

このような経緯で作成された表は、本プロジェクトの取り組みを活動ごとにまとめその変遷を表したものだ。初期、第一期、第二期までの約五年間を最初のサイクルとして振り返り、次の第三期（二〇一九年）以降を見据えた。一言にまとめると、プロジェクトの中心が手帳そのものの収集から、集めた手帳の魅力や解釈の収集へとシフトしている。

次はそれぞれの項目を関連付けて説明する。表で「主目的」として掲げた「手帳類の魅力を引き出す」とは、誰かの私生活を覗き見るような体験よりも、丁寧に手帳世界へともぐり（小さくて見過ごしやすい）私的さを持ち帰って検討するような体験に重きを置く。一度きりの刺激的な体験を出発し、日常的で遅効性を伴った体験を目指すものだ。その「主目的」に沿って、「継続的な読み会」（「研究」項目）では個人の内部にとどまっていた解釈を集めていき、その成果を本などのじっくり読める媒体にまとめる（「発信」項目）。本を通して私的な記録を読むことの可能性や楽しさを伝えられれば、手帳類図書室（「展示」項目）の来場者はより奥深く手帳類を味わえるだろう。そしてその体験が経験となり書かれる手帳に意識／無意識において反映されるならば、提供される手帳（「収集」項目）は私的さが高まり集める意味や保存の機運が増していく。そしてこれらの下支えとして、これまでよりも収集した手帳類をしっかりと管理しアクセスのしやすさを保つ必要がある（「保存」項目）。

4・2　プラットフォーム

整理によって今後の方向性が見えると同時に、仕事の合間に一人でこなせる量ではないという問題に直面した。しかし本プロジェクトに感じている可能性から、単純に活動規模を縮小する判断は受け入れ難く感じた。ならば思い通りにいかないことが増えるとしても、多くの人に関わってもらう道しかない。それでも引き続き楽しさを第一にしたいのと、いまのところ自分を含め専業で誰かを食べさせられるプロジェクトではないため、少しずつ助けてもらう形が現実的だ。[注24] 都合の良い要件であるため、せめて手帳類を助けてくれる方々が個人的な興味を満たせるよう、本プロジェクトを整備していくのが関わる人への尊重になると考えた。例えばわずかな参加でも貢献できる体制にしなければならない。

手帳類知識[注25]という取り組みは、こういった背景を元に解釈や知見を蓄える目的で始めた（⑫）。基本的には手帳類に関する発見や情報であれば何でも投稿して良いが、主にオフラインの読み会で使われている。この読み会の参加者は手帳から興味深い記述を発見すると、それを撮影し説明を添えて投稿する。投稿先にはScrapbox[注26]というウェブサービスを使用している。投稿するのにスマートフォン操作の慣れを要するため少し不評ではあるが、仮に一度きりの参加であったとしても着実に貢献できるメリットは大きい。

実は、前節で紹介したシールに関する指摘や文具に書かれる内容が導かれるといった指摘はこの読み会で見い出されて共有されたもので、著者にはなかった視点を含んでいる。このように異なる思想や関心を持った人の投稿が蓄積されていき解釈の創発が発生することを期待している。

このオフラインな読み会は執筆時点で六回開催され、今後も月に一度のペースで集まる計画を立てていたが、ここでも新型コロナ禍の影響で集まれなくなり、見直しを迫られている。オンラインでの読み会

⑫手帳類知識

も試してはみたが、画像を共有しての読み会は内容中心の解釈になる傾向があり、この点は課題となった。

それはさておき、手帳類知識という取り組みはこれまでの設計を再考するきっかけにもなった。これまで手帳類プロジェクトは全体でひとつのゲームプロジェクトとして構想されてきた。ところが新たな試みが加わったことで、手帳類知識はもとより既存の手帳類図書室のような取り組みも個別のプロジェクトとして捉えたほうがしっくりくるようになってきた。そうだとすると手帳類プロジェクトはそれらを支える共通の土台として再定義できそうだ。これはプラットフォーム的な思想といえる。ただし、コンピューターのOSやアプリストアのような巨大なものではなく、あくまで著者や少人数の参加者のための個人的かつ小さなプラットフォームだ。参加者は収集された手帳類を始め、既存の実践や知見なども参考にしながら、私的な要素を含んだ新しいプロジェクト（作品、研究、イベントなど）を派生できる。

紙面の都合で詳細は省かせていただくが、二〇二〇年には二子玉川蔦屋家電の展示イベントに協力する形で手帳類の貸し出しを行った。（以前は迎合的とみなし断っていた）商業施設への協力、そしてそのイベントの演出を提案者にゆだねたことは、振り返ってみるとプラットフォーム的な意識の反映であった。しかしながらここでの注意は、第三者による自由な手帳類の利用を促すものではないという点だ。提供者との契約内容に基づくのは当然として、手帳類のコンセプトを理解してもらい、心構え（シップ）を尊重してもらう必要がある。以降の節ではこれらの要素を説明し、手帳類プラットフォームの全体像を示していく。

4・3　コンセプト、シップ、モデル

コンセプトはプロジェクトの説明でも一度出てきた言葉だが、本節では『コンセプトのつくりかた』[注27]の内容を筆者なりに噛み砕いて用いる。すなわち、コンセプトは世界を良くし自分自身を幸せにする方法を二〇文字程度で表したものであり、以下の四要素を満たすものだ。

①そのコンセプトが好きであること。
②そのコンセプトに未知の良さが含まれていること。
③そのコンセプトの良さを仲間に伝えられること。
④そのコンセプトへ常に立ち返りながら共に何かを作り上げること。

つまり、しっかりしたプラットフォームになるにはしっかりしたコンセプトが欠かせない。そこで初期に作った「誰にも見せない前提で書かれた手帳を読んでみたくないか?」というフレーズをアップデートすることにした。

さっそく本プロジェクトのコンセプトを素直に掲げるとこうなる。

「私的な人を増やしたい!(手帳類を集めて読んでもらうことで私的さの魅力に触れてもらえば人々はより私的になってい き、世界は良くなり、筆者も幸せになる)」

しかしこのコンセプトには「私的」という言葉が仲間に伝わらないという致命的な欠陥がある(前述の③に抵触)。本章でも多用しつつ肝心なところは濁してきたように「私的」という言葉を十分に明らかにできておらず、かつ現時点での力量では解決できそうもない。次善策として、このコンセプトを伝えられるものに磨きあげることを目的とした、前段階のコンセプトを用意して二段構えにするというのがいまの考えだ。

「手帳類が持つ私的さについて明らかにしたい!(集めた手帳類についての知見を集めていけばその正体がつかめ、世界は良くなり、筆者も幸せになる)」

二つめのコンセプトであれば手帳類の読み会やコンセプトワークを継続的に行うことで迫っていける。[注28] そして「私的」という言葉を伝えられるものに落とし込んだ上で、再度より多くの人に届けるためのコンセプトを作り直す計画だ。

横文字が続いて恐縮だが、手帳類におけるシップも確認する。現在はプライベートプレイヤーシップと呼んでいるもので、これは私的なプレイヤーの心構えを表す本プロジェクトの造語だ。まず私的なプレイヤーとは(手帳類のように）私的さを備えている記録を書いたり読んだりするのはもちろん、私的さを大事にしそれ自体について考え続ける人々をさす。次に心構えだが、端的に言えば尊重という態度に基づく。尊重に正解はないが、手帳類においては個人情報に配慮した上で可能なかぎり楽しもうとすることと大まかに捉えて良いだろう。手帳類を読むときに、過度な忖度や道徳、および腫れ物を扱うような態度は禁物だと考えている。

もしこのようなシップがなかったら、本プロジェクトはまったく違った形になっていたと想像できる。私生活を覗き見る楽しみにとどまり、プロジェクトとしても短命に終わっていたかもしれない。多様な人や組織を本プロジェクトに招き入れると想定したとき、プライベートプレイヤーシップという思想はますます重要になっていく。

ちなみにシップについてはプロジェクトの開始直後から考え始め、何度も手を加えている。▼注29 今後も（呼称を含め）更新され続ける概念になると想定されるため、プライベートプレイヤーシップについての最も新しい説明はテキストデータとしてGitHubというウェブサービスにアップロードしている。▼注30

本腰を入れてプラットフォームを目指した場合、次の五年間は単一のゲームプロジェクトである手帳類をプラットフォームとしての手帳類に作り変える期間▼注31と位置づけられる。実践中心のプロジェクトであっても、基盤の整備は効率や派生プロジェクトの魅力に直結する。必要な作業として資料群の整理が挙げられる。初期から運用している管理資料は肥大化し、手帳類に関するドキュメントや中身の画像もあちこちに散らばってしまっている。こういったプロジェクトの不具合をひとつひとつ発見して修正していけば、著者自身を含む参加者のプロジェクト理解を助け参加しやすくなる。書くまでもないことのように思えるが、地道に手を動かし続けるのは一筋縄ではいかない。そして大事なのは、手帳類図書室などのサービスは維持しつつこれらを行っていくことだ。門戸は常に開いておきたい。

資料に関する目下の課題は手帳類の管理リストにある。現状はGoogleスプレッドシートで提供を受けるごとに記録し管理してきた。だがこの方法は手帳の行き先がほぼ手帳類図書室か収集家宅に限定されていたからこそなんとかなっていた。将来的な活用の広がりを想定すれば一冊の単位で管理されるべきであり、新たなリストの作成は急務だ。それもただ作ればよいのではなく、プロジェクトの参加者が興味を持てるようなフォーマットの策定も重要だ。

手帳の管理で言えば、学術方面からは手帳の全ページをスキャンして保存したらどうかという提案もいただいている。こちらも気の遠くなるような作業だが、自由に使って良いと言っていただいている手帳から進めていきたい。

このようにプラットフォームになるための課題は山積みではあるが、そろそろ今後を展望して本章を締めくくる。そのためにまとめたのが⑬で、現時点の本プロジェクトの見取り図ともいうべきものだ。大まかに説明すれば「知る」「楽しむ」「関わる」「続ける」「生み出す」という深さを持った五つの層からなる洞窟のような構造になっている。これまでの本プロジェクトが「知る」「楽しむ」「関わる」の層で構成されていたのに対し、プラットフォームを目指すうちに増築したのが「続ける」「生み出す」の層だといえる。さまざまなプレイヤーはどの層からでもプレイを開始でき、かたやプラットフォームの側はプレイヤーをより深い層へといざなう。今後は「続ける」「生

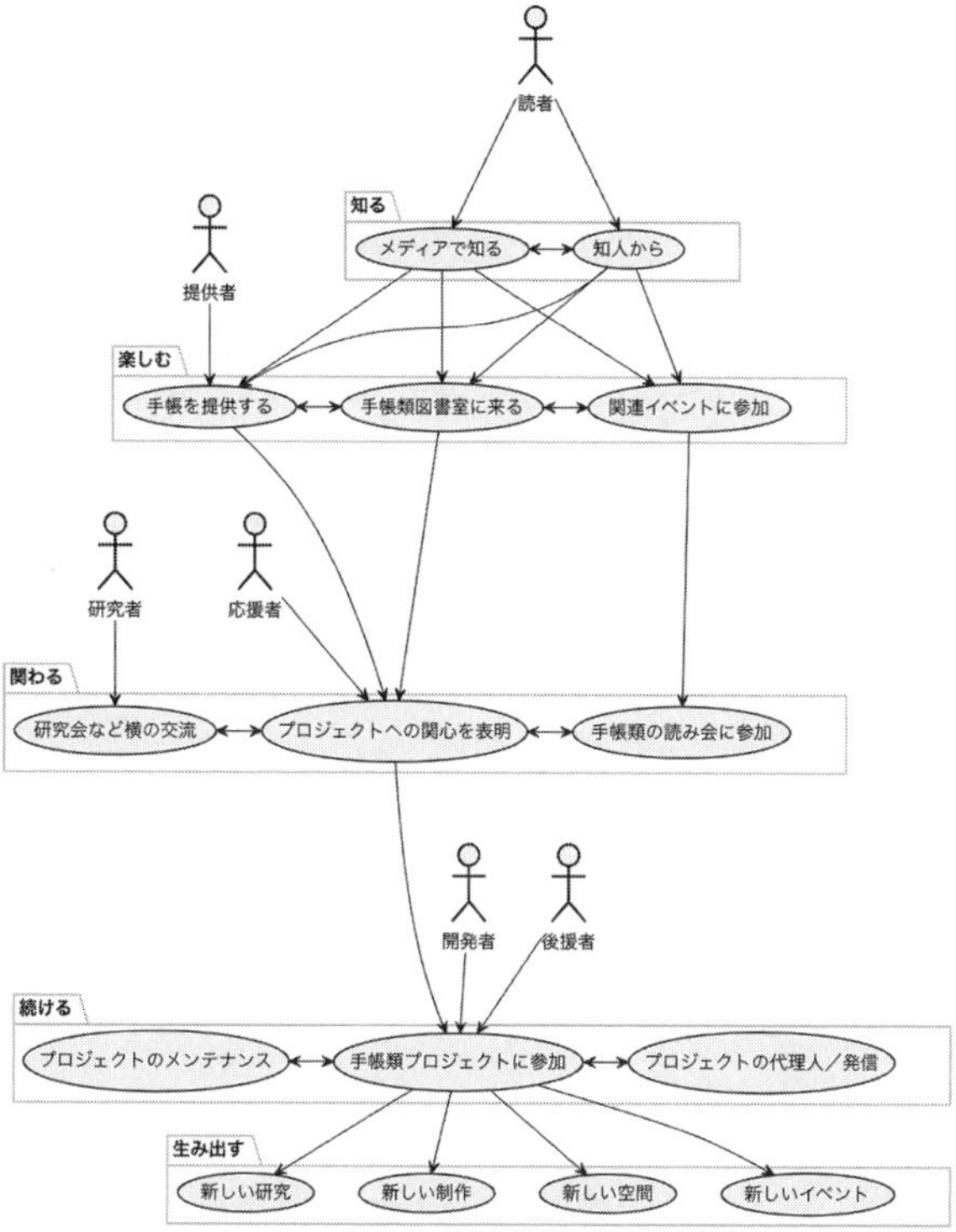

⑬手帳類プロジェクトの新しいモデル（2020）

み出す」に分け入ってくれるプレイヤーを渇望しているが、そのためにもプレイヤー人口の増加や入り口の広さは引き続き重要であり続ける。

5　おわりに

本章では手帳類プロジェクトの実践をたどりつつ、私的な記録を集めて共有する中で感じたことや考えたことについて報告した。

現在の筆者は人々の私的な記録を集めて残すだけでは足りないと思っている。その読まれ方や解釈をも集めながら「私的な記録とは何か」「私的さとは何か」を探り、セットで残していきたいと考えている。それは私的さの文化と呼べるものかもしれない。ただし本章で見てきた通り「私的」という言葉はいまだ曖昧であり、今後明らかにしたい部分だ。気の長い試みであり射程の広い試みであるという自覚はある。

この場を借りて全体的な構想を伝えたい気持ちが強かったため、本章では実践の話が中心となった。結果的に個々の手帳の内容にはあまり触れられなかったのは残念だが、現代に生きる人々の記録が持つ魅力の一端が伝わればと思う。意味のある取り組みである自負と、ポテンシャルを活かしきれていないもどかしさの両方がある。

いや正直になろう。筆者自身は手帳類というプロジェクトを開発すること自体が一番楽しい。それゆえに個々の手帳類が持つ魅力を掘り下げるところまで手が回っていないのだ。日記文化研究の枠組みに沿っていえば「モノとしての手帳」に触れているぐらいで、「史料」「行為」の視点はほぼ未着手だ。ここまで読んでいただいた方々の中に可能性や惜しさを感じている方がいると期待したい。

初期のゲーム的な設計からプラットフォーム的な構想へ進もうとしているのは、一緒に私的さについて考え、発見したいからにほかならない。手帳を渡すという参加、手帳を読むという参加、手帳類を用いた研究という参加、手帳類を広めるという参加、手帳類に着想を得た創作という参加、手帳類に関する場や資金の提供という参加など、手分けして追求したい領域は広がっている。無理のない範囲で、プライベートプレイヤーシップに則った参加を希望する。

▼注

1 東宏治『思考の手帖――ぼくの方法の始まりとしての手帖』（鳥影社、一九九五年）。

参考として収められている最初の断章を引用する。

「☆ぼくがこのノートを前にして、必死で言葉を綴ろうとするのは、ぼくのふだん暗い頭脳（狭い遅い理解力、限られた好奇心など）に、ちょうど立ちこめている霧に切れ間を強いてこしらえるためのようなものだ。そして逆に言えば、ぼくがこのノートをとりだし書き始める気になるときとは、ときにこの暗闇に光が射し込む気が瞬時したようなときなのだ。

書くことの（書くことが救いをもたらすという）効用。（15-18）」、二二頁。

2 完成された作品から取るのではパクリになってしまうし、発想を縛ってしまうように思われた。

3 玉樹真一郎『コンセプトのつくりかた――「つくる」を考える方法』（ダイヤモンド社、二〇一二年）、三一頁。

4 ジェイン・マクゴニガル（藤本徹・藤井清美訳、妹尾堅一郎監修）『幸せな未来は「ゲーム」が創る』（早川書房、二〇一一年）が愉快でおすすめ。

5 スポーツはゲームの一種である。

6 桝田省治『ゲームデザイン脳――桝田省治の発想とワザ』（技術評論社、二〇一〇年）、三三―三四頁。奇しくも桝田さんのゲームで一番好きな『リンダキューブアゲイン』は動物を「集める」ゲームだ。

7 数年後、新聞記事から「女性の日記から学ぶ会」という大先輩プロジェクトを知ることになる。http://diaries-as-social-heritage.com/（最終閲覧日：二〇二一年一〇月一九日、以下同）

8 過去に発生したプライバシー関連のトラブルおよびその対応は下記記事を参照。https://techorui.jp/no_photographing/

9 仲正昌樹『「プライバシー」の哲学』（ソフトバンククリエイティブ、二〇〇七年）の一五頁でも同様の指摘がなされている。ただし、その記録を呼んで感情移入する以上、手帳類はリスクが高くなる。

10 手帳類の画像をSNSに公開しても大丈夫だと判断するのに約一年かかった。

11 正式名称は「あなたが使った手帳、売ってください」手帳コレクターによる初のコレクション展 in 荻窪　https://www.facebook.com/events/2995474102530053/

12 手帳類図書室（公式サイト）https://techorui.jp/

13 ここでの「更新」とは、継続的な改善を表すPDCAのような言葉と大差はない。

14 始めた当初は「使用済み手帳収集プロジェクト」と名乗っていた。使用済みという言葉が持つインパクトとネガティブなイメージを天秤にかけて前者を選択した。なぜなら一年で一冊ずつ集めていくよりも、一〇冊ずつ集まっていくほうがずっと良いからだ。実際にはそれを上回るペースで集まり、当初の目標であった一〇〇〇冊を越えたあたりから、活動の中心が収集から展示などへ移っていった。

15 二〇二〇年三月現在。ただしリストが整理しきれていないため正確な情報ではない点に注意。

16 交換日記はあくまで最後に持っていた人から提供を受けたものなので、他の書き手からは許可を取っていない。そのため現在ではオンラインでの積極的な公開は控えている。

17 性別は現代において慎重に扱うべき情報であるが、統計情報として意味があると判断し掲載した。多くが寄贈者の名前や内容をもとにした推定である点に注意。あくまで本プロジェクトに提供された割合であり、実際の手帳の書き手の割合を示すものではない。

18 遺品の提供などで昭和以前のものや軍隊日記の提供もあるが全体から見ればごくわずか。

19 パブリックな手帳にもプライベート性がまったくないわけではなく、書き手の意図をこえて紛れ込んでしまう場合もある。互いの手帳をオフ会などで見せ合うイベントを主催している方によると、私的な部分は深く読まないといったマナーが明示的もしくは暗黙的にあるようだ。

20 自己や自己語りについては、こちらを参考にした。中西新太郎「文化的支配に抵抗する――大衆文化のポリティクス」（後藤道夫編『日常世界を支配するもの』大月書店、一九九五年）。

21 山本貴光『文体の科学』（新潮社、二〇一四年）、二七二頁。

22 森博嗣『すべてがFになる』（講談社文庫、一九九八年）、二〇～二一頁。

23 この観点から興味深いソフトウェアとして、執筆プロセスを記録し再生するTypeTraceを挙げておく。『ラストワーズ／タイプトレース』dividual inc.　https://typetrace.jp/

24 頭の中では会員制やクラウドファンディングなども浮かぶが、すぐに実行する計画はない。いずれにせよ営利目的に寄りすぎて楽しさが失われる事態は避けたい。

25 手帳類知識 https://scrapbox.io/techorui/ （二〇二一年一〇月一九日現在非公開）

26 プロジェクト単位の wikipedia といえるサービス。二ホップリンクなどのしくみにより、興味深い知識ネットワークに育つ可能性を秘めている。

27 前掲玉樹書。

28 手帳類とは何かを探るコンセプトワークをオンラインで始めた。メンバーは固定。ここまで四回のワークで、集まった手帳の特徴抽出、手帳類に共通の指標を考案、個々の手帳類を評価しレーダーチャートのような形でカタログ化する目標の設定、などが実践されている。

29 プライベートやプライバシーという言葉は意味が広がりすぎて錯綜した言葉という印象がある。さりとて他にいい言葉が見つからないため暫定的に使用している。

30 私的なるものの心構え - GitHub https://github.com/techorui/core/blob/master/ship.md 派生概念も作れるライセンス。自由な改変や修正のリクエストは歓迎している。

31 ソフトウェア工学的に言えば、モノリシックになったプロジェクトをリファクタリングし、ライブラリの実装とアプリケーションの実装を分ける作業。

Part 2

II

読者を意識した自己の真実性

Chapter 5

5章　自己を書き綴り、自己を〈調律〉する
――中村古峡史料群の「日記」「相談書簡」「療養日誌」

竹内瑞穂

小説家から心理学研究者、そして精神科医へと転身した中村古峡（一八八一―一九五二）が遺した史料群には、多様な〈自己を書き綴る〉テクストが含まれている。本章ではそのうちの「古峡の日記」「患者からの相談の書簡」「入院患者の療養日誌」に焦点をあて、〈想定された読み手〉との対話のなかで自己を書き綴る人々が、その過程で自己を調律（チューニング）しなおし、齟齬をきたしていた現実との関係を回復していく姿を追う。

1　はじめに

中村古峡（なかむらこきょう）（本名：蓊（しげる）　一八八一（明治一四）年生、一九五二（昭和二七）年没）が世に出たのは、夏目漱石門下の小説家としてであった。代表作に弟の精神病発症を題材とした自伝的小説『殻』がある。漱石の推挙によって『東京朝日新聞』に連載（一九一二（明治四五）年七月～一二月）された本作は世評も悪くなかったようだが、▼注1 その後の作品は振るわず、第一線で活躍した作家とはいいがたい。

その古峡の名を広く知らしめたのは、大正期の〈変態〉ブームの一端を担った雑誌『変態心理』（一九一七（大正六）年創刊）の主幹としての仕事であった。現代の「変態」という言葉の持つイメージから誤解を招きがちではあるが、当時の変態心理学とは、精神病や精神上の発達障害、さらには催眠術、神懸かり、テレパシーといった、種々の〈普

通〉からは逸脱した心理的作用を扱う心理学の一分野であり、『変態心理』もいたって真面目な学術志向の雑誌であった。古峡はこの雑誌を、いまだ不可解なまま残されている人間の心理を探究し、新たな精神医学や心理療法を生み出すための基盤としようとしていた。その挑戦的な姿勢は雑誌の執筆者の顔ぶれにも表れており、心理学にとどまらず、心霊学、文学、医学、生物学、教育学、社会学等々の多様な研究者たちが寄稿している。

またこの時期、古峡は『変態心理』誌面を中心としながら、当時急速に勢力を伸ばしつつあった新宗教・大本教への徹底的な批判をおこなった。心理学という〈科学〉的立場からみれば、大本教は催眠術によって人心を操作する「迷信」にすぎないとする古峡の主張は衆目を集め、結果として国家権力による教団に対する弾圧（第一次大本教事件、一九二一（大正一〇）年）を後押ししたともいわれている。▼注2

『変態心理』は経営上の問題もあり、一九二六（大正一五）年には休刊となるが、古峡は同年四五歳で東京医学専門学校に編入学し二年後には医師免許を取得、以後は精神科医として診療所を経営しつつ、直接患者の治療に携わっていくことになる。

このように古峡の活動は文学を起点としながらも、そこにとどまらない広がりをみせている。過去や現状に縛られることなく、常に次へと進み続けようとする彼の人柄がうかがわれよう。だが、養子として病院を継いだ中村民男の回想によれば、古峡には別の一面もあったらしい。「古峡は物は捨てないたちで、あらゆるところが物の山」で、「物置、押入れ等はもちろんあまりつかわない部屋などは、長い間各方面から来た書棚集めた資料、書類、療養日誌やカルテ等…でぎっしりつまって」おり、みかねて整理をしようものなら、お前は「整頓界の権威」かと皮肉る有様だったという。▼注3 進取の気性と、蓄積への執着。これら相反する性質を古峡が内包していたことが、膨大な史料を後世に遺すことにつながったようだ。

彼の遺した史料群は現在、一九二九（昭和四）年に古峡が千葉市に開設した診療所の後継となる中村古峡記念病院に保管されている。▼注4 史料群のなかには、古峡の蔵書や日記、原稿・メモ類、送られてきた書簡、さらには療養所に入院していた患者の療養日誌などが含まれ、紆余曲折を経た古峡の人生を反映したかのような雑多な構成となっている。このように多種にわたる史料群ではあるが、今回はそこから質・量ともに充実している古峡の日記、患者からの相談の書簡、入院患者の療養日誌という三種類に絞って考えてみることにしよう。基本的にこれらは、それぞれ形態も目的もまったく異なる史料である。さらには書き手も、日記は古峡本人だが、書簡や療養日誌については相談者や患者によって書かれたものとなっており同一ではない。しかし、自己を書き綴ったものであるという点においては、それほどかけ離れてもいないのではなかろうか。このような視座から見直すならば、この史料群の自己を書き綴るテクストの標本箱とでも呼ぶべき価値が浮かび上がってくるように思われる。

中村古峡が生きたのは、近代日本の文学・心理学・精神医学という異質な領域の交錯点においてであった。では、古峡自身も含め、そのような地点で人々は何のために自己を書き綴ったのだろうか。史料群に遺された「日記」「相談書簡」「療養日誌」の分析を通じてこの問いと向かい合い、近代という時代に〈自己を書き綴る〉という行為が持ち得た意義を考える手がかりとしてみたい。

2　変容する古峡日記

古峡の日記観

古峡史料群のなかで日記と認められるものとしては、現在のところ五七冊が確認されている（❶）。ただし、このうちには先妻・照世または古峡の妹のものと推察される女性の筆跡の日記や、執筆者不明の日記も混在している。市販の日記帳（東京図書出版『当用日記』、実業之日本社『重要日記』、至誠堂『自由日記』、新潮社『新文芸日記』など）を使用しているものが多いが、ほとんど書かれずに中絶している年や、一冊の途中から次年度の記録が始まることもある。また日記帳を用いずノートに数日間だけ書くなど、断片的なかたちで日記をつけているケースも見受けられる。

❶中村古峡略年譜および日記一覧

年		年齢	出来事	日記帳（古峡自筆）	日記帳（古峡以外）	古峡ノート日記記述
1881	明治 14	0	古峡（本名：蓊）、現・奈良県生駒市で誕生。			
1896	明治 29	15	中村家、京都へ移住。杉村楚人冠と知り合う。			
1897	明治 30	16	京都府立医学校入学。	明治 30, 明治 31		
1899	明治 32	18	楚人冠を頼って上京。京華中学校 5 年に編入学。	明治 32		
1900	明治 33	19	第一高等学校入学。生田長江と知り合う。	明治 33, 明治 34		
1903	明治 36	22	東京帝国大学文学科入学。夏目漱石らの講義受講。	明治 36, 明治［37,38］		
1907	明治 40	26	東京帝国大学文学科卒業。東京朝日新聞社入社。			
1908	明治 41	27	弟・義信死去。漱石の推薦を受け、胆駒古峡名で小説「回想」連載（『東京朝日新聞』）。	明治 42		
1910	明治 43	29	東京朝日新聞社退社。			第二（明治 43, 明治 44） 第三（明治 44）
1912	明 45／大 1	31	小説「殻」連載（『東京朝日新聞』）。		明治 44, 明治 45	第四（明治 45, 大正 1） 第五（大正 1）
1913	大正 2	32	小畑照世と結婚。単行本『殻』（春陽堂）刊行。		大正 2	第六（大正 2）， 第七（大正 2）
1915	大正 4	34	漱石に『朝日新聞』での自作の連載を依頼するが色好い返事をもらえず。 村上辰午郎に催眠術を学ぶ。	大正 4	大正 4	
1916	大正 5	35	送り届けていた小説二篇を漱石から酷評される。			
1917	大正 6	36	日本精神医学会創設。同会診療部を設け、品川で診療開始。 月刊誌『変態心理』創刊。		大正 7	第九（大正 6）
1919	大正 8	38	大本教を「迷信」と断じ、本格的な批判を開始。	大正［11,15］，大正 12, 大正 14,	大正 8, 大正 9, 大正 10, 大正 11, 大正 15	
1926	大 15／昭 1	45	東京医学専門学校入学。照世と協議離婚。『変態心理』終刊。	大正 16		
1927	昭和 2	46	品川区御殿山に日本精神医学会診療所を建設。			
1928	昭和 3	47	東京医専卒業。医師免許状取得。千葉医科大学の精神科に入局。	昭和 3		
1929	昭和 4	48	千葉・千葉寺の民家数軒を借り受け診療を開始。 杉山琴と結婚。	昭和 4, 昭和 5, 昭和 6		
1932	昭和 7	51	品川御殿山で医師開業届。	昭和 7, 昭和 8		
1934	昭和 9	53	月刊誌『黎明』創刊。 千葉・千葉寺に中村古峡療養所開設（現・中村古峡記念病院）。	昭和 9		
1935	昭和 10	54	千葉医大精神病学教室に退学届を提出。	昭和 10		
1937	昭和 12	56	療養所に中原中也入院。	昭和 11, 昭和 12		
1941	昭和 16	60	名古屋帝国大学医学部に専攻生として入学。	昭和 13, 昭和 14, 昭和 15, 昭和 16		
1942	昭和 17	61	名古屋帝国大学から医学博士の学位受領。	昭和 17, 昭和 18, 昭和 19		
1945	昭和 20	64	空襲で品川御殿山の建物焼失。千葉寺の療養所にも焼夷弾が直撃。	昭和 20, 昭和 21, 昭和 22, 昭和 23, 昭和 24		
1950	昭和 25	69	脳動脈硬化症のため引退。			
1952	昭和 27	71	古峡没。			

※竹内作成。年譜については、中村民男［編著］(1997)『中村古峡と黎明』医療法人グリーンエミネンス、小田晋［他］(2001)『『変態心理』と中村古峡』不二出版、を参照。

※日記帳のうち［　］でくくられている年は、一冊のうちに複数年が記載されていることを示す。

※日記帳（古峡自筆）の昭和 20、昭和 24 については、1992（平成 4）年に古峡日記の整理をおこなった新羅愛子による調査記録（「中村古峡日記読解抄」）が残されているが、実物は未見。

なお、欠けた年の日記はそもそも書かれていない可能性もあるが、空襲によって焼失したものや保管状態が悪く息子に処分されたものも一部あったようだ。▼注5

では、欠けがあるにせよ、これだけ長期間にわたって古峡が日記を書き続けられたのはなぜなのだろうか。彼の基本的な日記観を、親しい友人であった生田長江（いくたちょうこう）との共編で出版した『日記文自在』（三侠社出版部、一九一七年）を手がかりに確認するところから始めてみたい。日記をつける習慣のない学生に向けた入門書といった体裁のこの書には、「日記の利益」を説く節が用意されている。そこで主張される「利益」を列挙すれば、次のようになる。1、文章の練習に最も都合が良い／2、不断の努力を要するため、克己心の涵養を計ることができる／3、良い習慣を養成する／4、自分を反省することができる。ひいては自己の品性を陶冶、人生の妙趣を味わう手段となる／5、注意力、観察力の向上／6、悲しみ、悔しさのはけ口／7、天候、約束、予定などを書き留めることで、忘備録となる、といったところになる。また、日記をつけ続けることにも意義が認められている。冊数を重ねた日記を見直すと、人生の経路や自身の変化・発達を明らかにすることができるのだという（一七～二二頁）。

ここで挙げられた日記の「利益」は、同時代の日記論でもよく目にするような指摘であり、ことさら注目すべきものでもない。▼注6 ただ古峡たちには、今挙げたもの以外の「利益」も暗に想定されていたようだ。日記を書く際には「他人の偸み見んことを恐れて、有のまゝを率直に書き得なかつたり、或は極めてぼんやりと何のことやら分らないやうな書方をしておいたり」してはならない。なぜなら、当時のことを思い出す必要が出てきた際や「其等の事件を材料にして、一篇の小説でも作つて見たい」と思った時に、「当時の詳細な事実や気分が思ひ出せずして、其のまゝ手を引かねばならないやうなことは、私等も現に屡々（しばしば）経験してゐる」からだという（傍線引用者、一一〇～一一二頁）。ここには、日記を小説の素材として思わずまなざしてしまう、筆者たちの作家としての性（さが）が垣間みえる。また続く箇所では、「人に見せられない日記でも、只（ただ）事実に忠実に、自己に正直であると云ふことが、第一の眼目」（一一二頁）とされているが、〈ありのまま〉を描くことを是とする発想は、明治期の終わりに日本の文壇を席巻した自然主義文学の思想と響きあうものだ。彼らの日記観は、文学の価値観に強く影響されたものになっているといえるだろう。

日記と文学の接近は、古峡が書き残した史料のなかにも、様々なかたちをとってあらわれてくる。例えば、明治四二年八月という日付が入れられた日記体小説の草稿「小説材料『二十有六日』」(『古峡ノート第二』在中)の冒頭には、書き手「僕」による「此処に書いてある事は皆正直な自分の心の告白である。虚偽やいつはりは書かぬ積りである」との宣言がしたためられている。ここで用いられているのは——日記とは「事実に忠実に、自己に正直」に綴るものだ。したがって、この「僕」の「日記」(=小説)には、おのずと〈ありのまま〉が描き出されることになる——というロジックであろう。日記というジャンルの特性が、自然主義的な文学のリアリティを補強するための仕掛けとして利用されているのである。

なお、「小説材料『二十有六日』」と同じノートの後半には、「小説材料『結末』明治四十三年末」と題された日記形式の文章が書き込まれている。こちらには「生田君」(おそらく生田長江のこと)と翻訳出版についての打ち合わせをしたといったような細かい出来事も書き込まれており、古峡の実際の日記なのかそれとも日記体を意識して書いたフィクションなのかが判然としない。こうした状況を勘案すると、このノート自体が小説の材料にするという明確な目的をもちつつ書かれた実際の日記だった可能性もある。

古峡のなかでの日記と文学の接近を示すもう一つの例として、一九一二(明治四五)年五月の日記もみておきたい。この日記は、一般的な日記帳ではなく小型のノート(『古峡ノート第四』)に書き込まれているが、通常の日記帳のような記述欄の枠がないこともあって、一日一日がかなり長文になっている。そこには、台湾在住の女性(のちに妻となる小畑照世か)からの返信がなかなか来ないことに日夜悶える古峡青年の姿が描き出されている。

昨夜睡眠不足ノ為メ漸次苦シクナル。其レニ今夜帰リテ台湾ヨリノ手紙見ラル、ヤ否ヤト思ヘバ胸痛キホドナリ。〔中略〕庚申堂ノ坂上ル時息切レスル。胸痛シ。心臓ノ動悸耳ニ聞エルホドナリ。〔中略〕愈(いよいよ)内ノ前マデ今十秒ノ内ト思フ。靴脱グ間モ動悸激シ。障子ヲ開ケテ入ルト机上ニモ卓子ニモ何モナシ。矢張来ナカツタト思フ。サレド思ツタヨリ案外落着イテイル。我ナガラ怪シキホドナリ。（二四日）

ここに記載されているのは、当日の出来事だけにとどまらない。瞬間瞬間の動作とそれに伴う感覚、さらには揺れ続ける感情までが詳細に描きこまれている。

そして翌日の日記のなかでは、彼はただ待つことに耐えきれず、自ら行動を開始していく。

登校ノ際打電ス。
タレモオカワリアリマセヌカ　スヘ〔引用者注――「すぐ返事を」の略〕ナカムラ
一時帰宅昼眠　三時半頃返電来ル
ミナブジ　アンシンクレ　オハタ
何ダカ馬鹿馬鹿シキ感ジシタリ。皆無事ナラバ何故モット早ク手紙呉レザルヤ。（二五日）

古峡青年と女性との関係は、この後どうなるのだろうか。思わず先が気になって読み進めたくなってくるのだが、それも当然であろう。毎日の日記の間には物語の連続性があり、新聞の連載小説を思わせるような展開となっているのである。先に挙げた、心の機微を含む詳細な描写を踏まえれば、一人称小説、さらには私小説としても読めるかもしれない。

明治末から大正初年にかけての時期は、古峡が真剣に作家として生きていくことを目指しもがいていた頃にあたる。当時の古峡にとって日記とは、小説の材料というだけではなかった。日記それ自体が小説化するほどに、両者の関係は深く結びついていたのである。そしてこうした結びつきは、古峡の日記にはっきりとした動機やスタイルの安定的な日々の記述を支えていたと考えられる。

を与えることにもつながっていたはずである。文学のために、または文学として日記を書くこと。それがこの時期

日記が書けなくなる時、書けるようになる時

ところが、日記帳もノートも欠落している二年を飛ばして大正四年の日記をひもとくと、以前とは雰囲気が大きく異なっていることに気づかされる。明らかに、書けなくなっているのだ。

『大正四年当用日記』は、一月末から書き始められ二月の半ばに中絶している。三月からも断続的に記入されている日もあるのだが、古峡本人ではなく妻の照世とみられる女性の筆による大正五年分の日記となっている。中途半端なまま放置された日記帳を再利用したということだろうか。さらに古峡によって書かれている日も、「学校ナキ日、今日ハ熱ナシ」（二月三日）のように、一文のみで終えられていることも多い。時には三行から五行にわたる少し長めの記述が出てくるのだが、「馬場氏後援文集ニ小説ヲ作ラントス。想マトマラズ」（二月一六日）、「小説ノ材料ヲ得ントシテ余ガ上京当時ノ古手紙ヲ漁ル。余リ面白キ材料モナシ／終日小説ニアセリテ遂ニ一句モ成ラズ」（二月一七日）といった愚痴めいた悲観的な言葉が並ぶ。

しかし、古峡の日記は大正四年の中絶で途絶えてしまったわけではない。時代を下って、日記帳の使用が再開された一九二五（大正一四）年のものをみてみよう。

朝、落合君ニ礼状。中山中男君ニ返事ヲ認ム。十時ヨリ外出。四谷深沢商店ニ電話局ヨリノ通知状ヲ持行ス。金策不成功。

（『大正十四年当用日記』一月一五日）

ここには、以前の明治期の日記にあった物語性がほとんどみられない。日々の業務に関わる内容が中心になって

いることがわかるだろう。古峡の日記はこうした業務日誌的なスタイルを踏襲しつつ、以後、病に倒れるまで継続して書き続けられていくことになる。

ここまでの議論を振り返れば、古峡の日記は時期ごとの変容を経ながら、どうにか積み重ねられてきたものだったことがみえてくる。安定して書き綴ることができる時期と、反対に書けなくなる時期、この違いはなぜ生じてしまったのだろうか。体調や経済状況の良し悪し、ライフステージの移行など、様々な原因が想定できるところだが、それらのうちでも大きな影響を与えたと考えられるのは、〈想定された読み手〉の変化である。

田中祐介は、日記というジャンルにおいて、その書き手が「後世の読者を意識的・無意識的に念頭に置きながら記述する内容を取捨選択」していることを指摘する。それは、たとえ秘匿された個人的な日記であっても同様である。「日記を読み返す将来の自分自身を思い浮かべる限り、それは紛れもない読者であり、現在の自己とは異なる他者」を想定していることに違いはなく、その意味では「読者を想定しない日記はない」のだという。[注7] 日記である以上、古峡の日記もまた何らかの読み手を想定しないわけにはいかない。ただ、その読み手がどうやら時期によって移り変わっているようなのだ。

まず、安定して書き綴ることができた二つの時期についてみてみよう。作家を志していた時期の古峡にとって、日記とは一言でいうと小説の素材を溜め込んでおく場だった。日々の経験を「事実に忠実に、自己に正直」に書き残すことが、〈作家としての自分〉の利益に直接結びついていたのである。毎日の記録はこれから小説を書くであろう〈作家としての自分〉を第一の読み手として想定したものとなり、結果として単に出来事を記すだけでなく内面の動きにまで踏み込んだ詳細な日記が、日々書き綴られることになったと考えられる。

そして、書けなくなる時期を挟んだのち、古峡が再度の安定をみせるようになるのは、大正六年元旦のことであった。この年の日記はノートに記されているが、その冒頭は「大正五年度ハ悉(ことごと)ク失敗ニ終リタリ」という悔悟から始まっている。母の病気、子供の死、家庭の不和といった生活面での困難に加え、「夏目［漱石］氏トノ喧嘩」や「文芸雑誌ノ原稿失敗」といった小説家としての不調までもが列挙されており、当時の古峡が多くの問題を抱え込み、追い込まれていた様子がうかがわれる。だが一方で、大正五年は自分にとって記念すべき年でもあるともいう。それは「接神術完成ノ年」だったからだ。なぜこのような呼称を用いているかは不明だが、その後の日記をみるかぎり「接神術」とは催眠術療法のことを指しているようである。

この年の日記は「終日在宅／正午　早稲田○○［人名］氏来ル　父子、接神術ヲ施ス」（一月一七日）、「○［人名］サンヲ施術シ下痢ノ暗示ヲ与フ、○○［人名］氏モ施術セシガ研究心深キ故カ、ラズ」（一月二七日）といった催眠術の施術や、日本精神医学会の設立に向けて賛助員を募る活動についての記録が大きな割合を占めている。つまりはこの段階で、すでに日記から以前のような文学との結びつきをうかがわせるような要素がほとんど失われてしまっているのだ。

この一九一七（大正六）年あたりから、古峡は文学と距離を置くようになっていく。この年の日本精神医学会の設立と機関誌『変態心理』の創刊、さらに一九二八（昭和三）年の医師免許取得と以後の診療所経営の本格化といった転機を重ね、作家から事業者へと立ち位置を変えていたことが影響しているのだろう。古峡の日記が、業務日誌的なものとなったのもやむを得まい。〈事業者としての自分〉が読むことになる日記に、心の動きの詳細な記録などは必須ではないからだ。〈想定される読み手〉の変化は、彼の日記を円滑な事業の遂行に役立つ事務的な記録を中心とするものへと変えていったのである。

では、大正期初頭、書けない時期の古峡には何が起きていたのか。この頃の彼は中学校教諭をしながら小説を書き続けていたが、作家としては不遇の時代を迎えていた。日記で「想マトマラズ」と嘆いていた小説は一応書き上げ、短編「夜の街」として『孤蝶馬場勝弥氏立候補後援現代文集』（実業之世界社、一九一五年）に収録されたものの、その作品は何の反響を呼ぶこともなかった。それどころか、徳田秋声の筆による一九一五年の文壇を振り返る記事では「其他書きさうにして一向書かなかつた作家に、中村古峡」などがいると、直接名指しされる始末であった。▼注8

師事する夏目漱石に『朝日新聞』に連載させてもらえないかと斡旋を依頼したものの体よく断られ、また書き上げた小説をみてもらっても酷評が返ってくるばかり。[注9] のちの変態心理学研究へとつながる催眠術を村上辰午郎から学び始めたのもこの頃だが、まだ「完成ノ年」には至らず、先の展望がみえていたわけでもない。今まで通り〈作家としての自分〉に向けて書こうにも、それを受け取る〈自分〉が作家であり続けられるかわからない状況のなかで、古峡はそれまでの〈想定された読み手〉を見失ってしまっていたのではなかったか。

古峡の日記の変容からは、日記が継続的に書き続けられるためには、安定した〈想定された読み手〉が不可欠であることがみえてくる。書けない時期の古峡の例が示すように、それまでの〈想定された読み手〉が環境の変化をはじめとした諸要因によって揺らぎ始めると、日記もまたそれにつられて不安定化せざるを得ない。古峡の日記が、一度はそうした危機に見舞われながらも立ち直り、長年にわたって継続できたのは、過去の〈作家としての自分〉に過剰にとらわれず、〈事業者としての自分〉へと読み手を切り替えていくことに成功したからだったといえるだろう。

3　自己を書き綴る書簡

古峡の日記は、基本的に自己を自らに向けて書き綴ったものだったが、史料群には自己を他者に向けて書き綴ったものも多数含まれている。古峡宛の書簡類のなかに多く遺された「神経衰弱」患者からの相談の書簡などは、まさにその範疇の文章だといえるだろう。

古峡は自著『神経衰弱はどうすれば全治するか』（主婦之友社、一九二九年）で、「私が本書の記事を雑誌『主婦之友』誌上に連載し始めてから今日に至るまで、各方面から受取つた相談の手紙は、約一千通にも達してゐる」（「序文」一三頁）と書き残している。実際に「約一千通」もの「神経衰弱」に関する相談の手紙が来ていたのかは、現物がすべて保存されているわけではないため定かではない。だが、史料群に遺された書簡などをみるかぎり、古峡の著作を読み手紙を送ってきた相談者が相当数いたことは間違いない。

台湾で警察官として働く日本人からの書簡（一九三七年六月二五日　整理番号R2―L―8―17）には、「私は先生の著書‼神経衰弱はどうすれば全治するかの愛読者です。非常に此の名本を読んで効果誠に多く、全く本日より力強く感じます」との謝辞が述べられ、自分の症状が軽減したことが報告されている。

またこれと同じ頃に、「最近中村先生の著書「神経衰［弱］はどうすれば全治するか」を入手し精読」した三〇歳の職工から送られてきた書簡（一九三七年六月二日　整理番号R2―L―8―15）には、「今更ながら心の誤りを知ると同時に気持が軽く成った様に感じます［。］それ迄は神経質とは知らず自己特有の心理であらうと思つて居りました」との感想が記されている。古峡の著書を読むことが、自身の症状を客観視し相対化していく契機となったようである。

ともに読後の症状改善の報告と感謝が綴られているこれらの書簡だが、それだけでは終わらないところも共通している。「本日より力強く感じ」たとする先の記述とは矛盾するようだが、警察官の相談者は今でも「多勢の集る所が大嫌ひ」で「殊に月一回の職員召集の際」に感じる「死ぬ様な辛さ」を吐露している。また、もう一方の職工の相談者の場合も、自分が長年悩まされてきた「性的障害」の「不可解な症状」をどうか聞いて欲しいといい、これまでの経過と現状を事細かに説明していく。つまり、これらの書簡の中心はあくまで、患者としての〈自己を書き綴る〉ことにあったようなのである。

もちろん、彼らがこれまでの経歴・症状をわざわざ書き連ねるのは、何よりも古峡に病気を相談し診断してもらうためであっただろう。しかし彼らの文面には、相談としてはどうも奇妙な点が散見される。職工の相談者の書簡を例にみてみよう。彼は書簡のなかで、一九歳の春頃から「自分の陰茎が余りに小さき」ことに悩み続けてきたこれまでの人生を振り返り、診てもらった専門医からは問題なしと判定されたが、やはり「発育不全感」が拭えず不安な毎日を過ごしていることを訴える。さらに現状を「健康状態」「精神状態」「神経質症状」「性的症状」の項目に分けて報告書風にまとめた後、次のように本文を結んでいる。

> 以上、大体ノ症状ヲ記シマシタ［。］私の最大ノ悩ミハ性器障害ニ有リマス［。］此ヲ全治スルコト［ニ］ヨツテ総テガ治ルモノト思ヒマス［。］本症ノ養生法治療法ヲ御指導下サル様幾重ニモ御願申上ます。
>
> （平仮名、片仮名混在は本文ママ）

注目したいのは、「性器障害」が全治するのならば「総テガ治ルモノト思」うという自身による診断がすでに下されている点だ。推察するに、この書簡は古峡に相談して「御指導」を求めるというかたちをとってはいるものの、遅くとも最後の結びを書く段階までには、すでに書き手のなかで診断、すなわち〈答え〉が出ていたのではないだろうか。類似する現象は、警察官の相談者の書簡でも確認することができる。「先生‼私の現在は神経質でせうか」と古峡に問いかけつつも、彼もまた「兎に角性来臆病だつたのに然し台湾の獰猛な蕃人操縦、教化、こんな処から常に恐さを感じましたから恐怖症にもなつた」のではないかと、自身で先んじて診断を下していく。彼らが最初から自分の症状をしっかりと理解した上で、いわば答え合わせをするかのように古峡へと書簡を送ってみたという可能性もなくはない。だが、書簡のはじめに職工の相談者が記した「我ながら幾分馬鹿らしい様な気も致しますが其の半面に絶望的な不安が満ちて居ります。何卒此の不可解な症状を御聞取下さい」と懇願する一文からは、最初に彼を突き動かしていたのは〈わからないからこその不安〉だったことがみてとれる。だとすれば、彼が〈答え〉をみいだしたのは、書簡を書くことを通じてであったと考えるのが妥当だろう。

では、なぜ書簡を書くという行為が、相談者自身で〈答え〉をみいだすことにつながるのだろうか。ここで古峡に届いたもう一通の書簡（「一赤面恐怖者の告白（第三十例）」（『神経衰弱はどうすれば全治するか』収録））をみておきたい。

相談者は「赤面癖」に悩む高等師範学校の男子学生だが、冒頭で自らを「変態的に気が弱」い「一種の変質者」と呼び、「何か矯正法か修養の良法でもありましたら、御教示を仰ごう」と考え筆をとったのだという。過去いかなる場面で赤面してきたのか、またその原因となる体質・気質を生み出すに至った自身の生育歴はどのようなものだったのかを丹念に語ったのち、最後この書簡は次のような感慨で閉じられている。

長の年月の煩悶を、こゝに始めて先生に打開けて、御相談するやうになつたのであります。こんなことを、始めて他人に対し筆にしました。何だか、この手紙を書いただけで、安心したやうな、嬉しいやうな気がいたします。（一五七頁）

書簡という媒体を通じて自らの病状を相談しようとしたならば、相談者たちは必然的にそれぞれのなかにある認識や感覚を、古峡という具体的な読み手に向けて翻訳しつつ書き綴ることになる。彼らが自身の覚える違和感を言葉にするにあたって、できるかぎり古峡が用いる「神経衰弱」や「神経質」、あるいは「変質者」といった枠組みに当てはめて説明しようとするのも、こうした事情が関わっているのだろう。ここで注意しておきたいのは、読み手の枠組みに合わせるということが、一概に書く側の主体性を損なうわけではないということだ。読み手という他者のまなざしを意識して〈自己を書き綴る〉ことは、客観的なまなざしを加味した上で、自己をもう一度描きなおしていくということでもある。「こんなことを、始めて他人に対し筆にし」た男子学生が、「この手紙を書いただけで、安心したやうな、嬉しいやうな」心境に至っていることが示すように、それは凝り固まって息苦しさを感じさせる自己イメージを解きほぐしていく契機ともなり得るものなのだ。

4　療養日誌のメカニズム

中原中也の療養日誌

史料群のなかには、ここまで確認してきた相談書簡と似てはいるが、少々質を異にする療養日誌という史料が含まれている。古峡という特定の他者に向けて〈自己を書き綴る〉という点では同じなのだが、相談書簡の場合は必ずしも返信が送られてくるともかぎらない。それに対して、患者が治療者・古峡を念頭に毎晩書き綴る療養日誌の場合は、翌日にはおよそ確実に反応が返ってくる。明らかに療養日誌の方が読み手との物理的・心理的な距離感が近いといえるだろう。では、読み手（他者）がより直接的に書き手に介入してくる療養日誌という媒体において、自己はどのように書き綴られていったのだろうか。

療養日誌は、中村古峡療養所の寮（病棟）に入って療養する患者たちによって書かれたものである。この日誌は自由意志で書かれる私的な日記ではなく、入院患者の治療の一環として導入されたもので、記入が療養生活の重要な日課とされていた。入院患者は毎晩九時までに各自の日誌（市販の雑記帳、のちに項目ごとの欄が設定されたプリントに変更）を記入し就寝。回収された日誌は、古峡によって検閲・朱記がなされ、翌日に返却。最終的には患者ごとに取りまとめて、検診録とともに病院で保管された。一九四九（昭和二四）年の段階では、空襲から守り通した「昭和十年以降の新入院患者約二千有余名の療養日誌が、物置にぎつしり詰まつて」いたと古峡は書き残しているが、現時点で確認できているのは六二〇点余りとなっている。[注10]

療養日誌は患者の治療を目的としたものであるため、そこには記入者の日々の営みや思考のみならず、病名や病状の変化、さらには家族についての情報なども書き込まれている。また年齢・居住地・身長・体重といった個人情報が綴じ込まれている場合もあり、研究のために利用する場合であっても取り扱いには特別な配慮が求められる史料となっている。

こうした史料の特性を踏まえ、本章ではそのうちから詩人の中原中也の「療養日誌」をとりあげることとする。

すでに遺族が公開を了承しており、先に挙げたような問題を回避できるからである。▼注11

「汚れつちまつた悲しみに」などの作者として知られる中原中也（一九〇七〈明治四〇〉年生、一九三七〈昭和一二〉年没）は、一九三六（昭和一一）年一一月に長男を亡くした衝撃で「神経衰弱」におちいり、翌年一月九日から二月一五日にかけて中村古峡療養所に入院している。当時書かれたものとして、本人のメモ、詩や手紙の下書きなどが書かれた「千葉寺雑記」と呼ばれる大学ノートと、今回とりあげる「療養日誌」が発見されている。「千葉寺雑記」が他人にみせることを意識しない個人的な筆記の集積だったのに対し、「療養日誌」はあくまで治療の一環として書かれ、古峡への提出を前提としたものであった。中也の日誌には、小型の大学ノートが用いられており、一九三七（昭和一二）年一月二五日から三一日までの七日間分が書き込まれている。そこには作業療法としておこなう軽作業の記録や、療養所の全治者たちが書き残した「体験録▼注12」を読んでの感想、そして時には新作の俚謡（りよう）（民謡）までもがしたためられていた。

〇〇［個人名］の小父さんと二人で山の掃除。なんだか夢のやうに嬉しかつた。庭を掃くことは元来嫌ひではございません。〔中略〕
お午御飯は大変待たれました。小父さんと二人で火鉢を挟んでお午御飯をいたゞきました。「こんな熱い茶は近頃久しぶりだァ」と小父さんが云つた時は何ともいへず嬉しうございました。俚謡（？）一つ作りました。まだ俚謡は小生生れてより二つめくらゐにて、お話にもなににもなりは致しませんが、御笑草にまで。
　丘の上サあがつて、丘の上サあがつて、
　千葉の街サ見たば、千葉の街サ見たばヨ、
県庁の屋根の上に、県庁の屋根の上にヨ、
緑のお碗が一つ、ふせてあつた。

そのお碗にヨ、その緑のお碗に、
雨サ降つたば、雨サ降つたばヨ、
つやがｌ出る、つやがｌ出る

（一月三〇日）

中村古峡療養所では、八週間を治療期間の基本とし、第一週目「絶対安静期」、第二週目「準備作業期」（軽度の作業訓練）、第三～六週目「正規作業期」（本格的作業訓練）、第七・八週目「自治生活期」といった段階が設けられていた。[注13] 実施にあたっては、症状が安定するまでは3寮と呼ばれる隔離病棟に入り、症状が安定したのちに開放病棟にあたる1寮または2寮へと移動する制度となっていたようだ。[注14] 中也の日誌が書かれた時期はこのうちの第三週目、隔離病棟での本格的な作業訓練を開始した段階に該当するとみられるが、俚謡が書かれた三〇日の日誌からは、ようやく屋外での作業をおこなうことができるようになったことへの素直な喜びを読み取ることができるだろう。

この俚謡について、佐々木幹郎が中原中也の研究者としての立場から次のような評価を与えている。

隔離病棟の精神科にいた時期には、大部屋に収容されていたこともあって、詩は書けなかったのではないか、とこれまでわたしは推測していた。しかし中原は一月三〇日の時点で、俚謡であれ、一篇の詩を書くまでに回復していたのである。〔中略〕院長［＝古峡］の検閲を意識して、患者としての優等生ぶりをみせようとした記述は「療養日誌」の各所に現れているが、しかし、そのような意識だけでは、「（丘の上サあがつて）」のような詩篇を作ることができない。民謡としても優れており、おそらく、中原がこの日、解放感にあふれて、思わず作ってしまった作品と見るべきであろう。[注15]

長男死去の後、療養所に入院するまでの間に、中也は未発表のものも含めて七点ほどの詩を書いているが、在りし日の長男を偲ぶ「夏の夜の博覧会はかなしからずや」「また来ん春……」の二作品以外も、死あるいは喪失をうたったものとなっている。▼注16 芸術としての良し悪しは別として、この時期の中也が悲観的なモチーフにとらわれていたのは間違いない。それと比べて、日誌に書かれた俚謡はすでに死や喪失といったイメージからは自由である。佐々木も指摘するように、この俚謡を中也の症状が安定し始めた証とみて差し支えないだろう。より私的な「千葉寺雑記」に書き込まれていた詩篇「泣くな心」（推定制作日は一九三七（昭和一二）年二月七・八日）には、「日々訓練作業で心身の鍛練をしてをれど、／もともと実生活人のための訓練作業なれば、／まがりなりにも詩人である小生には、／えてしてひよつとこ踊りの材料となるばかり。」との一節がみられる。▼注17 回復が進んだ中也の眼には、作業とは「生活人」という枠に日々彼を押し込もうとする重しとして映っていたようである。だとすれば、作業だけで一日を終わらせず俚謡を書き上げることとは、その重しに抵抗し、中也が「詩人」としての自分を取り戻していく営みでもあったはずだ。

ただ忘れてはならないのは、療養所での生活があったからこそ、こうした「詩人」としての活動を再開できるまで回復できたという事実である。療養仲間と語らうこと、全治者たちの「体験録」を熟読すること、また内心では複雑な想いを抱えつつ参加していたらしい作業療法も、彼の回復に少なからず寄与していたはずだ。そしてその回復にはもうひとつ、療養日誌を書くこともまた大きな役割を担っていたと考えられる。

他者のまなざしと自己の捉え直し

二六日の中也の日誌には、四頁にわたって自身の病状を振り返る長文が綴られている（❷）。自分の病とは「こまごまとしたことがむやみと気にな」る「強迫観念」にすぎず、これを治そうと思うのならば「自力的につとめるだけのこと」である。今からみれば簡単な話なのだが、当時はなぜ「幻聴があつたりする迄に錯乱」したのか。それは「子供が息切れました瞬間、今迄十幾年勉強して来ました文学がすつかりイヤになり、――何故ならば、自我

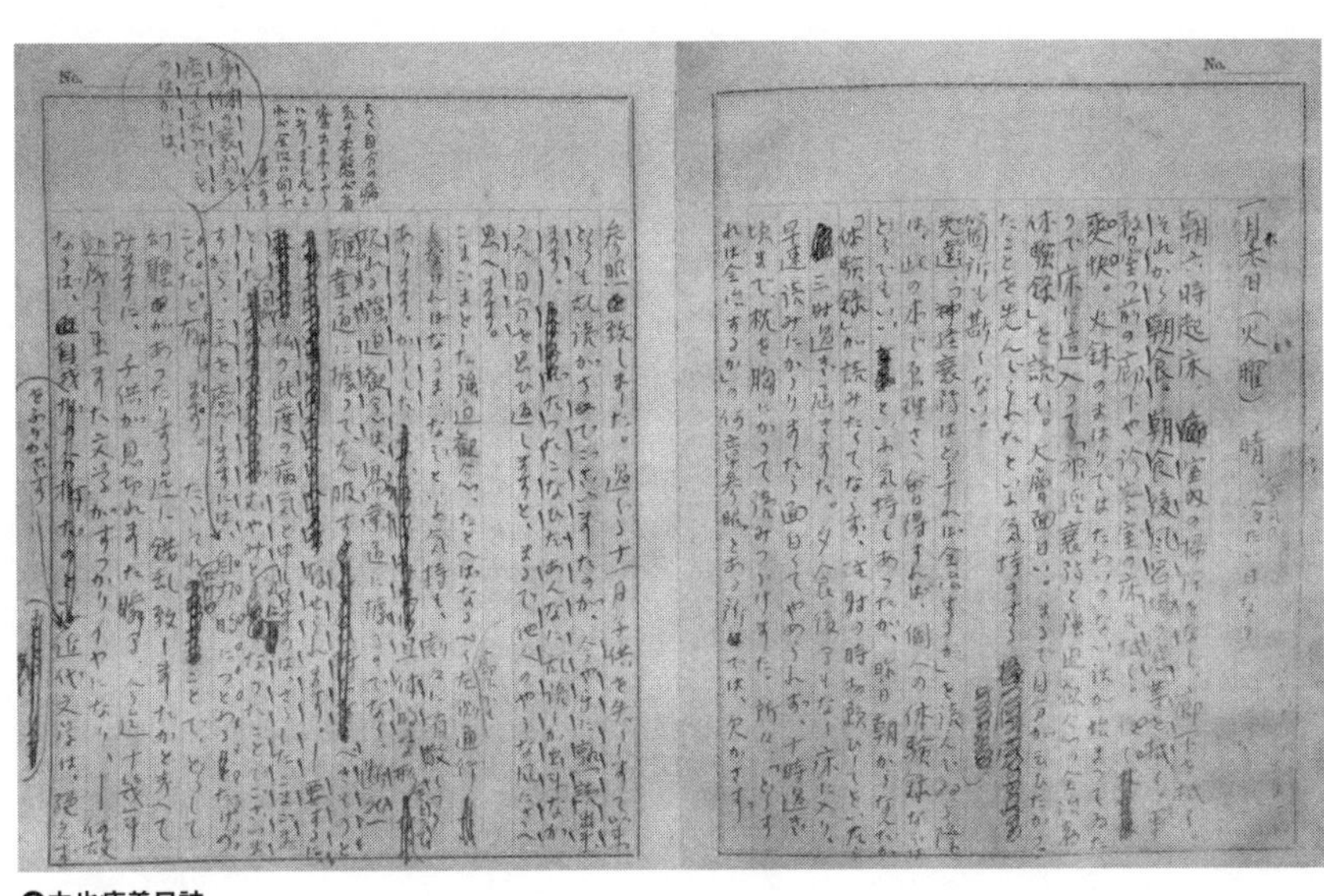

❷中也療養日誌

をふりかざす近代文学は、絶えず山登りをしてゐるやうに熱つぽいものでございますので、それがイヤになり、『万事他力だ他力だ』と、感じ入つた」せいではなかったか。「結局、此度の私の病気を自身省みてみますに、「欲呆け」といふ言葉がございますけれど、私のは「悲しみ呆け」だと思ふ」のだという。

この中也の記述に対し、検閲した古峡は赤いインクで適宜傍点を付しながら「よく自分の病気の本態が省察出来るやうになりました。これが全治に向ふ第一歩です」、「全くその通り、愛児を失ひたる悲哀のショックが、あなたの頭脳の機能を一時麻痺させたのです」といったコメントを加えている。ここでおこなわれていることは、提出させた児童の日記に教師が添削を加えて返却するのとほとんど変わりはない。抜け目のない児童が、教師が日記にどのような記述を求めているかを踏まえた書き方を次第に身に着けていくように、中也の日誌にも古峡の指導におもねるような書きぶりが散見される。「最初不問療法［＝絶対安静］を施されたことの、如何に深いお考へから出てゐることであるかは、今は充分に分つてをります」と書き、古峡から「炯眼!!」というコメントを付されている箇所（二七日）などは、佐々木の指摘する「検閲を意識して、患者としての優等生ぶりをみせようとした記述」そのものだろう。

入院患者が療養日誌を書く時、彼らは半ば強制的に、古峡という〈想定された読み手〉に向けて自己を書き綴ることになる。内心では不満を抱えていてもそれは書かずにおくといったことが生じたり、読み手におもねるような記述がしばしばあらわれたりするのは、この構造に起因する。だが、それをもって日誌を虚偽にすぎないとし、切って捨ててしまうのは早計だろう。古峡が受け入れてくれるであろう自己像を日々想起して書こうとすること自体が、じつは読み手、いいかえれば他者の客観的なまなざしを繰り返し自分のなかに取り込む機会となっているのではないだろうか。中也は日誌を綴りながら、「悲しみ呆け」に由来する「強迫観念」患者としての自分を発見していく。そこでは中也独自の感性によって捉えられた「悲しみ呆け」という認識と、古峡〈精神医学〉的な「強迫観念」という概念とが結びつきながら、彼自身にとっても腑に落ちる〈乗り越えるべき自己〉の像が新たに結ばれているといえるだろう。

三八日間の治療を経て、二月一五日に中也は療養所から退院している。ただし、同日の古峡の日記（『昭和十二年当用日記』）には「中原中也は無理に退院す」と書かれており、どうやら万全の状態に回復した上での退院ではなかったようだ。療養日誌と同時期に書かれた中也の『千葉寺雑記』のなかには、古峡へ宛てて退院許可を願い出る書簡の下書きが遺されているが、そこには次のような訴えをみることができる。

まだ意志が足りないと申されますが、これ以上意志があつた日には、散文芸術にはなれ、韻文にはならないと存じます。それでなくとも散文氾濫の世の中に、たまには小鳥の歌もある方がよろしうございませう。

それに今小生は十年に一度あるかないかの詩歌の転期に立つてをりますので、〔中略〕それを諦めて此方で作業してをりますことはたゞもうりきむことの練習のやうに存ぜられます。何卒苦衷お察しの上、退院お許し願ひたう存じます。（傍点本文）▼注18

ここで中也は、散文芸術ばかりが幅をきかせる世間の潮流に反し、「小鳥の歌」、すなわち韻文芸術を擁護する。世の中の皆が良いとするもの、求めているものだけが価値があるのではない。そこから外れたものには、外れたものなりの価値がある。同様に、人からは批判される「意思が足りない」ことにも、それゆえの価値や可能性があるのではないか。中也のこうした認識は、日誌などを介した古峡との対話を繰り返しおこなうなかで固められていったものだろう。古峡という他者の客観的なまなざしを取り込み、そして対峙することは、〈乗り越えるべき自己〉のみならず、自身の個性や強みとは何なのかを見つめ直す機会を彼に与えていたのである。精神科医の古峡からみれば少々性急な退院だったようだが、療養所で繰り返し自己を書き綴り、そして自己を捉え直し続けた数週間は、中也を患者から「詩人」へと回復させるのには充分な期間であったといえるのかもしれない。

5　おわりに

最後に、ここまでの議論を振り返りながら、近代という時代に〈自己を書き綴る〉という行為が持ち得た意義について考えておきたい。

最初に確認した中村古峡の日記は、〈想定された読み手〉によって変容する日記と呼ぶべきものであった。先行論が指摘していたように、原理的に「読者を想定しない日記はない」が、古峡の日記の分析から浮かび上がってくるのは、さらに〈想定された読み手〉が自己を書き綴ることの動因として機能するということだろう。それは視点を変えれば、〈想定された読み手〉がうまく機能しない状況では日記を書き続けることが困難になるということでもある。

古峡の日記でいえば、〈作家としての自分〉やその後の〈事業者としての自分〉という明確な読み手が想定できる時期は、前者は私小説的、後者は業務日誌的というように書き方は大きく異なるものの、どちらも日々安定した記載がなされていた。意識的にせよ無意識的にせよ、読み手が書き手の頭のなかに浮かんでいるからこそ、日記にいかなる情報をどのような文体や方式で書くべきかが定まる。また、それさえ定まっていれば、毎日の記入は基本的には同じ作業の繰り返しとなり、一回一回はそれほど大きな労力を求められるものではない。それに対して、古峡が〈作家としての自分〉と〈事業者としての自分〉との端境期に、まったくといってよいほど日記が書けなかったのは、〈想定された読み手〉が見失われたことで突如こうした仕組みが不安定化してしまった結果だと考えられる。

そのような観点から振り返ると、ノートに書かれた大正六年の日記が彼にとって重要な意味を持っていたことがみえてくる。この時点では〈想定された読み手〉、すなわち将来の自分の姿はいまだ曖昧模糊としていたはずだが、古峡は催眠術治療や事業準備の記録へと中心を移しつつ一日一日書き継ぎ、その日記は次第に安定を取り戻していく。彼は自らを書き綴り、行動し、さらにそれを書き綴るという繰り返しのなかで、鉛筆の薄い線を何度もなぞってはっきりとした輪郭を描き出していくかのように、再び明確な〈想定された読み手〉としての自己像を確立していったのではないだろうか。

本章で次にとりあげたのは、中村古峡という具体的な〈想定された読み手〉に向けて綴られた、「神経衰弱」患者からの相談の書簡と入院患者の療養日誌であった。書簡と日誌という媒体の違いからくる差はもちろんあるのだが、これらがともに古峡という他者のまなざしを内面化しつつ、自己を書き直していく契機となっていた点を重視しておきたい。

自己を書き綴ったテクストが他者によって検閲されるという事例は、近代日本においては様々な場面で広く確認され、いわば制度化されていたといってもよい。それが典型的にあらわれた一つが学校であった。柿本真代は、明治期の高等小学校生徒の日誌を例としながら、教員が添削を通じて生徒の態度や姿勢のあり方に介入し、「生徒として書くべきこと、書いてよいことを自覚し、生徒らしい〈ことば〉、ひいては臣民としての〈ことば〉で自身の

行動を語り自己制御できる」ように誘導していたと指摘する。▼注19

このように、検閲者が示した規範を検閲される側が内面化してしまう現象は、近代日本で「人生訓練の場」ともされていた軍隊でも確認することができる。日露戦争後の兵士の日記を分析した一ノ瀬俊也によれば、そこからは「もろもろの軍隊的美徳、価値観を兵士たちに筆写という身体行為を通じて日々確実に受容させていこうとする軍の意図」を読み取ることができ、軍隊における日記の執筆とは「模範兵として上官の意図、期待に添うにはいかに振る舞ったらよいかを、彼らの自負心に訴えかけて自発的に考えさせる教育にほかならなかった」のだという。▼注20これら先行論が明らかにしてきたように、検閲と組み合わされるなかで規律訓練の装置とされた日記が、無数の〈従順な身体／主体〉を作り上げてきたことは間違いない。

しかし、史料群の「相談書簡」「療養日誌」をめぐって生じていた現象からは、検閲者という〈読み手〉を意識し規範を受け入れることが、そのイデオロギーへの単純な服従や要請通りの主体化をもたらすとは必ずしもかぎらないことがみえてくる。中原中也の療養日誌を例とすれば、彼は日誌への日々の記入を通じて古峡の客観的なまなざしを繰り返し自分のなかに取り込み、患者としての自己像を認識していく。だがそれは、古峡が差し出す精神医学的な言説を単純に受け入れたものではなく、自身の感性に一致するようなかたちに整えられたものであった。さらに中也は、自己を書き綴ることを繰り返すなかで、「詩人」としての自己を描きなおし、患者としての自己像を乗り越えようとしていくのである。つまり、規範と書き手との関係は先行論が指摘する以上に、より交渉的で錯綜したものであったといえる。

このように、中村古峡史料群に遺された「日記」「相談書簡」「療養日誌」という〈自己を書き綴る〉各テクストを並べて分析してみると、これらが〈想定された読み手〉との交渉を通じた自己の再構成を可能とする場であったことがみえてくる。それらは書き手も読み手も、そしてその直接的な目的も異なる。だが、現実と自己との関係に齟齬を生じてしまった人々にとっては、等しく自己をチューニング（調律）し直す機会となっていたのである。

当然ながら、〈自己を書き綴る〉ということが、あらゆる問題を解決してくれるわけではない。とはいえ、本章の分析が示すように、自己を書き綴り、現実と自己との関係を整え直すことで救われた人々が、この時代に相当数いたことも、また確かだといえるだろう。

▼付記

・本章引用では、旧漢字は適宜新漢字に改め、仮名遣いは本文のままとしている。また引用文中の［ ］内は引用者による注である。
・史料調査にご協力いただいた医療法人グリーンエミネンス中村古峡記念病院に感謝する。
・本研究は、JSPS 科研費 JP19H01234 の助成を受けたものである。また中村古峡日記の調査については、二〇一九年度愛知淑徳大学研究助成（特定課題研究「中村古峡日記（明治末―大正期）の研究」）の助成を受けた。

▼注

1 例えば、安倍能成は『殻』を「其作の有せる「真実」の力という点から見て、此作の如きは明治の文壇に殆ど類を見ざる作品」と高く評価している（「『殻』を読む」『新小説』一八巻九号、一九一三年）、五八頁。
2 栗原彬「「科学」的言説による霊的次元の解体構築」（『『変態心理』と中村古峡』不二出版、二〇〇一年）。第一次大本教事件では、教団幹部は不敬罪および新聞紙法違反の罪で検挙・起訴され、教祖の墓の改修や神殿の破壊が命じられた。
3 中村民男「はじめに」（『中村古峡と黎明』医療法人グリーンエミネンス、一九九七年）、七頁。
4 中村古峡史料群をめぐっては、曾根博義が最初の調査をおこなった（一九九〇―二〇〇〇年頃）。その成果は、雑誌『変態心理』の復刻（一九九八―一九九九年）と、小田晋［他］編『『変態心理』と中村古峡』（不二出版、二〇〇一年）の刊行というかたちで結実している。その後、二〇一九（平成三一）年より、科学研究費助成事業基盤研究（B）「中村古峡資料群と近代の〈異常心理〉に関する総合的研究」（研究代表者：竹内瑞穂）が開始されている。
5 中村民男前掲文（一九九七年）。
6 例えば、堀越喜博『日記の書き方』（東盛堂、一九一八年）では、日記の目的と価値として、自己の生活を明らかに意識することができること／一種の修養／後のための記録／研究に資することができる／文章の練磨に役立つこと、などが挙げられている。
7 田中祐介「研究視座としての「日記文化」」（『日記文化から近代日本を問う』笠間書院、二〇一七年）、一六、一七頁。

8　徳田秋声「回顧一年　本年の創作（下）」（『時事新報』一九一五年一一月一七日）。

9　一九一五（大正四）年、一九一六（大正五）年（参照：曾根博義編「中村古峡年譜」『『変態心理』と中村古峡』不二出版、二〇〇一年）。

10　中村古峡『作業療法の指導と其の治療的効果』（日本精神医学会、一九四九年）四〇頁。中村民男の話によると、空襲の時には保管されていた物置にも放水せざるを得ず、実際には多くの療養日誌が水に浸かってしまったという（佐々木幹郎「『療養日誌』解題」（『ユリイカ』二〇〇〇年六月）。

11　『ユリイカ』二〇〇〇年六月、『新編中原中也全集』第五巻本文篇・改題篇（角川書店、二〇〇三年）で本文が公開されている。

12　ここで中原中也が読んでいた「体験録」は、診療所での治療を完了した患者たちが自身の回復までの経緯をまとめた「全治者体験録」と呼ばれるものである。古峡の著書（『病弱から全健康へ』日本精神医学会、一九三九年など）や、診療所から発行されていた雑誌『黎明』などにも掲載されていたが、中也が入院していた時期などを踏まえると、加藤邦彦（「『療養日誌』をどう読むか」『国文学　解釈と教材の研究』四八巻一三号、二〇〇三年一一月）がすでに指摘するように、中村古峡『神経衰弱と強迫観念の全治者体験録』（主婦之友社、一九三三年）に掲載されたものであった可能性が高い。

13　療養期間の各期の呼称や長さは時期によって異同がある。本文で挙げた区分は『中村古峡療養所案内』（昭和一四年）による。

14　小倉きん「中村古峡療養所」（前掲『中村古峡と黎明』）二〇頁。なお、1寮には男性患者が、2寮には女性患者が入った。

15　佐々木前掲文（二〇〇〇年）、一三五、一三六頁。

16　この時期に書かれたその他の詩は「月の光　その一」「月の光　その二」「断片」「暗い公園」「冬の長門峡」。このうち「冬の長門峡」は、長門峡でひとり酒を飲む「われ」が自然を眺めるという静謐な雰囲気の詩となっており、死や喪失を直接的に感じさせるものではないようにもみえる。ただ、そのような静かな風景を描いた後、この詩が「あゝ、そのやうな時もありき。／寒い寒い　日なりき。／／あゝ、そのやうな時もありき。／寒い寒い日なりき。」（第一次形態最終形　一九三六年一二月二四日執筆）という同じフレーズを重ね、その「あゝ」という詠嘆を印象付けるかたちで終わっている点は見逃せない。ここでの詠嘆を「そのやうな時」が過去にはあったこと、いいかえればすでに今ここにはないことに対するものとして読むならば、この詩も一種の喪失をうたった作品として位置づけられると考えられる（「冬の長門峡」第一次形態最終形は『新編中原中也全集』第一巻解題篇（角川書店、二〇〇〇年）の草稿写真を参照）。

17　『新編中原中也全集』第二巻本文篇（角川書店、二〇〇一年）、五四九、五五〇頁。推定制作日については同全集第二巻解題篇（角川書店、二〇〇一年）の作品解題（四四二頁）による。

18　「千葉寺雑記（中村古峡宛書簡下書稿2）」（『新編中原中也全集』第五巻本文篇、角川書店、二〇〇三年、二五八頁）。推定筆記時期は一九三七（昭和一二）年二月六日とされる（『新編中原中也全集』第五巻解題篇、角川書店、二〇〇三年、二一五頁）。

19　柿本真代「教育手段としての日記が定着するまで」（『日記文化から近代日本を問う』笠間書院、二〇一七年）、七〇頁。

20　一ノ瀬俊也『近代日本の徴兵制と社会』（吉川弘文館、二〇〇四年）、四〇頁。

Chapter6

6章 戦場に行かない兵士としての経験を綴る

——大正期師範学校卒業教員の「六週間現役兵日誌」における伝えるべき軍隊像の模索

堤ひろゆき

陸軍六週間現役兵制度が定められた一八八九年以降、師範学校卒業小学校教員は六週間の兵役義務を担い、その経験を踏まえ、小学生や地域住民に軍隊の実像を伝えることが期待された。いわば戦場に行かない兵士といえる六週間現役兵の兵営生活は必ずしも模範的ではなかった。しかし、短期間の軍隊経験を日誌に記し、教官により生活態度の是正を促されながら、退営後に教員として伝えるべき軍隊像を模索していった。

1 はじめに

本章では近代日本の教員養成機関である師範学校を卒業した小学校教員による、短期間の軍隊経験の内実を、在営中に綴った日誌から明らかにする。大正期において師範学校卒業の小学校教員は、陸軍六週間現役兵として軍隊生活を経験したのち、小学校・地域で日本の臣民として必要とされる軍事思想の伝導者となることが求められた。[注1]当時は最終学歴が高等小学校卒業以下の人々が多く、[注2]小学校は軍隊像を伝える貴重な場として重視された。それゆえに、六週間現役兵の経験の内実を明らかにすることは、退営後の教員が小学校生徒や地域社会に伝えることを期待された軍隊像の形成過程を検証することにも繋がる。

田中祐介編『日記文化から近代日本を問う』（笠間書院、二〇一七年）に収めた前稿では、本章で扱う日誌の書き手でもあるW氏の教育実習日誌の分析により、生徒でありながら教壇に立つ存在が、誌面上の指導を通じて小学校教員の規範を獲得する場としての日誌の役割を提示した。[注3] 本章では、教員になったW氏の六週間現役兵の経験を中心事例として、教員であり兵士である存在が、教官のまなざしを意識しながら、退営後の軍隊像の伝導を見据えて「書くこと」を実践する場であった日誌の意味を問うてみたい。

六週間現役兵の制度的概要と先行研究

陸軍六週間現役兵制度は、[注4] 一八八九(明治二二)年一月二二日の徴兵令改正(法律第一号)によって定められた。[注5] 官立府県立師範学校の卒業証書を持ち、官立公立小学校の教職に就いた教員は、官費で六週間、陸軍現役として兵役に服する義務が生じた。[注6] 義務を全うした後は国民兵役となり、事実上、召集されることはなかった。[注7] いわば、戦場に行かない兵士としての義務を課せられていたといえる。[注8]

六週間現役兵の先行研究は、徴兵忌避への主題的関心から、短期間の現役兵制度を「特典」や「特権」と位置づけ、その「特典」が小学校教員を「軍国主義」に取り込み、貢献させるものとして検討してきた。[注9] 城丸章夫は、師範学校卒業小学校教員を対象とした徴兵制度には「戦時不召集の原則と、官費による服役の原則という二大特典」があったとする。[注10]

退営後の教員が担った軍隊イメージ向上の役割について、遠藤芳信は軍人精神の内面化や官位的権威の獲得によって果たされたのではなく、むしろ軍隊から離れた存在として「天皇制国家から恩恵」を受けることで「苦役ではない短期間の軍隊生活のわずかな経験範囲にもとづき、軍隊や兵営生活の表層的部分を解説し、宣伝することによって、国民やその子弟の兵役従事や軍隊支援を奨励するという効果が意図された」と指摘している。[注11] これは教員を通じて軍隊に親しみを持たせることを意味している。[注12] すなわち、軍隊外部で軍隊イメージを向上させるために、通常の「苦役」とは異なる「特典」としての軍隊経験が重要視されたという理解である。

一般的な兵役のように直接の戦力となるよりも、軍隊経験を教員として活かすことが期待された六週間現役兵の兵営生活とは、どのようなものだったのだろうか。制度的な側面からアプローチする先行研究では、個々の兵士の経験は検討の対象外となる。本章で取り上げる六週間現役兵日誌は、まさに個々の教員の「特典」的な軍隊経験を検証するにあたり相応しい史料と言えよう。軍隊経験を学校教育に活かすことが期待された以上、六週間現役兵の経験を問うことは、「軍国主義」的な教員の由来の一端を明らかにすることにもなるだろう。[注13]

軍隊と教育の関係をめぐる逸見勝亮[注14]と一ノ瀬俊也[注15]の研究は、六週間現役兵の日誌（日記）を分析する本章の視座とも深く関わり重要である。逸見は、近代日本においては教育と軍隊とが密接不可分な関係にあり、その関係は第一次世界大戦とロシア革命以降の「国民教育体系」に最も具体的かつ集中的に現れたと指摘した。[注16] 師範学校卒業教員は、在郷軍人とともに農村における貴重な兵役経験者として、「教育勅語中ノ人」でありながら「軍人勅諭中ノ人」であることが、教員に求められた最重要の資質であった。[注17] その具体例として、一九二六（大正一五）年の師範学校卒業後に短期現役兵を経験した教員の回想から「さしたるつらさを味わうことなしに軍隊を垣間見ること」によって軍隊を支持していったことを指摘した。[注18]

一ノ瀬は、軍隊における日記や所感を書かせる教育の始まりについて、指導する将校が士官学校で受けた教育、および一九〇〇（明治三三）年小学校令改正以降の学校教育における綴方教育の展開に触れ、「「日記」「所感」の強制という軍隊教育の手法は、同時期の義務教育のそれと軌を一にしており、ここからなんらかの示唆、影響を受けている可能性がある」と述べる。[注19] その上で、「平時における軍隊教育の一環としての日記」を扱う重要性を指摘している。[注20] 一ノ瀬は日露戦争後の兵士の日記を分析し、軍隊的価値観に則った〈ことば〉を個々の兵士が自発的に書くことにより兵士の「服従」を獲得できると同時に、軍隊的価値観の〈ことば〉をより上手に使用することで退営後も在郷軍人が地域社会の秩序維持に役立ったことを明らかにした。[注21] さらに、第一次世界大戦後の一年志願兵・一年現役兵ら「比較的教養ある兵士たちは国際情勢・社会状況との関連から軍隊の存在意義を教えられ、そこでの自己の使命が何かを主体的に考え理解し」、「軍隊・兵役の意義を退営後本の発行というかたちで自発的・積極的に一般社会に語りかけ」ることで軍隊を擁護し、賛美していたことを示した。[注22] 一ノ瀬が述べるとおり、そのような者すべてが擁護と賛美の立場を取ったわけではない。[注23] しかし本章では、短期間に優遇的待遇で軍隊教育を受けたことにより、小学校や地域社会で比較的指導的な地位に就く人物が軍隊について積極的に発信したことを念頭に置いておきたい。

従来、六週間現役兵の個々の経験に焦点化した研究蓄積は極めて乏しい。兵役期間中の日誌や提出課題などの最終的な管理保管は個人に委ねられた。そのため後世に伝わりにくく、六週間現役兵の日誌が翻刻された例も、名古屋の第六聯隊に入営した榊原良平氏の日誌、[注24] および、水戸の留守歩兵第二聯隊第一大隊第三中隊に入営した稲葉高之氏の日誌[注25]など少数である。本章で扱うW氏の日誌（詳細は後述）はそれらに続くものである。[注26]

以上を踏まえ本章では、第二節で大正期の六週間現役兵の教育を規定した一九一三（大正二）年の軍隊教育令による教育の概要を整理し、六週間現役兵教育での日誌の活用と指導法について紹介する。第三節では、六週間現役兵に注がれた指導教官のまなざしから、日誌には書かれない六週間現役兵の兵営内での生活を明らかにする。第四節では、教官による指導と日誌の記述から、六週間現役兵日誌が小学校・地域に伝えるべき軍隊像の模索の場であったことを明らかにする。

なお、引用に際しては、固有名詞を除き旧字体を新字体に改めた。また、日誌原文からの引用において、本章筆者による注記は〔 〕を用いる。翻刻史料からの引用は、翻刻者による注記も含めて原則として原文のままであるが、注記の表記は〔 〕に統一した。引用者による伏せ字は〇で表記し、傍点は省略した。なお、本章で扱う日誌の筆者等とは直接関係しないが、大正期の六週間現役兵の生活が窺える写真を参考までに掲載した。

2　大正期の六週間現役兵教育における日誌指導の内容

一九一三（大正二）年二月の軍隊教育令[注27]では軍隊教育全般が見直され、六週間現役兵制度も教育目的を達成するための内容と方法が整備規定された。[注28] 軍隊教育令によれば、六週間現役兵は小学校教員として国民に「建国ノ大本」と兵役の必任義務の精神を理解させる責任を負う。小学校教員に求められるのは国民に「軍隊ノ真価」を適切に紹介することであり、教員自身が軍隊の実際を「正当ニ理解」することが必要となる。しかし、六週間現役兵は「在隊期甚タ短少ナルヲ以テ軍人トシテノ諸般ノ要求ヲ完備セシムルコト至難」である。そのため、「其教育ハ要ヲ摘ミ取捨宜シキヲ得サルヘカラス」として内容を絞り込み、「軍人ノ崇高ナル精神」の陶冶と軍紀の涵養のための「厳格ナル教練」を最重要とし、それ以外は一般的な軍事上の概念を知るにとどめておく（❶）。

❶「飛行機射撃」
出典：『歩兵第四十九聯隊 大正十年度六週間現役兵 記念写真帖』

❷歩兵第四十九聯隊の大正十年度六週間現役兵
出典：『歩兵第四十九聯隊 大正十年度六週間現役兵 記念写真帖』

六週間現役兵の現場教育は、聯隊長が適切な将校下士を割り当てて行わせる。一般兵とは教育課程も内容も異なるため、別の居室に集め、指導に適した上等兵若干名が同室で生活して指導にあたるとされた[注29]（❷）。

六週間は短期であるため、各個教練は「形而上ノ鍛錬」にとどまり、軍事的・精神的知識を「講説シ深ク脳裏ニ銘刻セシム」ことと同時に、「自習」の重要

❸「内務班ニ於ケル自習」
出典：『歩兵第四十九聯隊 大正十年度六週間現役兵 記念写真帖』

性も明記された（❸）。本章で扱う日誌のすべてに、「試験」「試問」「答案」の内容やそれに対する所感が見られる。学科や自習による学習効果を確認するためか、頻繁に課題が課せられていた。六週間現役兵の正規プログラムでは、このような口述課題や筆記課題を中心に、学ぶべき知識や考え方の習熟度が確かめられたと言えよう。こうした取り組みにより、軍隊の規範を身につけることが求められたのである。

日誌指導については、軍隊教育令の公布から半年を経ずに出版された軍隊教育研究会『六週間現役兵の教育』で取り上げられている。[注30] 同書では「日誌ノ記入ヲ励行スルコト」を主張し、「整理心ヲ養成」すると同時に「軍隊教育ノ誤解ヲ予防」するために、「日常ノ事項ヲ細大トナク記入セシメ教官ハ毎日之ヲ点検ス[注31]」ることを求めた。日誌に記載すべき事項の例として「イ　演習記事。／ロ　演習所感。／ハ　軍人精神ノ養成。／ニ　軍隊教育ニ則リ将来参考トナサントスル事項。／ホ　軍隊教育ノ方法、手段及各種矯正法。[注32]」の五項目を挙げている。また、陸軍歩兵大尉の石井淳は著書『将校の士気及思想問題』に「六週間現役兵の秘記」と題した自身の小説を収めており、主人公に「兎に角生れて此方凭麼に力を入れて日記を書いた事は初めてだ。そして書き上げてみると建設的満足を覚えた[注33]」と言わせている。

これらの事例が示すように、六週間現役兵は学科の聴講、各種の課題や自習といった正規プログラムに加え、日誌を書くことが求められた。兵営での日常を言語化することで、学びを確かなものにすることが期待されていたと言えよう。

3　兵営における六週間現役兵へのまなざし

六週間現役兵も短期間とはいえ、兵営で起居して軍隊生活を行っていた。本節では、六週間現役兵がどのような「現役兵」であったのか、指導に当たった将校の文章から検討したい。

前節で挙げた軍隊教育研究会『六週間現役兵の教育』や石井淳の別著作『現代に適應せる精神及常識教育』には、六週間現役兵に対する苦言や欠点の指摘が多く見られる。[注34]『六週間現役兵の教育』は、「六週間現役兵ニ通有スル欠点」として、「1　側面観ヲナスモノ多シ」（斜に構えている）、「2　在営期ヨリ速カニ脱セントスルモノ多シ」（在営期間が早く終わることばかり考えている）、「3　持久力少ナシ」、「4　常識ニ乏シ」の四点を挙げている。[注35]石井の『現代に適應せる精神及常識教育』でも、六週間現役兵が入営前から除隊後までも変わらず軍隊を恐れていることへの危惧をはじめとして、「体力と気力」、「近代思想の影響」、「教育に於ける愛」（教育における愛をしきりに口にする割にそれが何かを十分に考えていない）、「意志の鍛練」、「目を動かすこと」（不動の姿勢が甘い）、「遠慮勝なること」、「姿勢の不良」、「班内の動作の不良」、「文章の下手と字の拙きこと」、「言葉使ひ」を欠点として挙げる。[注36]この中でまず、日誌に関わるものとして「文章の下手と字の拙きこと」に注目したい。

> 文章の下手と字の拙きこと　是は甚だ失礼な言い分であるが、事実を申すのである。或は諸子のみ責むるは無理かもしれぬ、恐らく近代人の通弊とも言へやう。茲に真正直の所を述べれば、諸子の書いたものに上手な文章、立派な文字といふのを見たことがない。実は吾々軍職にゐる者が諸子を受持つに方り、文章及文字に就いては、窃かに諸子に対して恥ずかしからぬやう気を附ける用意をしてゐた程である、其予想に反し、さりとては又意外な人達であるとの感じをもつた。頭は優れてゐる人でも、其文章に接すると、理路井然（マヽ）真に人を了解さ

せるといふ風なく、字といへば自己流のひどいもので往々虚字があり、いつも諸子の日誌や作業では点検に一方らぬ骨を折つたものだ、決して之を不真面目の結果とは見ない、私は諸子に、片々たる感じを現はす気分本位の文を作るの技能あることは認めるが、しつかりした達意の長いものを草し得ぬと云ひたいのであるが、吾人の僻目であれば幸である。序に諸子が将来益々読書の習慣を継続されんことを知己として望むで置きたい。[注37]

実際、六週間現役兵の日誌現物にも誤字・脱字等は目立ち、活字化された日誌には多くの翻刻者註が付されている。また、六週間現役兵の質問に対して教官が「質問意義不明」と返答している箇所もあり[注38]、文章の拙さについても石井の担当した兵に限った話とも言えないだろう。

内務班での様子は、「班内の動作の不良」に描写されている。

> 班内の動作の不良　班内の姿勢態度は前項〔引用者注――「姿勢の不良」のこと〕に比べて一層悪い、机の上に肘枕をする位は上等の部類で、睡眠時間以外に寝台の上に横たはる、放歌吟誦する、紙屑處か机や床板に油をこぼす、インキを流す、靴は脱ぎ放題といふ有様、実は之が小学校の先生様かと一寸ならず呆れたのである、而かも班附上等兵が中隊に二人迄起居を共にしてゐる、此上等兵を多くの人は所謂なめて掛つてゐる、実は失敬な次第である〔後略〕[注39]

六週間現役兵の生活態度、特に教える側への態度が窺える描写として興味深い。長期にわたり軍隊の規律を保たなければならない将校や兵士と、短期間で退営する六週間現役兵とはなじみにくい側面があった。このことは、「遠慮勝なること」の項にある「只だ班附の上等兵に対しては傍若無人の振舞があつたことを見受けた。〔略〕兎角上の人に対し、蔭では思ひきつた口をきくが、公々然話に出掛けることを敢てしない風がある[注40]」との苦言も端的に示している。六週間しかいない現役兵に軍隊の規律を徹底することは不可能であったといえるだろう。教官の六週間現役兵に対する厳しい評価は、軍隊教育令上の要求水準と、現実問題としての規律不徹底の葛藤とみることができる。

軍隊内では、将来軍務を経験する可能性がほぼ確実にない六週間現役兵に対して、軍隊の規範を十分に身体化させる方法も時間もない。担当教官である将校は学校教育を考慮した指導をしていたが[注41]、どう考慮すべきかの実感は湧きづらい問題であったであろう。それでも、学校や地域において提示すべき軍隊像の創出は、とりわけ教官にとって遠くて身近な問題であったといえる。六週間現役兵と同居する上等兵との関係では、一方の上等兵は数年の兵役の中で選抜されて昇格し、退営後は郷里で在郷軍人会の指導的立場になる存在であり、誇りであった。他方の六週間現役兵は六週間の軍隊教育だけで、退営後は地域の知識人として小学生のみならず地域に「軍隊ノ真価」を指導することが求められる。異なる経歴を歩み、異なる優秀さを認められながら、軍隊の価値を地域に広める立場を求められる上等兵と六週間現役兵とが、教え、教えられる関係にある兵営生活は微妙な関係をはらむものであったといえるだろう。

4　学校・地域に伝えるべき軍隊像を模索する場としての日誌

本節では、六週間現役兵の軍隊経験の内実を検証するために、日誌の記述から軍隊経験の何を書き残していたのかを検討する。六週間現役兵日誌には、教官からの検閲、指導がなされている。日誌の記述と指導内容から、六週間現役兵としての経験のみならず、教官ひいては軍隊が創り出そうとした小学校教育における軍隊像をも検討したい。

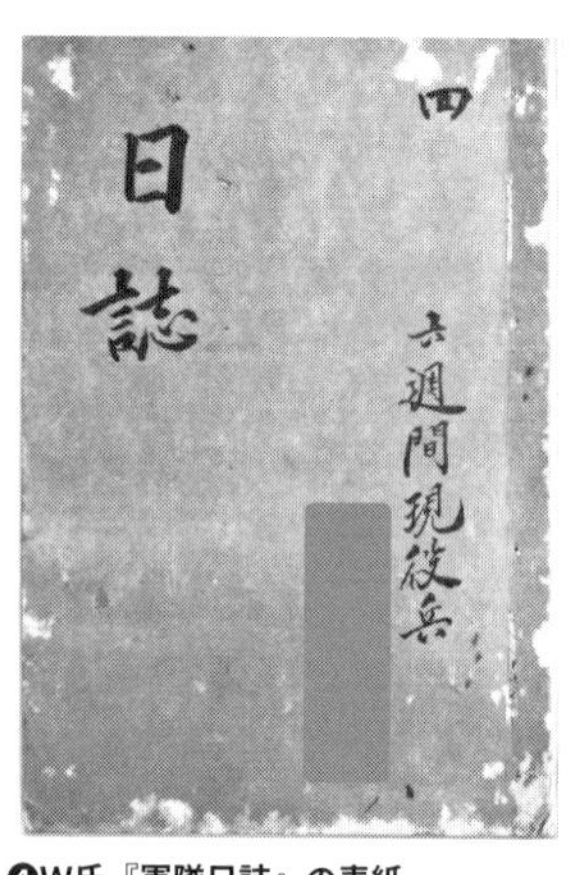

❹W氏『軍隊日誌』の表紙

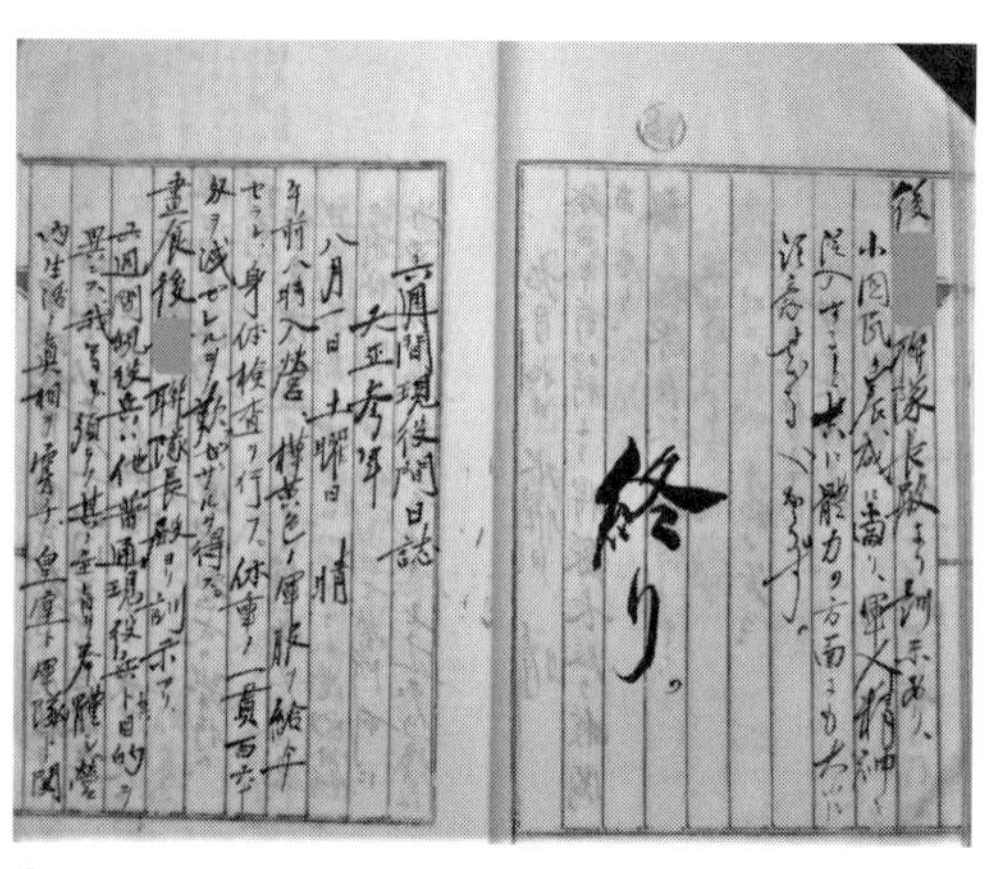
❺W氏執筆『軍隊日誌』八月一日条

W氏『軍隊日誌』（中四国地方の歩兵聯隊、一九一四（大正三）年）

この日誌は「近代日本の日記帳コレクション」所収の資料の一つである。[注42]日誌には書き手の実名が記されるが、本章では匿名化し「W氏」と称する（❹）。また、聯隊名および所在地は伏せた。入営当日の八月一日から九月九日まで記されるが、日誌現物は何らかの意図で綴じなおされ、日付順になっていない箇所がある（❺）。検印などから、教官の検閲は毎日行われていたようである。[注43]

日誌の基本的な内容構成は、日付、曜日、天候、午前午後の教育内容など日課、所感である。教育内容は教練、学科が主で、演習や見学、行軍、部隊長からの訓示や上官からの諸注意、行事、[注44]休日の外出なども記述される。一九一四（大正三）年八月二三日の対独宣戦布告時には、「宣戦ノ詔勅」の全文が書かれている。[注45]教練は実施事項のみを掲げる日もあれば、上官から受けた注意事項を記録することもある。照準や部隊の展開などは図入りで紹介されており、後述の他の日誌にも見られることから、描画を指導されていた可能性もある。学科・講話については主題のみの場合もあれば、内容を詳しく記載する日もある。仮名はひらがなが中心である。

W氏は入営日の八月一日、以下のように「所感」を書き記している。

所感

昨日まで学校通の小先生は憐家の人々に見送られ、○○〔地名、伏せ字は引用者〕に電車につめ込まれ営内生活の有様を胸に描きつゝやがて営所前に下車す。午前八時になるや、七十一名のものは営内に入り厳めしき軍人に率られて、愈々軍人生活に一歩を踏み込みぬ。

元来胃腸のだるかる我は麦の多き臭気ある麦飯は中々に口に入らず、食終れば食器を洗はざるべからず。食器洗場の不潔なるには一喫驚をせざるを得ず。

軍人はまことに姿勢は厳然たり、礼儀は厳正なり。

入営初日の出来事を中心に、「臭気ある麦飯」、「食器洗場の不潔」に驚いたことも率直に記している。最後の一文では軍人たる態度に感心したと書かれるが、取ってつけたようで、見方によっては茶化しているようにも読める。この日誌の記述に対して教官は欄外に朱筆で返答した。

〔欄外教官〕
群集ノ洗場時ニ不潔ナル時アリ之レ等ニ於テハ兵卒公徳心ノ養成ニ努メツ、アルモ尚完全ナル能ハザルモノアリ
尚モ本日ノ不潔ヲ翌日ニ迄残スコトハナシ
研究セラレタシ[注46]

教官は、食器洗い場が汚い時があることを認識している。しかし汚れを翌日まで残すことはなく、兵にも清潔に保つように求めていると説明した。あるいは聯隊も食器洗い場の汚いことに手を焼いていたのかもしれない。W氏は翌日も冷水浴ができない不満を日誌上で漏らすが、教官は水不足の聯隊もあることを引き合いに節水の方針を説

いている。▼注47 こうしたやりとりを経た八月四日、ついに日誌の内容に関する注意が以下のようになされた。

吉永中尉殿の講話

日誌に関する注意

一、参考となるべき事項を単簡明瞭に書くべし。

二、設備の不完全は管轄割状態をも考慮し先づ以これ以上は各自の公徳心に訴へざるべからず。

三、児童教養に資するてうことを常に眼中に置きて凡べてのことを研究しこれを日誌に認めよ。▼注48

二の「設備の不完全」はW氏の日誌に記される「食器洗場の不潔」や水使用の不自由とも合致する。不満を漏らすW氏を念頭に置いてなされた注意である可能性もあろう。▼注49 W氏の日誌には八月一三日にも「日誌につきての注意」を受けたことが記されている。

学科

日誌につきての注意

一、日々教育されたる事項にして参考となる科目（科目に対し心得べきこと）

二、

（一）自己の修養上有利なる件

（二）軍隊に入りて得たる智識にして将来保有を要すると思ふこと

（三）尚武及必任義務を国民に教育する上に必要と信ずること

四、（ママ）軍隊に入りて地方の言の誤解なりしを知りたること及び全く誤解ならざるもより以上必要ありと感じた

ること

以上の件は必ず研究したる上に於て記述を要す．故に不明疑義あれば必ず質問し然る後記するを要す。[注50]

前掲した一度目の注意より内容が具体的であり、教官が同期兵全体に必要な注意として行ったものと言える。これら指導の後、W氏の多くの所感は「攻撃精神の旺盛なる誠に明なり。銃剣術然り、凡べての行動然り倒れて止まざる態度歴然たり」[注51]といった襟を正した内容となった。指導を通じて、教官の要求通りに日誌を書くことが求められていると読み取り、実践したものと解釈できる。ただし、「射撃場に機関銃の射撃を見る。又吉永中尉殿より御説明ありたり。これ先日来より望み望み（ママ）居りし所にして甚だ愉快なりき」[注52]といった気分の高揚を感じさせる感想も一部にはみられる。四角四面の形式的な内容だけではなく、「愉快」といった私的な感情を記すことも許容されていた。

稲葉高之『六週間現役兵日誌』（歩兵第二聯隊、水戸、一九二〇（大正九）年）

稲葉高之氏は一八九五（明治二八）年茨城県生まれの茨城師範学校卒で、一九二〇（大正九）年六月五日、同県の留守歩兵第二聯隊第一大隊第三中隊に六週間現役兵として入営した。

稲葉氏は入営日の六月五日から七月九日まで日誌を記した。[注53] 六月五日、稲葉氏はさっそく日誌上の「質疑」や「感想」等の項目で教官に対する質問や要望を記している。翌六日には、稲葉氏を含む三名だけが補充兵と同班となり、他の六週間現役兵と異なる内務に服することについて不満を述べており、教官は「同室ニ至ル事ニ取謀ラハン」と返答している。[注54] つぐ六月七日には、「補充兵の練兵帰り後〔遅〕れたるため、昼の食事は吾等が補充兵の分まで用意」、「就寝後私語□□補充兵あ〔数文字不明〕（毎夜）〔この一行抹消〕」と、再び明らかな不満を日誌に表明した。このような不満はW氏の場合と同様に教官の目にとまり、「日記々載上の注意。並に感想に対する教官殿の批評」[注55]が記されるなど、稲葉氏も日誌についての注意を複数回にわたり受けた。以下の引用もそのうちの一つである。

Ⅲ日記点検に対しての注意
A日誌は単簡明瞭なるべし。文体は文語殊に命令調を使用したる文よし
B日誌の記載事項は価値あるものたるべし
C軍隊に入りては専ら軍隊的の教育及生活に同化し、決して学校・寄宿舎に居るが如き感を持つべからず[注56]

「単簡明瞭」、「価値あるもの」などはW氏日誌とほぼ共通の要求事項である。Cは本章第二節で指摘した、内務班での振る舞いが「軍隊的」ではないとする教官からの指摘と対応する。稲葉氏は入営四日目となる六月八日の日曜日に「日曜の価値は本日始〔初〕めて認め居られたり」と記し、教官に「謹〔僅〕六週間ノ現役ニ日曜ヲ待ツノ暇アリヤ、考ヘ稍底〔低カ〕シ」[注57]とたしなめられている。また、国体と死に関する教官の講話をまとめた際、「情死」という言葉を使用したことに対し、「君国ニ対シテハ情死ト名目スルハ適当ナラス、殉死ト云フヲ可トセン」[注58]と指導を受けた。これらも本章第二節で取り上げた、六週間現役兵の言葉や意識に対する教官の懸念と合致する。稲葉氏はこの後も「感想」等を日誌に記すが、「疲れを感じた」などと漏らすものの、否定的な感想や質問は皆無に等しい。W氏と同様に、教官の要求通りに日誌を記すようになったといえよう。

榊原良平『軍隊日誌』（歩兵第六聯隊、名古屋、一九二〇（大正九）年）

榊原良平氏は稲葉氏と同じく一九二〇（大正九）年に、愛知県の歩兵第六聯隊に六週間現役兵として入営した。入営日である七月一〇日から八月一九日まで綴った日誌[注59]は、誌面上での教官とのコミュニケーションが、W氏や稲葉氏より積極的な点が特徴である。

入営翌日の七月一一日、榊原氏は銃剣術の見学をして「不動の姿勢一つ完全に出来ない私でもこんなことがして見たいと思つた」と感想を記し、教官は「物ニハ順アリ」とコメントした。[注60] その翌日、不動の姿勢の教練について順を追うことを東海道線の駅順にたとえて感想を述べ、教官は「教官ノ言ニ共鳴セシヤ」と返答している。[注61] つまり、榊原氏は教官のコメントに応える形で日誌を書き、教官もまたそれに応答することで、両者の言葉が往復する。教官も自身のコメントに榊原氏が応えているためか、七月一三日までの日誌について、「君ノ日誌ヲ見テ教官ハ愉快ニ感シタル点多々アリ」と記している。ただし続けて「尚一層左ノ点ニ着意シ記載セハ可ナルヘシ」と述べ、「演習記事／演習所感／軍隊教育ニ依リ将来参考トナサントスル事項／軍人精神ノ養成／軍隊教育ノ方法手段及各種矯正法／見学ニ於テ得タル事項」も日誌に記述するよう指導した。[注62]「軍隊教育ニ依リ将来参考トナサントスル事項」を「軍人精神ノ養成」より優先するのは、六週間現役兵教育が小学校や地域における軍隊の伝導に重点を置いていることを示唆しているとも言える。

榊原日誌は教官の求める日誌のあり方に相応しかったのであろう。例えば、ある日榊原氏は酒保での買い物の後、残金を衣類に入れたまま就寝するという禁止事項を犯したことで、深夜に六週間現役兵全員が起こされた件についての反省を日誌に記している。

> 本日は忘るべからざる日なり。恐くは六週間現役兵として最大の印象を形成するなるべし。今日(けふ)こそ軍紀の峻厳をまことにさとりたれ。軍人精神はまことに余に注入されたり。そは昨夜迂闊にも酒保より帰りてその残銭のあるをも気つかず就寝せし一事なり。夜中六週間現役兵全部呼び起こされて迷惑せしならん。〔中略〕たゞ今後を見られたし。鉄より堅き心もて只一向につとむる余の今後を。[注63]

「軍人精神」を引き合いにした反省の弁に対して、指導教官は「決心可ナリ　但シ実行ヲ要ス」「茲ニ将来ノタメ己レノ不注意ヲ記シ告白シタルハ最モ可ナリ」[注64]とコメントしている。榊原氏の指導教官は、「〇」、「然リ」、「可ナリ」、「然ラン」など、簡潔な評価の言や所感も頻繁に書き込んだ。例えば、榊原氏が教え子からの手紙に対して「切角「軍人□〔らしくなつてカ〕」——鉄石のやうな体や心となつてお互に会ひませう」と送別会の時約束したことが無にせられつゝあるのではないか」との懸念を記せば、「然ラズ」[注65]と払拭したり、講話の要約に対して「克ク整理シアリ」[注66]と褒めたりと、日誌記述時の参考にしやすい明確な評価が多い。教官とのコミュニケーション上の安心感からか、榊原氏は以下の引用のように詳細に自分の心情を描写する。

誠に教官殿の仰せられ〔し脱カ〕如く「大体に於てこの動作は鈍か上手か敏か正かは分るが、どの点が悪い。かくならねばならぬ。」といふことが分らざりき。即ち「餅かうどんかは見分くるもいかなる餅か何によつてこしらへたるうどんなるかが未だ目に写らず」の状態なりき。[注67]

不要なたとえ話に思われるが、積極的に日誌上で自身の所感を言語化しているといえるだろう。榊原氏はまた、予備役兵の召集を参観した際、顔見知りの教官に予備役兵が敬礼する様子を見て、「恰も余等が小学生児童成長の後再会するあらば同じ嬉しみに遭遇し同じ情に駆らるゝことの切なるものを無上の快楽とするが如く」との感想を記し、軍隊での教官と小学校教員としての自分自身を重ね合わせている。[注68]

榊原氏の日誌にも、W氏や稲葉氏と同様の軍隊生活の「不満」とも取れる記述はあるが、教官からの咎めはない。例えば、榊原氏は外出の許可が出てからの教練を、「敬礼の練習あくほど(ママ)なり」、「「之所謂軍隊式なるものなり。楽しき外出を控えてより一時間もかゝる練習服装検査と寸秒の暇もなく而して後外出とは」面倒臭き感なくんばあらず」[注69]などと漏らすが、教官から問題視されてはいない。なぜなら、榊原氏は不満を枕として、「余は之をしも推賞(ママ)せんと欲するものなり。〔中略〕かくてこそ外出せし服装も整然、威儀自ら具はる。軍人精神形外に溢れ」[注70]ると続けて、面倒に思える服装検査こそ軍人精神の発揮に重要だとしているためである。炊事当番を「鳥渡面倒臭い」と記す際も同様に、「然しこの面倒を気にかけないやうになる時真に共同一致、忍耐、即ち軍人気質の養成し得らる、時」[注71]などと、不満を感じるところにこそ「軍人気質」、「軍人精神」体得の契機があると強調しているため、許容されたと考えられる。

以上、本節では六週間現役兵日誌の内容とそれに対する教官の指導から、六週間現役兵が日誌上で何を求められたかを検討した。まず、日誌には将来小学校教員として、軍隊の外で軍隊を語る際に参考となるであろうことを書かなければならない。それには、講話内容の筆写や、聯隊の歴史、軍隊制度の概要や兵器などに関する知識が含まれていた。個人的な所感は禁止されていなかったが、食器洗場の不潔や水使用の不自由といった設備の不備、入営前の生活習慣の制限などを記すことは指導により「注意」された。W氏や稲葉氏はこれらネガティブなイメージを喚起する内容が不適切だと学んだとみられる。そのため、日誌には教練をやり遂げた所感や、「軍人精神」や軍隊の重要性を学科や講話から学んだ、といった似通った内容が記されるようになった。榊原氏のように、禁止事項を犯したり不満を漏らしたりしても、その反省を重視して日誌を記すことは、教官の求める軍隊日誌としての規範には合致した。そうした逸脱も、「軍人精神」体得の契機とできるならば許容されたのである。

5 おわりに

以上、本章では六週間現役兵日誌の分析を通じて、六週間現役兵としての軍隊経験を明らかにしてきた。六週間現役兵にとって日誌を書き、読まれることの意味とは何であったのだろうか。将来の参考となるべきものを書くように教官に指導を受けながら日誌を綴ることは、従うべき規範に適合する言葉を自分自身で探り綴ることで規範を身につけていくことにほかならない。「はじめに」で触れたように、軍隊日記では、上官からの検閲によって軍隊的価値観に則った言葉を使いながら内面を綴ることにより兵士が服従することが求められた。[注72] 六週間現役兵も、個人としての内心がどうであれ、教育された内容を軍隊の規範に合わせて表現するトレーニングを受け、小学校での授業に軍隊的規範を取り入れる「研究」も行った。加えて、ネガティブなイメージを抱かせない内容が日誌に記された。これは、遠藤の指摘するように六週間現役兵に求められたことが、兵士としての服従よりも小学校教員として小学生や保護者に軍隊を「面白き」ものとして語ることであったためと考えられる。すなわち、六週間現役兵の正規プログラムにより見聞した軍隊の知識と規範は、課題によって言語化することで身につけさせられる。その学科や教練が小学校教員として直接活かされる可能性は低く、[注73]「軍人精神」が身についたか否かも非常に疑わしい。「軍隊ノ服従ハ形式ニアラスヤナド質問スル者」[注74]や、「軍隊教育法ハ注入的ニシテ形式ヲ主トシ内容ニ及ハサルカ如キ感アルモ如何」[注75]といった質問が出るのは当然であろう。「諸子は余りに教へられることを唯だ羊のごとくに受け鵜呑にしてかゝり、又筆記のみを以て六週間現役を済ませてきた嫌ひがあるのではなからうか」[注76]という石井による批判は、「軍人精神」の体得や服従の獲得がほとんどできなかったと認めているようなものである。形式に従うことによって、その形式そのものを「軍人精神」と感じることができるようになるには、六週間は短すぎた。同時に、少なくとも「筆記」により、軍隊を語る公式の言葉の経験はできているとの認識も読み取れよう。

ただし、大濱徹也をはじめとして多くの先行研究が指摘するように、六週間現役兵が「一般兵卒ト居室ヲ異ニ」し、よい食事や「お客さん」として「好遇」[注77]されることは「特典」や「特権」であった。そこには、他の兵とは異なる教育を受けながら軍隊にとって都合のよい「実情」を世間に理解させる意図もあった。一般社会の日常の場面で軍隊の「真価」を伝えるためには、堅苦しい内容を軍隊での言葉遣いで語るだけでなく、見聞したことを親しみやすい表現で語る必要がある。その親しみやすさは、短期間のために「軍人精神」を身につけなかったからこそ可能だったのではないだろうか。

個々人における見る、聞く、知るといったすべての体験を解釈した結果が経験だとするならば、日誌を綴ることでこそ、教員は六週間の体験を教員であり兵士である経験とすることができた。六週間現役兵日誌は、事実やありのままの心情を綴るものでないのはもちろん、一般兵士の日誌のように個人的な服従の獲得にとどまるものではない。軍隊外部で語るという前提に方向付けられて、自身の体験内容を書くことにより取捨選択することで教員として小学生や地域に語り描くことのできる軍隊像を創出する場であった。その取捨選択の基準となる教官も実際に小学校教育に携わっていない以上、小学校で提示される軍隊像はわからない。そのため、現場レベルでの教官は学校や地域で提示されるであろう軍隊像を日誌から想定し、日誌指導を通じて矯正するものであったといえる。日誌は、軍隊体験の文字化により一般社会に伝えられるべき「軍隊ノ真価」を教官と教員とが協働して模索し描出する場であったといえるだろう。いいかえれば、学校や地域での軍隊指導の根底には、六週間現役兵日誌や各種の課題によって小学校教員自身が軍隊での体験を経験として紡いだ言語表現による軍隊像があったのである。

最後に、紙幅の都合で検討できなかった点をいくつか挙げ、今後の課題としたい。一点目は、軍隊における「自治」や「デモクラシー」、「ソシアリズム」への言及である。明治から昭和初期に至るまでに小学校教員への軍隊教育は具体的にどのような変化があったのか、大正新教育運動への反応があった場合、どのようになされたのか。二点目は、「特典」の変更による経験の変化である。師範学校卒業小学校教員に独自の兵役は期間の変更を経て廃止される。これは小学校教員の軍隊経験や学校での指導内容を変えたのか。三点目は、六週間現役兵とは直接関係しないが、一九二五（大正一四）年の陸軍現役将校学校配属令（勅令第一三五号）による一年現役兵および短期現役兵教育への影響である。各学校へ配属された将校が師範学校で教練を受け持ち、その経験を持って部隊へ戻り、一年現役兵および短期現役兵の教育を受け持ったとすれば、どのような変化があったのだろうか。他稿を期したい。

▼注

1　本郷中将『新ニ発布セラレタル軍隊教育令ノ特色』（書写資料）早稲田大学図書館所蔵、一九一三年三月。当史料は本郷房太郎の談話筆記記録である。六週間現役兵は「小国民（ママ）ニ、建国ノ大本国家成立ノ要義ト云フ様ナコト、兵役ハ必任義務デアルト云フコトヲ、稚イ頭ニ根柢カラ叩キ込ミ、尚国民皆兵制ノ下ニ立ツ日本ノ臣民トシテ是非共必要ナ軍事思想ヲ扶植スルト云フ、重大ナ役目ヲ有ツテ居ルノデアリマス」と述べている（同上、「四、各種教育ニ就キ主眼ヲ明ラカニセラレタルコト」九―一〇丁）。

2　文部省社会教育局編『壮丁教育調査概況』等を用いた清川郁子『近代公教育の成立と社会構造――比較社会論的視点からの考察』（世織書房、二〇〇七年、九九―一三五頁）および大門正克『増補版　民衆の教育経験――戦前・戦中の子どもたち』第一章の都市と農村の事例（岩波現代文庫、二〇一九年、二八―三七頁）を参考とすると、最終学歴が高等小学校卒業以下の男性は、明治一〇年代から大正末期にいたるまで六五%から八〇%以上である。なお、「壮丁」とは、「前年一二月一日からその年の一一月三〇日までに満二〇歳に達した、戸籍法の適用を受ける（日本帝国臣民ということ）男子」（加藤陽子『徴兵制と近代日本』吉川弘文館、一九九六年、一二頁）である。

3　堤ひろゆき「大正期の教育実習日誌におけるまなざしの往還――師範学校生徒はいかにして教員となったか」田中祐介編『日記文化から近代日本を問う』（笠間書院、二〇一七年）所収、第一〇章、三一一―三三三頁。

4　制度の概要については、以下の文献を参考とした。佐々木尚毅「六週間陸軍現役兵制度に関する一考察――制度制定までの性格変化を中心として」（『立教大学教育学科研究年報』第三三号、一九八九年一二月）、六三―七五頁。遠藤芳信『近代日本軍隊教育史研究』（青木書店、一九九四年）、第二部第二章。同「六週間現役兵制度と沖縄への徴兵制施行」（『北海道教育大学紀要』第一部B社会科学編、第三三巻第二号、一九八三年三月）一七―三〇頁。加藤、前掲書、四六―五〇頁、第Ⅵ章、第Ⅶ章、第Ⅷ章。その他、『法令全書』各年および官報を参照した。

5　「徴兵令改正」（『官報』第一六六七号、一八八九（明治二二）年一月二二日）。当初は六か月だったが、一度も実施されることなく同年一一月一二日の徴兵令中改正（法律第二九号）によって六週間になった。一八九五（明治二八）年一〇月四日の陸軍六週間現役兵条例（勅令第一四一号）の制定により「国民軍幹部適任証書」を授与することが加えられている。一九一八（大正七）年三月三〇日付の徴兵令改正によって「一年現役兵」となった。改正は一九一九（大正八）年一二月一日施行であるが、施行の際に師範学校在学中であれば六週間現役兵制度の適用となるので、予備科一年本科四年の第一部生徒の在営期間が延びるのは原則として一九二四（大正一三）年からとなる。一年制の本科第二部生徒の在営期間も、本章で扱う一九二〇（大正九）年には六週間である。一九二七（昭和二）年四月一日の兵役法によって「短期現役兵」となったのち、一九三九（昭和一四）年三月九日付兵役法改正で廃止となった（施行は同年一二月一日）。

6　ただし、満二六歳までに教職を辞めると通常の現役兵として服役するか、一年志願兵となる義務がある（「徴兵令中改正」『官報』第一九一四号、一八八九（明治二二）年一一月一三日）。

7　菊池邦作『徴兵忌避の研究』（立風書房、一九七七年）、四六九―四七〇頁。「「短期現役兵制度」（昭和二年四月改正）に拠る者は、太平洋戦争の末期の極く短い期間には召集されている」との但し書きがある。（同書、四七〇頁）。

8　加藤陽子は優秀な下士官兵士選抜の自由を陸軍が享受するために徴兵の対象を拡大しようとしていたことこそが国家の権力であることを指摘する。加藤の論では、教職者の免役をなくし短期とはいえ国民皆兵の中に取り込んでいった師範学校卒業生の現役兵制度を中等高等教育経験者を軍隊に取り込む一過程として位置づけている（加藤、前掲書、一二九頁）。

9　これら「特典」が合法的な徴兵忌避であるという見方を取るものが多い。以下の文献を参照。佐々木、前掲論文。遠藤、前掲書、前掲論文。菊池、前掲書。大江志乃夫『国民教育と軍隊』（新日本出版社、一九七四年）、同『徴兵制』（岩波新書、一九八一年）。また、沖縄出身兵の軍隊経験の聞き取り調査を行った大城道子「沖縄出身兵にとっての軍隊の意味――太平洋戦争に参戦した沖縄男性の体験から」（『日本オーラル・ヒストリー研究』第四号、二〇〇八年一〇月、一七七―一九〇頁）では、沖縄から軍隊に入るきっかけとして六週間現役兵制度に触れている。

10　城丸章夫「徴兵制度上の特典と師範学校における兵式体操」（『千葉大学教育学部研究紀要』第二九巻　第一部、一九八〇年一二月）三九頁。ただし、短期間かつ好待遇の服役という利点も加えれば、実質的に「特典」は三点であったといえよう（郡司淳「史料紹介　六週間現役兵の日誌」『北海学園大学人文論集』第三〇号、二〇〇五年三月、一九頁）。

11　遠藤、前掲書、三二七頁。

12　同書、三三一頁。

13　ただし、一九三一（昭和六）年生まれの山中恒の著作（山中恒『ボクラ少国民』シリーズ、辺境社、一九七四―一九八一年）や田中祐介の紹介する「軍国少女」の日記（田中祐介「研究視座としての『日記文化』」田中前掲書所収、九―四四頁）などに登場する「軍国主義」的な教員は六週間現役兵より後に教職に就いた可能性が高い。山中は「その頃の男性教師は、ほとんどが六か月短期現役で下士官に任官するという兵役歴を持って」いたと述べている。（山中恒『ボクラ少国民』辺境社、一九七四年、六二頁）。また、門脇厚司『東京教員生活史研究』（学文社、二〇〇四年、二〇五―二〇八頁）による東京の第六日暮里小学校教員の分析からは、一九三五（昭和一〇）年から一九四四（昭和一九）年までには六週間現役兵の経験者にあたる年齢層の教員がほぼ存在しなかったことがわかる。同時に、その時期の教員を小学校で教えた教員には六週間現役兵の経験者も多数いたと推測される。戦時体制を支えた教員については、広田照幸『陸軍将校の教育社会史――立身出世と天皇制』（世織書房、一九九七年）、三七三―三七八頁も参照。

14　逸見勝亮『師範学校制度史研究――15年戦争下の教師教育』（北海道大学出版会、一九九一年）。

15　一ノ瀬俊也『近代日本の徴兵制と社会』（吉川弘文館、二〇〇四年）、特に本章と関わりの深い章として、第一部各章。同「第一

次大戦後における一年現役兵教育」(『国立歴史民俗博物館研究報告』第一〇八集、二〇〇三年一〇月)、二二七―二四〇頁。

16 逸見、前掲書、一九―二〇頁。

17 同書、二三頁。

18 同書、三五―三六頁。一ノ瀬の指摘の通り、一九二六年当時の制度では「一年現役兵」である(一ノ瀬、前掲論文、二三八頁)。

19 一ノ瀬、前掲書、一二―一三頁。

20 柿本真代は、一ノ瀬の同書を引用しながら一八九〇年代後半の高等小学校生徒の日記を分析し、書かれた日記が事実や書き手の本心というよりも、書いてよいことを書くことによる教育手段として機能していたことを明らかにしている(柿本真代「教育手段としての日記が定着するまで」田中編、前掲書所収、第一章、四七―七六頁)。

21 一ノ瀬、前掲書、第一章。

22 同書、九八頁。

23 同書、七六―七七頁。

24 矢野貫一「六週間現役兵軍隊日誌　其一」(『京都外国語大学研究論叢』XLIX(四九)号、一九九七年九月)、一―二四頁(以下、矢野「其一」)。同「六週間現役兵軍隊日誌　其二」(同誌、LI(五一)号、一九九八年九月)、三六―六〇頁(以下、矢野「其二」)。

25 郡司、前掲論文、一九―九〇頁。

26 これらに加えて、一九〇九(明治四二)年七月に作成された六週間現役兵日誌の所在を確認しているが、時期区分等の観点から分析は他稿を期したい。少数ではあるが、史料発掘自体も進みつつある。

27 なお、以下の本文では一九一三(大正二)年軍令陸第一号軍隊教育令を軍隊教育令とのみ表記する。

28 遠藤、前掲書、三三三頁。

29 軍隊教育令(軍令陸第一号)一九一三(大正二)年二月、第九七~第一〇一。なお、❷の集合写真では二等卒の階級章を着用している。前列中央の二人は史料巻末の名簿によると助教の軍曹と助手の上等兵。後述の「班附の上等兵」たちであろう(『歩兵第四十九聯隊　大正十年度六週間現役兵　記念写真帖』所収)。

30 軍隊教育研究会『六週間現役兵の教育』(兵事雑誌社、一九一三年七月)。同書には、内容面から『現代に適應せる精神及常識教育』上中下巻(兵事雑誌社、一九一九年または一九二〇年)の執筆者である石井淳(陸軍士官学校第二〇期)が関与したと考えられる。石井は、一九一四(大正三)年時点では陸軍歩兵中尉(石井淳『若き士官へ』兵事雑誌社、一九一四年、扉)、一九二〇(大正九)年前後では陸軍歩兵大尉であったようである(石井『現代に適應せる精神及常識教育』、表紙)。一九二三(大正一二)年没。

31 軍隊教育研究会、前掲書、一八頁。

32　同前。

33　石井淳「六週間現役兵の秘記」（『将校の士気及思想問題』兵事雑誌社、一九二〇年）一四二―一四三頁。「凭壓（ママ）」は「恁麼」を「こんな」との読みで使用しようとした際の誤字と考えられる。

34　なお、六週間現役兵の美点について、「短時日ノ教育中此美点ヲ発見スルハ甚タ困難ナルモ強ヒテ之ヲ求ムレハ」と前置きした上で、「協同一致ノ精神」（集団生活に慣れている）、「児童トノ通信」（担任児童に軍隊生活のよさをよく伝えている）とともに「研究心　枝葉ニ走リ皮想的（ママ）ニ陥ルモノ少ナカラスト雖研究綿密ニシテ特ニ児童教育ニ資セント努力スルモノ多キヲ見ル」の三項目が挙げられている（軍隊教育研究会、前掲書、一五頁）。

35　同書、一五―一六頁。

36　石井、前掲『現代に適應せる精神及常識教育』下巻、一二三―一二三頁。長所としては、「質実」、「衒気や飾り気がなく、物をなすに嫌がる風がない、随って仕事をするのに気の附かぬ手落ちはあるが自分に気がついてゐながら手を抜くことをしない」、「困苦を忍び「思ひ返へしと自奮心」が湧く、人懐かしく思う情、人を信じる心の、人知れず深いこと、が挙げられている。

37　同書、一三一―一三二頁。

38　郡司、前掲論文、三一頁。

39　石井、前掲『現代に適應せる精神及常識教育』下巻、一三〇―一三一頁。

40　同書、一二九頁。

41　六週間現役兵の日誌にも「小学校令第二節参照ノコト」とコメントしている箇所がある（矢野、「其二」、二〇頁、七月二四日条）。

42　管理番号三九―二。田中祐介・土屋宗一・阿曽歩「近代の日記帳――故福田秀一氏蒐集の日記資料コレクションより」『アジア文化研究』第三九巻、国際基督教大学、二〇一三年、二三七―二七二頁。同コレクション中の兵士、軍隊関係の日記については田中前掲「研究視座としての『日記文化』」でも内容が検討されている。

43　表紙や本文の用紙などは同人物が作成した教育実習日誌と共通すると考えられる。

44　同部隊は日露戦争時に大きな損害を被ったため、慰霊祭を行っている。W氏『軍隊日誌』、八月二四日条。

45　同前、八月二三日条。

46　同前、八月一日条。

47　「所感／昨朝まで冷水浴に身をきよめ居りし我等は今朝より行ふこと能はず。軍隊は大いに身体を鍛錬する所なり、然るに冷水浴を行ふの道なし何故ならん。」との疑問に対して、「法令ノ定ムル所ニヨリ我々ノ如何トモスル能ハザル所／〇〇聯隊ハ之ヲ行ヒテモ水ニ不自由ナキモ近クハ丸亀等ハ洗濯面洗ニモ水ノ不自由スル有様ニテ実際金小水ヲ買ヒツ、アリ故ニ兵卒ニハ水ハ節約スヘキヲ教育シツヽアル有様ナリ但シ暑キ時井戸側ニテ身体ヲ掃クガ如キハ敢テ支障ナシ（風紀ニ害ナキ限リ）殊更ニ設備スル迄ニハ至ラズ　研究ヲ望ム」と答えている（同前、八月二日条。伏せ字は引用者）。

48　同前、八月四日条。

49　一ノ瀬、前掲書、六一―六二頁でも、入営直後に思ったままを書くように、と「所感」や日記を書くことが強制され、思うままに書いたところ指導された事例が指摘されている。

50　W氏『軍隊日誌』、八月一三日条。

51　同前、八月一四日条。

52　同前、九月四日条。

53　郡司、前掲論文。

54　同論文、三一頁、六月六日条。

55　同論文、三三頁、六月七日条。

56　同論文、六二頁、六月二三日条。

57　同論文、三七頁、六月八日条。

58　同論文、四五頁、六月一二日条。

59　矢野、前掲論文、「其二」および「其三」。

60　矢野「其一」、四頁、七月一一日条。

61　同論文、五頁、七月一二日条。

62　同論文、六頁、七月一三日条。教官が肯定的にとらえたのか皮肉を言っているのか判然としないが、酒が振る舞われて喜んだという記述に「酒ハ好キカ」とコメントしていることなどから日誌上での交流が盛んであったことは指摘できる（同論文、一七頁、七月二二日条）。

63　同論文、二〇頁、七月二五日条。

64　同前。

65　同論文、一五頁、七月二〇日条。

66　矢野「其二」、五九頁。八月一九日条。

67　同論文、五一頁、八月九日条。

68　同論文、五〇頁、八月八日条。

69 同論文、四三頁、八月一日条。
70 同前。
71 矢野「其二」、六頁、七月一四日条。
72 一ノ瀬、前掲書、九八頁。
73 「体操は小学校のそれとは大変要領がちがつてゐる〔筆者中略〕小学校では頭の左右転（或ハ屈）其他一般の動作が緩慢の点が多い」（矢野「其二」七頁、七月一四日条）など複数箇所で言及している。
74 軍隊教育研究会、前掲書、一六頁。
75 同書、一六―一七頁。
76 石井、前掲『現代に適應せる精神及常識教育』下巻、一二九―一三〇頁。
77 大濱徹也『天皇の軍隊』（講談社学術文庫、二〇一五年、初出一九七六年）、一二一―一二三頁。

Chapter 7

7章 飢える戦場の自己を綴りぬく
——佐藤冨五郎日記における書くことの意思

田中祐介

本章では、戦時下のウォッチェ島（マーシャル諸島）で餓死した日本兵である佐藤冨五郎の日記を取り上げる。冨五郎が軍人にふさわしい漢字カタカナ文を堅持し、死の間際まで日記を綴りぬいたのはなぜか。冨五郎と同様に漢字カタカナ文の軍隊日記を綴りながら、途中でその文体を棄て、漢字ひらがな文に転換した佐藤正太郎の日記との比較考察を通じてこの主題を追求し、冨五郎の書くことの意思に迫りたい。

1 問題設定

近代日本の軍隊生活において多くの軍人[1]が日記（日誌）の類を綴ったことは知られている。[2]古くは日露戦争後に出版された軍隊教育の指南書において、新兵教育の一環として「価格廉ナル手簿ヲ購ハシメ日々習得セル学術科ノ大要所感等ヲ筆記[3]」させることが有益とされた。新兵の務めとなった軍隊生活の日々の記録は「教官ハ時々之レヲ点検スルヲ要ス[4]」と付言されたように、しばしば点検指導を伴うこともあった。[5]あたかも学校教育に導入された日記指導と同じように、軍隊教育においても日記の提出が義務付けられ、軍人精神涵養の手段[6]としても日記が無数に生み出されることになった。

軍隊日記は多くの場合に漢字カタカナ文で綴られた。[7]明治以降の日本において、漢字カタカナ文は詔書や公文書一般に用いられる公的な文体であった。軍人が綴るべき文章も「公文書々式ニ依リ簡単明瞭丁寧ニ楷書ヲ以テ記載」[8]することが求められ、「軍人の用文」の「心得」として、「字体は楷書又は行書を用ひ仮名は片仮名を用ゆるを要す」[9]（傍点ママ）ことが掲げられた。漢字カタカナ文は、たとえ所属部隊の公的な日誌ではない個人の日記であっても、国家の命運に関わる公務としての軍隊生活を綴るにふさわしい文体として定着したと言えるであろう。

軍隊生活にふさわしい漢字カタカナ文を用いることは、軍人「らしさ」[10]を醸し出すことにもなった。サイパン島陥落時（一九四四年七月）に戦死した詩人の西村皎三（本名矢野兼武、海軍主計中佐）の「ハガネ」と題した詩では「平仮名なんて手合は詩人とか、びおろん弾きなどゝと云ふ繊弱(ひよわ)な種族の愛玩するものだ。軍隊はさう云ふものゝ使用を抑へて、専ら片仮名と漢字の冷厳さを克明に耀やくまで磨いて来た。ハガネの断面のやうに[11]」と謳われた後、「冷厳」であるべき軍隊の言葉が漢字カタカナ文で掲げられた。

軍隊における漢字カタカナ文は、その文体的特性により戦争の記録の公的性格を強めることにもなった。学徒出陣後に戦艦大和に乗船し、米軍機の猛攻撃による沈没を辛くも生き延びた吉田満は、敗戦後すぐに自身の体験を文章化し、「日本の一兵士の手記[12]」である作品「戦艦大和ノ最期」として結実させた。語りの文体が「当時の公文書の文体であるカタカナまじりの文語体」であったがゆえに、戦艦沈没に至る物語の叙述は「個人的・断片的体験の告白ではなく、国家と民族の全的没落」を再現したものと評されたのである[13]。

以上を踏まえて本章で取り扱うのは、太平洋戦争下のウォッチェ島（マーシャル諸島）で餓死した日本兵の日記である。書き手である佐藤冨五郎は、一九四三（昭和一八）年四月に召集令状を受領した時より細かな字で手帳に日記を綴り、一九四五（昭和二〇）年四月二六日に餓死する直前まで継続した。今日では大川史織が中心となり取り組んだ日記の全文翻刻が、詳細な註を付して公開されている[14]。

冨五郎は自己の死に至るまでの記録を、原則として軍隊日記にふさわしい漢字カタカナ文で綴った。死の六日前にあたる一九四五年四月二〇日付で妻に宛てた「遺書」には次のような文言が現れる。

病死ハ絶対シナイゾ。
（餓）ガ死ダ食モノナシ[15]

文語体を基調としながら（食モノナシ）、口語体も混在する（シナイゾ）。こうした揺れや使い分けはあり、助詞や送りがなの一部に例外的にひらがなが用いられはしたものの、死による日記の途絶まで漢字カタカナ文の原則は崩れなかった。

本章では冨五郎が一貫して漢字カタカナ文を用いたことを重視しながら、死の間際まで日記を綴り抜いたことの理由と意味を考察する。冨五郎は「なぜ」餓死の間際まで漢字カタカナ文の日記を綴りぬいたのであろうか。本書の総論でも触れたように、人は「なぜ」日記を綴るのかという根源的な問いに答えることは不可能である。しかし、「なぜ」の問いを分節して「いかに」書いたかの検証を積み重ねることで、「なぜ」の問いに繋がる人間の書くことの意思に少しでも迫ることができよう。

本章ではこの主題を追求するために、同じく戦地で綴られた佐藤正太郎の日記[16]との並べ読みにより、冨五郎の日記の文体面と内容面の特徴を浮き彫りにする。時期と場所は異なれど戦場で日記を綴り、その途中で漢字カタカナ文から漢字ひらがな文へと移行した正太郎の日記との比較考察を通じて、死の間際まで日記を綴りぬいた人間の意思への接近を試みたい。

2　軍人の文体を貫き通す——佐藤冨五郎の日記から

佐藤冨五郎は、一九〇六（明治三九）年三月四日、父富太郎、母なつの五番目の子として、宮城県亘理郡逢隈（おおくま）村

❶長男の勉を抱く佐藤冨五郎（提供：佐藤勉氏、みずき書林）

に生まれた。一九二〇（大正九）年に逢隈尋常高等小学校を卒業後、亘理蚕業学校へ進学し、一九二三（大正一二）年に卒業する。家業でもある農蚕業に従事したのち、一九二六（大正一五）年に二〇歳で横須賀海兵団に志願兵として入団した。翌年、海軍三等機関兵として戦艦長門の乗組員となる。三年間の海軍生活を経て予備役に編入、東京市芝区白金三光町の八木自動車学校に入学する。卒業後は東京でバスの運転手を務め、一九三四（昭和九）年に山田シズエと結婚、翌三五年に長女の孝子、三七年に次女の信子、四一年には長男の勉が誕生した（❶）。一九四三年に充員召集により横須賀第一海兵団に入団することとなり、同年七月一〇日に横須賀を出港する。八月一日にウォッチェ島（マーシャル諸島）に到着するが、次第に食糧事情が悪化し、一九四五年四月二六日午前四時、栄養失調により同地で死去した。[17]

冨五郎が遺した二冊の手帳には、召集が判明した一九四三年四月一〇日より、餓死の前日である一九四五年四月二五日までの日記が漢字カタカナ文で綴られた。本節ではまず、死の間際まで綴られた日記（以下、「冨五郎日記」）の内容を時系列に追いながら、文体を含めた日記の特徴を確認しておきたい。

飢える戦場で日記を綴る

冨五郎がウォッチェ島に到着した当初は、デング熱で体力を消耗する（一九四三年八月二二日）ことがありつつも、食糧事情は安定していた。日記にも「配給ビール」（一九四三年八月一二日）、「ナシカン（梨缶）菓子等御馳走ニナル」（一九四三年九月七日）、「勝どき餅配給」（一九四三年一〇月一〇日）、「ホウレン草ノ缶詰配給アリ」（一九四三年一一月一六日）などと綴られ、嗜好品を含めた食糧の配給体制が整っていたことが窺える。

その体制が崩れ始めるのは、一九四三年一一月一八日に初めて米軍が上空に現れ、翌月に始まる空襲の被害が拡大したことによる。「尚ホモ物スゴイ空襲オバ繰返サル」（一九四四年一月二五日）状況が続くなかで「食量〈糧〉輸送セン〈潜〉水艦入港の予定なるも米国の艦隊動揺激シキ為ニ入港シアタワズ」（一九四四年三月二一日）と食糧確保は急速に困難となった。不足する食糧を持たせるために「減食」（同年同日）を余儀なくされたが、以後も空襲の激化と輸送路の遮断により食糧事情は悪化の一途を辿り、「腹ガ空イ〈イテ〉動キガトレズ」（一九四四年四月二〇日）と綴ったように、冨五郎の戦場生活は飢えとの闘いとなるのであった。

夜空龍〈襲〉コソナキモ昼間ハ全ク凄ク
早朝ヨリ夕方マデ双発及ビ六キウ八ドン〈ト〉、グラマン戦闘キ〈機〉
其ノ他デ防空壕ヨリ出ル暇モナシ
全ク日中ハ穴グラ生活ノミ続ケラル
然シドウヤラ食事ハ出来生（イキ）ヲ断〈継〉グ幸有リ（一九四四年五月二六日）

度重なる空襲により冨五郎は「穴グラ生活」を余儀なくされる。実のところ、マーシャル諸島における米軍と日本軍との戦いは、この日記から三ヶ月を遡る一九四四（昭和一九）年二月六日、海軍第六根拠地隊のあったクェゼリン島の米軍占領により、事実上終結していた。米軍のウォッチェ島への上陸はなく、在留部隊は空襲に耐えながら生存の道を探ることになった。防空壕で爆撃を凌ぎながらも「ドウヤラ食事ハ出来生ヲ断〈継〉グ幸有リ」と冨五郎は綴るが、その実、食事は五割の減食状態にあった。翌月の六月一六日からは六割減となり、飢えとの戦いが一層深刻化することになる。

減食が続く戦場生活で「身体モ一見ガタ〱ノ様ニテ気毒ナ様ニ思フ」（一九四四年六月二一日）と健康状態も悪

化してゆく。そのような際に思い出されるのは日本の家族の存在であった。

小供〈子〉達ハ何ヲシテ居ルカ、体ガ悪イト彼様ニ思イ出サレテナラヌ
弱クナツタ体ハアワレナリ（一九四四年六月二四日）

食糧事情はその後ますます深刻化し、「今迄七割減食デアツタ、亦五分減ラシイ」（一九四四年七月一〇日）状況にまで至る。食糧確保は重要な日課となり、「食料取ニイソシム」ものの「宿カニ、イソキン〈ギ〉チヤク、草位ノモノデアツタ」と成果は乏しかった（一九四四年七月二四日）。一縷の望みは「只日本軍ノ来ル日ヲ待ツノミ」（一九四四年七月三〇日）と綴ったように、ウォッチェに救援軍が到着することであった。しかしもはやその可能性は閉ざされていたのである。以後も「食物ハ三度ノ重湯以外ニ何モナシ」（一九四四年九月二二日）と過酷な減食生活は続いた。

食糧不足が一旦は改善されたのは、一九四四（昭和一九）年一一月一六日、ウォッチェ島から約五キロ離れたアグメジ島の任務に就いたことによる。冨五郎は「魚（ヤキ）御地走〈馳〉ニナル何んトオイシイデハアリマセンカ」（一九四四年一一月二六日）と記し、「亦近頃ハ魚モ少々頂ケル何んと有難イ話シ／本島ニ居ツタ時ヨリモ働ケル様ニナツタ」（一九四四年一一月二九日）、「夕食事ニハ魚肉付草葉ダンゴ入リオジヤ満ヲ感ジタ／稀ニ見タ身ノ調子モ良イ」（一九四四年一二月五日）と、体力回復を実感する。それでも下痢で体調を崩した際には「盛ニ家ノ方バカリ思イ出サレテナラヌ矢張リ体ガ悪イダメカナ」（一九四四年一二月一三日）と再び家族のことを思い出すのであった。

アグメジ島で一度は体力を回復した冨五郎は一二月一六日にエネヤ島勤務を命じられるが、「困ツタモノタ命令ナル致方アルマイ／アキメージハ実ニ食料ハヨカツタ事ハ自〈事〉実ダ」（同日）と綴るように、食糧事情はアグメジ島の方がはるかによかった。「食事ハ一日一回夕食アルノミ、後ハ木、草ノ葉ダ」（一九四四年一二月二二日）という限界状況にあっては、「何時モ空腹之レデハ作業能率モ上ラナイ」（同年同日）、「僕モ近頃魚モ食ナイ為メカメツキリ

参ツタ」（一九四四年一二月二六日）と体力も消耗してゆく。そのような状況で「昨夜ハ写真ヲ見タ其ノ為メカ夢デ子供、妻ニ出ヒ思〈思ヒ出〉シテ泣カサレタ」（一九四五年一月二〇日）、「子供ノ写真ヲ亦拝ム」（一九四五年一月二七日）と、家族に対する言及も目立つようになる。

食糧不足が深刻化し、その確保や畑作等の過酷な業務が続くなかで軍規も乱れ、日記には「トウボー者」（一九四五年二月五日）への言及も散見されるようになった。

餓死の直前まで綴られた漢字カタカナ文の日記

一九四五年三月一日、冨五郎には「死ノセンコクノ様ナモノ」であるウォッチェ本島への帰還が命じられた。すでに本島は「一日平均二十五、六名死ンデ行ク」状況を迎えており、冨五郎は「僕モ其ノ一名カナ」と自身の遠からぬ死を予感する。その前晩、椰子と南瓜を食したことを「暫クブリデオイシカツタ」と綴る冨五郎は「モウ本島ニ行ツテハ飯モ、米ヲ食ベラレナイ」と覚悟するのであった。

予期したとおり本島帰島の直後より栄養失調は悪化し、誕生日の翌日である三月五日には歩行困難なほど足がむくみ、「モウ死ノ一歩前ト思フ」と死の覚悟を吐露する。むくみは痺れとなり、「モウ既ニ働（ウゴ）ケナイ」（三月八・九日）状態となった。それでも動かずにいれば「寝テバカリ居ルト云レル」（三月一七日）ため、脚を引き摺りながら食糧確保に従事する。周囲の兵士も続々と死を迎え、その埋葬をしながら、恐らくは自己にも迫る死を実感したのか、「斯シテ兵ハ死ニ行ク」（三月二一日）と記すに至る。

翌月、四月一三日の日記には、一層悪化する体調に関する記述とともに、家族への言及も再び現れた。

最モ休〈体〉ハ悪化シテ来テ居ル、腹ガ潮〈妻〉レル足手ハムクミ
何タル不幸ゾヤ早ヤ死モ一歩前

セメテ応召記念日、四月二十八日満二ヶ年　生テイタイト拝ンダ
又妻子の写真モ拝ンダ

死を覚悟した冨五郎は、家族宛の遺書を日記を綴った手帳に遺している。その中に箇条書きされた家族への伝達事項には、「一、僕ノ命日ニハ小〈子〉供等ニ沢山御馳走スルコト」との文言が含まれた。餓死をする自分の代わりに子供たちにたくさん食べてもらいたいとの願いであるとともに、食糧を失い餓死する自分のことを追憶してほしいとの願いでもあったであろう。

冨五郎は一九四五年四月二五日の早朝「非常ニ朝方苦シムナリ、死ヌカト思フ／神様の御蔭デ助ツタ」と記したのち、最後の日記を次のように綴った。

二十五日　全ク働ケズ苦シム
日記書ケナイ
之ガ遺書
昭和二十年四月
二十五日

最後カナ

冨五郎が死の直前まで綴った日記は、本人の強い意向により戦友の原田豊秋の手にわたり、戦後になり冨五郎の家族のもとに届けられた。[18] 守備隊が全滅した島も多くあった南方戦線では、少ない生還者が戦後に手記の類を出版

することはあったが、無数の戦没者が生前に綴った記録のほとんどは散逸し、あるいは米軍の押収するところとなった。[19] 多くの人々の遺品が戻らず、「失われた、山のような日記」[20] の存在が想定されるなかで、餓死の間際まで綴った冨五郎の日記が遺ったことは奇跡に近い幸運であったと言えよう。

❷死の直前に綴られた冨五郎氏の日記（提供：佐藤勉氏、みずき書林）

冨五郎の「自制心」

冨五郎の長男である佐藤勉氏から日記を託され、読み解きの暫定的な成果を論考にまとめた大学教授の仁平義明は、日記から窺える冨五郎の人柄について次のように語っている。

あのお父さんという人は、えらい人だね。ものすごく誠実な人だなという感じがしますよ。だってあれだけまめに、ずーっと日記をつける。もうひどい状態なのに。死ぬ数日前には、どうしても運動のコントロールが落ちますから、文字がちょっと大きくはなるんだけれども、ほんとに乱れるのは死の直前。すごいですよ。でも書いている内容は、めちゃめちゃにならないんです。[21]

「あれだけまめに、ずーっと日記をつける」冨五郎の文字が「乱れるのは死の直前」であり、内容も「めちゃめちゃにならない」（❷）。同様の感想は映画監督の大林宣彦にもあり、「反戦映画も好戦映画も、面白ければ同じように泣いたり笑ったりしてしまう」ゆえにこそ「カタルシスだけは避けよう、というのが僕たちなりの戒めなのです」と述べた上で、「この冨五郎さんの文章には、その自制心がきちんとある」と指摘する。[22] 仁平と大林はともに、冨五郎日記が乱れることなく最期まで綴られたことへの感銘を表明したと言えよう。

本節で確認したように、冨五郎の日記は最期まで原則として漢字カタカナ文で綴られた。とは言っても漢字ひらがな文が皆無であったわけではない。例えば家族への手紙の写しと思しき文章は「皆んな元気ですか／孝子も信子も勉ム元気ニ仲良く元気で学校に通ツて居ますか／お父さんもほんとうに元気で、遠イ遠い戦地で御奉公して居ります」[23]と漢字ひらがな文で綴られた。また、映画の主題歌の替え歌の書写[24]でも同様のひらがな文が用いられる。

しかし漢字ひらがな文が手紙や歌詞の書写に集中した事実[25]は、かえって日記本文の文体としては漢字カタカナ文を選択する意識があったことの証左ともなる。[26]「乱れるのは死の直前」であり「自制心」を保った冨五郎はなぜ、死の直前までこの文体を堅持したのであろうか。

というのは、冨五郎と同様に軍人にふさわしい漢字カタカナ文で軍隊生活の日記を綴りながら、途中でその文体を放棄し、漢字ひらがな文へと劇的に転換した事例があるからである。次節では、中国戦線出征時の日記が遺る佐藤正太郎の日記の分析を通じて、文体の転換とそれに伴う日記の内容変化の意味を考察する。

3 軍人の文体を脱ぎ捨てる——佐藤正太郎日記における文体の変遷

佐藤正太郎は、一九一三（大正二）年三月三日、青森県下北郡大畑町（現むつ市）に誕生した。大畑尋常高等小学校高等科を卒業後、大畑実業補習学校研究科に進学、一九三三（昭和八）年に修了する。同年の徴兵検査で乙種第一と判定され、第一補充兵役となった。一九三五（昭和一〇）年、田中寅吉の長女サトリと結婚し、同年に長女のゆきゑが誕生する（一九三八年一一月二一日に死去）。一九三七（昭和一二）年七月二八日、充員召集が下命され、第八師団第二水上輸卒隊の輜重兵として中国戦線に出征する（❸）。兵站業務に就き、黄河漕渡進撃（一九三七年一二月）、微山湖敵前渡河（一九三八年五月）、淮河敵前輸送（一九三八年九月）の三回の作戦に従事した。一九三九（昭和一四）年一月一八日、第八師団第二水上輸卒隊に復員が下命され、正太郎は二月二四日に南京を出航し、三月二日に広島の宇品港に到着して帰国を果たした。

帰国後は故郷で漁業に従事していたが、復員から四年後の一九四三年一〇月一六日、二度目の召集を受け、翌一一月に再び出征、一二月三日にニューブリテン島のラバウルに到着する。現地では一九四四年三月からの第五次ソロモン作戦に参加したが、補給は途絶し、兵力も損なわれて本来の任務が果たせないことから別部隊に編入された。その後は交通路の確保・補修に従事しながら、自活作業、すなわち生存のための食糧確保の日々を送った。栄養欠乏により健康状態は悪化し、衛生環境も極めて悪い状況で、正太郎は同年一〇月三一日、マラリアにより戦病死した。[27]

❸中国戦線出征後の佐藤正太郎（1038年10月30日）（提供：佐藤ミドリ氏、青森県環境生活部県民生活文化課）

佐藤正太郎は佐藤冨五郎の七歳年下で、奇しくも誕生日は一日違いである。佐藤姓も共通する二人には、そのような偶然だけでなく、南方に出征し、補給路が絶たれ、飢えとの戦いののちに落命したという共通点がある。

何よりも正太郎は、冨五郎と同様に、召集後に日記を綴り、後世に遺した。中国戦線出征時の二冊の日記には、一九三七年七月二八日から一九三八年一〇月一〇日、一九三八年一〇月一一日から一九三九年三月一四日までの記録が綴られた。

一方、正太郎が命を落とした二度目の出征時の日記は遺されなかった。敗戦を経て、「戦友の手で遺品となった「佐藤」の印鑑が届けられたものの、日記はおろか遺骨すら戻らなかった」[28]という。

本節では、前節で概観した冨五郎日記を踏まえ、佐藤正太郎の中国戦線出征時の日記（以下、正太郎日記）を対照して分析する。もちろん二人の日記は綴られた時期も場所も異なるが、本節で注目したいのはその文体と内容である。正太郎日記は冨五郎日記と同様、軍隊生活を漢字カタカナ文で綴り始めるものの、途中で漢字ひらがな文へと劇的に転換し、綴られる内容もそれに伴い変化したからである。

軍人としての自覚――漢字カタカナ文で綴る日記

正太郎日記は、一九三七年七月二八日、召集下命された当日の記録から始まる。その日、「午前二時就寝中突如充員召集令状下命」された正太郎は、「熱誠溢ル、町民各位ノ歓送」（一九三七年八月四日）を受けて意気揚々と故郷を出発する。

翌日に青森で入隊した正太郎は、身体検査、軍衣支給の上、陸軍輜重兵特務二等兵に任じられた。慌ただしく準備を整えながら、軍隊生活には不要である私服を返送し、「愈々軍人トナリ戦地ニ向ハントス」（一九三七年八月六日）と、軍人になった自覚を得るのであった。軍装検査、予防注射、各種の訓示、神社参拝、軍事教練などを済ませたのち、いよいよ出発の時を迎えた。

> 午前一時進発準備、胸ヲ打ツ万歳ノ声ニ青森駅ヨリ乗車、奥羽線経由デ一路宇品港へ、沿線各駅ニ熱誠ナル国民ノ歓呼ノ中ニ汽車ハ只進ム（一九三七年八月一三日）

二日後の八月一五日に広島県の宇品港に到着した正太郎は、目の当たりにした「軍事品」に「戦争ナルカナ」と実感し、宿泊先では「軍人待遇」の歓待を受ける。翌日、歓待ぶりに「軍人ナレバト熟々思フ」正太郎は、「北支ノ戦況」を新聞ラジオの報道で知り、「血ガ躍ル」（一九三七年八月一六日）と記した。軍人としての自意識は、戦地への物理的な移動に加え、他者からの「熱誠」の眼差しと働きかけにより強化されてゆく。かくして正太郎は、名実ともに軍人となって戦地に赴いたと言えよう。

八月一八日、宇品港から出航し、翌日に釜山に入港した当日には「マダ内地ニ居ル気持」と実感が湧かない様子の正太郎であったが、滞在を経て同月二三日に釜山を貨車で出発し、大邱、大田、京城、開城と北進し、九月二日には奉天に到着する。翌日、天津を目指し移動する中で、「敵地」に入ることを自覚するのであった。

愈々敵地ニ入リ日本軍占領セル所危険ナルハナシ、高梁〈粱〉ハ丈余ニ伸ビ、大陸的気分濃厚ニシテ、万里ノ長城ハ歴史ヲ我ニ聞ケトバカリエン〳〵ト連ナッテ居ル、支那人家屋ニ警戒心強キ支那人気質ヲ表示シテ居ル（一九三七年九月三日）

翌九月四日に天津に到着したのち、しばらくは「食事以外ノ時間ハ手紙ヲ書クノミ」（一九三七年九月六日）、「退屈デアルカラ軍事学ヲ勉強ス」（一九三七年九月一二日）と間暇を持て余すこともあったが、一方では「敗残兵ニ襲撃サレ戦死者モアリ、行方不明数十人トノ報アリ、一段ノ緊張ヲナス」（一九三七年九月一四日）と戦死者の報を受け、身を引き締めるのであった。

九月一五日には正太郎が属する第二水上輸卒隊にも出動命令が下る。「我運命ハ如何ニ？」と率直に綴る正太郎は、人間や動物の死体が浸った泥水で煮炊きをし、自軍の負傷兵に同情を注ぎながら、「危険地帯」での歩哨任務に「極度ノ緊張」を強いられた（一九三七年九月一七日）。一九日には目的地である唐官屯に到着し、「材料荷揚ニ汗ヲシボリ、任務完了する（一九三七年九月二〇日）。天津に帰還した正太郎は、「又無為徒食ハ始マル」（一九三七年九月二三日）と記し、田虫やコレラの発生に辟易としながらも、「余リ暇過ギルノモ苦痛デアル」（一九三七年九月二九日）と漏らすほどには心の余裕のある従軍生活を送るのであった。

漢字カタカナ文から漢字ひらがな文へ――露出する「自己」

ここまでみた正太郎の日記は、急な召集から慌ただしい出征、天津での軍務など、主として従軍生活の出来事を客観的に記し、所感を簡潔に加える程度であった。原則として漢字カタカナ文を採用し、文語を基調とする。ときおり文末に「～ダ」を用いるなど、やや口語に傾きながらも、基本的には軍人にふさわしい内容と文体を備えた日記を綴ったといえる。

しかし一九三七年一〇月三一日、その文体には突如として大きな変化が訪れることになる。


午前桃山で雑務、午后大倉出庫品作業、倦怠ヲ感ズルノハ人間ノ常デアル
身に剣を帯びてより早三ケ月、戦地の苦力として勤務する身に安穏なればこそ亦不平もあり不満もありうるのだ。

大陸に生活の基礎を求めんとする意志はないか。

転換期に当りて自己の将来に一考を要するの時かも知れない。

戦況は益々拡大の兆あり、予想外支那も頑張るらしい。

男子骨を埋むるの地大陸あり

召集令状を受け取った当日から書き始めた漢字カタカナ文は冒頭の一行に痕跡を残すのみで、続く文章は漢字ひらがな文で綴られる（❹）。注目すべきは文体の変化である以上に、書かれた内容の変容である。ここでは「戦地の苦力として勤務する身」、すなわち輜重兵として送る戦地の日々が「安穏」であるとしながらも、その生活に対する個人的な「不平」「不満」に初めて言及しているからである。従軍生活の「不平」「不満」を抱えながら正太郎が夢想するのは、「自己の将来」であった。ここでいう「自己」が、軍人としての「自己」を意味しないことは言うまでもない。公的生活である軍隊生活の「不平」「不満」があると記し、兵士ではない「自己の将来」について

綴るとき、選ばれた文体は漢字ひらがな文であった。

同様の現象は、初めて漢字ひらがな文が現れた二日後の日記にも生じることになる。この日の日記冒頭は漢字カタカナ文を用い、「昨夜カラ布団一枚宛支給サル、八径路ニテ袋数調ベナリ／妻ト北田甚助君ヨリ来信、雪枝ノ写真来ル、三ケ月間ニ大人ビタ事ヨ、凱旋ノ日ハ遠ク、健康第一主義デ勤ムルノミ」と、妻の来信や我が子の成長に関する記述を含め、出征時からの漢字カタカナ文で綴られる。しかしその直後に続いたのは「妄想の記」と題された極めて私的な所感であった。

❹突如として現れた漢字ひらがな文の日記（1937 年 10 月 31 日、画像下半分）（提供：佐藤ミドリ氏、青森県環境生活部県民生活文化課）

> 妄想の記
>
> 自分で信じられない程自分が軍人となつた事が不思議である、反軍思想でもない、反戦思想でもない、只一個の人間として考へる時と、国家的人間として考へる事とはその反対の方向に立つものだ。一己人だけの己人主義は人間の真の理想であらうけれども、道徳上から見て非難があるが、国家的主義は大部分は虚偽であり、個人主義を抱く者が巧妙にカモフラージユするのが、この公衆的主義であらう。（一九三七年一一月二日）

正太郎はここでは軍人としての自己とは距離を置き、軍人となったことが不思議だと率直に告白する。

その上で「只一個の人間として考へる時」と「国家的人間として考へる事」は「反対の方向に立つもの」と峻別する。「国家的人間」とは文脈上、まさしく軍人としての自己にほかならない。それに対して「道徳上から見て非難」はあるとしつつも、「一己人だけの己人主義」を「人間の真の理想」として挙げている。戦場の軍人としては大胆にも「国家的主義は大部分は虚偽」と言い放つ正太郎は、いわば軍人の仮面を剥ぎ取った私的な自己の内面を吐露していると言える。

その翌日は、一旦気を持ち直したかのように、従来の漢字カタカナ文に戻る。しかし早くも三日後には、再び漢字ひらがな文で私的な所感を綴るのであった。

> 俺は不真面目な人間の方らしい、故郷に老の身を働いて居る父を思ひば(ママ)、故郷人の俺に対しての期待を思ひば、軍人気質に真面目にならなくては不可ないのだ。(一九三七年一一月六日)

日記で初めて用いられる「俺」の一人称から始まるこの日の日記において、正太郎は「軍人気質に真面目にならなくては不可ない」と建前では思いながら、自分がそれに向かない「不真面目な人間」であることを告白する。この日以降、日記に漢字カタカナ文が用いられることは二度となかった。正太郎の文体の変化は「本文は漢字カタカナ、感想・思索は漢字ひらがなと意識的に書き分けているようである(後にはこの書き分けがなくなる)」[29]と指摘されるが、その意味はより重く受けとめるべきであろう。正太郎は意識的に軍人の文体を脱ぎ捨てたのである。

「只一個の人間」の自己語り化する日記

纏っていた軍人の文体を脱ぎ捨てた正太郎は、従来と同様に「慰問品五十二車輛入れはちと労いが前線の戦士を思へ」(一九三七年一一月九日)、「太原はすでに陥落したが戦争はこれからだ」(一九三七年一一月一一日)などと戦意高揚に繋がる文言を記すこともある。しかし漢字ひらがな文で綴られた日記はしばしば極めて私的な内省を含む自己語り――すなわち〈内面の日記〉[30]の様相を帯びるに至る。

正太郎は「人に優れた才能を持たない俺は不平不満無意味の中に暮して居る」（一九三七年一一月一三日）と自嘲気味に語り、変化に乏しい戦地の日常の中で復員後の「自分の将来の職業」（一九三七年一二月五日）のことを思い、「一兵卒の仕事はこんなものか、家に帰りたい、これが偽はらない皆の心理だ」（一九三七年一二月一五日）と帰郷願望を率直に記す。一九三七年一二月三一日、戦場で迎える大晦日にあたり、「哀れなるものは支那の民」と同情をあらわにしながら「戦陣に嫌悪を感じて居るのは皆である」と認める正太郎に、もはや出征時の気概は見られない。年明け後も、「半歳に近い戦線生活にホームシックを感ずる俺のみならんや」（一九三八年一月二五日）、「故郷に帰つたら自分の職を思へば暗澹となる」（一九三八年三月一六日）、「帰国したら自分に明るい生活が出来るか、生活を職業をかへるのが今ではないか」（一九三八年四月二日）と、望郷の念と復員後の生活への不安を吐露する。

〈内面の日記〉となった正太郎日記の変化は、用いる一人称の変化となっても現れている。漢字カタカナ文で日記を綴った期間は、軍隊生活の記録らしく基本的には主語は明示されない。唯一確認できるのは「我等ニモ出動命令下ル」（一九三七年九月一五日）とある「我等」、すなわち下命された兵卒一般を指す公的な人称代名詞のみである。

それに対して私的性格を強める漢字ひらがな文の日記では、先にも触れたように、ぞんざいな一人称である「俺」が躊躇なく用いられるようになる。その場合、「ものに倦きつぽい俺は、人生にもあきた様な気がする」（一九三八年六月一三日）、「俺は只重苦しい悩みの中に只呼吸して居るだけなのかも知れない」（一九三八年一二月四日）といった具合に、漢字ひらがな文で綴られた「俺」の自己語りは内省化してゆくのである。

正太郎日記が漢字ひらがな文に移り、個人的な願望や不安をしばしば綴るようになったのは、前項で取り上げた「妄想の記」の言葉を用いれば、「国家的人間」として綴った公的性格の強い軍隊生活の記録から、「只一個の人間」として綴る私的性格を強めたゆえの変化であると言える。その変化の根底には、「国の為と言ふ、それは何人も表面だけに過ぎない、自己の愛〔ママ〕するのは人間の本能だ」（一九三八年三月二五日）と述べるように、国家的利益とは異なる「自己の本能」の優先があったのである。

正太郎は軍務に服しながら〈内面の日記〉を綴るなかで、軍人とは距離を置いた立場から戦争を客観的に見つめ、弱者の犠牲についても思考を巡らすに至っている。

> 非生産的な戦争は何人も求めるところでもないが、而し万止むを得ない人類の衝突として、犠牲となる事を甘んじて居るのだ
> 戦争に依つて儲ける人、尊い生命を捨てる人、そこに大きな矛盾が我等を肯定し得い〔な脱カ〕、公平と言ふ事は人類の理想であつて現実でない、結局、優勝劣敗、強食弱肉である事だと、弱い人間は嘆じて居る
> （一九三八年七月三一日）

ここにはもはや、出征時に「北支ノ戦況」を報道で知り「血ガ躍ル」と綴った軍人らしい正太郎はいない。漢字ひらがな文への転換を経て、少なくとも日記に綴る自己の領域において、正太郎は軍人的な規範から逸脱した自己を表象するに至ったのである。

本節の分析を踏まえて正太郎日記の特徴を次のように概括したい。正太郎日記は当初、漢字カタカナ文により軍人としての公的な自己の姿を紙面に記録した。しかしのちに漢字カタカナ文から漢字ひらがな文に転換して記述が〈内面の日記〉の様相を帯びるなかで、正太郎は公的な自己である以上に「只一個の人間」である私的な自己の姿を紙面に留めたのであった。

以上を本節のまとめとして、次節では再び冨五郎日記の分析にうつりたい。正太郎日記が軍人にふさわしい漢字カタカナ文による公的自己の表象から、漢字ひらがな文による私的自己の表象に移行したのだとすれば、死の直前

まで漢字カタカナ文を堅持した冨五郎日記は、正太郎日記との対照においてどのように位置づけられるであろうか。

4　冨五郎の「書くことの意思」に接近する

正太郎の日記と冨五郎の日記を並べ読みして浮き彫りになるのは、一方は軍隊にふさわしい漢字カタカナ文を脱ぎ捨て、一方は堅持したという文体上の明確な相違である。

文体を劇的に変えた正太郎の日記の事例を踏まえて述べれば、冨五郎は正太郎のように、内省的な自己語りを漢字ひらがな文で綴る選択肢も取りえたはずである。仮にもし、死が現実味を帯びつつある状況で、突如として冨五郎の生存への叫びが漢字ひらがな文で露出したとしたら、読者は全く異なる印象を受けることになったであろう。しかし冨五郎はそうはしなかった。なぜ冨五郎は、最期に「日記書ケナイ」と綴るまで——すなわちもはや書けないという事実を書くに至るまで日記を綴りぬき、漢字カタカナの文体を堅持したのであろうか。

一般的に言って、様々な媒体における自己表象は、自分自身が何者かという自己意識に基づいてなされる。自己とは社会的な自己である以上、その意識は常に他者との関係において形成される。日記で言えば、他者とは潜在的な読者である。個人の私的な記録媒体である日記においても、書き手は将来の自分自身を含めた他者＝読者の眼差しを意識しながら自己の姿を紙面に刻印する。[31]

その際に選択する文体は、綴る自己が何者であることを他者に示し、自分自身でもそれらしさを纏うための簡便な手段である。ただし書き手自身は文体選択の理由に無自覚な場合もあり、その選択の理由を問うことは必然的に、その文体を通じてどのような自己の姿が紙面に刻印されたかの検証と表裏一体の作業となる。

本節では以上の視座から、いわば冨五郎の文体がなぜ変わらなかったのかという論証し難い問いにあえて向かいあう。前節で扱った正太郎日記の事例を手掛かりとした考察を通じて、冨五郎の書くことの意思に迫ることとしたい。[32]

忠良な兵士の文体として

まず言えるのは、冨五郎は飢えに苦しみながらも、軍規に背くことなく、日々の軍務を真面目にこなす忠良な兵士であったことである。例えば食糧に乏しいエネヤ島の滞在時、冨五郎は「皆ンナ勝手ニオカズヲ作ツテ食事又ハ休時ニ食シテ居ル」「禁ジラレテモヤツテ居ル」という違反行為に「僕カラ見レバ全ク見苦シイガ被〈彼〉等トシテモ腹ガ空テ居ルカラ同情モスル」と、動機に理解は示しながらも自分自身が加わることはなかった（一九四四年一二月二二日）。

冨五郎には、減食による空腹を抱えながらも「勝チ抜ク為メニワドンナ我満〈慢〉モ致シマシヨウ」（一九四四年五月二〇日）「苦シイガ将〈尊〉ブ可キ任務ガ有ル、イタズラニ死ヲ急グモノニアラズ」（一九四四年八月一日）と軍務を全うする責任の念があり、痩せゆく身体でも「其ノ割合ニ健在デ御奉公致シ居ル」（一九四四年七月二〇日）と前向きな姿勢を示した。真面目であったが決して生真面目ではなく、乏しい食事にも「今日ノオジヤ又（ネズミガ入ツタ）味ノ良イ事日本一」（一九四四年一〇月二日）とユーモアをもって綴ることもあった。しかしそのユーモアの根底にも「苦シイ」極限状況を耐え忍ぶ忠良さがあったと言える。

前節で取り上げた正太郎も、軍務には極めて真面目に取り組んだ様子が日記から窺える。しかし正太郎が日記の自己語りでは軍隊的な規範から逸脱したのに対し、冨五郎は日記記述においても忠良な兵士であり続けた。漢字カタカナ文はそのためには最適な文体であり、最期まで忠良を貫いたからこそ、この文体も堅持されたと言える。結果的に冨五郎は、死を迎えるまで軍隊的な規範を守り抜くことにもなった。

一方で、公的性格が強い漢字カタカナ文は、私的な感情を露骨に表出し難い抑制的な文体としても機能する。本章第二節で引用した大林宣彦は「冨五郎さんの文章には、その自制心がきちんとある」と述べたが、漢字カタカナ文の特性は結果的にその「自制心」を保つにも役立った筈である。この文体は、死を意識する戦場において忠良な兵士が自身の「自制心」を保ちながら忠良であり続けるためにも適していた。すなわち、忠良さの貫徹により文体が堅持されたと同時に、文体を貫徹することで、結果的に忠良な兵士としての自己を最期まで表象できた側面もあったと言える。

しかし再言すれば、忠良な兵士であっても、正太郎のように日記の上では軍人の文体を棄てて「只一個の人間」として極めて私的な自己語りをすることもできた。死の直前まで公的な漢字カタカナ文で日記を綴り抜いたことの意味に迫るためには、冨五郎が誰に向けて、どのような自己の姿を紙面に留め、遺そうとしたかを検討する必要がある。

どのような自己を留め、遺すか——記述の取捨選択

どのような日記でも綴る内容には取捨選択が働く。本節冒頭で述べたように、その際の基準に関わるのは意識的・無意識的に想定される他者＝読者の存在である。たとえ具体的な読者がただちに想像されない状況でも、日記を読み返す自分自身はれっきとした将来の読者であり、現在の自分とは異なる他者の眼差しを有している。他者＝読者としての自己は特定の社会的・倫理的規範を体現した存在であり、その眼差しを意識しながら記述内容の取捨選択が行われることになる。

取捨選択を経て日記に綴る自己の姿とは、書き手が綴りたいと意図した自己であると同時に、読者を意識する限りにおいて「見られても構わない自己」「見られたい自己」でもある。それゆえに日記には、見聞きせずに書き得なかったことがあるとともに、見聞きしてあえて書かなかったことや書きたくなかったことが生じる。

冨五郎日記で言えば、例えば大川史織も述べるように[33]、冨五郎とウォッチェ島の島民との接触は皆無であったとは考えにくいが、日記にはわずかに「本日島民跡ヲ見学ス」（一九四三年九月二九日）との記述があるのみである。また、太平洋戦争期の南方戦線では飢餓の果てに食人がなされた記録も散見され[34]、ウォッチェ島も例外ではなかったことも窺えるが[35]、それを示唆する記述も冨五郎日記にはない。ただしどちらの事柄も、冨五郎が実際に見聞きしなかっ

たのか、あえて記録に留めなかったのかはもはや判然とせず、本章でもその点は掘り下げない。

冨五郎日記に記述の取捨選択の意識がはっきりと現れるのは、乏しい食糧の「カクシ喰イ」に関してである。「一日平均二十五、六名死ンデ行クト聞ク」（一九四五年三月一日）ウォッチェ本島に帰島し、体調が悪化の一途を辿るなか、冨五郎は一部の者が秘密裏に貴重な食糧である「丸ウデカボチヤヲ分配」するという「悪行意（為）」を目撃する（一九四五年三月一九日）。そのような行為は度々あり、その後も「配食ナベニカクシテアツタ（中略）（僕モ見ルニ見兼ね）注意ヲウナガシタ、（再三ノ悪行為）ニクム可キナリ」（一九四五年四月九日）と記している。繰り返される「悪行為」に対して、冨五郎は次のように綴っている。

> イツモダシニサレ魚ト云フ魚ハ喰セラレズ之デ魚ノコトモ再三、デアル。
> ドウシテ僕等二人ハキラハレルデアロウ、病人ナル故カナ。
> 要スルニ（カクシ喰イサル）致シ方ナシ
> 再三ノ事ナレバ　日記ニ書クノヲ止メ様（一九四五年四月一二日）

冨五郎は繰り返される「カクシ喰イ」に関して憤りつつも「日記ニ書クノヲ止メ様」と心を決める。ここに働く日記記述の取捨選択の意識は、不快な事実を綴ること自体の不快さを避けるためであろうし、自分自身が読み返す際の不快の再燃を避けるためであるとも言えよう。

「カクシ喰イ」を「日記ニ書クノヲ止メ様」と述べる冨五郎の判断に基づき日記全体を見直すと分かるように、冨五郎の喜怒哀楽の「怒」にあたる明らかな記述は皆無に等しい。その一方、喜びは「アジ二匹宮森ニイタダイタ、ウレシクテ涙ガ出ソウ」（一九四五年四月二三日）、哀しみは「休マズニゾーリ一足作ツテヤツタ。彼ハ㐂（よろこ）んデ居タ／実ニ可愛想（哀）デ見テ居ラレナカツタ」（一九四四年一二月二〇日）、楽しみは「暫ク振リノドラム缶入浴ダ、而シ入浴トモアレ気持ノ良イモノダ」（一九四四年九月一六日）といった具合に、冨五郎の個人的な「喜」「哀」「楽」の感情は日記の随所に綴られる。

「カクシ喰イ」の事例が示唆するのは、冨五郎は喜怒哀楽の「喜」「哀」「楽」については積極的に日記に盛り込んだ一方、「怒」は現実に抱いても負の感情として抑制し、日記にも綴らなかったことである。喜びと哀しみと楽しみを日記上の取捨選択で優先したのは、元々の人柄の反映であるとも言える。しかし日記に向きあい感情を言語化する瞬間においては、それらの感情を伴う自己こそが、冨五郎が綴りたい自己の姿であり、より広い時間幅で言えば、日記の紙面に留めたい、そして遺したい自己の姿であったからであろう。そのような取捨選択の積み重ねにより、過酷な戦場生活における「自己証明として、また遺書として[36]」の日記における自己の姿が構築される。結果的に冨五郎が漢字カタカナ文で紙面に留め、遺したのは、忠良な兵士として軍務を遂行する公的な自己の姿でありながら、飢餓に苦しむ戦場でも喜び、他者を哀れみ、楽しむことを忘れない私的な自己の存在の証明ともなった。日記に綴る自己の姿は他者＝読者の眼差しとの関係において形成されるとして、本項ではその眼差しを自分自身に限定して検討した。それでは冨五郎は自分以外の具体的な読者として誰を想定し、留め、遺したい自己の姿を綴ったと言えるであろうか。

留め、遺したい自己の宛先——想定読者としての家族

冨五郎の日記には、戦場で読み返す自分自身以外にも、読まれる事を想定した跡が窺える。死の六日前にあたる一九四五年四月二〇日、冨五郎が妻に宛てて日記用の手帳に記した遺書には、次のように日記に関する記述がある。

之ノ手紙文ダケヨク見テクレ
後ノ日記ハオ前ガ見テワカラナイ

僕ダケノ　キオクニ　書タノダ[37]

日記は冨五郎自身の記憶のために書いたもので、妻――すなわち自分以外の他者が読んでも分からないという。つまり冨五郎は日記は自分自身のためにだけ綴り、誰かに読ませる意図はなかったと述べるのである。しかし実際には、初めて敵機が来襲した一九四三年一一月一八日の日記に「↑　コレヨリ戦事ダ」と後から補筆的に書き込んだ跡がみられるなど[38]、「手紙以外の記述でも他者に読まれることを想定した配慮[39]」は日記の各所に見出せる。のみならず別の箇所で「父ガ丈夫ナ十八年頃書イタノダ」と補筆されたように[40]、明確に「父」として家族に宛てた伝言も遺された。すなわち冨五郎は自身の日記が家族に読まれることを想定し、このような補筆を加えたのである。

そうであるならば、前掲の遺書の文言に反して、冨五郎は自身の日記本文の潜在的な読者として、家族を念頭においていたと言っても過言ではない。冨五郎は迫る死を予感したであろう一九四五年四月一日、自身の日記を妻に届けてほしいと戦友の原田豊秋に依頼した。敗戦後に病院船で帰国した原田は、宮城県の佐藤家に日記帳とともに手紙を送り、冨五郎とのやりとりを次のように再現している。

原田君は元気でいいなー。君は必ず内地へ帰へれるよ。おれは毎日日記をつけて居る。おれが死んだなら此の手帖を君の手で必ずおれの妻のシヅエに渡してくれ。い、か頼むと云われました。自分は、おい佐藤君後二三ヶ月すれば必ず日本が勝つよそうすれば内地へ帰れるんだ弱いことを云ふない、かがんばれとはげまししばし語り合った事もありました[41]。

冨五郎が原田に託したのは家族に宛てた遺書だけではなく、日記を綴った手帳そのものであった。先に引用した家族宛の「遺書」では、冨五郎は妻に対して「後ノ日記ハオ前ガ見テワカラナイ／僕ダケノ　キオクニ　書タノダ」と語っていた。しかし実際には、家族宛の遺書のみならず、「おれは毎日日記をつけて居る」の文言が示唆するように、家族向けの補筆を含む日記全体を託したいと望んだのである。冨五郎は過酷な戦場で綴りぬいた自己の記録の全体を、家族に読んでほしいと願ったのではないであろうか。

死と隣りあわせの戦場で日々綴る日記は、切実な「留めたい自己」「遺したい自己」の集積であることは既に述べた。妻に届くべき日記を原田に託したことを踏まえ、日記の想定読者が家族であったと仮定するならば、冨五郎が戦場の生活で綴ったのは「家族に遺したい自己の姿」の集積であったと言える。その自己の姿を、冨五郎は自分自身ではどのように評価したと言えるであろうか。

本章冒頭で引用した「病死ハ絶対シナイゾ。／ガ〈餓〉死ダ食モノナシ」の一節を含む遺書では、次のように語られている。

僕ノ分マデ子供ヲ可愛ガッテ
四人ノ子供ヲ育テテ呉レ
暮ハ東京ガ良イデセウト思フ
僕ハ分隊デモ最後マデ頑張ッタ▼42

軍人にふさわしい漢字カタカナ文で綴った自己の姿とは、まさしく忠良な兵士として「分隊デモ最後マデ頑張ッタ」生存の記録であった。その記録が家族を潜在的な読み手として綴られたならば、「家族に遺したい自己の姿」とは、喜びと哀しみと楽しみを忘れず、かつ忠良な兵士として最期まであり続けた自己の姿であると同時に、あるいはそれ以上に、家族を想いながら「最後マデ頑張ッタ」夫の姿であり、父の姿であったと言えよう。それは公的な漢字カタカナ文だからこそ結晶化した一人の兵士が戦場を生きぬいた証として、家族に届き、後世に伝わることになったのである。

5　結論

本章ではウォッチェ島で餓死した佐藤冨五郎の日記について、特に死の間際まで漢字カタカナ文で綴りぬいた事実に着目して考察してきた。佐藤正太郎の日記との並べ読みを通じて、結果的に二人の兵士の戦場の記録を検証したことになる。両者とも召集を契機として軍人らしい漢字カタカナ文で出征の記録を綴ったが、その文体の放棄か堅持かという点では決定的に道が分かれた。

佐藤正太郎は、出征当初は纏っていた漢字カタカナ文を途中で脱ぎ捨て、漢字ひらがな文に移行し、しばしば「只一個の人間」として個人的な内省の記録、すなわち〈内面の日記〉を綴った。軍隊的な文体が軍隊的な規範に適合する以上、その文体を放棄することは、軍隊生活を続けながらも、少なくとも内面的にはそのような規範から逸脱した事を意味する。結果的に正太郎は、戦争の功罪を客観的に見つめる視点を獲得するに至ったのであった。

一方の佐藤冨五郎は、最期の時まで漢字カタカナ文の日記を綴りぬいた。それにより忠良な兵士の生存と死への過程が日記に刻印されることになった。冨五郎の日記は軍隊の規範を逸脱せず、忠実に全うしたひとりの兵士の生存の記録であり、「最後マデ頑張ッタ」姿を家族に見てほしいという冨五郎の書くことの意思から生まれたものであったと言える。

大川史織は「唯一、冨五郎さんが受動的であったことは、兵士としての忠義心から逃亡や投降は選ばず、島からの脱出が身体的、物理的に困難な状況に対する運命は受け入れる態度をとったことだ」と述べながらも「身を削りながら日記を書き続け、命を燃やした冨五郎さんの生き様に、私は静かなる抵抗と闘志を感じる」と結んだ。[▼43]「忠実な兵士の日記ほど、戦争の非合理を浮き彫りにする」[44]と西川祐子が述べるように、漢字カタカナ文で綴られた冨五郎の日記は、まさしく最期まで綴ることで、飢える戦場で軍人としての務めを貫き、餓死に至るという非合理を後世に伝えることになった。すなわち冨五郎が軍隊の規範を守り抜いたことが、逆説的に「国民教育装置の意図から最も大きく逸脱する」[45]結果になったとも言える。

その意味において、佐藤正太郎と佐藤冨五郎は両者とも、全く異なる方法ではあるが、結果的に逸脱した軍隊日記を遺した。正太郎は軍人の文体を棄てることで非軍人的な視点で戦争を見つめる視点を獲得するに至り、冨五郎はまさしく死に至るまで軍人の文体を堅持し、記録することで、戦争の非合理の記録を遺す結果となったのである。戦場で綴られた多くの軍隊日記が遺らなかった以上、幸いにも今日に遺された二通りの逸脱の意味をどう受けとめるかは、これから日記を読み解く読者に委ねられている。

▼注

1 「軍人」は軍籍にある人間の総称ではあるが、本章では特に、「軍人精神」の語が意味するような理念的・規範的な総称として用いる。それに対して召集された身分には「兵士」の語を用いる。この使い分けは以下に示す藤井忠俊の語感覚に従うことでもある。「兵は軍人なのかという前提問題がある。／あわれをさそうのは、兵の遺書に自分を軍人と表現しているものがかなりあることである。しかし、おそらく召集された兵たちで自分を軍人と自覚しているものは本当に少ないだろう。〔中略〕彼らにとって軍人とは、軍人を職業にして給料をもらっている人、もしくは高学歴で幹部候補生になったものたちのことであって、これに対して自分は運悪く召集された一兵卒だと思っている。こういう人たちが軍人精神をたたきこまれるというのは、酷なことではある」（藤井忠俊『兵たちの戦争――手紙・日記・体験記を読み解く』朝日選書、二〇〇〇年、五七頁）。

2 近代日本の軍隊における日記指導については、一ノ瀬俊也『近代日本の徴兵制と社会』（吉川弘文館、二〇〇四年）の第一章「日露戦後の兵士『日記』にみる軍隊教育とその意義」が参考になる。

3 軍隊教育実験会編『新兵教育ノ実験』（兵事雑誌社、一九一一年）、一八一頁。

4 同前、一八二頁。

5　軍隊日記における点検指導の実例は、本書総論、および田中祐介「研究視座としての『日記文化』――史料・モノ・行為の三点を軸として」（田中編『日記文化から近代日本を問う――人々はいかに書き、書かされ、書き遺してきたか』笠間書院、二〇一七年）を参照されたい。なお大正期の六週間現役兵の日記と教官の点検指導については本書第Ⅱ部6章（堤ひろゆき）が取り扱う。

6　ドナルド・キーン『百代の過客――日記にみる日本人』（金関寿夫訳、講談社学術文庫、二〇一一年）、二六頁。

7　もちろん綴られた軍隊日記の数は膨大であるため、実数で言えば漢字ひらがな文で綴られたものも少なからずあったことは補足しておく。太平洋戦争期の兵士の日記で一例を挙げると、ニューギニアに出征した田村義一の日記（一九四三年一月五日から一二月八日まで）は原則として漢字ひらがな文で綴られた。田村の日記は全文翻刻され、日記画像とあわせてインターネット上で閲覧できる。「豪日研究プロジェクト」のウェブサイト（ajrp.awm.gov.au/AJRP/AJRP2.nsf/Web-Pages/TamuraDiary_J?OpenDocument、二〇二一年一〇月一〇日最終アクセス）を参照されたい。

8　坂本政衛門『陸軍士官学校生徒及学生心得』の「附表第一　軍隊日誌記載様式」（『近代日本軍隊教育史料集成　第五巻　陸軍士官学校（一）』柏書房、二〇〇四年、五四四頁）。

9　干城生編『公私文例　軍人用文章』（三沢書店、一九〇一年）、二一―二三頁。

10　田中「研究視座としての『日記文化』」、三四―三八頁。

11　西村皎三「ハガネ」『詩集・遺書』（揚子江社、一九四〇年）、三四―三五頁。

12　吉田満『戦艦大和ノ最期』（創元社版、一九五二年）の林房雄による跋文より。

13　江藤淳「序」吉田満『鎮魂戦艦大和』（講談社、一九七四年）、三―四頁。

14　大川史織編『マーシャル、父の戦場――ある日本兵の日記をめぐる歴史実践』（みずき書林、二〇一八年）所収。大川は佐藤冨五郎の長男である勉とともにウォッチェ島を訪れ、その記録を映画『タリナイ』（二〇一八年公開）、『keememej』（二〇二一年特別配信）として公開した。本書第一二章には、映画公開から一年を記念した特別講演の内容を収録する。なお本章では冨五郎の日記を多く引用するが、誤字脱字等の補記は同書に従い、個々の参照頁は日記の日付がある場合は煩瑣を避けるために省略し、該当する年月日のみを記す。

15　「佐藤冨五郎日記」大川編『マーシャル、父の戦場』、二八一頁。

16　青森県史編さん近現代部会編『青森県史　資料編　近現代8　日記』（青森県、二〇一七年）所収。同書全体の紹介文としては、田中祐介「［書評と紹介］『青森県史　資料編　近現代8　日記』」『弘前大学國史研究』（第一四三号、二〇一七年一〇月）も参照されたい。なお佐藤正太郎の日記についても、佐藤冨五郎の日記と同様、誤字脱字等の補記は同書に従い、日記の個々の参照頁は省略して年月日のみを記す。

17 佐藤冨五郎の略歴は、大川史織による「佐藤冨五郎、三九年の生涯」（大川編『マーシャル、父の戦場』、一四八―一四九頁）に加え、同書の「佐藤冨五郎　年表」（二八六―二八七頁）を参考にした。

18 原田豊秋から日記が届けられた経緯については佐藤勉「父の日記と父の島」（大川編『マーシャル、父の戦場』所収）を参照のこと。また同書冒頭には原田の手紙全文の掲載がある。

19 キーン『百代の過客』、二六頁。

20 仁平義明「偶然の出逢いが日記をつなぐ」大川編『マーシャル、父の戦場』、六六頁。発言は対談相手の大川史織による。

21 仁平「偶然の出逢いが日記をつなぐ」、五九―六〇頁。

22 大林宣彦「名もなき人びとへの想像力　平和のための芸術」大川編『マーシャル、父の戦場』、一三頁。

23 「佐藤冨五郎日記」、大川編『マーシャル、父の戦場』、一五六頁。

24 同前、二一〇―二一一頁。

25 このほかには「敵上陸算大なりと司令訓示有リ。何んとした事だ」（一九四四年一〇月一〇日）のように、危機的な状況を迎えた動揺を記す際にも漢字ひらがな文が用いられるとも言えるが、これについては印象論を越えないので、本章では取り扱わない。

26 冨五郎日記の本文で唯一、一九四四年四月二四日の記録は漢字ひらがな文で綴られるが、前後の日と比較して特段異なる点はない。

27 佐藤正太郎の略歴は、「佐藤正太郎日記」の解題（荒井悦郎執筆）を参考にした。青森県史編さん近現代部会編『青森県史資料編近現代8　日記』、四八〇―四八五頁。

28 同前、四八四頁。

29 同前、四八二頁。

30 〈内面の日記〉については、西川祐子『日記をつづるということ――国民教育装置とその逸脱』（吉川弘文館、二〇〇九年）の第四章「内面の日記の創出」を参考のこと。個別の論考としては田中祐介「多声響く〈内面の日記〉――戦時下の第二高等学校『忠愛寮日誌』にみるキリスト教主義学生の信仰・煩悶・炎上的論争」（田中編『日記文化から近代日本を問う』所収）がある。

31 田中「研究視座としての『日記文化』」、一六―一七頁。

32 本論からやや逸れる論点で言えば、仮に二〇代半ばであった正太郎の日記と、四〇代に近い冨五郎の執筆時点の年齢差を考慮するとして、青年期の延長にある正太郎が〈内面の日記〉に傾きやすかったとは言えなくないが、それだけでは冨五郎の文体堅持を説明することはできない。また戦地で綴られた両者の日記には点検された痕跡もなく、正太郎の軍隊批判や冨五郎の悪行為の記録など、見られれば咎められうる内容が率直に綴られることから、軍隊内の他者の眼差しが文体に影響を及ぼした可能性は考えにくい。

33 「勉さんと滞在したウォッチェ島で、戦火が激しい島内を逃げ惑い、命がけで海をわたった島民の話も聞いた。『祖父がエネヤ島で日本人と働いていたよ!』と話しかけられる場面もあった。複数の証言を照らし合わせると、昭和一八年八月にウォッチェへ上陸した冨五郎さんがマーシャル人と接触していたことは、ほぼ間違いない」(大川史織「わたしの〈タリナイ〉」大川編『マーシャル、父の戦場』、九六―九七頁)。

34 文学作品でこの主題を扱ったものとしては、大岡昇平「野火」や武田泰淳「ひかりごけ」がよく知られる。

35 北島秀治郎「マーシャル諸島ウオッゼ島の惨状――敗戦下孤島の人間像」井畑憲次・野間宏編『海軍主計科士官物語』(浴恩出版会、一九六八年)、一七〇頁。また大川史織の映画『タリナイ』にも、ウォッチェ島の住民が祖父から伝え聞いた話として、そのような事例に言及している。

36 藤井『兵たちの戦争』、五七頁。

37 「佐藤冨五郎日記」、二八〇頁。

38 同前、一七一頁。

39 大川「わたしの〈タリナイ〉」、一〇一頁。

40 「佐藤冨五郎日記」、一五六頁。

41 原田豊秋の手紙の翻刻より。大川編『マーシャル、父の戦場』、五頁。

42 「佐藤冨五郎日記」、二八一頁。

43 大川「わたしの〈タリナイ〉」、一一七頁。

44 西川『日記をつづるということ』、二九六頁。

45 同前同頁。

Chapter 8

8章

昭和初期農村の「模範処女」たちの自己語り
——県農会立女学校の生徒・卒業生作文に見る規範意識と「少女文化」

徳山倫子

昭和戦前期において「農家の嫁」になるように指導を受けた農村の未婚女性たちは、都市への憧れを抱くことが否定され、農村の「模範処女」としての規範に沿って自己を綴ることが期待された。かかる彼女たちの文芸空間は都市から隔絶されたものではなく、都市部の「少女」たちの流行であった「少女文化」の影響を受けていた。本章では農村の「模範処女」としての規範と「少女文化」の関係性について、「農家の嫁」の養成を目的として県農会により設置された女学校の生徒・卒業生の作文を題材に考察する。

1　はじめに——近代日本における農村の未婚女性の書記行為をめぐって

近代日本史において農村女性は、「家父長制のもとで過重労働を強いられる農家の嫁」という側面から主に描かれてきた。[注1] 単なる農事記録ではない、自己の内面を綴る営みが農村青年の間で普及していた昭和初期になっても、[注2] 日々の農事や家事に追われた農村女性には自己を綴る余裕などなかったと考える読者は少なくないかもしれない。[注3] しかし、学校教育に目を向けると、昭和初期には大部分の農村出身者が義務教育修了程度のリテラシーを身につけていた。[注4]「農村の児童らしく」綴ることを期待する生活綴方教育が普及したのもこの頃のことである。[注5] 雑誌メディアに目を向けると、農村の大衆雑誌として農家の主婦の声を掲載した雑誌『家の光』の創刊は、一九二五（大正一四）年のことであった。[注6] ところが、農村の主婦になる以前、児童期を過ぎた農村の未婚女性たちがどのように自己を綴ることが期待され、そしていかに綴ったかについては、これまでほとんど着目されてこなかった。

尋常あるいは高等小学校を卒業した農村出身の未婚女性は、一部の者は高等女学校などの中等教育機関に進学することができたが、そうでない者は、農村の男女青年層が通う最大規模の教育機関であった実業補習学校や、中等教育機関への進学機会に恵まれない未婚女性を対象とする社会教育団体であった処女会に所属することとなった。これら教育行政主体の学校および社会教育の他にも、農会などの組織や私人により農村の未婚女性を対象に教化・啓蒙を行う場が各地に設けられた。

教育施設で綴られた作文は、関連機関により発行された雑誌に掲載される場合があった。[注7] 秘匿性が生じ得る日記と比較して、教育現場で書かされ、あるいは雑誌に投稿するために綴られる作文は、指導者や編集者のまなざしが必ず意識され、綴られる内容は規範からの制限を受けた。本章ではこうした性質の資料である作文を題材として、義務教育後も引き続き教育を受けた農村の未婚女性たちが、指導者が示す模範像に対していかなる自己語りで応答したのかを検討したい。

近代日本の未婚女性の書記行為については、主に「少女文化」（「女学生文化」とも言われる）研究で分析の対象とされてきた。都市新中間層の高等女学校生から広まった「少女文化」において、少女雑誌や少女小説を読み、手紙や日記を綴るといった書記・読書行為は重要な位置を占め、[注8] 少女雑誌から派生した「美文」の影響を受けた叙情的でロマンティックな文体が流行した。[注9]

「少女文化」は都市部の高等女学校の流行と考えられがちであるが、地方へ、あるいは高等女学校生以外の未婚女性へと地域的・階層的に広がりを見せていたことが明らかにされつつある。[注10] 高等女学校に進学した農村出身者の作文が少女雑誌・少女小説の影響により、「空疎で軽薄な、嫌味な文学少女的」なものに変わってしまったと批判する綴方教育者の存在を指摘した、河内聡子の論も示唆的である。[注11] ただし、農村の未婚女性たちがいかに「少女文化」の影響を受けていたのかを、実際に彼女たちが綴った文章の分析から明らかにするという試みはなされてこなかった。

他方、処女会の機関誌として一九一八（大正七）年に創刊された『処女の友』では、少女雑誌の世界観とは異なる文芸空間が展開されていた。管見の限り、戦前期農村の未婚女性による文章を題材としたほぼ唯一の先行研究である、同誌の文芸欄における詩の分析を行なった渡邊洋子の論稿では、銃後女性としての自覚に傾倒する戦時体制期以前に掲載された詩は、自然や労働をテーマに農村を称揚するものや、都市への批判を綴るものが中心であったことが明らかにされている。[注12]

渡邊の論稿で示唆的な点は、『処女の友』誌上の戦時体制期における銃後への収斂は、時局に関する記事を掲載するように編集部へと圧力がかかったためであり、投稿者も採用されたいがために時局的なテーマを意識的に選択していたということにある。[注13] 戦時体制期以前の農村を称揚する作品も、農本主義が農村大衆の間で支配的なイデオロギーではなかったという先行研究の議論をふまえると、[注14] 農村の未婚女性たちの間で自然発生的に生じたものでなかったことは明白であり、読者たちは『処女の友』の編集方針に合わせて、農村の未婚女性として模範的な文章を模索し投稿していたと考えるべきであろう。

では、模範的な農村の未婚女性とはどのような存在だったのだろうか。筆者はこれまで、三重・富山・広島・福井・千葉・山形・青森の七県の県農会により、[注15] 一九二〇～三〇年代にかけて設立された女学校（以下、農会女学校）[注16] の研究を通して、戦前期の農村における「模範処女」[注17] 像について検討してきた。[注18]

農会女学校は、農村の未婚女性の都会志向による農村の「嫁不足」を深刻に受け止めた県農会により、都市的な教育を行う高等女学校や、裁縫教育に偏重している実業補習学校とは異なる、農村の主婦を養成するための学校として設立された。[注19] 農会女学校はいずれも寄宿舎制で五〇前後から一〇〇人程度で共同生活が実施された。専用校舎と実習園を有し一年の就学期間が設けられた千葉県農会立家政女学校以外は、専用の校舎設備がなく、寺院や農会

の施設などを利用し、三週間～三ヶ月程度の就学期間で毎年場所を変えて開設される「移動式」の学校として運営された。▼注20

就業期間の長短により指導のレベルに差はあったが、卒業生たちは農村の「模範処女」として郷里の処女会で指導的立場を担い、自ら進んで農家に嫁ぎ、農村の生活改善に努めることが期待された。▼注21 影響力のある少数の「模範処女」がそれぞれの郷里で活躍することで農村改善を波及させることを目指した農会女学校は、処女会のように全国規模で展開された組織ではなかったが、農村の女子教育施設の中では極めて急進的な存在であったことは間違いない。

農会女学校の授業で課された作文は、各県農会の機関誌である県農会報に掲載された。また、一部の卒業生は自発的に県農会報に作文や近況を投稿していた。これらの文章には、農村の「模範処女」としての自己意識が綴られた一方で、「少女文化」の影響を感じさせる文体で自己を表現する者も存在した。

本章では、県農会報に掲載された生徒・卒業生による文章を資料として、農会女学校において「少女文化」は、必ずしも「模範処女」という規範からの逸脱と見なされたわけではなく、未婚女性たちの欲求と県農会側の方針の相互作用により生じた表現であったことを明らかにする。▼注22 指導者から検閲を受ける作文における自己語りのありようを、規範的か逸脱的かという単純な物語として描くのではなく、自己を綴る場で芽生える多様な感情により選択された創作と捉えることに本章の視座がある。

2　学校・生徒・読者を媒介する県農会報

2・1　県農会報の史料的性格

農会女学校関連の記事が掲載された県農会報の例として、一九二八（昭和三）年五月号の『福井県農会報』の目

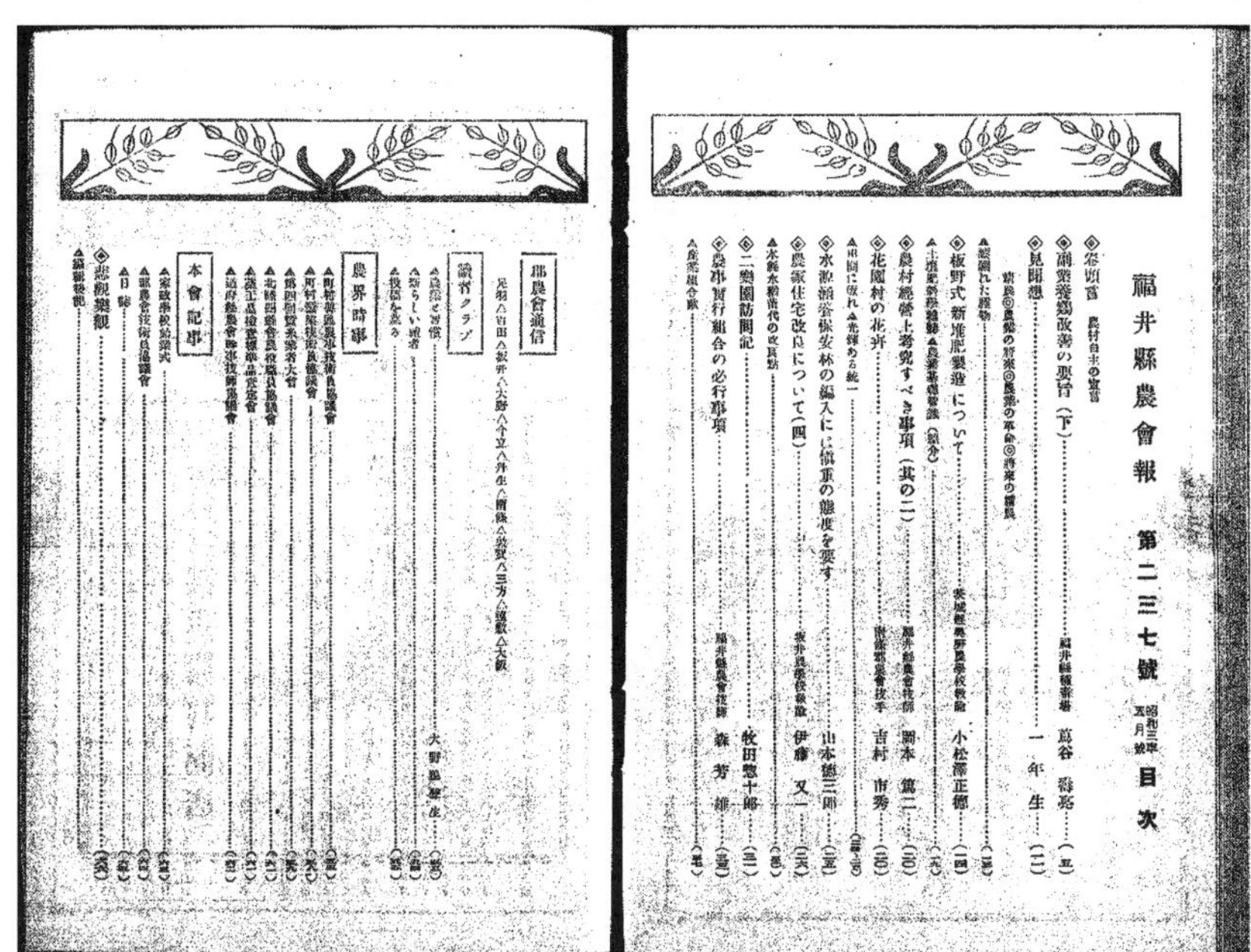

❶『福井県農会報』（1928（昭和 3）年 5 月号）目次

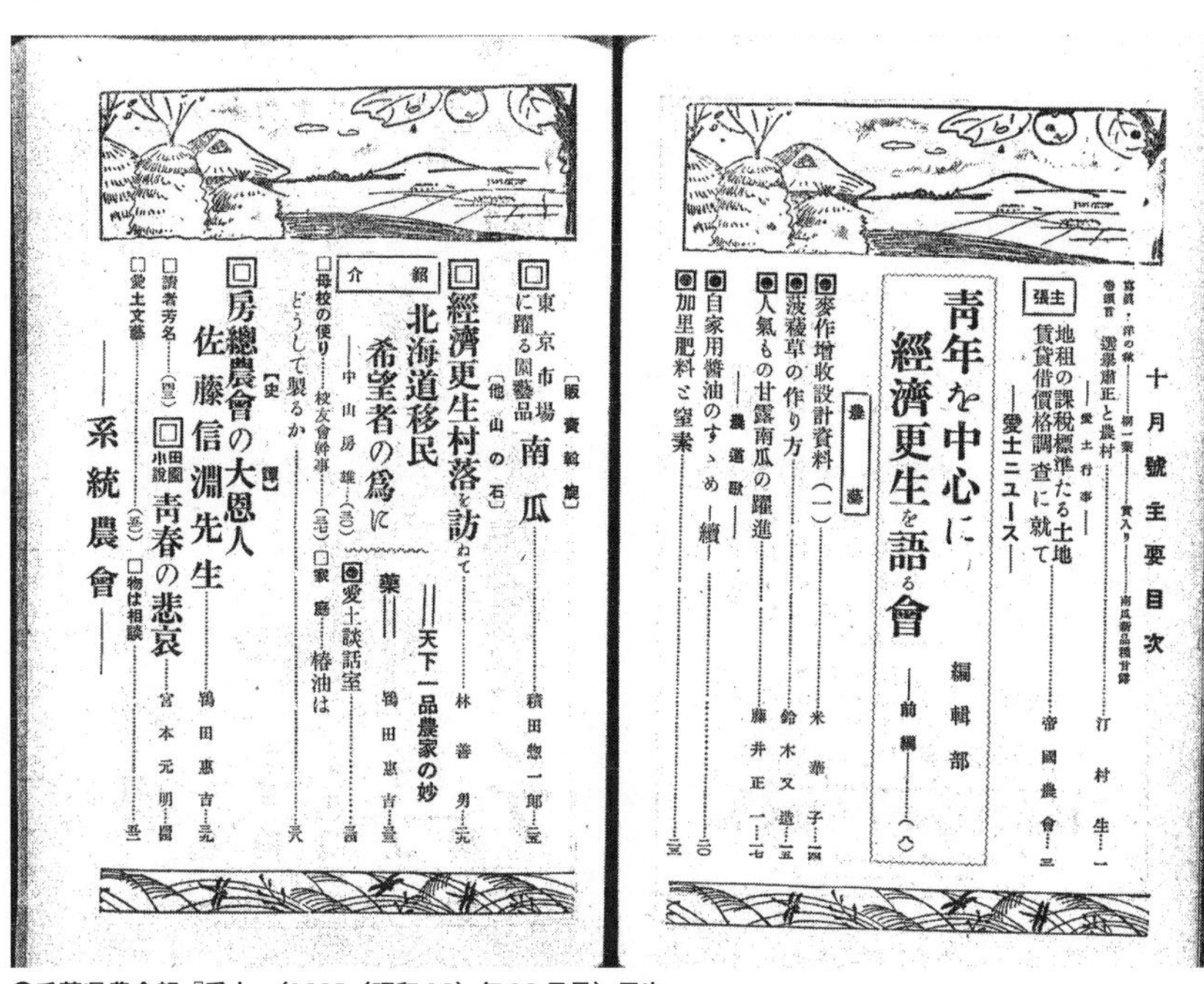

❷千葉県農会報『愛土』（1935（昭和 10）年 10 月号）目次

次を❶に、一九三五（昭和一〇）年一〇月号の千葉県農会報『愛土』の目次を❷に示している[注23]（❶では「家政学校始業式」、❷では「母校の便り」が女学校関連記事）。❶は農業や農家経営についての情報誌としての府県農会報の典型例と言えるものであり、「農村経営上考究すべき事項」といった農家経営に関する記事や、「副業養鶏改善の要旨」・「板野式新堆肥製造について」といった農業に関する記事を中心に、県内の郡農会の近況を知らせる「郡農会通信」や、農業界の時事を報じる「農界時事」が掲載された。「読者クラブ」では読者からの投稿が募られたが、投稿者は基本的に男性農業者であった。

かかる誌面展開のイメージから、府県農会報は農会・産業組合の役職員や少数の篤農家が目を通していたに過ぎないという通説があったが、伊藤淳史は農会報の普及度は府県による差が大きく、この差異は編集の力量や方針に由来していたと指摘している[注24]。

たとえば、府県農会報の中でも読者が多かったと言われる『愛土』では、一九三三（昭和八）年に青年層向けの頁が刷新されるなど、世帯主以外の農家構成員にも目を向けた編集方針が採られていた[注25]。❷を見ると、同号にも「麦作増収設計資料」といった農家経営に関する記事や、「菠薐草（ほうれんそう）の作り方」・「人気もの甘露南瓜の躍進」といった農業に関する記事が掲載されていたが、特に大きな字体で強調されたのは「青年を中心に経済更生を語る会」という記事であった。農村の青年層を中堅人物として指導することが掲げられた経済更生運動下の府県農会報において、このような記事はありふれたものとなりつつあったが[注26]、『愛土』では青年層読者の開拓に留まらず、女性読者を意識した家庭欄や（同号では「椿油はどうして製るか」）、田園小説などの文化・娯楽記事（同号では「青春の悲哀」）が掲載され、家庭雑誌としての性格を持たせることも意識されていた。

以上のように、農会報は時期や府県によって掲載される記事の性格や読者層が異なっていたが、いずれにしても女性読者は男性読者より相対的に少なかったと考えられる。その中で、「私の心を慰めてくれるのはやっぱり愛土雑誌だけより外ありませんすつかり愛土精神に感化されて働いて居ります[注27]」、「毎月力の溢れて居る農会報を手にする度に、お慕つかしき諸先生に御会ひ致します様な気が致しまして」[注28]などと投稿した農会女学校の卒業生たちは、県農会報に文章が掲載される数少ない農村女性の一員であった。

2・2　県農会による「模範処女」養成のアピール

各県農会報の大半の号において、農会女学校については県農会の取り組みのひとつとして、誌面の一部の頁で近況が報告されるに過ぎなかったが、稀に多くの頁を割いて女学校特集が組まれることがあった。たとえば、千葉県農会立家政女学校の設立後間もなく発行された、一九二九（昭和四）年三月号の『愛土』は「農村愛娘号」とされ、ほぼ女学校関連の記事のみで構成されていた。同号の巻頭では、近年の農家における教育費用や、「漸く華美に流れん傾向を示」す「娘女」の結婚費用の負担の増加は、「父兄に大なる責任ありと雖も、今日の子女教育に伴ひ子女の思想の変化に因する所大」であることから、「農村娘女教育の改善」は「焦眉の急務」であり、「農村主婦としての家政訓育」や「人間的修錬」を行うために女学校を開設したと述べられた。[注29]

全五二頁の同号では「農村愛娘のさけび」と題された生徒作文の特集が組まれ、半分近くを占める二四頁にわたって生徒の作文が掲載された。さらに、「愛土都々逸衆」と称するこの時期の『愛土』で恒例となっていた都々逸のコーナーでも、「お嫁とるなら家政出をとりな家の繁昌嫁次第」、「もらひあてたよ今度の嫁は家政学校のイの一さ」、「人の目につく持参はないが家政女学の卒業状」といった、農会女学校が「農家の嫁」の養成に適した学校であることを強調する歌のみが掲載された。[注30]県農会報では農会女学校の宣伝のため、農会職員による真面目な文章のみならず、時に砕けた表現で読者の関心を惹き、女学校事業への関心や理解を促そうとしていた。生徒や卒業生による作文は農会女学校の指導の成果を報じるうえで、説得力のある「生の声」として掲載されたと考えられる。

県農会は模範的な卒業生の活躍を掲載することで、女学校事業の成果をアピールしていた。たとえば、「地方の模範処女として推賞」された広島県農会立家政女学校のある卒業生は、「病母に孝養怠りなく、父を扶けて一町二反歩の耕作に従事」し、「其他農業上家政上に本校卒業生たるの面目を施し、結婚はつとめて農家を希望し、処女会に於いては一般を指導する立場」にある人物と紹介された。[注31] 自宅で家業に従事しながら農業に「一位専心」した福井県農会立女子家政学校の卒業生は、「奮励処女」として「他に模範を示し郷土の人々の称賛の的」であると報じられた。[注32]

未婚女性に対する「処女」という呼称は、処女会の設立により普及したものであった。処女会は明治末期の地方改良運動により設置が進められたものであり、「少女」と呼ばれた新中間層の子女とは階層性が異なる、[注33] 中等学校への進学機会がない未婚女性を教化するための団体であった。[注34] 農村の未婚女性に用いられる「処女」という呼称は、単に「純潔」を意味するだけでなく、階層性や規範性を含意していたのである。[注35] 農会女学校では「処女」の他にも様々な表現が生徒・卒業生への呼称、あるいは彼女たちが自身を称する言葉として用いられたが、[注36] 本章では農会女学校の指導理念に従い、模範的にふるまう生徒・卒業生を「模範処女」と呼ぶこととしたい。

3　農村の「模範処女」としての自己語り

3・1　入学の経緯と動機

農会女学校の生徒は主に学校が開設された地域周辺の農村出身者であり、一〇代後半を中心として二〇代半ばまでの、尋常および高等小学校卒・実業補習学校在学中および修了・高等女学校卒など多様な学歴の者が入学していた。[注37] 農会女学校を知った経緯については、村の農会職員から聞いた、[注38] ポスターを見た、[注39]「人の噂」、[注40] 友人が通っていたといったことが作文に綴られており、[注41] 生徒たちは様々な経緯で学校の存在を知ったことがわかる。入学の動機については、中等学校に進学することができなかったから、[注42]「修養」のため、[注43] 母から「行儀」を習うように勧められたからといったことが挙げられ、[注44] 農村の「模範処女」養成という農会女学校の趣旨は周知、あるいは理解されていなかったことがうかがえる。農会女学校の生徒・保護者は、必ずしも農村を意識して入学を決めたわけではなかったのである。

他方で、地域の教育関係者の勧めにより農会女学校に入学する者もあった。地元の実業補習学校在学中に、教員の勧めにより広島県農会立家政女学校に入学した者は、「昨年十二月補習学校の丸山先生より承つたあの家政女学校……我等の趣旨と似通つてゐるから来る一月より三ヶ月間の課程を了へて帰へり堅実な農村の処女として又行く先々は立派な農家の主婦として活動して呉れぬか」[注45]と言われたと振り返っている。

広島および山形の農会女学校では実業補習学校在校中の者が生徒の一定数を占めており、[注46]教員からの推薦で、実業補習学校を一時休学して農会女学校に入学するルートがあったようである。この作文の書き手が暮らす村には「彼の華やかな都会にと憧れる者」はなく、「皆農村に安住して農家の主婦としての素養と資格を造るべく、補習学校に通学してゐ」るとも綴られており、[注47]同地域の実業補習学校では農村の主婦の養成を意識した指導がなされていたと考えられる。ただし、実業補習学校教員の農村振興への意欲は温度差が大きく、[注48]かかるルートから農会女学校に入学した生徒であっても、次に引用する作文に見られるように、必ずしも農村・農業への意識が高くなかった者も存在した。

3・2　農業・農村への認識の変化と都市憧憬批判

実業補習学校を休学して広島県農会立家政女学校に入学した他の卒業生は、「農家に育てられ乍ら何等農業に対する知識も得ずそれで居て満足して居た私です。否寧ろ農業を怠嫌つた一人で御座いました」と告白した。ところが、同校に入学したことで「嫌だつた農業も好きになり稲田に蔬菜園に研究的態度を以て向はせて頂く事の出来る乙女」となり、復学した実業補習学校の「農業」の授業も、「他の方はいや〳〵乍らなさいます。けれど私は面白くてなりません」と綴った。[注49]農会女学校の生徒・卒業生の自己認識については後に考察するが、ここでは、同作文の書き手は自己を「処女」ではなく、「乙女」と表現したことに注目しておきたい。

同作文のように、農会女学校に入学する以前は農業を嫌っていたが、入学後に認識が変わったと述べる作文は、他県の農会報にも掲載された。たとえば、青森県農会立尊農女学校のある生徒は、「尊農女学校に入る前は百姓なんか大嫌ひと考へました」が、「諸先生から農事の根本からお話を承り帰郷後はせつせと働き本当の面白味を持つやうになりました」と綴り[▼注50]、同校の他の生徒も「農業には余り関心を持つて居りませんでした。云ひかへると余り好きではなかつたのです、でも小山田先生の農民道の御話を伺つて居りますと、私の考の間違つてゐた事がしみじみと感じられました」[▼注51]と綴った。

農村への認識の転換は、入学前に抱いていた都市憧憬の気持ちへの反省や、このような気持ちを抱く若者への批判とともに綴られる例が数多く見られた。農会女学校では都市部への社会見学が時折なされたが、電話交換局を見学した福井県農会立女子家政学校の生徒は、「今まで夢みて居た職業はこんなのでした、毎日きれいに着かざつて通ふ姿に、憧れて居たのです、でもあのせまくるしい所で、体の小さくなる様な仕事を見て、やはり農業の有難みを覚え、こゝでも農村の土となるべく働く決心をかためる事が出来ました」[▼注52]と綴った。「どんなにお友だちが都へ走らふと正子は矢張り土の上に働くのだ」と表明した千葉県農会立家政女学校の卒業生は、「土に引付ける力よりも都に走る力の方が遙に強いものか看護婦、女中、女店員、事務員、交換手、タイピストと、どし〳〵吸はれて参ります」と嘆いた[▼注53]。山形県農会立農村女学校の生徒の友人は、「高等小学校を卒業すると非常に都会にあこがれて自分はきつと立派な洋裁家になるんだと大きな希望をいだいて東京に行つた」が、「今は気候が合はないとか言つて入院」しており、「私も東京なぞに行かず百姓しておればよかつたと後悔してゐ」ると語ったという[▼注54]。

生徒たちの農業や農村への認識の変化を促したのが、農会女学校の講師を勤めた県農会職員であった。職員は生徒たちの都会に憧れる気持ちを否定し、時に情に訴えかけた。「自分も都会に行つて立派になつて故郷に帰つても仕事をしたい」という、「悪い心持」を抱いていたという青森県農会立尊農女学校の生徒は、農業は「尊い職業」

で「国の本」であり、「本県が疲弊してゐるのを振ひ興す」ためには「農村の私達のやうな女性が一生懸命になつて業務に励」まなければならないと諭された。そして、「自分も農民として生れて来た以上」は、「立派な農村の女性」にならなければ「此の世に生れた面目がな」く、また、「熱心に私達のやうな虚栄心に富んでゐる心を治すやうに教へて下さつてゐる先生方に何と言つて良いかわから」ず、さらには、「尊農女学校最初の卒業生として県農会に申し分けが立たない」と綴った。[注55]

農会女学校では女性が農村のために働くことは、疲弊した農村を、ひいては国家を助けることに繋がると指導されたことがうかがえる。[注56] かかる農村救済のための勤労の精神が、農会女学校の指導方針の一面であったことは間違いないが、生徒たちはただ闇雲に働くだけでなく、農村の生活改善を担うことも期待された。[注57] 生活改善への意気込みがにいかに綴られたかについては、次に検討する。

3・3　農村の生活改善への意気込み

第一次大戦後より都市新中間層を念頭に展開された生活改善運動は、間もなく農村にも波及し、諸団体の活動に影響を与えた。[注58] 特に、「若き女性の都市憧憬を責むる」前に、「住みよき農村を建設し農業を文化的ならしめ」る必要があるという方針を掲げた千葉県農会立家政女学校では、農会女学校の中でも特に生活改善の指導に力が注がれ、実習園を利用した園芸作物の栽培と家畜の飼育により、当時理想とされた多角的な農業経営の実践と栄養改善のための調理指導に重点が置かれた。[注59]

同校のある生徒は、「我等は農村がいやではないのだ、農業が嫌いではないのだ只々進むこの世に昔ながらの進出を見出すことの出来ぬ、古い習慣にとらはれた現在が不満足でならない。そこで小さい私達の力もせめての農村改善のお足しにと思ふ許りであります」[注60]と、農村生活改善への意欲を綴った。[注61] また、「家政女学校にてきたへ上げた手で、か弱きながらも毎日の自分の仕事を果して居」るという卒業生は、「農村振興といふ事に責任を以つてやつて居ります。フライも揚げて見ました。大豆も煮て見ました〔中略〕雨でも降つたら君焼でも八千代巻でも、いろ〳〵な物をこしらへて見たいと思つて居ります。お父さんにフライパンも買つて戴きました」と、家庭での食生活改善の取り組みについて綴った。[注62]

この作文からうかがえるように、郷里に帰った卒業生が生活改善を実践するには、生活のあり方を変えることへの家族の同意や、「フライパン」などを購入する経済的余裕が必要であり、かかる同校の指導方針には大多数の農家の実態と乖離していると批判が寄せられることがあった。[注63] 農会女学校の卒業生においても、生活改善以前に農家生活の厳しさに直面した者や、[注64] 農家との結婚を拒んだ者は少なからず存在したと考えられる。[注65] たとえば、福井県農会立女子家政学校で行われた無記名のアンケートでは、「どうしても農村に生活するのは嫌だといふてある裏に農村美を讃へ」ているものや、[注66]「農作業中嫌ひと思ふこと」という問いに対して「農事作業は皆嫌ひ」というものがあったことが報告されている。[注67]

以上をふまえると、「模範処女」としての自己意識は指導者の期待に答えるための建前として綴られた可能性が示唆されるが、本論ではかかる作文を単なる偽りの告白と見なすのではなく、創作性を孕む自己語りとして捉えたい。都市憧憬への反省や農業・農村への認識の変化、生活改善への意気込みは、それまでの人生で得た経験や知見を、指導内容と何らかの形で結合させることで綴られたはずである。作文に真実と虚構あるいは創作をいかに混在させるかは、それぞれの書き手の裁量に委ねられ、書き手は指導を内面化できていることをアピールし、期待に応える優等生としての自己を演出することが可能であった。

4　県農会報を彩る「少女」たち

4・1「少女文化」をまとう生徒たち

作文における創作性は、文章の内容のみでなく文体や形式に凝ることで発揮される場合もあり、農会女学校の生徒・卒業生の作文においては、「少女文化」の影響を感じさせる文体が散見された。特に顕著な例として、青森県農会立尊農女学校のある生徒の作文を以下に引用する。

夢の上にも夢見る若き私達にとつて春の光は総ての悩みを溶解してくれる魔力を持つて居ります。光麗らかに漾う日曜日の朝、悠々と打返す浪の音に誘はれて、白銀一色の上に訪れる者もまばらな足跡を辿りつゝ、春浅き朝の合浦に思索の歩を向けました〔中略〕胸中の一隅で絶えず反省、感謝、自覚、反省、感謝、自覚、と小さく叫ぶものを幽かに聞き、思はず胸を抱きしめ反省の幻想を辿りました。神の造り給ふた自然のパラダイスであるところの農村に生れ大なる土の懐に抱かれて生きて行く此の幸福を感謝せずに居られませうか〔中略〕ヴイタミンよりも大事な愛の欠乏に心から楽しむ何物も持たず、如何にも無智そのもの、様な無表情な暗い顔をして、人造機のやうな境遇に甘んじ、黙々として働いて生涯を終る農村の女〔中略〕これを打破して新しく生きる力を持たないのです、力、それは心の糧です▼注68

同作文は「パラダイス」・「ヴイタミン」といった複数のカタカナ語や、「夢」・「魔力」・「幻想」・「愛」といったロマンティックなイメージを持つ言葉を多用した、抒情的な文章で綴られている。かかる過剰に感傷的かつ装飾的な文体は、少女雑誌から広がった「美文」の影響を受けたものであることは間違いない。▼注69 同作文の書き手の真意は、自然豊かな農村を美化し旧来の農村女性を批判することで、農会女学校の指導への理解を示しつつ、かつそれを「美文」で表現することができる素養を披露することにあったのだろう。

農会女学校生徒の文章における「少女文化」の影響は、同世代の女性に向けた手紙文にも見受けられた。近年翻刻された大正末期から昭和初期における京都府立の高等女学校生の手紙文においては、「〜ね」・「〜よ」・「〜わ」

といった文末表現が多用されるなどの文体的特徴が見られたが、[注70]学校生活について家族や友人に知らせる手紙形式の文章を書くことが課題とされた福井県農会立女子家政学校の生徒作文にも、特に友人に宛てた手紙で同様の文体が散見された。たとえば、「君子様ね、家政学校の生活は非常に正しい生活ですわ、私等の我儘に育つたものには非常につらい感じのおこる事も御座います、でもこれも修養ですものね」[注71]、「ほんとうに心の底から修養出来、一心になれるわ、女学校時代の様に、ふら〳〵ではないわ皆一生懸命よ。ねえ、市子さん、来年はきつとお入りにならない？」[注72]といったものである。

本田和子が「女学生ことば」と名付けたかかる表現は、[注73]地域の言葉遣いが優先された話し言葉よりも、雑誌の通信欄を介して書き言葉として普及し、手紙を通して身近な「少女」と共有された。[注74]引用した手紙文を綴った生徒の学歴は不明であるが、二つめの引用では「女学校時代」と農会女学校の比較がなされており、文章の書き手が高等女学校卒業者であった可能性が示唆される。[注75]断言することはできないが、「少女文化」の影響を受けた生徒は、高等女学校卒業者を中心に、農会女学校の生徒の中でも相対的に学歴が高い者であった可能性があるだろう。

同校では入学の感想を前年度の卒業生への手紙形式で綴らせることもあり、「お姉様のお体も野の花の様にお健にとお祈り致します、我が愛するお姉様どうぞ小さな妹をこれから後可愛がつて下さいませ」[注76]というように面識のない卒業生を「お姉様」と呼び慕い自身を「妹」と表現する生徒があった。女学生の間で流行していた「エス」と呼ばれる親密な関係性を想起させる表現を、少なくとも一部の農会女学校の生徒は、上級生に向けた手紙文の常套表現として身につけていたことがうかがえる。

男性職員で構成されていた県農会において、農会報の編集段階でこのような文体がいかに受け止められたかは不明であり、職員は生徒たちが「少女文化」の影響を受けていることを知りながら掲載したのか、それとも、文体的特徴に気付くことなく掲載に至ったのかを断定することはできない。とはいえ、県農会職員が生徒たちの「少女」性を全く認識していなかったとは考えにくい。職員や保護者に向けた文章と同世代の者どうしのやりとりで、異なる文体を使用する生徒たちの性質を見抜いた福井県農会は、意図して「少女」の目線の手紙文を掲載することで学校の宣伝や卒業生への呼びかけを効果的に行おうとしたのではないだろうか。

県農会側の意図を考察するうえで、千葉県農会立家政女学校の通信欄についても検討しておきたい。同校の通信欄では、「久しく御無沙汰いたしましたお姉様には御変りも御座いませんか」[注77]、「御姉様方には野良に家事に御機嫌よう御いそしみの事と存じます」[注78]というように、在校生が卒業生に「お姉様」と呼びかけて、学校の近況を知らせることが定番となっていた。同校の卒業生が植えた農作物が引き継がれた実習園は、「楽園の麦の美事な事みんな第十二期生のお心尽よと思ひ」[注79]、「我等の楽園も在校生の骨折りでトマト胡瓜南瓜等結実美事です」[注80]というように、「我等の楽園」と呼ばれ、たびたびその様子が報告された。「我等の楽園」に家畜としてウサギが迎えられた際には、「櫻子さんつゝじ子さん桃子さん撫子さん菊子さん梅子さん」と花の名称が付けられ、「それ〴〵可愛いことルビーのやうな眼をして純白ないつも洋装をして」いると表現された[注81]。

同校は千葉県農会が目指した理想的な農村建設のための、農村の「文化的」拠点としての役割を担っていた[注82]。学校生活は勤労と「文化的」な生活の両立が掲げられ、農作業後に利用したと思われる休憩所では、「美しいお花とお茶の接待」があり、「甘納豆デー、パンデー、果物デー等」が設けられるなど、「モダン」な生活様式が導入されていた[注83]。動植物に囲まれた「楽園」のような農場で豊かな農家生活を営む「モダン」な生徒たちの姿は、生活改善を推進し「文化的」な農村を建設しようとした、千葉県農会の理想を体現する存在として報じられたのである。

4・2 「農村の乙女」という表象

農会女学校の生徒・卒業生作文には、文体における「少女文化」の影響の有無にかかわらず、先述の「稲田に蔬菜園に研究的態度を以て向はせて頂く事の出来る乙女」と自称した広島県農会立家政女学校卒業生の作文のように、自己を「乙女」と称するものが散見された。千葉県農会立家政女学校のある生徒は「薔薇の花の梢やさしい又しつかりした、乙女が教育されて行かねばならない」と綴り、[注84] 親に勧められた「洋裁のお稽古」に通うことを辞めて農業に専念した青森県農会立尊農女学校の卒業生は、「嫌な恥かしい仕事」である「町へ肥汲みに行く車の後押し」の際に友達に出会うと、「美しく化粧してお裁縫に通ふ彼女達を羨しく」、「農家の乙女としての誇りも打ち忘れて泣き出したい位恥かしく思」ったと振り返った。[注85]

先行研究では、一九一〇年代半ばには女性雑誌の通信欄で、自らを「乙女」と称する投稿が増加していたこと、[注86]そして、「乙女」という表現は「少女文化」と密接に関わるものであったことが指摘されている。[注87]「純潔」であることを露骨に示し、また、農村の未婚女性としての階層性・規範性を含意する、「処女」という呼称に抵抗の気持ちを抱いた農会女学校の生徒・卒業生の中には、「乙女」としてのアイデンティティを主張する者も存在したと考えられる。

職員が記した女学校関連記事にも生徒たちを「乙女」と呼ぶものがあり、特に『山形県農会報』では明らかに「少女文化」を意識してこれが使用されていた。[注88] 同誌の女学校通信欄は、山形県農会立農村女学校で「精神指導と訓練」の指導を行なった県農会嘱託の長谷川喜三郎が主に執筆を担当し、生徒・卒業生の作文や、長谷川を中心とした職員からのメッセージが掲載された。[注89] 他県の通信欄と異なり、同誌では筆名を用いて投稿される場合があり、長谷川からのメッセージも、「聖母」・「白梅」・「白百合」といった女性的な筆名で掲載されることがあった。

長谷川は生徒・卒業生の文章に返信することで、誌面で個人的なやりとりを行なっていた。たとえば、「使命……使命………お、使命?………／其処には尊むべき使命があるのだ／〔中略〕／働け！ 何物も頭に置かず、土を愛せ！。[ママ]／然して我等純真なる乙女はこの人生を幸福に暮せ、目覚めよ我が友、其れが使命なのだ」と詩文を綴った生徒には、「安達さん、よう言ふて下さいました。何んと言ふ力ある叫びでせう」と返信している。[注90]

返信文で長谷川はしばしば女性のようにふるまっており、「卒業生の皆さんがこうして困憊の農村を思ふて下さる……〔中略〕工藤さん何卒働き貫いて下さいませね」[注91]、「皆さんの様な、麗しい心の持主が、草深い田舎とは申せ〔中略）白百合の如くにして、あらせられると言ふことは、何ものにも、比べて、力強く思ふものであります。どうか、御自愛下さいまして……ね」[注92]というように、「女学生ことば」を彷彿とさせる表現を用いて卒業生に寄り添っていた。

また、先の引用に見られるように、長谷川はしばしば卒業生に対して「白百合」のような存在であるように説いた。「白百合」は「純潔」を意味する語として少女雑誌で用いられていた言葉であった。[注93]長谷川は卒業生に向けて、「楚々として谷間に香る白百合に、我等はいつも乙女の美を思ふ〔中略〕清く正しく伸び行く乙女、処女美こそ、乙女のいのち、乙女の誇り〔中略〕日本の女性よ、農村の乙女よ。己れを識れと我等は叫ぶ〔中略〕農村の窮乏を顧みる時、殊勝なる農村の女性よ、その使命に乱舞するところあれ」[注94]というメッセージを送っていた。卒業生たちに農村の「処女」としての使命を端的に伝えるのではなく、「処女」の本来の意味である「純潔」を示す「白百合」や、少女雑誌で多用されていた「清く正しく」という表現を介して、農村にふさわしい「乙女」となるように説くことで、「少女文化」を好む卒業生の共感を得ようとしたのではないだろうか。

大都市近郊の千葉県において先鋭的に生活改善を推進しようとした『愛土』とは異なり、『山形県農会報』には女性読者に向けた生活記事はほとんど掲載されず、勤労の精神が強調された。山形県農会が掲げる「農村の乙女」の精神は、千葉県農会が提示する「モダン」な農村生活とはかけ離れたものではあったが、少女雑誌を意識した誌面展開からは文芸空間における都市文化の受容という側面が看守されよう。

5　おわりに

農会女学校の生徒・卒業生作文は、農村の「模範処女」としての規範を内面化し、指導者の意図に応えるような作文ばかりでなく、「少女文化」の影響を感じさせる表現で綴られたものがあった。かかる表現は学校の作文教育で身につけられたものではなく、読書歴や同世代の者との文章のやりとりの経験が反映されたものであることは疑いないだろう。今田絵里香は少女雑誌の投稿・懸賞当選者数から、抒情的な文章や「エス」を主題とした少女小説を大量に載せた『少女の友』は、東京を中心とした大都市で普及したと述べる。[注95] 少女雑誌の購読者の大部分が大都市居住者であったことは間違いないであろうが、都市と農村の人口比、投稿および応募者の動向に地域差が生じていた可能性、身近な者との貸し借りや古書の流通を考慮すれば、「少女文化」の農村への流入は想像を超える規模で生じていたのではないだろうか。

「少女文化」を享受できる文化的基盤を有していたのは、主に高等女学校出身者を中心とした高学歴層であっただろうが、高等女学校に通っていなくても、家族や友人の影響を受けた者も存在したはずである。未婚女性たちの都市憧憬が大きな問題とされた当時の農村社会において、都市的色彩を色濃く帯びた「少女文化」は彼女たちを強く惹きつけ、「少女」の一員として自己を表現することへの欲求は大きく膨らんでいたと考えられる。

農会女学校には、必ずしも農村に嫁ぐ意志を持っていた者が入学したわけではなかった。生徒たちを相手に県農会職員は、情に訴えかけ、あるいは、郷里で実践できるかわからない生活改善への使命感を与えることで農村に生きるように諭した。こうした方針に同調しない生徒は少なからず存在しただろうし、就学に何ら強制力のなかった農会女学校で指導を円滑に行うためには、彼女たちの趣味嗜好をある程度容認し、指導に利用することも必要であったと考えられる。「少女文化」は、農村におけるモダニズムの推進と結びつき、あるいは農村の未婚女性としての精神訓育に取り入れられることで、農会女学校の指導に入り込んだ。生徒・卒業生たちも——たとえ「少女文化」に浸ることや、「乙女」としての自己を主張することが本意であったとしても——指導者のまなざしを意識し、あくまでも農会女学校で指導を受けた者としてふさわしい内容を選択しながら自己について綴った。かくして、男性農業者が主な読者である県農会報の片隅で異彩を放つ、農村の「少女」たちの文芸空間が生まれたのである。

本書の総論で田中祐介は、「書くこと」に働く規範化と逸脱の力学の諸相を整理している（総論第四節参照）。田中の言う「書くべきこと」が「模範処女」としての自己語りであるならば、「少女文化」に浸った自己表現は、規範から逸脱することを憚った生徒たちが、「書いてもよい」範囲を探った結果であったと言えよう。農村に生きる覚悟を綴ったこれらの文章が、仮に演出された自己であったとしても、作文を綴る場における彼女たちの感情に着目するならば、優等生らしく自己を綴り褒められる悦びや、制限はあれども自己を表現する楽しみ、県農会報に掲載されることへの誇りがあったはずである。自己を綴ることへの欲求は、農村に生きる意志の有無とは別なる視座から捉えるべきであろう。

ところで、先述の福井県農会立女子家政学校での生徒アンケートについて職員は、「どうも先生から聞いたことを鸚鵡返しにしてゐる部分も可なりある様に思はれる」と所感を漏らしており、[注96]生徒の作文には自己の経験や思考を反映させた形跡が見られず、訓辞をそのまま書き写したようなものもあったことが示唆される。指導者はこのような作文を綴った生徒が農会女学校の指導方針を受け入れているのか、あるいは反発の気持ちを抱いているのかを判断することができず、作文の巧拙からは生徒の真意を読み取ることはできないことに気付かされる。全ての生徒に一様に課された作文において、規範に沿う文章をただ反復するという行為は、作文という方法や与えられたテーマで指導者に自己を開示することを望まない者による、したたかな「逃げ」であったのではないだろうか。農村の未婚女性たちの間で自己を綴る営みがある程度普及していたとすれば、かかる生徒も――無数の「少女」たちのひとりとして――他の場面では創作を披露したり、自分だけの日記を綴っていたのかもしれない。

▼注

1　近代日本の農村女性の過重労働の実態については、大門正克「農業労働の変化と農村女性――二〇世紀日本の事例」西田美昭・アンワズオ編『二〇世紀日本の農民と農村』（東京大学出版会、二〇〇六年）を参照。

2　近代日本の農民日記の変遷については、河内聡子「農民日記を綴るということ――近代農村における日記行為の表象をめぐって」田中祐介編『日記文化から近代日本を問う――人々はいかに書き、書かされ、書き遺してきたか』（笠間書院、二〇一七年）を参照。

3　農民日記については男性の日記の翻刻が進められており、近年の成果としては、細谷昂『小作農民の歴史社会学――「太一日記」

に見る暮らしと時代』（御茶の水書房、二〇一九年）などがある。

4 農村の女子生徒が中途退学せずに義務教育を修了する段階に達したのは一九三〇年頃であったと考えられている（土方苑子『近代日本の学校と地域社会――村の子どもはどう生きたか』東京大学出版会、一九九四年、一六頁）。

5 前掲「農民日記を綴るということ」、九六頁。

6 『家の光』については、板垣邦子『昭和戦前・戦中期の農村生活――雑誌『家の光』にみる』（三嶺書房、一九九二年）に詳しい。

7 かかる資料としては各学校の校友会誌などがある。校友会誌における女学生の作文については、徳山倫子「書記行為から〈女学生〉イメージを再考する――白河高等補習女学校生の日記帳と佐野高等実践女学校校友会誌を題材に」前掲『日記文化から近代日本を問う』を参照。

8 稲垣恭子『女学校と女学生』（中公新書、二〇〇七年）、一九―二一頁。

9 明治末期の少女雑誌で成立した「美文」は、大正期になると「少女文化」の流行と結びつき女学生たちの間で用いられるようになった（嵯峨景子「『少女世界』読者投稿文にみる「美文」の出現と「少女」規範――吉屋信子『花物語』以前の文章表現をめぐって」『東京大学大学院情報学環紀要　情報学研究』№八〇、二〇一一年、一一二頁）。

10 佐久間りか「「清き誌上でご交際を――明治末期少女雑誌投書欄に見る読書共同体の研究」（『女性学』四号、一九九六年）、一一九―一二〇頁、前掲「書記行為から〈女学生〉イメージを再考する」、三五八頁。

11 前掲「農民日記を綴るということ」、九六―九七頁。

12 渡邊洋子「戦前・戦中農村女子と自己表現――雑誌『処女の友』「文芸欄」から」（『お茶の水大学女性文化研究センター年報』第二号、一九八八年）。

13 同前、七五頁。

14 渡邊はかかる動向について、「農村に留まって農民として誇り高く生きようとした真摯な姿」こそが、農村におけるファシズムの基盤を形成した経済更生運動（注26を参照）に繋がるものであったと述べるが（同前、七七頁）、これは、経済更生運動により農本主義を基礎として農村の組織化が進められたと主張する森武麿の議論に依拠した見解である。森の議論は板垣邦子など後の研究者によって再検討が進められ、実態としての農民は都市的モダニズム・経済的現実主義を志向していたのであり、農本主義が農村大衆を捉える強固なイデオロギーとはなりえなかったことが現在では通説となっている（前掲『昭和戦前・戦中期の農村生活』、二八八頁）。

15 農会は戦前期最大の農業者団体であり、農業者の間で生産、流通、販売に関する知識と技術を共有することを目的として、帝国農会―府県農会―郡市農会―町村農会と系統的に組織化された（松田忍『系統農会と近代日本――一九〇〇―一九四三年』勁草書房、二〇一二年、三頁)。

16 農会女学校は、一九二〇(大正九)年開設の三重県農会立女子家政学校を皮切りに、一九二四(大正一三)年に富山県農会立家政学校、一九二七(昭和二)年に福井県農会立女子家政学校、一九二八(昭和三)年に広島県農会立家政女学校、一九二九(昭和四)年に千葉県農会立家政女学校および山形県農会立農村女学校、一九三六(昭和一一)年に青森県農会立尊農女学校が設置された。

17 昭和初期の教育雑誌で「模範処女」は「模範青年」と対をなす言葉として使用された例があり、当時の農村教育関係者の間である程度認知されていた用語であったことがうかがえる(吉川政次郎「青年の悩み(二)」『青年教育』一二九号、実業補習教育研究会、一九三三年、一〇八頁)。

18 一九〇〇年代以降、府県農会以下の地方農会では農村男女青年層に向けた啓蒙活動が実施されており、農会女学校もかかる活動の一環として位置づけられる(徳山倫子「一九二〇―三〇年代における県農会立女学校の指導理念と教育内容」『農業史研究』第五四号、二〇二〇年、六二―六三頁)。

19 同前、六一―六二頁。

20 同前、六三・六五・六七頁。

21 同前、六八―七一頁。

22 三重・富山に関しては生徒・卒業生による文章の掲載が皆無もしくはわずかであったため、広島・福井・千葉・山形・青森の五県について分析を行なった。また、参照できた作文は太平洋戦争開始以前のものがほとんどであった。その理由としては、戦後まで形を変えて存続した千葉県農会立家政女学校以外の農会女学校は一九三〇年代半ば~四〇年代前半にかけて廃止されたこと、廃止以前から戦時体制期に入ると掲載される作文の数が減少傾向にあったこと、日本農業新聞への統合により府県農会報が一九四二(昭和一七)年前後に廃止されたことが挙げられる。

23 府県農会の機関誌として各府県農会により発行された農会報は、地域により発行頻度やボリュームは異なっていたが、月刊誌の形態をとるものが多かった。

24 伊藤淳史『日本農民政策史論――開拓・移民・教育訓練』(京都大学学術出版会、二〇一三年)、二八―二九頁。

25 同前、二九頁。

26 経済更生運動(農山漁村経済更生運動とも言われる)は、昭和恐慌の打撃を受けた農村の救済を目的として開始された政策であり、かかる運動を支える中堅人物養成のための事業が農会により拡充されていた(大門正克『近代日本と農村社会』日本経済評論社、一九九四年、三一四―三一五頁)。

27 増田喜美子（無題）『愛土』第二三六号（一九三三年六月）、六五頁。
28 田澤元尾（無題）『山形県農会報』第一一二号（一九三一年一月）、七二頁。
29 山崎時治郎「巻頭」『愛土』第一九七号（一九二九年、三月）、一頁。
30 「愛土都々逸衆」『愛土』第一九七号（一九二九年、三月）、五二頁。
31 広島県農会編・発行『農村女子教育と本会立家政女学校』（一九三六年）、一七頁。
32 「其後の綿服結婚」『福井県農会報』第二九八号（一九三三年六月）、七一頁。
33 今田絵里香は、「少女」は一九一〇年代に量的拡大した都市新中間層の子女を指す言葉であったが、一九二〇年代半ばのメディアの「大衆化」により、より広い階層の子女を意味するようになったと指摘している。本章で対象とする時期は、少女雑誌に由来する都会的なイメージを持つ「少女」という呼称が、農村の未婚女性にまで波及しつつあった時期であったと考えられる（今田絵里香『「少年」「少女」の誕生』ミネルヴァ書房、二〇一九年、一一〇―一一一・三六八頁）。
34 処女会については、渡邊洋子『近代日本女子社会教育成立史――処女会の全国組織化と指導思想』（明石書店、一九九七年）に詳しい。
35 他方で、農村女性とは隔てられた著名人を中心とする言説空間では、「純潔」の女性、すなわち「処女」の理想化が進められ、一九二〇年代の女性雑誌の健康相談では、「純潔」であることを示すために「処女」と自称する者が増加したという（川村邦光『オトメの身体――女の近代とセクシュアリティ』紀伊国屋書店、一九九四年、一八九―二四八頁）。
36 処女会は一九二七（昭和二）年より女子青年団と改められ、この頃から農村の未婚女性の呼称として「女子青年」・「青年女子」という言葉も使用されるようになった。この他、生徒・卒業生への呼称としては「農村女子」・「農村婦人」などが用いられ、農村の中堅人物養成が政策課題となった経済更生運動期には「中堅女子」・「中堅婦人」という表現も増加した。
37 前掲「一九二〇―三〇年代における県農会立女学校の指導理念と教育内容」六三―六四、六七頁。
38 牧野みさを「感想」『福井県農会報』第三七〇号（一九三九年六月）、六七頁。
39 菅崎みつ「帰るさに　ポスターを見て」『愛土』第一九七号（一九二九年三月）、三二頁。
40 奥村はぎの「感想」『福井県農会報』第三七〇号（一九三九年六月）、六九頁。
41 勝木八重子「感想」『福井県農会報』第三七〇号（一九三九年六月）、六八頁。
42 齋藤功（無題）『山形県農会報』第一八二号（一九三六年一一月）、五二頁。
43 白崎美代枝「楽しい生活」『福井県農会報』第三五八号（一九三八年六月）、四八頁など。
44 吉川美代子（無題）『福井県農会報』第三二一号（一九三〇年五月）、七五頁。

45 木原初子「家政女学校在学中の思ひ出」『芸備農報』第四〇八号（一九二七年六月）、五五頁。
46 前掲「一九二〇―三〇年代における県農会立女学校の指導理念と教育内容」、六五頁。
47 前掲「家政女学校在学中の思ひ出」、五五頁。
48 実業補習学校は一九三五（昭和一〇）年に制度変更のため青年学校となったが、これに在学していた山形県農会立農村女学校のある生徒は、「〔筆者注――青年学校を卒業して〕そのまゝ一生をすごしたら、何も知らない女となつて一生を終つた事だつたでせう」と綴っている（佐藤澄香「感想文」『山形県農会報』第二五一号、一九四二年、八月、四〇頁）。
49 三好敦子（無題）『芸備農報』第四四七号（一九三〇年九月）、四七頁。
50 葛西とみ（無題）『青森県農会報』第二七七号（一九三六年七月）、五四頁。
51 大柳しき（無題）『青森県農会報』第二七五号（一九三六年五月）、四六頁。
52 青木政子「見学を終へて」『福井県農会報』第三三三号（一九三六年五月）、七三頁。
53 越川正子「逆流に立ちて」『愛土』第二二四号（一九三一年六月）、六六頁。
54 原田かつ江「忘れ得ぬ放送の朝」『山形県農会報』第二一七号（一九三九年一〇月）、三六頁。
55 石村ノヨ（無題）『青森県農会報』第二七四号（一九三六年四月）、五四頁。
56 戦時体制期になると、農村のために働くことが国家のためになるという指導方針は強化されたと考えられる。一九三〇年代後半には、「農村は国民の食糧を作つてゐる、食糧こそ先づ第一に必要なのです。然しこの食糧も男子の応招によつて之に替るもの即ち私共農村女性の手にその万全を期せなければならない秋が来つゝあるのではないでせうか」といった、銃後女性として食糧増産を担う自覚を綴る作文が散見された（中島初枝（無題）『青森県農会報』第三二六号、一九三九年一〇月、三一頁）。
57 前掲「一九二〇―三〇年代における県農会立女学校の指導理念と教育内容」六八―七一頁。
58 野本京子『〈市場と農民〉「生活」「経営」「地域」の主体形成』（農山漁村文化協会、二〇一一年）、二一七―二一八頁。
59 前掲「一九二〇―三〇年代における県農会立女学校の指導理念と教育内容」、六八、七〇―七一頁。
60 石橋つね「見渡す限りは我等が天地　鳴く丈鳴け麦生の雲雀」『愛土』第一九七号（一九二九年三月）、一三頁。
61 千葉県農会立家政女学校以外の農会女学校でも生活改善の指導がなされなかったわけではない。各校の取り組みについては、前掲「一九二〇―三〇年代における県農会立女学校の指導理念と教育内容」六八―七一頁を参照。
62 金子和子「楽しい働き　家政女学校家庭科」『愛土』第二〇一号（一九二九年七月）、六九頁。
63 前掲「一九二〇―三〇年代における県農会立女学校の指導理念と教育内容」、七一頁。
64 卒業生からの投稿には農村生活の厳しさを訴えるものもあった。昭和恐慌に直面した千葉県農会立家政女学校の卒業生は、「私の村は今予想以上に経済的にみじめです。折角汗を流して働いて得たお米は方外に安いし、第一の副業である繭は惨落、どこに浮ぶ瀬があるでせうか」と綴った（菅井せつ「野を守る乙女の通信」『愛土』第二二四号、一九三一年六月、六五頁）。旱魃に遭った卒業生からの通信には、「三ヶ月位井戸水がなくて往復一時間もかゝる所から汲んでおります（中略）馴れぬ仕事をはじめてする事とて何度か笑はれたりはづかしいおもひをした事もありました」と綴られた（校友会幹事「母校便り」『愛土』第二五二号、一九三三年、一〇月、四〇―四一頁）。

65 福井県農会の職員は、「卒業生の嫁入先を調べて見ますと都市へ行くものが相当に多い」と発言していた（「『農村青年は語る』座談会」『福井県農会報』第三五〇号、一九三七年一〇月、四八頁）。山形県農会立農村女学校の第一～六回卒業生のうち既婚者を対象に実施されたアンケートでは、回答者一三一人中、九五人は農家であったが、残りは他の職業（商業・公官吏・教員など）の者と結婚しており、「農業はしたくない、自分に適する職業を選ぶ」と回答した者も存在した（農業学校長協会『農村に於ける塾と道場教育』（農業図書刊行会、一九三六年、一一四頁）、山形県農業協同組合沿革史編纂委員会『山形県農業協同組合沿革史第一編』（山形県農業協同組合中央会、一九六〇年、一〇七―一〇八頁））。

66 三生「農村処女の農村観と若干の考察」『福井県農会報』第二二七号（一九二七年七月）、三三頁。

67 岡本生「女子家政学校の生徒は答ふ（三）」『福井県農会報』第二九九号（一九三三年七月）、七一頁。

68 木村チヌ（無題）『青森県農会報』第二七四号（一九三六年四月）、四七―四八頁。

69 少女雑誌における「美文」の文体的特徴については、前掲「『少女世界』読者投稿文にみる「美文」の出現と「少女」規範」を参照。

70 北島都・山田俊幸編『カワイイ！少女お手紙道具のデザイン』（芸術新聞社、二〇一五年）、六六―一六〇頁。

71 上道わさ（無題）『福井県農会報』第三三二号（一九三五年五月）、七五頁。

72 揚原貞子（無題）『福井県農会報』第三八一号（一九四〇年五月）、七五頁。

73 本田和子『女学生の系譜・増補版――彩色される明治』（青弓社、二〇一二年）、八〇―八三頁。

74 川村邦光『オトメの祈り――近代女性イメージの誕生』（紀伊国屋書店、一九九三年）、一〇三頁。

75 「女学校」は高等女学校を指す言葉として用いられる場合が多かったが、実業学校など女子を対象とする他の学校も「女学校」と呼ばれる場合があったため、書き手が通っていた学校の種類を断定することはできない（前掲「書記行為から〈女学生〉イメージを再考する」三三六頁）。

76 元治龍子（無題）『福井県農会報』第三一〇号（一九三四年六月）、五〇頁。

77 幹事「家政女学校校友会だより」『愛土』第二四五号（一九三三年八月）、四七頁。

78 校友会幹事「母校の便り」『愛土』第二五三号（一九三三年一一月）、三五頁。

79 校友会幹事「家政女学校便り」『愛土』第三三二号（一九四〇年六月）、七六頁。
80 校友会幹事「母校便り」『愛土』第二一三号（一九三〇年七月）、五五頁。
81 前掲「家政女学校校友会だより」、四七頁。
82 前掲「一九二〇—三〇年代における県農会立女学校の指導理念と教育内容」、七一頁。
83 校友会幹事「家政女学校便り」『愛土』第二六四号（一九三四年九月）、四七頁。
84 板倉まき「スヰートホーム　白薔薇の梢やさしく」『愛土』第一九七号（一九二九年三月）、一〇頁。
85 藤田須磨子「農会女学校の思ひ出」『青森県農会報』第二八五号（一九三七年、三月）、八七頁。
86 前掲『オトメの祈り』、一〇八—一一〇頁、嵯峨景子「『女学世界』にみる読者共同体の成立過程とその変容——大正期における「ロマンティック」な共同体の生成と衰退を中心に」（『マス・コミュニケーション研究』七八号、二〇一一年）。
87 前掲「『女学世界』にみる読者共同体の成立過程とその変容」、一四六頁。
88 「処女」・「少女」・「乙女」はいずれもオトメとも読まれ、これらの語が常に明確な意図により使い分けられていたとは限らないが、未婚女性を指す一般名詞として、露骨な表現である「処女」を用いることが好まれなかった、あるいは、生徒の中には高等女学校卒業者など比較的階層性が高い者が含まれていることが配慮された可能性はあるだろう。
89 かかる記事は第一期生が入学した直後の一九二九（昭和四）年八月号から掲載されたが、長谷川喜三郎の辞職により一九三三（昭和八）年四月号が最後の掲載となった。
90 安達きの「使命」『山形県農会報』第九六号（一九二九年、九月）、四二—四三頁。
91 「農女卒業生」『山形県農会報』第一一一号（一九三〇年一二月）、六八頁。
92 「農村女学校たより」『山形県農会報』第一〇八号（一九三〇年九月）、五五頁。
93 渡部周子『〈少女〉像の誕生——近代日本における「少女」規範の形成』（新泉社、二〇〇七年）、二九一頁。
94 聖母「農女卒業の聡明なる諸姉に送る」『山形県農会報』第一〇三号（一九三〇年四月）、三八—三九頁。
95 前掲『「少年」「少女」の誕生』、一二三、三六〇—三六三頁。
96 前掲「農村処女の農村観と若干の考察」、三二頁。

▼謝辞

本稿はJSPS19J01525による研究成果の一部である。

Part 3

Ⅲ

自己を語り直す
――日記・私小説・自伝・回想録

Chapter 9

9章

水上勉文学における自己語りの諸相
――「私小説」のプロトタイプ的理解の一例として

大木志門

日記とは書き手が自身のことを記録するものであると定義すれば、これは小説という芸術ジャンルで言えば「自伝」や「私小説」と類似していることになる。「日記文学」という言葉があるように、日記の形で自己を語るのと、小説の形で自己を語ることの間にはどれほどの違いがあるのだろうか。共通点があるとするならそれはどのような点であろうか。本章では「私小説」を日記と同様の「自己語り」のバリエーションの一つと考え、作家・水上勉の作品を題材にしながらその多様なあり方やそこから見えてくる問題を考察してみたい。

1　はじめに――「私小説」のプロトタイプ論的理解を目指して

わが国の近代小説における「自己語り」の典型的な形が「私小説」であることに異論は出ないであろう。言うまでもなく、「私小説」とは作者が自分のことをモデルに書いた小説のことである。しかし、ではその「私小説」はその他の小説とどのように区別できるのかと問えば、過不足なく解答するのがなかなか難しいことに気づかされる。実際これまでの私小説研究において様々に「私小説」の定義が試みられたが、鈴木登美による「私小説とは単一の声による作者の『自己』の『直接的』表現であり、そこに書かれた言葉は『透明』であると想定する、読みのモードである」[注1]という評価以降、ある作品が私小説であるかどうかを判別するのは受容者側に依拠するもので、テクストそのものの形式として定義することは不可能であるとする考え方が一般的になっている。

それゆえ、たとえば柴田勝二が言うように、「自身の経験を虚構化してもたらされた、通例は私小説と見なされない作品と、その範疇に置かれてきた作品との間には本質的な差異はない」[注2]ということになり、私小説もあらためてフィクションの一形態として捉え直されることになる。これ自体はその通りであり、どちらも文字によって書かれたものである以上、私小説と非私小説の差異は程度の問題ということになるからだ。ただし、このような意見に対しては、樫原修のように、ある作品が私小説であるかどうかは全てが「『読みのモード』によって決定されているわけではな」く、「そうした印象を可能にするものが、言語的な形象として作品に一切内在していないわけではない」[注3]と問い返すこともできるだろう。

筆者らが二〇一四年から行ってきた私小説の共同研究[注4]は、言うなればこの柴田・樫原両氏の主張に端的に表現されているような問題意識を引き受けるものである。私たちの研究の特徴は、「私小説と見なされない作品と、その範疇に置かれてきた作品との間には本質的な差異はない」ことを前提とし、「私小説」をジャンルとして実体化するのではなく、どのような小説も多かれ少なかれ「私小説的要素」を含んでいると捉え、どのような小説を私たちは「私小説らしい」と認識するのかを考えるというプロトタイプ論的理解にある。そして読者に「ある作品が私小説であるかどうか」を印象づけるテクスト内の「言語的な形象」を検証するために、私小説らしさ＝〈私小説性〉を測るためのテクスト内の〈内在的サイン〉および〈外在的サイン〉を抽出し、そのデータベース化を進めている。このデータを集積し、作家横断的・時代横断的に眺めてみることで、ある傾向が浮かび上がってくるのではないかという目論見である。[注5]

その詳細は本研究の経過報告である井原あや他編『「私」から考える文学史――私小説という視座』（勉誠出版、二〇一八年）の序論（梅澤・大木共著）および第9章の小林洋介の論文を参照していただきたいが、〈内在的サイン〉とは「たとえば作者が投影された作中人物の名前やイニシャル、作者が投影された作中人物の職業、特に作家や芸術家であること、自作への言及があることなどで、その他、作者を想起させるようなテクスト内の様々な情報」であり、〈外在的サイン〉とは「年譜や伝記的研究から得られた作家の〈伝記的事実〉との照合、作家自身のエッセイや日記、書簡等との内容的な合致、同時代評等で自伝的作品として扱われていることなど」（以上序論より）にあたる。このテクスト内外のサインの多寡を元に私小説らしさを表現したのが次の図❶（小林論より）である。

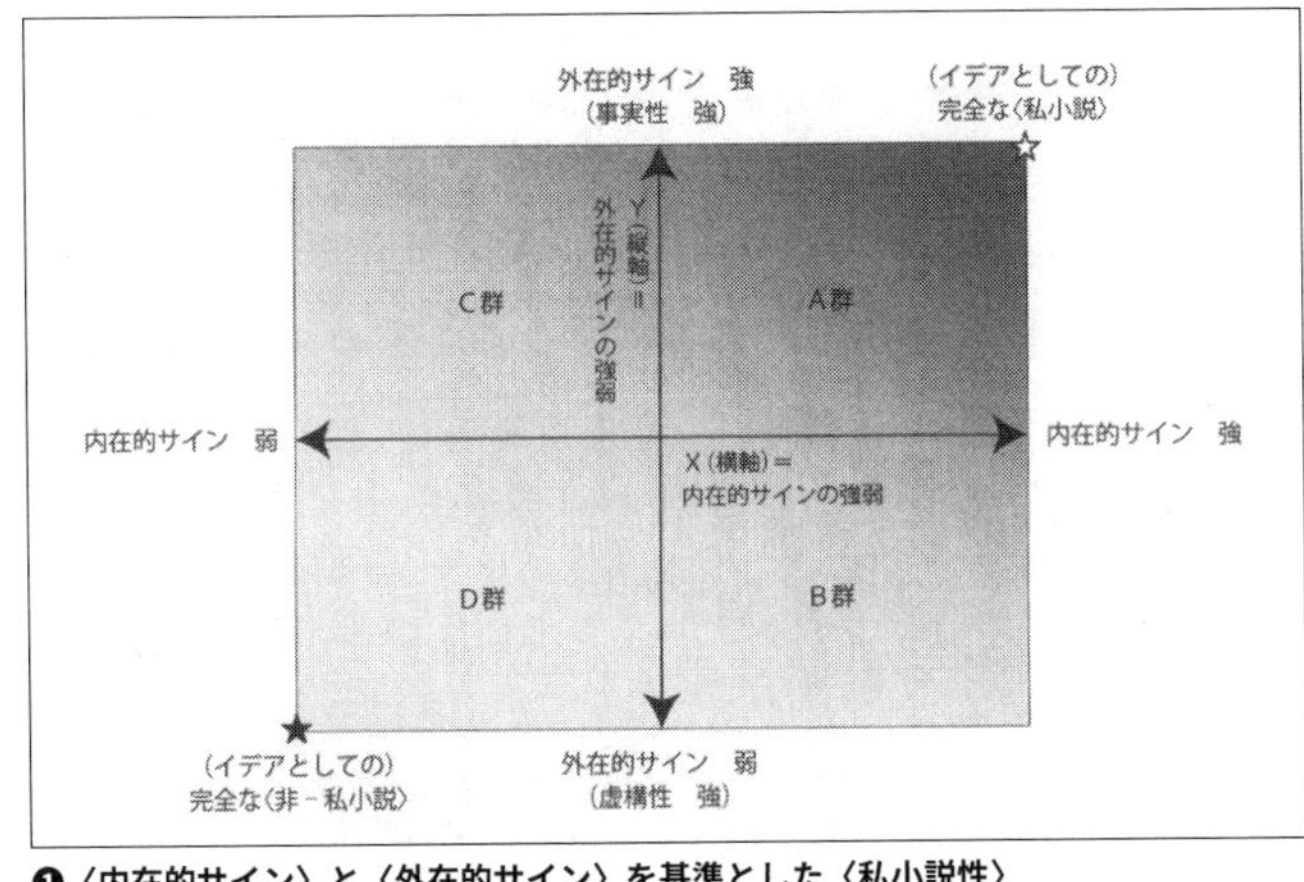

❶〈内在的サイン〉と〈外在的サイン〉を基準とした〈私小説性〉
（『「私」から考える文学史』第９章より）

〈私小説性〉を構成する二つの大きな要素のうち、テクストの〈「私」性〉を構成する〈内在的サイン〉の強弱は横軸（X軸）で表され、その度合いが強いほど（右に位置するほど）〈私小説性〉は高くなる。また、〈事実性〉の認定に参照される〈外在的サイン〉は縦軸（Y軸）で表され、その度合いが強いほど（上に位置するほど）〈私小説性〉は高くなる。

そこで、理論上は、図の右上の角に位置する小説、すなわち、完全な〈事実性〉と完全な〈「私」性〉とを兼ね備えた小説が、イデアとしての「完全な〈私小説〉」ということになる。同様に、〈事実性〉がゼロであり、かつ、〈「私」性〉もゼロであるような小説は、イデアとしての「完全な〈非—私小説〉」となる。▼注6

ここで「イデアとしての」と強調されているように、本図はあくまでも概念上のものであり、「『完全な〈私小説〉』は、おそらく現実には存在しない」と同時に「『完全な〈非—私小説〉』も、おそらく存在

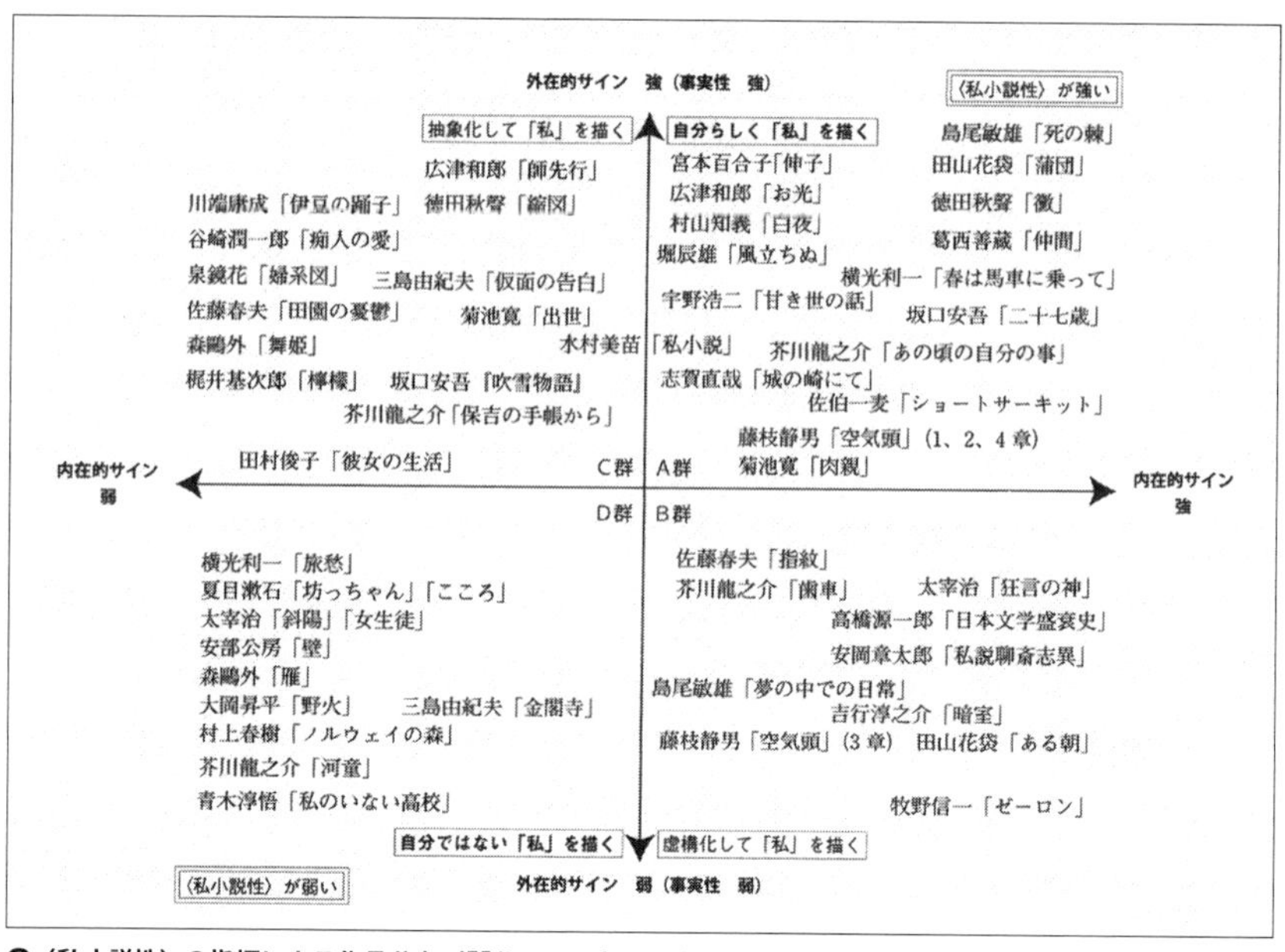

❷〈私小説性〉の指標による作品分布（『「私」から考える文学史』附録より）

しないだろう」と小林は続けている。それは「仮に語られていることがすべて〈事実〉であったとしても、虚構の物語と同様の構成意識が働いているはずであって、虚構性はゼロにはならない」し、逆に「作者の体験や思想が全く反映されない小説というものは想定しにくいから」（同前）である。

また、以上のような考え方から、『「私」から考える文学史』では巻末に附録として「〈私小説性〉の指標による作品分布」を示し、私小説のプロトタイプ論的理解を具体的な作品に当てはめることを試みた。図❷では右上のA群が「〈私小説性〉が強い」、つまり（イデア、としての）「完全な〈私小説〉」に近い小説となり、反対側のD群に属するのは「〈私小説性〉が弱い」作品となる。こうすると他に外在的サインは弱いが内在的サインが強いB群と、これと逆に外在的サインが強くて内在的サインが弱いC群がおのずと現れることになる。それらは具体的にどのような作品であるかを考えると、A群は「自分らしく『私』を描く」作品、B群は「虚構化して『私』を描く」作品、C群は「抽象化して『私』を描く」作品、D群は「自分ではない『私』

を描く」作品ということになるだろう。だとすればA群には田山花袋「蒲団」(一九〇七年)、徳田秋聲「黴」(一九一一年)、葛西善蔵「仲間」(一九二一年)など私小説らしい(と読者が認識している)作品が並ぶことになり、D群には夏目漱石「こころ」(一九一四年)や芥川龍之介「河童」(一九二七年)など具体的なモデルを持たない虚構性の強い作品が並ぶことになる。さらにB群にはギリシャ的幻想と現実がオーバーラップする牧野信一「ゼーロン」(一九三一年)や、事実性の強い記述の中に突如非現実が顔を出す藤枝静男「空気頭」(一九六七年)の第3章などが入り、C群には同じ徳田秋聲でも自身をモデルにした男性主人公を世捨て人の元会社員に設定にした「縮図」(一九四一年)や、一読しただけでは作者の体験かどうかわからない川端康成「伊豆の踊子」(一九二七年)などが並ぶことになる。しかし、この表は作成時に研究グループ内でかなり議論が白熱したように、何を内在的サイン/外在的サインと判断するかは難しく、また解釈によって作品の置かれるべき象限は変わる。たとえば「縮図」にしても、三村均平のキャラクターを虚構化と見るか抽象化と見るかは微妙であり、また仮にB群に置いた芥川龍之介「歯車」(一九二七年)にしても、パトグラフィー(病跡学)的解釈が根強く存在するように、作中の僕の関係妄想や幻覚を作者の実体験と考えると別の象限に移されるかもしれないからだ。「河童」にしても登場する複数の河童たちに芥川との類似が指摘されているのも知られる通りだ。よって、この図は全ての作品が統一的な尺度で四象限に振り分けられることを意味しているのではなく、思考の枠組み自体を可視化する役割を担うものなのであるが、これをより具体的な作者に即して考えてみるとどうなるであろうか。

その意味で筆者がここしばらく研究を行ってきた水上勉の存在は、この「私小説」のプロトタイプ論的理解に格好の素材と考えられる。本章では水上の作品群を題材にしながら、その「自己語り」のバリエーションを検討し、同時にそこに現れた問題や特徴を検討してみたい。なお本章は筆者がこれまで個別に言及してきた水上の作品を以上の視点から横断的に検討し直すことが目的であるので、過去の様々な機会に発表してきた論考の内容と少しずつ重複することをおことわりしておく。

2 「私小説」における「自己語り」――「虚構」と「真実」の手法

一九四八年に『フライパンの歌』（文潮社）で文壇に登場し、しばしの雌伏を経て一九五九年に書き下ろし社会派推理小説『霧と影』（河出書房）で再デビュー、そして二〇〇四年に没するまでおよそ半世紀を文壇の第一線で過ごした水上勉は、とにかく作品数が膨大であること、また多ジャンルにまたがって書いたことにその創作の特徴がある。

水上の文壇的キャリアは一般に、松本清張と並ぶ社会派推理小説の作家として成功した後、「雁の寺」「五番町夕霧楼」「越前竹人形」「越後つついし親不知」など中間小説的芸術小説に移行し、純文学的作品や社会派ノンフィクションを発表しつつ、晩年は寺育ちの体験を生かした仏教評伝やエコライフ的なエッセイを書いたと認識されているだろう。一九六一年に直木賞を受賞した「雁の寺」での成功以後も、歴史小説や評伝文学、児童文学、紀行文、随筆・評論、戯曲等でそれぞれ評価されているが、これを別々のジャンルを書き分けたと理解するよりも、それらジャンルにまたがる方法を駆使したと見るべきと筆者は考えている。その方がこれまで充分に言語化されてこなかった、戦後文学の中で水上が果たした役割を摑むことが出来るからであり、そしてそれは「自己語り」という観点から見えてくるのである。

まず水上文学の基底にある方法は、これは自身がそう言っており、また実際そのように評価されてきたように、本章が問題にする「私小説」ということになるだろう。「飢餓海峡」（一九六三年）や「雁の寺」など多く映画化や舞台化された推理小説・中間小説のイメージが強いかもしれないが、晩年の宇野浩二に師事して「思ひ川」（一九四八年）などの口述筆記でその創作を支えた水上は、そもそも作家の貧乏暮らしを描いた「フライパンの歌」が葛西善蔵「子を連れて」（一九一八年）以来の王道の私小説であった。本作の哀感にあふれたユーモラスな語り口は同時代の尾崎一雄「虫のいろいろ」（一九四八年）に通じるもので、上林暁の病妻ものなど戦後の私小説再評価の中で読者に受け入れられた。以後も繰り返し自身や家族、郷里の一族などを題材にしており、「わが六道の闇夜」「凍てる庭」「冬日の道」「男色」「兵卒の鬃」「瀋陽の月」など多くの自伝的作品を残している。特に創作者として脂ののった一九七〇年代には、評価の高い私小説短篇を集中的に発表しており、その一作「寺泊」（『展望』一九七六年五月）で川端康成賞を受賞することになった。若狭の貧農地帯から身を興し、幼少期に寺院に預けられたが逃走して還俗したことや、戦時中の満洲行、戦後の貧乏暮らしに妻の出奔、背広の行商までやった職業遍歴など、社会派推理の時代から水上の数奇な半生は読者の関心を集めており、水上も自身の人生を様々な角度で切り出して作品化し続けたのである。

しかし同時に、水上の私小説は実際の出来事をそのまま描くものでないことも知られている。よく指摘される例が先に挙げた代表的短編「寺泊」である。

と、この時、小路の角から、女が男を背負ってとび出てきた。ぼくの方へ背をむけ、女は、男を背負って走りだすのだった。うしろ姿だから年格好はわからぬが、たぶん女は四十すぎていよう。しゃがみ腰で、これも五十近い男を背負っている。

〔中略〕

むらがった男女たちは、手籠をもっている者もいたり、もたないものもいたが、誰もがただ、押しだまって、カニを喰っていた。ぼくは、不思議な驚きをおぼえ、立止ったまま、男女のただむしゃぶりつくカニの、手早い処理のしかたに眼をとられた。[注7]

引用は作中で最も印象的な、小道から不思議な女が年長の男を背負ってとび出してくる場面と、そのあとで漁港の男女がひたすら蟹を貪り食う場面である。本作では旅先の出来事に作家自身の人生が照らし合されながら、庶民の一筋縄ではいかぬ生き様や猥雑な生命力が表現されている。しかし、この場面は作家の佐伯一麦が「カニを喰っているとか、女に背負われた人などは、随分前に列車の窓から見た風景で、それを話の中に入れた」と水上が言っていたと指摘しており、さらに「これは時間的には虚構なのかもしれない。けれども、現実とある種の『超現実』というか、現実を超えるものが、私小説にもあってしかるべき」と述べるところのものである。[注8] 別々の場面で生じた出来事を繋ぎ合わせる、一種の編集作業が行われているのだ。佐伯は別のところでも、この水上の方法を同時代の和田芳恵、野口冨士男らと並べて、「たとえ実名小説の形を取っていても、あえてそこに虚構を詩的真実として投入していくことに模索し、私小説の伝統的な黙約を内側から食い破ろうとした」道筋として評価している。[注9] 筆者はこの話を佐伯氏から直接聞いたが、その方法に二〇世紀後半において私小説を書いてゆく示唆を与えられたと言っていたことが強く印象に残っている。もちろん私小説に虚構を凝らしてはいけないとは明文化されたルールでないが、いわば不文律として近代文学の歴史の中で機能し続けてきたのであり、それに背くことは佐伯のような戦後世代の書き手であっても抵抗があったということだ。

もう一つ例を示す。いずれも戦中から戦後の体験を描いた自伝的な作品の記述である。

六十近い老医がわけ知り顔な眼を微笑させ、許諾してくれた。燈火管制の夜だった。T女がベッドに寝た瞬間に、警戒警報がなった。老医は、私を手術室に入れ、ろうそくをもっておれ、といった。私は言われるとおりにした。看護婦さんのいない医院であった。ろうそくのうすあかりの下で、T女の軀からゆらめき出てくる小さな血のかたまりをみて絶句した。このときの光景をおそらく生涯わすれないだろう。[注10]

本作「わが六道の闇夜」中の「T女」は、水上が戦中に同棲した加瀬益子で、美術家の窪島誠一郎氏の実母である。

この女性については窪島自身が調査を行い、『母の日記』（平凡社、一九八七年）、『雁と雁の子』（平凡社、二〇〇五年）、『母ふたり』（白水社、二〇一三年）などで繰り返し取り上げており、また益子の甥で三里塚闘争に関わった加瀬勉「窪島誠一郎の母、加瀬えきの生涯」[注11]もあり、生涯や水上との関係がかなり詳しく判明している。

その窪島および加瀬の著作を参照すると、加瀬益子[注12]は一九一七（大正六）年六月二九日生れ、千葉県香取郡東條村（現・多古町）牛尾の出身で、一九九九（平成一一）年六月一一日に死去した女性である。一六歳で家出の結果上京して白木屋の洋裁部で働き、その腕を生かして水上と知り合った頃はミシンの内職を行っていた。一九四一（昭和一六）年三月初めから翌年末まで仙川の「東京計器製作所」の寮母を務め、この間四一年の春頃に東中野駅そばの淀橋区柏木五丁目一〇五五番地「コトブキハウス」にいた水上と同棲が始まる。「わが六道の闇夜」や「冬の光景」では、このアパートで二歳上の益子と出会ったように書かれているが、窪島はそれより少し前に知り合ったのではと推測している。一九四三年一一月から終戦を迎える直前の四五年七月末までは企画院の外郭団体で御茶ノ水にあった「東亜研究所」（一九三八年設立）に勤務していた。

当時の水上は出版社などを転々とする生活を送っており、益子と同棲を始めるも生活力がない中で子どもを作り、武者小路実篤の命名で凌と名づけたが、水上側に入籍の意志が希薄で持病の結核の悪化もあり、一九四三年九月三〇日に里子に出したという。子の出生日は窪島の戸籍上の生誕日である「十一月二十日」より二か月遡った一九四一年九月二〇日で、出生場所は都立下谷病院、里子に出された後に養父母の前の家の洋服職人・鶴岡由松の命名で誠一郎に改名された。誠一郎の育ての親となった窪島茂は、一九〇一（明治三四）年、神奈川県秦野市郊外の出身で、尋常小学校卒業後に親戚の靴店に奉公に出て、六本木の日本製靴工場の職人を経て、旅回り興業の大谷芸能の舞台大工、浪曲師の一座の世話係をやり、一座で知り合ったはつ（旧姓・牧）と結婚して世田谷区松原（明大前）でうどん店（「冬の光景」では蕎麦屋になっている）を開くが失敗し、明治大学和泉校舎前で靴の修理店を営んでいた。養子の仲介をしたのは水上のアパートの隣室に住んでいた明大予科生の山下義正・静香夫妻で、山下が明大和泉校舎前の世田谷区松原二丁目六六〇番地で靴修理をしていた窪島夫妻の家の二階に下宿した経験があったからであった。なおこの子どものことは、一九四五年五月二五日の山の手空襲で明大前が焼け野原になり養家も灰になったため、水上も益子も死んだと信じ込んでいたようだが、一九七七（昭和五二）年に名乗り出た窪島が水上と再会してメディアに報じられ、▼注13さらに窪島は益子とも再会することになった。

先に引いた「わが六道の闇夜」は窪島との再会以前に書かれた作品だが、水上は戦時中に一緒に暮らした女性との間にできた子どもをいかんともしがたい状況の中で妊娠中絶させた過去があったようで、そのことを強い悔恨を込めて自伝小説の中に繰り返し書いている。おそらくその最初が「わが六道の闇夜」であり、本土空襲が近づく灯火管制の夜に警戒警報が鳴る中で手術に付き添ったことを「おそらく生涯わすれない」光景と記している。同じ場面は六年後に書かれた短篇「わが風車」（『文藝』一九七八年一月）にも登場する。

> 手術室へすぐ入れられて、ぼくは細君らしい四十がらみの痩身だがいやに鼻梁のとがった和服の女が、エプロンの袖をまくってしきりと器具代の皿へ、アルコールランプの炎でいちいち消毒しては道具をならべるのを眺めていた。〔中略〕と、この時、電灯が急に消えたのだった。「あら、消えたわね」といつ子もいった。〔中略〕女が柄のついた金属製の燭台に、ローソクをたててやってくる。
> 「あなたにもっていてほしいって云ってますよ▼注14」

本作の「いつ子」は水上の最初の戸籍上の妻・松守敏子のことで、題名は彼女がムーラン・ルージュの踊り子だったことから来ている。敏子と幼い娘との生活をモデルに描いた「フライパンの詩」以来、水上の読者にはおなじみの登場人物であるが、熱心な読者なら「わが六道の闇夜」を思い出して違和感を抱いたのではないだろうか。両作を読み合わせると、大戦中にやむなく中絶させた相手が、益子なのか敏子なのかわからないからである。この出来事はさらに二年後の自伝的長編「冬の光景」（『毎日新聞』一九七八年七月一七日～七九年四月二五日）で、みたび描かれることになる。

> 敷居ぎわでおろおろしていると、警報がなった。警戒警報だった。〔中略〕
> 「あなた、停電ですよ」
> と細君がいった。この細君が、声を出したのは、この時ぐらいで、これからあと、ひとこともしゃべらなかった。暗がりの中では出来ないというので、細君はやがて、燭台に蝋燭をたててもってきた。医者がうしろからきて、廊下の私を呼んだ。
> 「すまんが、これを持っててくれ」▼注15

ここで細君（作中名・トシ子）とあるのはやはり松守敏子のことである。つまり「わが六道の闇夜」と後の二作の間で齟齬が生じているのだ。この問題は、自身の出生にも関わるので窪島誠一郎が『父　水上勉』（白水社、二〇一三年）において検証しており、「おそらく昭和十八年の夏に、父が敏子に堕胎させたことは事実であり、ウソなのは、わたしの母にわたしを堕胎させた話のほうだろう」として「松守敏子につらい思いをさせたその夜の出来ごとを、父はわたしの母のケースにも転用したのではないか」▼注16と推測している（ただし窪島の生年は先述のとおり一九四一年）。さらに窪島は、この出来事が一九四三（昭和一八）年の夏か秋だとすれば、「昭和十九年の二月」▼注17に水上が敏子との間に授かった子が生後八日で死亡した年譜上の記述と齟齬があるとしているが、実際このあたりの水上の生涯は回想や年譜類でさえかなり時間軸が混乱しており、正確な順序や年月が摑みがたい。

筆者も基本的には窪島の推理を支持するが、「わが六道の闇夜」で益子との間の出来事にしたのは、おそらく敏子との間に生まれた娘の蕗子の心情に配慮したためであり、さらに死んだと思いこんでいた窪島と一九七七年に再会し、しかもそのことが公になってしまったために書き直したのではないか。もちろんそのような現実的な意味は本質的な問題ではなく、より重要なのは、「わが六道の闇夜」のようなかなり自伝性の強い作品であっても、そして記憶違いが起こるはずのない「生涯わすれない」と書いた当の出来事であっても水上が虚構化を躊躇しないという事実である。他にも「わが六道の闇夜」では病院に看護師はいなかったとされていたのが、「わが風車」と「冬の光景」ではそれぞれ食い違っているなど、細部の不一致が散見されるのだ。つまり、その時ごとの物語の要請に従って書き換えられているということだ。そして多かれ少なかれ水上の私小説はこのような虚構、あるいは虚構とまでは言えなくてもデフォルメの集積によって成立しているのである。

水上は『一休文芸私抄』（朝日出版、一九八七年）で、「いまも『私小説』なる純文学のジャンルが文壇用語として通っている。これは作者自身が身辺の事実を書いた世界と解釈していい。だが、事実を書くといったって、当人が書くのだから嘘をまじえてもいいわけだろう。『私小説』に出てくるからそのとおりの生活をやっているなどとは、世間の読者も思っていない。『小説』はどうせ小説である。ウソをホントらしく書く人もいる。ホントをウソのように書く人もいて小説である。要するに真実がのぞけばいい[注18]」と書いている。本書はこの時期の水上が得意とした仏教評伝の一冊であるが、タイトルに「私抄」とあるように自己流で語ることが強調されており、その際に「私小説」にも言及されているのである。そこに歴史的事実と個人的事実を語ることに対する水上の姿勢がよく表れているのだが、そのことは本章の最後に述べることにする。

以上のことから、水上の自伝的・私小説的作品は一見するといずれも内在的サイン・外在的サインの強いきわめて「私小説らしい」作品であるのだが、実際にそのサインを検証すると、それを裏切る供述が現れたり矛盾が発見されたりするのである。別の言い方をすれば、作家自身が自己の伝記情報を様々な形で外在的サインとして提供しつつ、作品内に内在的サインを散りばめることで、「私小説らしい」作品が構成されるということでもある。読者は作中の記述を勝手に生身の作者とつながるサインとして読み取ってくれるようになるからである。

なお前述のように、私小説は事実を描くものと漠然と了解されてきたが、そのような私小説らしい私小説が成立した早い段階から積極的に虚構を導入する例があったことも知られている。たとえば、水上の文学的師である宇野浩二は、大正期に破滅型の私小説（もちろんこの時代にはまだその用語はない）の様式を確立したとされる「奇蹟派」の作家の一員であるが、彼ら奇蹟派の同人たちが作品に虚構を入れる傾向があったことは、葛西善蔵を例に伊藤博『貧困の逆説　葛西善蔵の文学』（晃洋書房、二〇一一年）が指摘するところのものである。同書によれば廣津和郎に「『奇蹟』の同人たち」（『早稲田文学』一九三七年一一月）という文章があり、その中に「当時僕たちは帝政崩壊以前の、つまり最初の革命が失敗に終つた時分のロシアの作家たちに最も心酔して」おり、ザイツエフ、ソログーブ、アンドレーフらの「神秘的な象徴主義に一ばん心が惹かれ」「彼等の作品に潜んでゐる絶望的な、虚無的な気持が、自然主義を経て来たその頃の僕たちの気持に通じるものがあつた」ために「事実をも捏造して作品の中にさういう感じを出さうと努める傾向があつた」[注19]とのことで、特に葛西善蔵と相馬泰三にその傾向が強かったという。

その葛西善蔵については前掲書で伊藤博が仔細に論じているように、結核による喀血や妻の死産など物語的な虚構があちこちに仕掛けられていることで知られているが、これは宇野浩二についてもある程度あてはまり、水上は宇野の口述筆記をする中でそれを体感的に学んだという。

> たとえば、トイレから出てくると、手水鉢のところに八手があるでしょう。先生は寝たままの口述で、「八手」とおっしゃるから「八手」と書くんですよね。それが活字になると「砥草」になっていたりね。〔中略〕手水鉢と八手では、ふすまか掛軸の絵になっちゃう。そこをわたしが帰ってからじいっと考えられて、砥草になさる。事実を虚に変えて、それで文章に真実が出るわけです。[注20]

ただし、ここから水上の方法は宇野浩二譲りであると一足飛びに結論づけるよりも、そのような作家出発期の体験が自身の中で次第に言語化されていったと考えるべきであろう。ここでも「事実を虚に変えて、それで文章に真実が出る」と言っているように、あくまでも構成された世界の「真実」らしさが目指されているのだ。そして、それゆえ水上の自伝的性格の強いテクスト群は、内在的・外在的なサインがきわめて強い典型的な私小説のようでありながら、常にそれを裏切る要素を抱え込んだ「自己語り」となっているのである。

3 社会派推理小説・中間小説における「自己語り」——「接続」と「分身」の手法

続いて水上の自伝的小説ではない作品における「自己語り」の問題を考えてみる。たとえば、私小説から最も遠く見える社会派推理小説時代の作品はどうであろうか。水上は『フライパンの歌』など数冊の本を出した後、出版不況の中で原稿が売れなくなり、生活を支えるために一時はほとんど筆を折ることになる。その後、川上宗薫に紹介された河出書房の坂本一亀に見出されて社会派推理小説『霧と影』で再デビューを果たすことになった。このときは私小説的方法を封印し、トリック重視ではなく、いかなる状況が人間を犯罪に走らせるのかというドラマを中心にしたミステリを量産することになる。

水上がこの時代に果たした文学的功績を一言で表現すると、既存のジャンルに他のジャンルを接続したことに尽きる。まず社会派推理小説ではミステリに社会性を接続することで、ジャンル小説でありながら単なる娯楽ではない文学的な読み物として、「中間小説」に社会派推理を含めることに成功した。さらに、水上はこの社会派推理小説に自身の体験、つまり私小説を接続して直木賞受賞作となる「雁の寺」を書くことになる。これは「『雁の寺』に書かれた殺人は嘘である。が、寺院生活のある部分は、私自身の経験をそのまま書いてある。また登場人物も、事実、私の周辺にいた人々がかさなって、たとえば、里子や、源光寺の和尚や、むぎわら膏薬本舗の爺さまなどは、私の心の中にあるモデルとそっくりにえがかれている[▼注21]」とあるとおりであり、またそのようにした理由を「その頃から社会派といわれることの空しさを味わっていた」[注22]からと述べている。犯罪の動機（いわゆる「ホワイダニット」）を説明する「背景の社会を寺院に」、つまり自身の体験に置き換えたのである。本作の大枠は死体隠しのトリックを含むミステリなので全く一般的な私小説の形式とは異なっているのだが、和尚を殺すまでの寺への不満や小僧の生活などに水上の少年期の体験が生かされており、水上らの社会派推理小説がトリックを重視する「本格推理」から見ると「変格」にあたるように、私小説の方法として見てもかなり変格な「自己語り」ということになる。そして、その自伝（的）部分は実際に、過去に七〇〇枚となる予定であったが途中で放棄された自伝小説「我が旅は暮れたり　序章　雁の寺」（『文潮』一九四八年一〇月）が生かされたのである。

この「雁の寺」は、社会派推理とその後水上が本格的に取り組むことになる芸術小説、特に私小説的作品をつなぐ重要作であるが、それ以前の数々の社会派ミステリについても、あちこちに水上の分身的存在が見られることが指摘されている。たとえば松本清張『点と線』（光文社、一九五八年）の影響下に書かれた社会派推理第一作「霧と影」は、田村景子が「作者の恨みつらみ」と「自分が過去に経験したいろいろな事ども」（「冬日の道」）を込めた「私小説的側面と、社会的な広がりをもつ推理小説的側面を併せもった作品」で、「箱の中」から題名が変更されたことで知られる本作には「前者から後者への重心移動」[注23]があったとするように、水上自身が洋服業界にいたことや、その日本繊維経済研究所時代に見聞した共産党の「トラック部隊事件」を題材に成立しており、かなり水上の体験が生かされた作品であることが知られている。

この「霧と影」の「私小説的側面」の問題は藤井淑禎が『清張　闘う作家』（ミネルヴァ書房、二〇〇七年）で詳細に論じており、本作には「分身と言っていい人物は三人」いて、具体的には「笠井、石田、そして宇田であり、要するに作者は主要人物すべてにみずからを仮託している」のであり、中でも若狭出身で故郷を追われて出た宇田への「濃厚な分身への求心化＝一元化の可能性」[注24]を藤井は指摘している。さらに藤井は、金閣寺放火事件を元にした中間小説「五番町夕霧楼」（一九六二年）についても、妓楼に身売りされる地方出身の少女夕子を「つまり作者にとっては異性を、みずからの分身に仕立て上げるというユニークな試みがなされている」とし、さらに「一元化が質・量ともに本格化してくる」[注25]のは息子の喜助に寄り添って語られる「越前竹人形」（一九六三年）であるとしている。実際水上は「五番町夕霧楼」について「金閣よりもむしろ、この女が書きたかった」[注26]と述べており、実在の放火犯の林養賢が登楼したのは和歌山県出身の娼妓であったのに対し、夕子の出自を自らの出身地に近い京都府与謝郡の架空の村・樽泊に変えてもいる。つまり、社会派ミステリでも物語的中間小説でも、水上は登場人物にかなり濃厚に自身を仮託していたということである。

　鳥居邦朗は、水上の小説が「フライパンの歌」以下の自伝的小説の流れと、「霧と影」以下の社会派推理小説の流れとの二つがあるとした上で、「私生活を素材にした作品においては、意外に虚構性が強いし、逆に虚構による推理小説などでは、素材として体験が使われるだけでなく、そこに登場する人物には、紛れもなく作者水上自身が色濃く影を落としている」[注27]と指摘している。つまり形式として「私小説」らしい作品と、全くらしくない作品にそれぞれ「自己語り」の逆向きのベクトルが看取できるということだ。ただし鳥居が「水上自身再出発にあたって、本当に書きたかったのは私小説」で「社会派推理小説作家は仮の姿」[注28]と言うのは、いかに当人がそのように言っていたとしても単純な見方ではないか。これは別稿[注29]で論じたが、水上は松守敏子との生活や敏子が恋人を作って出奔した体験を生かして、占領期の日米関係をモチーフにした長篇社会派ミステリ「爪」（『宝石』一九六〇年九月〜六一年一月）、そこに「雁の寺」と同様に自伝性を加味した短篇社会派ミステリ「崖」（『面白倶楽部』一九六〇年九月）、さらにミステリ要素を薄めて『新潮』に発表した中篇「決潰」（一九六一年九月）、そして本格私小説長篇『凍てる庭』（『サンデー毎日』一九六五年八月〜六六年六月）と共通性のある素材を掲載誌の性格に合わせて書き分けている。つまり、水上にとってミステリとその他の小説は明らかに連続性を持って構想されており、それは私小説性の濃淡をコントロールすることで成立していたのである。

　社会派推理小説や物語性の強い中間小説では主人公は基本的に他者であるがゆえに、冒頭で紹介した私小説の四象限ではD群「自分ではない『私』を描く」作品ということになるはずだが、水上の場合は常に読者にそれとわかるようなサインを潜ませており、その方向によってB群「虚構化して『私』を描く」作品ともC群「抽象化して『私』を描く」作品ともなり得るのである。ミステリ系統以外の作品なら、たとえば「くるま椅子の歌」(一九六四年)はフィクションだが、脊椎破裂で生まれた次女を育てた体験が濃厚に表れていることで知られている。水上は政府に対して障害児の支援強化を求めたエッセイ「拝啓池田総理大臣殿」(『中央公論』一九六三年六月)を発表した他、同作の小島医師のモデルである中村裕博士の社会福祉法人「太陽の家」への協力や重症心身障害児問題懇談会の委員を務めるなど「『障害者家族の代表』のような期待」[注30]の中で作家活動を行っており、読者はそのような水上の姿と重ね合わせながら作品を享受したはずである。

4 評伝文学における「自己語り」――「同一化」と「偽書」の手法

次に、社会派推理小説から脱却した水上が一九七〇年代以降に盛んに手がけた仏教評伝や社会派評伝について見てみよう。当然だが評伝文学は他者の生涯を描く作品であるので、やはり前記の四象限で言うと「自分ではない『私』を描く」作品になるはずである。しかし、水上文学においてはやはり単純ではなく、ここでも前節で述べた作者の対象への同一化の問題が生じているのである。たとえば同郷の福井出身で大逆事件に連座した無政府主義者を描いた「古河力作の生涯」(一九七三年)では、「もとより、私に『西津の主義者』への愛情はあるものの、史家より詳しい知識があるわけではない。〔中略〕谷一つへだてた若狭の海を瞼に描いて他郷に暮らした力作さんは、花つくりの園丁で若き生涯を終えたけれども、若狭を捨てた望郷のけしきの中にこの人はいる」[注31]と同郷の縁でつなぐばかりか、職人意識や幼少期の不遇などが低身長に生まれたことへの劣等意識に集約されながら、かなり水上自身の境遇と重ね合わせながら語られてゆく。作家当人と国籍さえ異なる児童文学者のアンデルセンを描いた「あひるの子

——アンデルセン幻想」（一九七六年）でも現地調査とアンデルセンの自伝の引用との合間に自身の生育歴が語られてゆく構造になっており、ここでも幼少期の貧困や放浪生活へのやや過剰ともいうべき共感が評伝を駆動しているのである。

なお、このような方法を、藤井淑禎は批判しており、仏教評伝の代表作で谷崎潤一郎賞を受賞した「一休」（一九七五年）については、「一休による教団仏教への批判と性の問題の真摯な追求とが表向きのテーマであったとすれば、妻や子を見捨てて顧みない父なるもの、男性なるものへの身勝手さへの呪詛が、内なるモチーフだったのである。その内的モチーフにおいて作家の〈私〉は放恣に奔出し、父と自己、みずからの女性遍歴、といった自伝的テーマがそこに重ね合わされてゆく。そして、最後は仮構資料を自在にあやつることによって、呪詛の対象の一人でもある一休を浄化・救済し、ひいてはみずからの浄化をも果たすという仕掛けになっている」[注32]としている。また社会派評伝の「金閣炎上」（一九七九年）についても「作者の分身であり作中でレポーター役を務める『私』と主人公＝金閣放火僧林養賢との距離はほとんど重ならんばかりに縮まってきており、結果としてこの作品は林養賢伝のかたちを借りた『私』の変貌と再生のドラマ〔中略〕の趣さえ呈している」[注33]と述べている。

ここで言及された「金閣炎上」については、これも別稿に書いたことなので[注34]詳しくは繰り返さないが、同作の草稿の変遷を見てゆくと、当初はフィクション形式だったのが次第に記録文学らしい形式へと作品が整備されてゆく中で、資料を中心にした記録性が高まるのに逆行するように、それを語る作者の体験の側にフィクションが組み込まれることが判明した。具体的には郷里に疎開していた代用教員時代に職場があった青葉山からの峠道で放火犯の林養賢とすれ違ったことがあるという大きな虚構を序盤に一つ加えたのである。[注35]これに多くの読者がだまされて水上は林養賢に会ったというのが定説になったのだが、なぜそのようなことをしたかといえば、「古河力作の生涯」などと同様に、自身と林養賢とを重ね合わせるためであろう。前述のように「五番町夕霧楼」では遊郭の少女に自己を投影したのに対し、こちらでは放火犯に同一化しようとしたのである。同郷の古河力作は土地の暗さを共有する存在として描き得るが林はそうではなく、いやむしろ京都で寺の小僧として生育したというより大きな共通点があったゆえに、その紐帯を強化したかったのであろう。本作は一般に三島由紀夫「金閣寺」（一九五六年）が犯人との「観念的な自己同一化」を行ったのに対し、社会派作家として「ドキュメンタリー（事実）への傾斜」[▼注36]を行ったことが評価されるが、三島との比較では確かにそう言えるとしても、単純な事実偏重ではない。むしろその「ドキュメンタリー（事実）」性を逆手にとった方法なのである。

その意味で水上文学の評伝の方法として併せて検討したいのは、藤井淑禎も「一休」に言及する際に指摘していた、「仮構資料」すなわち作中におけるいわゆる「偽書」使用の問題である。この場合の「偽書」とは、歴史学が問題にするところの何らかの必要で捏造された資料現物ではなく、実体としては存在しない作品中の架空資料である。つまり一種の文学的遊戯であるが、水上の場合は実在する史料の中にしばしば実在しない虚構史料を混ぜ込むのである。たとえば「一休」では、京都の書店で入手したという大正二年刊の「一休和尚行実譜」という実在しない資料を参照して一休の生涯を語っている。「流れ公方記」（一九七三年）では、室町幕府の一五代将軍・足利義昭の生涯を側女ぬいによる記録「くぼう記」に則って語り、流浪の人生を送った良寛を題材にした「蓑笠の人」（一九七五年）では良寛の同時代人の農民・弥三郎の生涯を記録した天保期の人物誌「越佐草民宝鑑」が登場するが、これらも水上による創作である。そもそも水上の歴史小説の最初期の作品「城」（一九六五年）にしてから、若狭の松木庄左衛門の一揆を描くのに参照したという郷土史「拾椎実記（しゅうすい）」が虚構資料なのである。前述の伝記的虚構が自己の記述を偽るのに対して、こちらは歴史の記述を偽装するのである。

わが国で「偽書」が登場する文学作品と言えば、実在する資料と勘違いした専門家が捜索したとされる「れげんだ・おうれあ」を用いた芥川龍之介「奉教人の死」（一九一八年）が最も有名であろう。これら水上作品における虚構資料を紹介した磯貝勝太郎「歴史小説の種本」[▼注37]では、他に著名な文学作品中の偽書として、谷崎潤一郎「少将滋幹の母」（一九五〇年）に登場する「滋幹の日記」や井伏鱒二「武州鉢形城」（一九六一年）の「猪股伝記」「猪股衆分限録」「続軍記」を挙げている。その他にも辻邦夫「安土往還記」（一九六八年）や、花田清輝、中井英夫、久生十蘭ら一癖ある書き手たちが様々な形で偽書を活用した魅力的な作品を書いたことが知られているであろう。

水上は「『蓑笠の人』にある『越佐草民宝鑑』も、『一休』にある『一休和尚行実譜』も、井上鋭夫氏他校訂による『朝倉始末記』の作者不詳の圧巻に暗示されたところがないでもない[注38]」と「越前一乗谷」（一九七五年）の執筆資料として読んだという軍記物語「朝倉始末記」を挙げ、「『事実』らしいものを資料にあたりながら、架空の人物をそこにまぶしこむ楽しさ」を語っている。しかし、前述のようにその方法が少なくとも「城」まで遡れる以上、編集者時代以来の交流があり「越前竹人形」（一九六三年）を高く評価した谷崎潤一郎の影響を考えてみたい誘惑に駆られる。谷崎は「少将滋幹の母」以外にも「武州公秘話」（一九三一年）「春琴抄」（一九三三年）などで繰り返し偽書を用いた作家であるからだ。これはもちろん史実を偽装して読者をだまそうとしたのではなく、物語的な必要のためである。「武州公秘話」なら母恋のテーマを表現しようとしたのであり、「春琴抄」では佐助が残したとされる「鵙屋春琴伝」を書き写す谷崎を思わせる語り手という複雑な構造を導入することで、むしろ佐助と春琴に仮託した自身と松子夫人の関係を物語化しようとした。磯貝勝太郎は芥川「奉教人の死」について「衒学趣味の遊び、いたずらではなく「事件と作者自身の間に距離感をもたせ、作者の主観を直接的に避ける韜晦のための技法であった[注39]」と解説するが、これは「春琴抄」の谷崎、そして水上の諸作についても言えるであろう。「一休」であれば盲目の森女との交情を描くことで「一休の体験に通ずる著者のそれや思いを付加して、骸骨一休に血肉を与えるという創作意図[注40]」があるのであり、まさにねじれた「自己語り」となっているのだ。

5　おわりに――「日記」と「歴史」

水上が「一休」を書いた当時、世田谷区成城の近隣に住んでいた大岡昇平がかなり強い批判の手紙をよこしたことがあり、その出来事を「嘘も承知で虚構の伝記を登場させたが、そのことで、叱られた」[注41]と水上は書いている。大岡は「レイテ戦記」（一九七一年）などで知られるように徹底的に記録性に拘った作家であり、水上の「宇野浩二伝」（一九七三年）に飽き足らずに独自取材をしてその結果を自ら発表したり、その資料を水上に届けたりしている。[注42]しかし畏敬していた大岡の再三の忠告を受け流すかのように、以降も水上はこの方法を繰り返し用い、それは最晩年の尺八の伝来をテーマにした「虚竹の笛――尺八私考」（二〇〇一年）まで持続している。この両者の関係には「記録文学」における「記録」と「文学」の間の妙と、その配合に対する作家のスタンスの違いがよくあらわれているが、付言しておきたいのは、そのことは水上にとって「私小説」における「事実」と「文学」の関係につながっていることだ。

水上は歴史文学の方法を語る中で次のように言っていた。「人は忘れることで生きてゆく。忘れないように書きのこそうとしても、手が思うとおりうごかなくて、嘘でしめくくる。われわれの『日記』をみればいい例証だ。嘘も真も歴史の顔のように思う」[注43]と。つまり「日記」のように「私」が記憶によって「私」について書くことも、「歴史」について資料を用いて書くことも根本的には違いがないということだ。「私」の記録も歴史記述も客観的で疑いないと思われているが、主観的かつ事後的に再構成されるものであり、この意味で水上においては「自己語り」と「歴史文学」は同一の地平にあったのである。そしてそのように考えれば、水上が私小説や評伝文学の中に積極的に虚構を混入し、逆に一見完全なフィクションや他者の姿を語る際にも必ず自己の分身を投入することも理解できるのである。すなわち「私」を虚構的存在と考えて様々に活用する方法である。

ここまでから言えることは、水上勉の様々なジャンルの小説が「自己語り」の様々なバリエーションとなっていることだ。それはいかにも「私小説」らしい作品以外にも自己語りの方法は無数にあるということを示してもいる。古典的な私小説研究では前述の四象限のA群に属する私小説らしい作品だけを私小説と捉えてきたが、カテゴリー論的理解によりそれ以外のあらゆる作品をある種の私小説として認識することが可能になる。水上の作品のようにいかにも私小説らしく見える作品にそれを裏切る要素が含まれていたり、逆に全く私小説らしくない作品に作者の体験や実感が込められていたりすることもあるので、そのようなバリエーションを含めて考察できるようになるのだ（ただし虚実の問題をどうデータ化するかという問題は残る）。

なお、以上のことを敷衍すると、日記や自叙伝や回顧録のように原理的にはフィクション性を想定しない自己語りジャンルと私小説のような現実を前提としたフィクションとの境界はどこになるのかも気になるところだ。[注44] 私小説は事実の報告と虚構の中間的様態であると言えるが、その私小説らしさが事実性と虚構性のバランスによって決定されるとすれば、事実の報告を目的とする自己語りもまた、同様のグラデーションの中にあることになるからだ。また、「日記」のようなミクロのレベルにせよ「歴史」のようなマクロのレベルにせよ、様々な恣意性と偶然性の中に成立することが全ての記録の宿命であり、究極的には全ての記録もまた自己語りであるとさえ言えるかもしれない。もちろん、だから全ての記録は信頼できないということではなく、その偏りへの認識を含んだ検証の中で相対的に信頼に足る「事実」や「歴史」が存在するということであり、あるいはその偏り自体の意味を考えることも必要な作業となるだろう。そのような、語ることに内在する問題を考察する材料となり得ることに、水上文学の今日的な価値の一端は存するのである。

▼注

1　鈴木登美『語られた自己　日本近代の私小説言説』（大内和子他訳、岩波書店、二〇〇〇年）、三頁。
2　柴田勝二『私小説のたくらみ　自己を語る機構と物語の普遍性』（勉誠出版、二〇一七年）、vi頁。
3　樫原修『「私」という方法　フィクションとしての私小説』（笠間書院、二〇一二年）、五頁。
4　本研究は二〇一七年度からは科学研究費補助金「〈私〉性の調査と〈自己語り〉ジャンルとの比較による日本「私小説」の総合的研究」（代表・梅澤亜由美、課題番号：17K02464）、二〇二〇年度からは同「〈私小説性〉の計量的分析と国際比較による〈自己語り〉文学の発展的研究」（同、課題番号：20K00347）を受けて継続している。よって、本稿はそれらの成果であるとともに、

5　筆者が代表を務める同「水上勉資料の調査による戦後文学の総合的研究」（課題番号：19K00293）の成果でもある。こちらの側面については、研究グループ「「私」から考える文学史の会」のＨＰ（watakushikara.wordpress.com）にてデータベースを公開するほか、様々な形で成果公開を行ってゆく計画である。

6　小林洋介「一九二〇年代後半の横光利一テクストにおける〈私小説性〉の諸要素――〈「私」性〉と〈事実性〉による享受のシステム」（井原あや他編『「私」から考える文学史　私小説という視座』）、二八一―二八二頁。

7　引用は『水上勉全集　第二十四巻』（中央公論社、一九七八年）、一五一―一六頁。

8　佐伯一麦インタビュー「自画像としての私小説」井原あや他編『「私」から考える文学史』、二五三―二五四頁。

9　佐伯一麦「遠望畏敬」『文藝別冊　総特集水上勉』（河出書房、二〇〇〇年）、一五頁。

10　水上勉「わが六道の闇夜」（『読売新聞』一九七二年四月一六日〜七三年二月一四日）。引用は『水上勉全集　第十二巻』（中央公論社、一九七六年）、三九一―三九二頁。

11　加瀬勉『加瀬勉　闘いに生きる』下巻（柘植書房新社、二〇一八年）、六九七―七〇七頁。

12　戸籍名は「えき」だが、本人は「益子」（えきこ・ますこ）と名乗っていたようである。

13　一九七七年八月四日付『朝日新聞』一九面。ちなみに、このとき朝日の専務だったのは過去に水上と同じ「審判」（のち「東洋物語」）の同人で、コトブキハウスの隣室にいたこともある田代喜久雄（規矩雄）であった（『母の日記』一二六頁より）。

14　『新編水上勉全集　第三巻』（中央公論社、一九九六年）、一三一―一三二頁。

15　『新編水上勉全集　第七巻』（中央公論社、一九九六年）、三五五―三五六頁。

16　窪島誠一郎『父　水上勉』（白水社、二〇一三年）、一二五頁。

17　同前、一二六頁。

18　引用は『新編水上勉全集　第十二巻』（中央公論社、一九九五年）、二二七―二二八頁。

19　伊藤博『貧困の逆説　葛西善蔵の文学』（晃洋書房、二〇一一年）、五〇頁。

20　瀬戸内寂聴・水上勉『文章修行』（光文社知恵の森文庫、二〇〇二年）、一五五頁。

21　水上勉「あとがき」『水上勉全集　第一巻』（中央公論社、一九七六年）、四八四頁。

22　水上勉『文壇放浪』（毎日新聞社、一九九七年）、一四六頁。

23　田村景子「『不知火海沿岸』と水俣「奇病」――初期水上勉論（第一回）」（『和光大学表現学部紀要』第一八号、二〇一七年三月）、一八〇頁。

24　藤井淑禎『清張　闘う作家』（ミネルヴァ書房、二〇〇七年）、一二三一―一二三三頁。

25 同前、二三五頁。
26 水上勉「底辺のハダにふれて」(『朝日新聞』一九六三年三月一一日)、四面。
27 鳥居邦朗「水上勉における〈私〉」(『国文学』第二五巻第一一号、一九八〇年九月)、一二〇頁。
28 同前、一二三頁。
29 大木志門「水上勉文学における越境する「私」——初期自伝小説の草稿を手がかりに」(『國語と国文学』第九七巻第五号、二〇二〇年五月)。
30 森まゆみ「水上勉と『くるま椅子の歌』」(『婦人公論』第九一巻二〇号、二〇〇六年一〇月)、一八九頁。
31 『水上勉全集 第十七巻』(中央公論社、一九七八年)、一〇—一一頁。
32 藤井『清張 闘う作家』、二三七頁。
33 同前、二三八頁。
34 大木志門「金閣寺が燃えるまで——水上勉『金閣炎上』の生成論的研究」(『中央大学政策文化総合研究所年報』第二二号、二〇一九年九月)。
35 なお藤井淑禎はその可能性を「おれがあいつで…——水上勉「金閣炎上」における構成意識」(『文學』第五六巻第八号、一九八八年八月)でかなり早く指摘しており、拙論はそれを草稿調査と当時の担当編集者の岩波剛氏の証言から証明したことになる。
36 川村湊「背負う人(追悼・水上勉)」(『群像』第五九巻第一一号、二〇〇四年一一月)、二三三頁。
37 磯貝勝太郎「歴史小説の種本」『古通豆本27 歴史小説の種本』日本古書通信社、一九七六年、日本ペンクラブ「電子文藝館」で公開中(bungeikan.jp/domestic/detail/64 ※二〇二一年一〇月一五日閲覧)。
38 水上勉「あとがき」『水上勉全集 第十三巻』(中央公論社、一九七七年)、四七七頁。
39 磯貝「歴史小説の種本」。
40 大友泰司「一休」『国文学』(第二五巻第一一号、一九八〇年九月)、一四四頁。
41 水上勉「大岡さんを憶う」『わが別辞』(小沢書店、一九九五年)、二一八頁。
42 水上勉「大岡さんのきびしさ 温かさ」『わが別辞』、二二八頁。
43 水上勉「あとがき」『水上勉全集 第十三巻』、四七八頁。
44 なお、異なるジャンルの自己語りの比較検証の問題は、日記と自伝については本書第Ⅲ部10章(西田昌之)を、日記と回想録については第Ⅲ部11章(大岡響子)を参照されたい。

Chapter 10

10章　物語化する自己記述——漆芸家生駒弘のタイ滞在日記と自伝の比較から

西田昌之

本章では、一九五七（昭和三二）年から一九六一（昭和三六）年までタイ国チェンマイへ漆器技術指導のために赴任した秋田の漆芸家生駒弘の自伝と日記の資料の比較から、自己記述の物語化、つまり過去の記憶を取捨選択したり、変容させたりすることで一貫性を持った物語を生成するはたらきに着目する。日記や自伝では、「あるべき自己」という物語によって、人生の中で出会う様々な出来事は取捨選択され、再解釈されて行くことを明らかにする。

1　はじめに

日記や自伝は、自己の成長の記録であるとともに、過去の行いを顧みて、自己のあり方を形づくり、確認するために用いられてきた。それらの史料的研究はすでに数多く存在するが、自己記述の機能の一つである物語化(Narrativization)、つまり過去の記憶を取捨選択したり、変容させたりすることで一貫性を持った物語を生成するはたらきについては、実証的に分析した研究はまだ少ない。そこで本章では、一人の人物の自伝と日記を比較し、相互に書かれているもの、書かれていないものを確認することを通して、自己の物語化に伴う過去の取捨選択と変容の過程を明らかにしたい。[注1]

この目的のために、秋田の漆芸家であり、タイ国チェンマイへの漆器技術移転に貢献した生駒弘（一八九二年—

一九九一年）が書いた二つの文書を主に取り上げることにする。一つは、一九五七（昭和三二）年一〇月二日から一九六一（昭和三六）年一〇月二五日までのおよそ四年間、タイに滞在し、漆器技術移転と調査を行った際の日記、『泰国旅行記』である。[注2]もう一つは、自伝『九十歳の軌跡』であり、正確な執筆年が未詳であるが、記載内容から一九八一（昭和五六）年頃、生駒が九〇歳を迎えるにあたって執筆されたものと推定される。[注3]二つの資料はともに未刊行資料である。

本章では、まず物語化の理論を概観し、自伝と日記の違いについて明らかにする。続いて物語化の理論に基づいて、生駒の自伝に見られる主題と自己形成の物語類型について分析し、その上で日記との比較分析を行う。そして最後に、自己記述において生み出される「あるべき自己」の物語に基づいて、過去の出来事が再解釈され、捉え直されてゆくことを論じる。以上の過程を通じて、本論では自己記述の中では、執筆時において自己の一貫性を保つ物語が生み出され、それを自己規範化することによって、過去の出来事を取捨選択し、変容させていくことを明らかにする。

2　自己記述の物語化——日記と自伝の違い

自己記述の資料はオートバイオグラフィーとも呼ばれる。自らの生きざまや思考を、自らの手で書き起こしたテクストであり、様々な分野で研究対象とされてきた。文学や歴史学などの分野では、一般的な歴史記述の内に現れないオルタナティブな歴史の構築や、より詳細な作品・作家の理解のための根拠資料として利用されている。また精神医療や文化人類学では自己同一性の議論の中で自己語りと共に研究が行われている。

このような自己記述の資料を扱うにあたって大きく二つの見方がある。一つは資料を単に歴史事実の一つとして扱う見方と、もう一つは書き手の主観と周囲の社会環境の相互影響によって生み出された創作物とみなす、いわゆる構築主義的な見方である。それぞれの見方に基づき、自己記述の資料には様々な議論が存在するが、本章はそれらの議論を一度保留し、後者の構築主義的な立場から議論を行ってゆく。その理由は、仮に自己記述の資料を単に歴史記述の一つとしてのみ捉えた場合、他の歴史資料とまったく同じ性質を持つことになり、取り立ててここでテクストの特殊性について議論をする意味を失うからである。むしろ書き手の主観と虚構が入り混じったテクストが、いかにその書き手自身にとって「真実」に近い、真摯な生きざまとしての自己像を形成していくのかという点が本章の主眼と言える。

構築主義的観点から自己記述について論じるための重要な概念として、物語化がある。物語化はそもそも精神医療分野で発展した概念であり、自己の同一性を形成するために自らの過去を物語として時間軸の中に秩序立て、現在の自己と結びつけていくプロセスとして用いられている。[注4] 社会学者の片桐雅隆は「物語は自己を構築する」[注5]と簡潔に述べているが、我々は自己形成のために、常に現在の観点から過去の様々な出来事を序列化して意味づけを行い、過去から未来へと展望する時間軸の中に配置することによって、一貫性を持った自己を構築する物語を生み出すという。[注6]

さらにその物語は過去によって構成されていても無作為に構成されるのではなく、意図的かつ選択的に構成されているとボストン大学の社会学者ピーター・L・バーガーは主張する。バーガーは、「われわれが過去を思い出すとき、何が重要で何が重要でないかという現在の考えによって、過去を再構築する」[注7]とし、「選択的知覚」によって過去が取捨選択され、再構成されるという。

しかし、この過去の再構築において、語り手が自由に過去の出来事を選択し、都合の良い自己の物語を形成できるわけではない。ケネス・J・ガーゲンとメアリー・M・ガーゲンが「自己語りは社会的関係性の産物であり、社会性に帰属する」[注8]と指摘するように、自己の物語化に際して、取り囲む社会の自己の立場や役割を規定する他者の眼の影響を受けざるを得ない。そのために、自己像は、自己の意思と、社会や周囲の他者との相互作用の中で形成されるのである。

ノーマン・K・テンジンは、特に自己記述における自己像の変容の起点となる特別な事象を「エピファニー」（劇的な感知）と呼ぶ。エピファニーとは、一般的にはキリスト教の用語で、東方の三博士の前にキリストが顕現したことを祝う一月六日の祭りを意味する用語であるが、テンジンは個人の人生を不可逆的に変容する潜在性をもつ契機として概念化している。[▼注9] まさにこのエピファニーは、自己の物語の変容と再解釈の起点となる劇的な体験であるとともに、個人的な事件が社会的な問題意識の中に戦略的に結びつけられる結節点ともなるという。[▼注10]

この自己像の形成に関する自己と社会のせめぎあいについて、アーヴィング・ゴッフマンは障がい者や社会的逸脱者らの研究から、社会の中に否定的自己像（スティグマ）がある場合、その社会的に押し付けられた負の自己像を修正するために、社会の中にある自己についての情報を調整し、自己像を修正していくことについて論じている。[▼注11]

この社会が作り出す自己像と自分自身の望む自己像との間の乖離を修正しながら、自己像を形成してゆくという同様の主張は、アンソニー・ギデンズの再帰的自己論の中にも見ることができ、そのような修正を「（自己の）特定の物語を進行させる能力」と呼ぶ。[▼注12] ギデンズは、自己を「生活史という観点から自分自身によって再帰的に理解された自己」と規定し、過去の自己の行為を再帰的に省みることで、自己を取り囲む社会との間に安定した関係性を形成していくと論じている。[▼注13] このように個人の自己像は、社会に押し付けられた自己像の影響を受けながらも、修正され、社会によって許容される範囲において、自己についての物語が形成されるのである。そのために、もし社会の影響や自己の過去の記憶から遠くかけ離れた自己の物語を形成したとしても、周囲からは無意味な虚構として受けとられ、維持することはできない。

一方で、マイケル・ホワイトとデビット・エプストンは、臨床心理学治療の観点から、自己の物語を意図的に改変することのできる可能性を示唆している。彼らによると、自己の物語は、基本的には社会的な抑圧に基づく支配的な物語、いわゆるドミナント・ストーリーによって形成されている。しかし、それらの物語は必ずしもすべての個人の過去の記憶を包括できるものではなく、新たな独自の自己像を形成できる余地を持つ。[注14] その余地をつなぎあわせることによって、もう一つの別の自己のあり方の可能性を持つオルタナティブ・ストーリーを形づくり、自分と社会との間でより融和的な自己像を恣意的に作り出すことができると主張している。[注15]

以上のことから、自己の物語化において、その時の歴史や社会が求める規範を無視できないが、その枠内で調整された自己形成を行うことができると言える。

次に、日記と自伝の違いについて目を向けてみると、その書記形態によって把握できる時間的範囲が異なるために、記述される物語の性質が変わることが指摘されている。小倉孝誠は、自伝と日記はどちらも自己認識と自己探求の試みを行うと述べながらも、自伝と日記における視野の違いについて以下のように分析している。[注16] 自伝は壮齢・高齢と、ある程度の年齢に達してから生涯全体を一貫した視点で語る、初めと終わりを持つ物語である。そのために、「あらかじめ意識された地点から遡行的に物語の流れと細部を選択的に決定する」[注17]。つまり、現在の書き手が自己の一貫性に沿って、過去の意味を再解釈する度合いが高くなるのである。その一方で、日記は不連続なテクストであり、「いつでも始められ、いつでも中断できる開かれたエクリチュール」[注18] であるという。そのために、書き手にとって、「今日の出来事が未来の自分にとってどういう意味をもつ」[注19] ことになるかを、正確には物語の時間軸の中に位置づけることはできない。つまり、物語化による過去の再構築の度合いが自伝では深く、日記では浅くなる。そのために、自伝は出来事の発生から極めて近い時点で記載される操作性の少ない日記よりも、より構成された物語としての特徴を帯びるのである。

以上述べてきたように、自己記述は自己の物語であるとともに、自己と社会との相互作用で構成された自己の表象でもある。また自伝では、執筆者が考慮できる時間的な深度が深いために自己同一性の高い自己像を形成するように過去が選択され、物語化が強く働く。その一方で、日記は時間的な深度は浅くなり、より一貫性を欠いた自己像が出現する。では、具体的にどのような過去の出来事が、物語化の中で取捨選択され、どのように再構成されていくのか実例に基づいて見ていきたい。

3　自伝――自己を形成する物語

生駒の自伝『九十歳の軌跡』に注目すると、一貫して発展と成功の物語が語られるが、内部では小さな成功譚が繰り返し表出し、入れ子状の構成をもっている。いずれにしても、この成功の物語類型が、生駒の自伝における世界観の基層をなすと言えるだろう。まずは生駒の自伝の物語の主題と筋書き（プロット）について論じてみたい。

3・1　生駒弘の経歴

本論に入る前に『九十歳の軌跡』から生駒弘の経歴を簡単にまとめると次のようになる。一八九二（明治二五）年一〇月二〇日に生駒弘は、秋田県五十目村（現五城目）で小学校校長をしていた父川瀬波治と母ミチエの次男として生まれた（❶）。六歳から姉と共に北海道の伯母に預けられ、札幌、函館と移り住み、一二歳になって秋田県由利郡大内町にいた両親の元に戻った。その後、一三歳で両親を赤痢で亡くしたため、母方の実家、本荘藩家老の名家である生駒家に養子に入り、生駒姓を名乗るようになった。

❶生駒弘
（出典：生駒歌子提供）

一九一一（明治四四）年、本荘中学校を卒業し、東京美術学校工芸科漆工部に入学し、高野松山▼注20と共に、帝室技芸員白山松哉に師事する。卒業後、生駒は富山県高岡にあった富山県工業試験所に技師として赴任、技術指導に従事し、漆器職人の分業・能率化、地位の向上に貢献した。

表　生駒弘の経歴

年月日	事項
1892 年 10 月 20 日	秋田県五十目村（現五城目町）で生まれる
1916 年 3 月	東京美術学校卒業
1918 年 11 月	富山県工業試験所勤務
1927 年 10 月	沖縄県工業試験所勤務
1930 年	紅房漆器工場創設
1939 年	理研電化工業株式会社工芸部長
1941 年	同会社台湾新竹工場長
1945 年 12 月	秋田へ引き揚げ、その後生駒漆芸工房を秋田市内に創設
1947 年 10 月	同会社顧問
1948 年 4 月	同会社取締役
1957 年 10 月	国連 ILO エキスパートとしてタイへの漆芸指導
1961 年 10 月	タイの任務終了 ジュネーブへ派遣
1972 年	アメリカ、ワシントン DC のスミソニアン博物館等で漆芸修復指導
1991 年	秋田県秋田市にて死去

一九二七（昭和二）年、沖縄県が産業振興のために沖縄県工業試験所を発足させると、漆芸部の責任者として東京美術学校から推薦され、沖縄へ赴任し、一九三一（昭和六）年には沖縄漆工芸組合・紅房（べんぼう）を発足させた。紅房では新進気鋭のデザイナーであった柏崎栄助らを起用し、琉球漆器を国際レベルまで引き上げた。一方で、民藝運動を率いていた柳宗悦に琉球漆器の破壊者として敵視されてしまう。

一九三八（昭和一三）年には台湾総督府が計画中であった台湾漆器工場の設立準備のために、沖縄県工業試験所を辞め、静岡県の理研電化工業の顧問に就任した。さらに一九四一（昭和一六）年、台湾漆器工場の工場長として台湾に赴任した。

敗戦を台湾で迎え、一九四五（昭和二〇）年一二月になって日本への帰国命令が下りると、生駒は秋田へと帰還した。その後、息子親雄（ちかお）と共に秋田市に生駒漆芸工房を設立し、同時に生駒は指導員として、日本中を回りながら漆芸の技術指導を行っていた。その中で、国際労働機関（ILO）がタイ漆器振興のために日本人指導者を探していたところ、人間国宝松田権六（まつだごんろく）が生駒を推挙し、一九五七（昭和三二）年から一九六一（昭和三六）年までタイで技術指導を行った。タイ帰国後は、再び各地で漆器技術指導を続け、一九九一（平成三）年、一〇〇歳で逝去した。

3・2　物語の主題の形成

物語には様々な類型が存在するが、生駒の自伝の全体を支配する物語、いわゆるドミナント・ストーリーは英雄譚によくみられる向上型の類型に属する。つまり、物語の始めに徐々に力をつけ、大きな苦難を乗り越えて社会・個人的な成功を収め、話が完結するというものである。特に生駒の自伝では「伝統・旧態」と「産業化・近代技術」という二項対立構造が常に意識されており、生駒によって「伝統・旧態」から「産業化・近代技術」へと発展させるという主題が提示されている。さらにこの主題は各所にちりばめられた大小のエピソードの中でも繰り返し提起され、物語を重層的に構成している。まず自伝の最も大きな流れは次のようなプロットでまとめられる。

1　導入部：秋田の幼少時代・東京美術学校での修行時期
2　試練：富山県工業試験所、沖縄県工業試験所での指導、紅房における伝統保守派との対立
3　成功：全国・タイ・アメリカでの産業化・技術指導、生駒漆芸工房での事業の成功

このプロットの中には、常に一貫した自己を規定する物語が存在する。それは、「伝統的な旧態然とした漆器職人たちを目覚めさせ、産業化と所得および地位の向上を図る」という明確な目的を持った近代的な漆器技術指導者としての自己の物語である。この自己の物語は、ガーゲン・ガーゲンが「個人の物語は、社会の物語を土台としている」[▼注21]と述べているように、完全に個人の意思のみから生まれるのではなく、大いに執筆当時の社会の物語に依存している。生駒がこの自伝を書いた一九八〇（昭和五五）年代初頭という日本社会の時代背景を軸に、自己の過去を秩序づけ、再定義したことを考える必要があるだろう。その時代は、高度経済成長期、石油ショックを越えて、国内総生産額が世界で第二位となる成熟期を迎えていた。日本は経済的発展により再び世界の舞台への返り咲きを果たし、ハイテク産業を中心にアメリカとの間に貿易摩擦を起こしていた。独自に発展した経営スタイルと技術力

は、誇りとして国民の間に共有された。エズラ・ヴォーゲルによる『ジャパン・アズ・ナンバーワン』（原題：*Japan as Number One: Lessons for America*）が一九七九年に出版され、日本でベストセラーとなるなど、日本国民が、自国の技術立国のあり方を肯定視した時期であった。[注22]この時代の科学技術と産業への肯定感は、生駒の自己の物語の中に照射されている。

しかし、このような物語を語る上で、書き手が契機として選んだのは、2の試練部分にある二つのエピソードである。まず一九一八（大正七）年当時二六歳となっていた生駒の富山県工業試験所への赴任は、以後の言説を支配する物語を生み出す一つ目の契機として紹介されている。まさに先にテンジンが概念化したエピファニーの出来事として考えることができるであろう。

生駒のエピファニーの語りを見てみよう。当初、東京美術学校を卒業したばかりの生駒は、著名な漆芸家である白山松哉に師事し、作家となることを目指していた。しかし、富山県工業試験所で漆器職人たちが旧態然とした技術・経営の中で困窮していることを知り、産業としての漆芸を主張することになったと、富山での自己の経験を意味づけている。

> 試験場に入ってみて、始めていろんな面で美術家の社会と産業の世界とは、全然立場が違うことがハッキリと分ってきた。太田氏が[注23]「娑婆を見なければならない」というのは、このことをいったのだと悟ったわけである。作家は高野に[注24]譲り、自分は産業に生きようと腹を決めた。彼は熊本の細川公の援助を受け、生活の心配なく、作家としての技術だけに没頭出来る立場だった。しかし、自分はそういうわけにはいかず、結局蔵の中にしまい込むような美術工芸をやるより、もっと大衆の生活の助けになるものを作るべきだと決心した。[注25]

しかし、生駒の言葉には、同時に離れがたい美術工芸への執着が垣間見られる。「彼（筆者注：高野）は〔中略〕

作家としての技術だけに没頭出来る立場だった。しかし、自分はそういうわけにはいかず〔後略〕」と語る生駒には、美術工芸を続けるだけの金銭的な余力は残っていなかったのであろう。

また美術工芸の世界から出ることは、生駒にとって苦渋の選択であったことが推測される。特に、この道を分けた高野はのちに人間国宝となった一方で、生駒は推挙されたものの人間国宝になることはなかった。「人間国宝」の用語は、自伝の中で五カ所に登場しており、「産業への認識の乏しい」と批判するものの、友人たちの中に人間国宝になったものを列記するなど、愛憎相半ばする態度を取っている。

このように美術工芸からの決別という劣等感を伴う、重大な決断を生み出した富山のエピファニー体験は、生駒の人生を一変させ、当時の漆職人たちの地位の向上と工業デザインによる工業試験所の活性化という社会的な要請を自覚し、そこに自らの役割を見い出す契機として描かれている。

さらにもう一つのエピファニーとなる試練として、沖縄の体験が語られる。生駒は一九二七年三五歳で沖縄県工業試験所に赴任し、その際に実験工房紅房を立ち上げ、琉球漆器の産業化と、近代的デザインの導入を行った。その生駒に対して、沖縄の同業者組合と柳宗悦の民芸運動支持者たちが、伝統の破壊者として公然と非難を行ったのである。もちろん、この二つの反対者の目的は異なる。沖縄の同業者組合は、生駒ら県が主宰する漆器産業の近代化政策によって既得利益が奪われることに対しての反発であったが、柳は県の進める漆器産業の近代化政策が伝統的な沖縄の民芸を衰退させることを批判したのである。これらの反対者たちに対して、生駒は近代化の旗手として敢然と立ち向かうことになった。

あなた方のいい分はよくわかる。わたしも決して古いものや民芸品のよさがわからないわけではない。あなた方がそんな無茶を言うなら、わたしも一言いわせてもらおう。あなた方は銀座の裏通りでヂイサン、バアサン相手のものを作っておればよいでしょう。わたしは銀座の表通りで若い人たちに喜んでもらえるものを作っている。これはお互い様ではありませんか。それを若い人たちまで、あなた方の趣味に合せて塗りつぶさせようとするのは、無理な話である。[注26]

この多くの反対者を前に行った演説は、その後の生駒の産業化への意思を表明する試金石としての役割が与えられている。さらに、重要なのはこの苦しいエピファニー経験に対して、生駒は一九八〇年代の執筆時からとみられる肯定的な意味を付記している。「結果的には、これがわたしの人生観を大きく変え、いままで体験したことのない貴重な勉強をさせて戴いたことに、むしろ感謝している[注27]」との言葉は、おそらく当時に発することはできず、後年になってこそ言える卓見であろう。苦境を自らの自己同一性を維持する物語を生み出す重要な契機として再定義しているのである。

以上の二つの累積的なエピファニーの体験から、生駒は「伝統・旧態」を排し、「産業化・近代技術」を振興するために各地に迎えられる主題を持つ英雄譚として、自己の物語を構成している。そして、この自己の物語を肯定的に補強する成功譚の一部として、タイの体験が語られることになるのである。

3・3 自伝におけるタイの物語：物語が生み出す物語として

タイの経験は生駒の全体の物語の中では、富山での漆器産業への目覚め、沖縄での苦難というエピファニー体験を乗り越え、自己の物語を肯定する輝かしい業績の一つとして語られる。タイの物語においても、先に述べたように「伝統・旧態」から「産業化・近代技術」への発展という主題は通奏低音のように流れている。その中で、各章のイベントは、登場人物や場面が変化しながらも、同様の主題が繰り返され、その輝かしい業績の証拠としての役割を確実に果たしていく。それゆえに物語自体が一貫した自己像を生み出す規範となり、次々とつじつまの合うように事実が再配置され、自律的に物語を生み出してゆくことになる。

一九五七（昭和三二）年六五歳になっていた生駒のタイ滞在時の記述は、自伝の五三頁から六四頁を占める小さなセクションであるが、「タイの漆器指導に派遣」（A章）、「タイ漆の調査を行う」（B章）の二章の小さな物語として完結している。この二章は完全にテーマによって独立しており、時間順序が重複している部分もある。この二章のプロットを示すと以下のようになる。

A章のプロット

A1：ＩＬＯによる招聘の経緯【導入】
A2：バンコク・チェンマイの漆器産業の衰退と非効率性【導入】
A3：チェンマイでの漆器指導の苦労と専門技術の導入【試練】
A4：バンコクでの幹部養成コースの立ち上げとタイ側の不理解【試練】
A5：ジュネーブのＩＬＯでの報告書の提出と称賛【成功】
A6：（付録）梅棹忠夫 大阪市立大学学術探検隊との出会い

B章のプロット

B1：タイ漆調査の経緯【導入】
B2：タイにおける華僑問屋による粗悪品販売の状況【導入】
B3：ビルマ・シャン族との漆取引と大山八三郎との出会い【試練】
B4：漆品質鑑別法における科学的方法の伝統的方法に対する優位について【試練】
B5：タイ側華僑商人と役人の漆輸出への妨害【試練】
B6：日本におけるタイ漆の名誉回復と普及【成功】

A章とB章はともに、全体のプロットと同様に「伝統・旧態」の状況に、「産業化・近代技術」を取り入れることで試練を乗り越え、成功する物語となっている。まずA章、B章共に【導入】において、タイの「伝統・旧態」として、古いやり方が残る非効率な状況が語られる。これはちょうど全体プロットにおける沖縄や富山での状況とパラレルの関係にある。次に、この状況に対して、生駒は「産業化・近代技術」を持ち込み、果敢に抵抗勢力と戦う図式が作られる。そして最後に、戦いに勝利し、その成功が描かれるという流れを持つ。それでは、【導入】【試練】【成功】のそれぞれ三つの場面から論じてゆく。

3・3・1　導入：旧態の提示

【導入】では、生駒が関わる以前のタイの漆器産業の問題点が、「伝統・旧態」の象徴として語られる。A章の導入は、タイ・バンコクにやってきて、役所の緩慢な対応に直面し、さらにチェンマイでも、漆器技術の衰退と非効率性に驚くというものである。

当時のチェンマイには、職人らしい職人は殆ど見当らず、僅かに国立の〈漆器センター〉という指導機関があり、技能工を養成しながら生産する、一種の生産工場のようなものがあった。その能率たるや全くお話にならない位悪かった。かつて蒟醤塗(きんまぬり)やタイ箔絵で栄えた昔日の面影はなく、町工場としては「ビイチャイクン」という七十過ぎのバアサンがやっている工場がたった一軒で、面白いことには職人は殆んどが女性である。タイの漆器が今日のように不振になった大きな理由は、十八世紀の再三に渉るビルマの冦(ママ)[▼注28]によるもので、かなりの数の職人がタイから拉致されたことによるようだ。[▼注29]

まずここでは、タイ側の状況に対して、「能率の悪さ」「衰退」「バアサン」「不振」という否定的な単語が並ぶ。加えて、おそらくは自身の読んだ本の情報であろうビルマとの歴史記録について言及を行い、チェンマイの漆器産業の不振の裏付けを行っている。

さらにB章の【導入】においても、やはりタイ社会の問題が語られる。ここでは漆の仲買をしている華僑の問屋による漆販売の独占が、漆の品質を悪化させ、輸出を妨げているとして、「伝統・旧態」への批判から始まっている。

当時タイの漆は華僑の問屋が握っていて、タイの業者もそこから買っていた。問屋は山の民族から買い取り、これを石油罐に詰めて日本に送っていた。日本に中国漆が入らないものだから、タイに注文が殺到した。しかし採取する漆の量には限りがあり、利潤をあげるためにいろいろな混ぜものをして、使えない漆にしてしまった。▼注30

この【導入】は、興味深いことに、全体の時系列に沿っておらず、事後の話を先に導入として記述している。生駒が華僑の問屋の問題に気づくのは、チェンマイで漆の調査を行った後でないと辻褄が合わないにもかかわらず、時間軸をひっくり返して一番初めに語られているのである。これは導入部でタイの現地社会の問題をクローズアップすることによって、次の【試練】の部分で、二項対立的概念となる「産業化・近代技術」を持ち込むことの有効性が際立つように、事実が配置されているのである。

3・3・2　試練：産業化・近代技術による旧態の打破

次に、生駒による産業化と近代技術によって、【導入】で語られた旧態を打破するという試練が語られる。まずA章において、生駒は〈工芸センター〉での研修の様子を語っている。

いよいよ指導を開始することになり、〈工芸センター〉に十名位の若者がいたが、このなかには立派な大人もかなりの経験者も混じていた（ママ）。最初は全く言葉が通ぜず、気質も飲み込めず苦労した。技術指導も約半歳間、彼たちがやれる程度のものから始め、専門的なものから分業的なものまで教しえた（ママ）。このなかで中国系の子供たちが素質も秀れ、受け取りも早かった。挽物は甚だ原始的で、まだ足踏みであったが、とにかく轆轤職人を雇い入れ、素地から一貫作業でやりたいと考えた。素地は専らふんだんにあるチーク材が使われたが、これはなかなかよい材料である。▼注31・32

こうしたことを続けながら、暫らく様子を見ていたが、單に技術だけ教しえ（ママ）ても、各自が独立して業とすることは、先づむつかしいと気がついた。それで初めの六ヶ月間は、専門の技術を一通り勉強させ、次の六ヶ月間は、分業的に専門教育を行った。それは漆の技術が多様化して、一人ですべてを習得することは極めて困難であるからである。▼注33

この【試練】において、生駒の指導には「技術指導」「専門」「分業」「一貫作業」「独立」「専門教育」等の技術用語が並び、指導が「産業化・近代技術」を表象したものであることを示している。そして、様々に工夫することで、タイの若者たちからも「産業化・近代技術」の導入者として、次第に受け入れられたことが語られる。

その一方で、B章では、近代性の代表となるのは、生駒自身ではなく、盟友たる大山八三郎である。生駒がチェンマイに到着した翌年、一九五八（昭和三三）年五月に日中間で貿易途絶が起こり、中国からの原料漆輸入に頼っていた日本の漆器産業は、大きな打撃を受けた。そこで同年八月、南方漆調査団の穴沢義春がチェンマイに漆の輸入代替地調査のために来訪し、同時に日高洋行から大山が通訳兼助手として随行した。チェンマイでは、生駒が調査団の受け入れを行った。大山は生駒との出会いの中で、思想に共鳴し、科学的な漆の品質鑑別法で漆の調査を進めた。

> 〔前略〕その方法は漆屋（筆者注：穴沢）の方は従来のしきたり通りに、ヘラ先で漆をすくいあげ、そのたれた時の糸の引き方や、また色や臭いをかいだり、混ぜものの有無を見分ける紙よりの先に漆をつけ、火にあぶり油分の有無を見分けたりする方法である。これはどこまでも多年のカンに頼るやり方であるが、第一日本や中国の漆とは、その主成分の構造も違うし、原始的な鑑別方法では必ずしも適確とはいえない。その方法で彼は〝まぜものなし〟と判定した。
>
> 一方大山君の方は、三山博士の研究による化学的方法で、漆のアルコールに溶解する性質を利用して判断する新しい方法を採用した。従来の方法より正確な手段を用いたのは、彼が逆にいわゆる専門家ではなかったためである。シャン族の目の前で即時鑑別したら、すっかり恐れをなした。そこで純粋の漆三十屯を日本に送ることが出来た。
>
> 漆を取り扱ってきた人たちというのは、どうも従来のしきたりに固執するくせがあり、国によって漆かきの方法も違うのに、タイに来ても日本の方法でやるものだから漆の出が悪い。仕方がないから折角タイ漆の鑑別に派遣された専門家が、悪い混ぜものの漆を買って試験するという、実に馬鹿げたことを仕出かしている。▼注[34]

この場合、大山が二つの意味で近代性の象徴となっている。一つは、古い漆屋のしきたりに固執する穴沢に対して、最新の科学者の手法を取り入れてより正確な判定法を確立した大山を対置させることによって、近代性の勝利を示している。そしてもう一つは、タイ・ミャンマーの少数民族であり、漆の産出と輸出を行っていたシャン族に畏怖の念を引き起こした近代性である。大山八三郎はこのストーリーの中で、生駒が担ってきた近代性の代理人としての役割を演じている。

3・3・3　成功：結末の意味づけ

タイの物語における【成功】の結末は少々理解しづらい。A章の【成功】では、ジュネーブのＩＬＯで、タイでの功績への賛辞をもらうことで物語が終結しており、一応、成功の話と分かる。しかし、この挿話は、バンコクでの幹部養成の事業がタイ側の不理解で難航している話の直後に、唐突に挿入されている。本来、タイ側に理解され、問題が解決されることによって、成功とするべきであろうが、ＩＬＯの称賛によって一足飛びに成功が語られているのには違和感がある。

バンコックの幹部養成は、技術指導が主であった。このなかで優秀な二人を選抜し、チェンマイに転勤させ、チェンマイ出身者を主任に任命、先づ六名の人材を養成しようとした。これはデザインから販売、生産管理まで一切の、独立採算がとれるようにとの考え方からであった。これが成功したら、民間の工場に移管し、経続(ママ)して事業が行えるようにしたいと思った。しかし、結局役所自体が官営とはいうものの、利益をあげなければならない事情があって、なかなかこの二人を手放さないのには、ずい分手こずった。

帰国の年一九六一年（昭和三六）にジュネーブのＩＬＯの本部に招かれ、意見書の提出を求められた。そこで〈タイ漆産業改革案〉の作成を十日本部に通い、ホテルに閉じこもり、書き上げ提出した。その時「これだけよく成績が上ったのは、あなたとアフリカの陶器の指導だけである」と過分なおほめの言葉をいただいた。[注35]

生駒の技術移転において、漆器技術の指導は大変うまくいったようではあるが、民営化のための幹部養成に対する不理解は解決しなかったようである。海外技術協力事業団に提出した生駒自身の報告書によると、生駒はその後も、時おりチェンマイを訪れては、やり残した技術指導や制度改革の助言を行っている。しかし、最終的には民営化に関する生駒の進言は通らなかった。[注36] このことは、生駒自身も認識していたとは思うが、多くは語られず、成功の物語として意味づけされているのである。

同様にB章でも、華僑商人と役人によるタイ漆輸入の妨害という危機に対して、解決が図られずに、大山にすべてを任せて日本に帰国し、その代わりに、日本でタイ漆を普及するという業績を挿入することによって【成功】の結末に意味づけされている。

そうこうしているうちに、とんでもないシッペー返へしがきた。華僑の漆が売れなくなったので、彼等が役人と手を組み漆の採取にストップをかけてきた。元々タイの山林はすべて国有林で、タイ国農林省・森林局が管理しているが、〈森林保護法〉の名目で、漆の木を枯らしてしまう恐れがあるというのが理由である。タイ漆の木は野生の大木で無尽蔵といってもよい位自生し、日本の採取の方法と違い、無理に一本の木にやたらに傷をつける必要もなく、出方が悪ければ沢山ある別の木に移ればよい。これはタイ政府の言う産業奨励や輸出振興とは甚だしく矛盾するやり方である。後日わかったが、こうしたことがタイの実情で、役人は自国のために働くというより、自分の利益のために動いているわけである。これがタイの産業の発展を阻害している大きな理由の一つである。

こうした問題の解決は一応大山君に任せ、わたしは休暇を利用して日本に帰えり（ママ）、タイ漆の啓蒙のために、輪島・和歌山・会津若松・弘前等の各産地を廻った。これまで使えない漆といわれたタイ漆の、名誉挽回のために飛び歩いた。ジュネーブに行った年の一九六一年（昭和三六）十月、タイにかなり後髪を引かれるような思いはあったが、満四年の契約が終了したので日本に引き揚げてきた。[注37]

この結末の操作的な配置から、自伝における物語化の重要な特徴を二点指摘できる。まず第一点目に、自伝において、プロットの枠組みが重要であり、プロットに沿う形で、語られる体験は単純化され、事実がプロットに沿うように解釈され、再配置され、場合によっては、時間軸を捻じ曲げて配置される。つまり、この自伝において、「伝統・旧態」による劣悪な状況から、「産業化・近代技術」によって乗り越え、そして成功するというプロットがすでに設定されており、過去の出来事は因果関係、時間順序に関係なく、プロット上で必要とされる場所に配置され、新たな因果関係が結ばれ、一貫した物語が生み出されているのである。

第二点目に、自伝の目的は、自己の人格を読者に提示することにあるために、記録としての事実の保存の重要性よりも、読み物として、過去の事象がどのように現在の自分を作り上げたのかを説明することが意識される。それゆえに多くの過去の出来事が、現在（執筆時）の自己を生み出すのにどのように貢献したのかを再解釈する圧力を生み出していくのである。

以上、二点から、自伝という書記形態自体が、現在の自己の形成について、読者に一貫性を持った説明をする必要があることから、一貫した自己の物語に沿って過去の出来事を配置し、新たな物語を生み出してゆく。その中で、時には因果や時間性を無視した配置が行われることもあるが、過去の出来事によって、現在の自己の形成の要因を、他者に理解できるように明確に提示するという目的において容認されるのである。

4　日記との比較——語りえなかった出来事

それではさらに日記の分析を通して、自伝で語りえなかったことがいかに記載されているかを論じる。すでに述べたように、日記は事象が起きた時からあまり時間が経たないうちに記載されることが多いために、自伝と比べて操作性が低く、物語化の深度も浅くなる傾向がある。もちろん、記載時点で、記載すべき事象の取捨選択が行われるのであれば、自己の一貫性を示す記述としてみなすことができる。しかし、一般的に日記に記載されている雑多な情報からは、自伝ほど強い自己の物語性を見出すことは難しい。そのために、現在の書き手の自己形成の材料として不要であったり、異質であったりする行動や考え、一貫性を揺るがす逸脱となってしまう事象まで記載されることになるのである。

本節では、日記に記載されているが、自伝には明らかに記載されていない事象として、日常的な記録、タイ人スタッフとの交流に注目して論じてゆくことにする。

4・1 日常の記録

生駒の日記において、日常生活の行動の記録は日記の中で大部分を占めるが、自伝ではほとんど記載されない傾向がある。日常の記録では、自己を定義づけるエピソードになりにくいことが要因であろう。同じように、タイの旅行や日常生活を楽しむ生駒の個人的な感想も、日記には随所に見受けることができるが、自己形成について語らなくてはいけない自伝には扱いにくい情報であっただろう。生駒はタイの新しい景観や習俗に触れた感動を日記の各所に記載している。

1957年
10月26日 朝（土）フィリピン、マララ（ママ）空港着▼注38 二時間休息後出発
〔中略〕
朝マニラ上空へ、武彦戦死の地 遠い山影 着陸、マニラ発後は雲ばかり 印度支那の上空は箱庭の様に構地（ママ）と林地の取混▼注39 メコンの大河は地図に見る様に上流は高く下流が低く斜面と見られ、遠（ママ）は霞で空と陸と境が見へない。泰に入ってからは一面の平地で水浸しの田圃四角な構地（ママ）水の深い浅いて草の茂て（ママ）る緑地が

濃い薄いがあり其の自然の美しさと広さの偉大さに感銘させられた。盤谷に着陸 とたんに強裂（ママ）な[注40]太陽熱には先づ驚かされた。

自伝においては、物語として自身の事績を強調するために、タイの状況を否定的に描くことが多いが、日記の感想は、タイのほとんどの事例に対して、肯定的な感想を述べている。そのため、自伝に書かれているタイの状況記述と比べると違和感がある。

また実用性の高い、訪問した場所、出会った人、かかった経費などの記録も、日記の中で中心的な内容となっている。おそらくは出会った人や行った場所は、その後に再び使用することを考えて、備忘録として記載していったのであろう。

1957年
10月27日（日） 高木氏ト打合わせ 日曜日ニ付近クノ博物館見学
28日月 TAB、工業省、全工試 挨拶廻り、夜チャンペンレストランへ局長[注41]招待
29日火 TAB係官案内税関へ荷物受取り、三井銀行口座加入 小切手受領
30日水 日本大使館へ挨拶 渋沢大使並ニ渋沢正一其他に、午后より工試へ出勤
31日木 工業省産業振興局長と打合せ、渋沢、高木、チャンチャイ課長と共ニ、夕方花屋旅館へ引越す。（渋沢正一氏の案内で）
5日火 美校へ 横田、佐瀬両氏訪問 日高洋行へ挨拶。

その一方で、日常的な記録は、一度記載された後は、他の話題の中に背景化されてしまい、関心が払われなくなっ

❷チェンマイ漆器工場で教授する生駒弘
（出典：生駒歌子提供）

てしまう。例えば、日々通っていたはずの漆器工場での研修の様子や、生活の様子は日記において消えてしまっており、わずかにチェンマイの入居時の記録が簡単に残っているのみである（❷・❸）。

> 1957年
> 11月28日　新借家に引越す。No.Koshasan 屋貸月800Bath、女中、ボーイ2人で700Bath 合計1,500Bath は日本円にすると26,250位 外に電気代月50Bath、毎日材料買物代30Bath の支出、総計月平均2,450Bath 日本円で42,850円の生活費 外に小遣である。

このルーティン化してしまった日常生活は、生駒にとって日記に記述する特異性を見出せなかったと見える。しかし、唯一、妻に宛てて書いた絵ハガキに、チェンマイの日々の状況を伝える文書が残っている。

> 今日は便りする程の事もないので毎日の生活状態でも知らせませう、毎朝六時半に起きてます先づ髭をそり次に顔を洗って二階に上ると七時過、出掛る要意（ママ）をして朝食は七時半頃、オカ湯（ママ）を一膳、玉子半煮、塩魚、漬物、コーヒー、果物（季節物）で大体の処で時々変った物が付く、色の黒い下働の女中（スーワイと云ふ）名前が呼（ママ）にくいのでファンから来ているのでミス・ファンと呼んでるが食事の運搬（家主の方で作っている）やお膳立やら片着（ママ）や、果物の皮むき迠サービス満点、食べ終る頃上女中君が挨拶に顔を出し盒の弁当を持って来る時々花を持って来る、家族中バラ其他の花を植（ママ）てる。八時十分位前に車が迎に来る 五時五分前頃迠に家に帰るとす

ぐ下女中が大湯盥に熱い湯とジュース氷を入れて持って来るので先づのんでからタラヒで御湯を使ひ汗を流して二階で其の日の日誌を付けたり本を讀だ（ママ）り六時頃夕食の案内がある。〔以下略〕▼注42

自伝の中で、物語に沿わない日常的な記録やタイの肯定的な感想は記載されず、日記の中にのみ残されている。しかしそれも、ルーティン化された生活については、日記のなかですら省略されてしまう傾向を持つ。ただ時に日常の生活を他者に伝えようという目的のある時には、日常の記憶が取り上げられ、新たな物語を形成することもある。

4・2 タイ人職員スタッフとの交流

❸ターペー門前の生駒弘の宿舎と梅棹忠夫率いる大阪市立大学東南アジア学術調査隊の車両（出典：生駒歌子提供）

また日記の中では、生駒とタイ人の担当者やスタッフとの交友の様子が多く記録されているが、生駒の自伝においては、タイ人の人名は一切登場してこない。ただし日記においても、タイ人の本名や呼称が記録されることはなく、もっぱら役職名での記載となっている。

1958年
2月22日土　ドイ・メーオーへ　キャンプに出掛け、一泊して帰る。ドイ・ステップ山の裏側の山の民族（メーオー族）の部落でドイ・ステップ近 車で登山、寺の前に車を置いて歩いて5、6キロの山を廻り夕刻到着。テントで無い様な家根（ママ）を張り一行と共に食事を作って一泊す。混虫（ママ）採集のランプも不成功に終る。夜中に野の豚の音に驚かされた。
23日日

〔中略〕

此の度のキャンプは工業省から会計検査に来た一行の女子職員3名の希望で出掛けたのだが土日を掛けて要求されたので承知したら飛び上がって喜んだ。それ代り食事の支度材料は彼等3人で出し合ひ料理も一際受持った。その料理を作る処を見せられたが卵子の目玉焼を作るのに油を鍋にたっぷり入れて火に掛け其の中に卵子を浮かせて作ったのには驚いた。泰の目玉焼でもなんでも油でヌラくすると思っていたが成る程、もっともだ、もっともだ。

この記述はチェンマイ近郊にあるステープ山での漆器工場のスタッフとのキャンプの記事である。非常に楽しそうな交流の様子が記載されているが、特に自伝の中では言及されていない。このようなタイ人スタッフとの穏やかな付き合いが自伝の中にほとんど描かれていないのは、自伝での物語と一致しなかったか、もしくは読者を日本人と想定しているために細部を省いたと考えられる。

また生駒は、受け入れを行った産業振興局長のサアート・ホンヨンと親しく交友していたことが、生駒の日記などから分かっている。[注43] サアートは、タイ全土の手工業について詳しい人であったために、生駒を旅行に招待しており、生駒はこの招きに応じて、実際に滞在中、何度も一緒にタイ国内を旅行している。しかし、自伝においてサアートの名前はなく、生駒はチェンマイとバンコクにおける活動しか記載していない。自伝の中ではより分かりやすいように単純化された活動、人間関係のみを掲載したことが分かる。

以上、日記は、自伝と比べて取捨選択は緩やかであり、日々の活動と出来事を詳細に記録する。もちろん日常的な事象は記載するだけの特異性を持たない場合もあるが、将来に関連する事象が生まれる可能性を考慮して、ある程度実用や記録のために保持される。そのために自己の一貫性を重視し、単純化されて記述される自伝と比べて、日記はより複雑な活動、人間関係の記述が残されることになるのである。

5　変容する事実——真摯なる虚構（フィクション）

最後に、日記と自伝における事実の変容、いわゆる虚構について論じていきたい。すでに自伝における議論の中で、過去の事実は、自己の物語との一貫性を保つように再配置されることについて論じ、その際には、事実は物語の辻褄が合うように新たな意味が付与されることを見てきた。また日記においては、ある程度の取捨選択はあるものの未解釈の事実が記載される傾向があった。自伝という解釈された過去によって再配置された物語と、多くの未解釈の記憶が包括される日記は、どちらが本当の自己をより表象したものと言えるのであろうか。

もし自己というものが、客観的に記述できるのであれば、おそらくは操作性が低く、事実を淡々と記載した日記的記述が、事実としての自己を表現したものに近いであろう。その一方で、再解釈された自伝における自己は、執筆者の「つくりもの」であり、虚構としてみなされるべきであろう。しかし、自己の形成を目指す主体である執筆者の眼からみた時、執筆時点における、自己にとっての真の自己と言えるものは、一貫性を持った自己である。特に近代性を追求する生駒にとって、自分のあり方にそぐわない過去の出来事を、執筆の時点から再解釈し、「あるべき」自己の物語という虚構を真摯に生きることこそが、真実の自己ということができるであろう。

生駒の自伝や日記において明らかな虚構は認められないが、事実の単純化や劇化による事実の変容は散見される。ここでは生駒の昆虫採集と大山八三郎との出会いという二つの実例を取り上げて、記述の変容を具体的に見てみることにする。生駒の昆虫採集の記述は、自伝と日記双方に見ることができる。昆虫採集は、生駒の本業である漆器製作との関連が薄く、また生駒の人格を特徴的に示した事象でもない。それでも、生駒は様々に事実を変更させながら、自己の物語の中に組み込もうと試みている興味深い部分である。

自伝において、昆虫採集がクローズアップされるのは、梅棹忠夫率いる大阪市立大学東南アジア学術調査隊が一九五七（昭和三二）年一二月二八日にチェンマイを訪問した時の記述である。この梅棹との出会いは、そのエピソードだけで一節を充てるほど生駒は感銘を受けている。その中で、生駒の昆虫採集の意味が付与されている。

梅澤（マ）氏（マ）の一行[注44]が見えたのは、ちょうど十二月の乾季に当り、昆虫の採集のためには、雨季にくるべきだったが、ーもきたいが、予算の都合でくることが出来ず残念だとの話であった。それで、「わたしがお手伝いしましょう」ということになって、日曜日には各地方に出かけたり、また夜電燈に飛び込む昆虫をつかまえ、大学に送ったりしたが、そのため数多くの新種を発見することが出来き、よいお手伝いが出来たことを喜んでいる。学者グループでの協力や研究のあり方に、工芸産業にも勉ぶべき点のあることを知らされた。[注45]

生駒はここで、梅棹の調査に対する「よいお手伝い」として、昆虫採集を行ったことを述べている。しかし、この説明は事実を説明したものではなく、生駒が語った多くの理由の中から、選択され、単純化された理由の一つである。

日記には、実際のところ、生駒の昆虫採集は、梅棹の訪問以前から行われていることが記載されている。梅棹のチェンマイ訪問の三週間前の一二月八日には、北海道農業試験場長桑山覚から昆虫採集用の毒瓶をもらっていることが分かる。

１９５７年
12月5日木　泰国王の誕生日で休み、渋沢正一氏来宅。北海道農業試験場長桑山氏[注46]来宅家に泊る。
8日日　田中老人[注47]の案内で桑山博士と山の寺へ行く、横田画伯来宅泊る。（３泊して帰る）
桑山氏より採集用の毒瓶をもらう。

28日土　夕方阪大一行来宅
　隊長　梅棹忠夫
　副隊長　藤岡喜愛 人間生態学、社会人類学
　　吉川公雄　蝶 昆虫生態
　　川村俊蔵　動物社会生態学 猿
　　小川房人　植物生態学
　　依田恭二　植物生態学
　　　留学生（チュラロンコーン大学）通訳として
　　泰　人　通訳
　　　　　　　　　　　　　一行計8名
　隊長 副隊長の二名は二階の一室へ 外6名は階下へ持参のベットで一室へ。
　車二台（ワゴンとヂープ）は庭に入れる。
29日日　阪大一行とドイシュテップへ採集視察に同伴す。

また、梅棹側の記録である『東南アジア紀行』によると、昆虫採集の目的として「漆器の図案を考えるためのヒントにもなるかと思って、チョウチョウを捕りはじめた」[注48]と生駒本人が述べていたと報告している。

また生駒自身、翌年の一九五八（昭和三三）年二月二三日の日記の中では、チェンマイのステープ山への同僚たちとのキャンプをした際に、「運動にもなり南方ボケを防げれば安い物だ。そして学者の御手伝にも成る」と綴っており、さらに運動と南方ボケ予防という意味が付与されている。

以上のことから、生駒にとっての昆虫採集の意味についての言及を時系列に並べてみると次のようになる。

A 漆器の図案の研究
B 梅棹忠夫の昆虫採集への協力
C 南方ボケ予防のための運動

おそらく梅棹と出会う以前の生駒は、Aの目的で昆虫採集を行っていたと思われる。そして、梅棹と出会うことで、Bの役割が追加されたのであろう。Cは、A、Bの目的で昆虫採集をする中で生まれた副次的な目的であろう。しかし、この三つの目的は、生駒にとってどれも場合によっては主たる目的として採用される可能性があった。また過去の一時点において、もしかしたら真の目的であったかも知れない。しかし、執筆者は、その時々の説明の必要性から、自己語りに必要な解釈を可能性の束から、選択し直してゆくのである。自伝においては、特にBの目的が選択され、強調されている。これは近代性の象徴として学者である梅棹に高い評価を与え、それをサポートしたことの功績を考えて、Bの解釈を選択したと思われる。Bの解釈は、必ずしも嘘ではないが、筆者の後年の思い入れによって、多分に強調された事実へと作り替えがなされている。

次に、生駒と生涯を通じて交流を持つことになった大山八三郎との出会いの記述もまた、同様の作り替えがなされている。大山と生駒の出会いは、すでに述べたように東京から穴沢を中心とする南方漆調査団がチェンマイに来訪した際に、大山が通訳として生駒に面会したのが初めである。自伝においては、当初から、強烈な印象と共に大山と出会ったことが語られている。

そこで良質の漆を入手するには、華僑の手を経ずに、直接山のシャン族に取引すべきだとの結論をえたので、この話をバンコック在住の貿易商、日高氏に持ちかけたら、是非やらせてくれということになった。この仕事を直接引き受けてくれたのが、後にチェンマイ・ハンデクラフト社（ママ）を創設した大山八三郎君である。彼は年若くして青雲の志を抱き、タイに渡るや身も心もタイ人になり切るために、六ヶ月間僧院生活に耐え、其の後はタイ人の家庭に下宿などしていた。彼の父親は絵描きで彼ももともと漆器類には少なからざる関心を持っている上に、人一倍研究熱心な才能のある男である。

最初にこの仕事を頼んだ時、彼は断ってきたが、工業省付屬の漆器研究所でわたしの作品を見てから、がらりと態度が変り「やらせてくれ」といってきた。その頃の日本は中国との国交が杜絶していて、それまで頼りにしていた中国産の漆のストックが底をついた。そのため業界は漆を東南アジアに求め、タイにも実態調査のために三名の調査団が派遣された。そのうちの一人が専門に漆を取り扱っている漆屋の人であった。大山君はその時通訳としてついてきたわけである。▼注49

自伝の中では、年若く、志に燃える大山に対して、生駒は当初から高い評価を与えているかのようである。しかし、日記を見ると、大山との初めての出会いである南方漆調査団の調査に関する記述の中に大山の名は見当たらない。

1959年
7月6日　Fangへ穴沢氏を案内10・30時発チェンダオで中食4・00到着
7日　ジープでホイカーイの漆山へ泊
8日　ジープでホイカーイ8・30時発途中ジープが道路にはまり象を借りて引き上げる
FANG発11時チェンダオで中食15時帰宅
28日　FANGへ漆の調査穴沢田中と3人
29日　FANGより帰る18時

このように大山の存在はまったく記載されずに穴沢との調査が記録されている。生駒は当時、日常的に通訳をつけて行動していたが、通訳についての記載はほとんどない。これはおそらく、大山もまた同様に通訳の一人として、日記の記載対象から外されていたと思われる。

生駒の日記の中で大山の名前が初めて登場するのは、およそ四ヶ月後の一九五九（昭和三四）年一一月の時点からである。生駒と一緒にチェンマイの南、ラムパーンの古刹であるワット・チェーディーを訪問した記事が初出となる。

1959年
11月15日　LAMPANGへ大山氏と、鉄道ホテル泊 ワットチェーディー、の祭りを見る
16日　12時 CHIENG MAI 帰宅 晩にピン川で燈呂（ママ）流しの行事ある
29日（日）　DOI STEP 別荘へ 大山、タニット、竹工場主（ソンチット）と四人
12月6日（日）　DOI STEP 別荘へ 大山 小宮山と3人招待される

その後、日記の中で大山と生駒が一緒に活動する記事が散見できるようになってゆく。大山との付き合いは生涯に及ぶものになり、執筆時の一九八〇（昭和五五）年頃においても特に重要な登場人物として家族ぐるみの交流が行われている。そのために生駒の自伝では、執筆時点から振り返って、大山との出会いは、実際以上に劇的な出来事として描かれているのであろう。

以上、二つの事例を通して見えてくるのは、自己記述における過去の出来事は、様々な解釈の可能性の束によって構成されており、執筆時点の思い入れや、物語上の一貫性を保つために、事実を単純化したり、劇化したりすることによって虚構性を強化する。虚構性を強めた過去の事象は、客観的な事実として、明瞭に現実を反映した記述

とは言えないかもしれない。しかし、それは同時に執筆者自身にとっては、執筆時点における自己の過去に対する評価を適切に反映した「事実」であり、自己の過去に対する真摯な態度の反映なのである。

6　おわりに――物語が紡ぐ自己の物語

以上のように、自己記述を、自己同一性を生み出すために構成された物語とする構築主義の観点から論じた時、日記と自伝ではその目的と考慮できる時間の深度に応じた事実の取捨選択と変容において違いがみられることを、漆芸家生駒弘の日記と自伝を比較することで論じてきた。

すでに見てきたように、生駒の自伝は英雄譚としての向上型の物語類型であり、さらに「伝統・旧態」から「産業化・近代技術」へと発展するという一貫した自己の物語によって進行する。そのために過去の出来事は、物語に沿うように意味づけされ、再配置される。本章での議論を通して、自伝では、物語の一貫性が重要であり、また執筆時点から自己の形成の過程を明確に説明する必要性から、時には時間軸を捻じ曲げて配置したり、虚構性を強めても一貫性を維持するために、事実の単純化や劇化したりといった操作が行われることが明らかになった。

それに対して日記は、その日の気になる出来事を詳細に記述するという習慣と、将来のための情報を記録するという実用的な面から、より広範な情報が記載される。そのために様々な解釈の可能性を持った出来事や感情が綴られる。もちろん取捨選択がないわけではないが、自伝に比べて物語化の深度が浅く、日記はドミナント・ストーリーに組み込まれていない、より多元的な自己像を生み出す余地のある事実が記載される。つまり読み取り方によってはまったく別の自己像を構成し直したり、自伝で構成された自己像を批判的に検証したりする読みも可能になるものであった。本論ではこの二つの記述様式を比較することによって、自己記述における事実の選択や変容のプロセスを明らかにした。

これらの議論を通して、自伝や日記といった自己記述を、執筆者に内在する一貫した自己の物語が生み出す物語とみなす「物語が紡ぐ物語」の見方として提示できるのではないだろうか。この「物語が紡ぐ物語」の視点は、すでに見たように自己記述を単なる事実の記録とみなすことを越える。執筆者の執筆時点における、自己に対する一貫性が、過去、現在そして将来の自己の語り方をも決定するという見方を表明することができる。

一貫性のある自己の物語は、その物語自体が、現在と未来の自己の語り方を再帰的に規範化するために、執筆者が多様な自己を表現しようとする可能性を制限し、物語が執筆者をすでに役割の決まった演劇の役者のように縛りつけてしまう。自らが決めた物語自体が、執筆者自身に演ずるべき役割を果たさせるために、様々な過去の経験を取捨選択したり、変容させたりする主格が転倒する関係性も垣間見られる。物語に縛られた自己が、自己の物語を紡ぐというのであれば、自己の主体性はどこまで認められるのか。今後考える必要があるであろう。

▼注

1　本研究で取り上げる生駒弘とその日記と自伝資料は、大山八三郎氏のご紹介により、二〇一四（平成二六）年、生駒弘の息子親雄の妻、故生駒歌子氏から研究目的に借用が許可された資料群の一部である。この資料群は未刊行資料である生駒弘の自伝二点（『九十歳の軌跡』、『漆器産業に生きる』）、日記一点（『泰国旅行記』）、タイ語単語帳一点、書簡一通「妻末子宛書簡 第十信」、写真十数葉からなり、電子化保存後に現物は返却した。本論文で用いる自伝『九十歳の軌跡』は、七四頁のＢ４版原稿用紙に鉛筆を用い、縦書きで記載している。『泰国旅行記』は、マス目のあるＢ５判のコクヨの集計用紙に横書きで日付と記事が鉛筆で書かれ、さらに手書きの地図も書き加えてある。

2　生駒弘『泰国旅行記』（未刊行、二〇一四年入手）。

3　生駒弘『九十歳の軌跡』（未刊行、二〇一四年入手）。

4　Freeman, Mark, "Self as Narrative: The Place of Life History in Studying the Life Span," in *The Self : Definitional and Methodological Issues*, ed. Thomas M. Brinthaupt and Richard P. Lipka, (New York: State University of New York Press, 1992): p.25; Gergen, Kenneth J., and Gergen, Mary. M., "Narrative and the Self as Relationship," in *Advances in Experimental Social Psychology* 21 (1988): p.18.

5 片桐雅隆『過去と記憶の社会学――自己論からの展開』（世界思想社、二〇〇三年）、一一頁。
6 同箇所。
7 バーガー、ピーター L.『社会学への招待』（水野節夫・村山研一訳、筑摩書房、二〇一七年）（原著 Barger, Peter. L., *Invitation to Sociology: A Humanistic Perspective.* (Garden City, N.Y.: Doubleday, 1963)）、九六頁。
8 Gergen & Gergen: p.18.
9 デンジン、ノーマン K.『エピファニーの社会学――解釈的相互作用論の核心』（関西現象学的社会学研究会編訳、マグロウヒル出版、一九九二年）（原著 Denzin, Norman K., *Interpretive Interactionism.* (Newbury Park, Calif: Sage Publications, 1989)）、九頁。
10 同書、一五頁。
11 Goffman, Erving, *Stigma: Notes on the Management of Spoiled Identity.* (Englewood Cliffs, N.J.: Prentice-Hall, 1963).
12 ギデンズ、アンソニー『モダニティと自己アイデンティティ――後期近代における自己と社会』（秋吉美都、安藤太郎、筒井淳也訳、ハーベスト社、二〇〇五年）（原著 Giddens, Anthony, *Modernity and Self-Identity: Self and Society in the Late Modern Age.* (Cambridge: Blackwell, 1991)）、五九頁。
13 同書、五六―六〇頁。
14 ホワイト、M.、エプストン、D.『物語としての家族』（小森康永訳、金剛出版、一九九二年）（原著 White, M. and Epton, D., *Narrative Means to Therapeutic Ends.* (New York: W. W. Norton, 1990)）、三三―三八頁。
15 同書。
16 小倉孝誠「自伝の構図」（『東京都立大学人文学部 人文学報』第二四六号、一九九三年）、四一―六〇頁。
17 同書、四七頁。
18 同箇所。
19 同箇所。
20 高野松山（一八八九―一九七六）は、熊本出身の漆芸家。東京美術学校卒業後、白山松哉に師事し、白山派蒔絵を引き継ぐ。細川護立の援助を受けて制作を行い、一九五五年人間国宝となる。
21 Gergen & Gergen: p.25-26.
22 青木保『「日本文化論」の変容――戦後日本の文化とアイデンティティー』（中央公論新社、一九九九年）。
23 太田誠二は、東京美術学校の先輩であり、富山県工業試験場から金沢の石川県工業試験場に転勤になった際に、後任として生駒が推薦された（生駒『九十歳』、九―一〇頁）。

24 高野松山のこと。
25 生駒『九十歳』、一〇頁。
26 同書、三五—三六頁。
27 同書、一四頁。
28 「寇」の誤記。
29 生駒『九十歳』、五四—五五頁。
30 同書、五九—六〇頁。
31 同書、五四—五六頁。
32 自伝、日記の本文引用中の取り消し線は、生駒本人によるものをそのまま記載した。
33 生駒『九十歳』、五四—五六頁。
34 同書、六四—六五頁。
35 同書、五七—五八頁。
36 生駒弘「漆工芸専門家 生駒 弘」『技術協力動向調査報告書（No.3）（タイ編）』（海外技術協力事業団、一九六六年）、二〇—二二頁。
37 生駒『九十歳』、六三—六四頁。
38 「マニラ空港」の誤記。
39 「耕地」の誤記。
40 「強烈」の誤記。
41 工業省産業振興局サアート・ホンヨン局長のこと。
42 生駒弘『第十信』［生駒弘から生駒末子宛て絵葉書］（未刊行、二〇一四年入手）。
43 生駒とサアートとの関係については、西田昌之「チェンマイ漆器の復興と産業化—— 1957-1961 年漆芸家生駒弘による技術移転をめぐって」（『年報 タイ研究』第二〇号、二〇二〇年）、一—二三頁に詳しい。
44 「梅棹氏」の誤記。
45 生駒『九十歳』、五九頁。
46 北海道立農業試験場長桑山覚博士（一八九七—一九八一年）のこと。
47 チェンマイに戦前から営業を続けた田中写真店店主の田中盛之助のこと。
48 梅棹忠夫『東南アジア紀行』（中央公論社、一九六四年）、一六三頁。

49　生駒『九十歳』、六〇—六一頁。

▼**謝辞**

本研究のために生駒弘資料を提供くださった故生駒歌子氏と大山八三郎氏に心より感謝を申し上げます。

Chapter 11

11章 芦田恵之助の回想録と日記の比較から見る台湾表象と「国語」教育観

大岡響子

帝国日本の植民地期台湾は、内地から訪れた者によってどのように表象されたのだろうか。本章では、随意選題を提唱した国語教育者である芦田恵之助が台湾経験を綴った回想録と日記を比較し、訪台経験に関する記述の異同を精査する。その作業を通じて、芦田による台湾表象のあり方と「国語」教育観の関係性について検討する。

1 はじめに

植民地期台湾を訪れた文人は少なくない。徳富蘇峰（とくとみそほう）、佐藤春夫（さとうはるお）、北原白秋（きたはらはくしゅう）、野上弥生子（のがみやえこ）など、それぞれの訪台経験を題材に作品を著している。[注1]そうした作品を分析する枠組みは、植民地主義を反省するポストコロニアリズムの視座を共有しながら、書き手の訪台経験と作品における植民地表象との関係性について明らかにしてきた。[注2]書き手ごとに台湾表象のあり方は異なるが、これらの作品はいずれも公開することを前提としており、内地読者の植民地期台湾に対するまなざしを意識しつつ書かれたテクストという点で共通している。

一方で、日記は私的な個人の記録であり、必ずしも開示することを念頭においては書かれない。同じ経験を綴る場合であっても、読者の存在が前提とされるか否かによって、テクストの内容が変化するであろうことは想像に難くないだろう。

以上のことを踏まえて、本章では一九三〇年代初頭に台湾を訪れた教育者の芦田恵之助が残した回想録と日記の二つのテクストを取り上げる。台湾訪問という経験に紐づけられた二つのテクストの比較を通じて、発表を意図したテクストとそうではないテクストの間にある差異、またその差異と台湾表象の関係性について検討したい。▼注3

芦田恵之助（一八七三［明治六］年―一九五一［昭和二六］年）は、「綴り方とは自己を書くことである」▼注4という教育理念のもと、子どもに文題を選ばせ綴らせる随意選題を提唱したことで著名な教育家である。一九二一（大正一〇）年に東京高等師範附属小学校を退職した後には、朝鮮半島と南洋群島の国語読本編纂にも携わった。一九二五（大正一四）年には一切の公職から退き、教育者としての後半生を全国の教壇を巡る教壇行脚（一九二六［大正一五］年―一九五一［昭和二六］年）に捧げた。本章で取り上げる台湾訪問も教壇行脚の一環として位置づけられている。

芦田恵之助の教育理念や教育実践に関する論考において、主な分析対象となってきたのは教授法についての著作と自伝である。他方、芦田が教壇行脚で全国を巡りながら綴った日記等の資料群は、人間文化研究機構国立国語研究所研究図書室に「芦田恵之助先生教壇記録」全七〇巻（以降教壇日記）として所蔵されているが、これらを用いた研究は、著作や自伝を分析対象としたものに比べると非常に限られている。▼注5近年、膨大な教壇日記の中から、台湾訪問について綴られた第一巻の一部が永田和寛・山口刀也によって翻刻され、教壇日記の資料的価値が再考される契機となっており、今後の研究においても活用されることが望まれる。▼注6

そこで本章では、回想録を相対化し得る史料として日記を位置づけ、次のような構成で論じていきたい。まず芦田恵之助の台湾訪問の経緯や日程を確認する。続いて、回想録の内容と性質を考察し、その上で台湾訪問中に記された日記の記述を分析する。回想録と日記の記述の異同を精査することを通じて、芦田による台湾表象の形成が如何になされたのかを考察するとともに、そうした表象と「国語」教育観の関係性について検討する。

2　芦田恵之助の台湾訪問と二つのテクスト

芦田の台湾訪問は、一九三〇（昭和五）年一二月二九日に神戸港で蓬莱丸に乗船することから始まる。翌三一（昭和六）年二月五日に門司港へ入港するまでの三九日間の旅路の中で、在台の期間は三一年一月一日に基隆港に入港してから、同年二月二日に同じく基隆港を出港するまでの三三日間である。台湾滞在中は、台北、屏東、台南、嘉義、台中、新竹、宜蘭など全島各所を訪れている。

この渡台は、芦田が『尋常小学国語小読本』巻九[注7]に執筆した「瑞竹の林」という文章がきっかけとなって実現した。「瑞竹の林」のモデルとなった竹林は、台湾精糖株式会社屏東工場内にあり、一九二三（大正一二）年四月に皇太子が台湾行啓で訪れた後に設けられた。[注8]台湾製糖株式会社専務の平山寅次郎が「瑞竹の林」を読み、「一度筆者にも瑞竹の林を見せてやりたい」と言ったことが発端となって台湾訪問が実現した、と芦田自身がその経緯を回想している。[注9]

台湾訪問は、「お台所は台湾製糖、学校のお指図は文教局、とにかく社会の大なる力二つを背景」として実施され、「詰襟が大名旅行をしたのですから、時々自分でも位取りをまちがえ、股をひねってみるようなこと」があったほど各地で歓待を受けるものであったらしい。[注10]工場や農場、神社などを見学する観光旅行的な側面もあったが、各地の学校を訪問し、実地授業や講演をする教壇行脚の一環として、この台湾訪問は意識されている。後に詳しく見ていく日記には、台湾各地の視学や訓導との出会いとやり取り、学校訪問や講演、模擬授業の様子など教壇行脚の詳細が記録されている。

『台湾日日新報』（一九三一年一月二三日）掲載の記事「芦田恵之助氏教育講演」は、芦田の訪問が台湾でどのように受け取られたのかが窺える史料である。この記事には、台北州教育会が主催した芦田講演会の規模が記されている。

初等教育に就いて造詣深き芦田恵之助氏に台北州教育会主催に依り左の如く教育講演を行ふことになつたが聴講会員は中等学校及び小公学校職員で総数七百余名に達する筈である。

二十七、二十八日　会場樺山小学校（聴講生四百名）

二十九、三十日　会場基隆第二小学校（聴講生百五十名）

三十一日、二月一日　会場宜蘭小学校（聴講生百五十名）[注11]

総数七〇〇人規模とかなりの教育関係者の参加が見込まれていたことがわかるが、記事に挙げられている日付の日記を見てみると、二七日付の日記には「来会者五百」、二八日には「来会者六百」とあり、当初の想定よりもかなり多くの聴講者が集まった可能性もある。いずれにせよ、芦田の渡台は台湾の教育界からも歓迎され、教育関係者の耳目を少なからず集めるものであったことは間違いない。

教壇日記は、このように出来事と事実の記述で構成された日記である。台湾各地で出会った教育関係者、製糖会社職員、総督府関係者の氏名と所属が細かに記され、ほぼそうした記録のみの日記もある。備忘録としての性質が強く、おそらくは帰京後に回想録を執筆する際に見返すことを想定していただろうと思われる。そうした意味では、日記は回想録のいわば原案あるいは原本とも位置づけられるものであろう。

では、教壇日記が出来事や見聞きしたことで構成された旅の記録だとすれば、回想録はどのような性質を持つテクストだと言えるのだろうか。本書第Ⅲ部10章（西田昌之）では、日記と自伝の差異をオートバイオグラフィー（自己記述）における物語化の作用と書記形態の関連から整理している。回顧的視点から書かれる自伝や回想録は、西田論文が指摘するように一貫性をもった自己像を作り上げることが可能なテクストであり、またその自己像は常に他者との関係性の中で模索される。と同時に、個別的経験に内在する他者の存在——芦田の場合は台湾で見聞き、接触した人々――をどのように表象するかもまた、読まれることを想定した瞬間に読者という他者を意識して書かれることになる。

回想録「台湾遊行記」は、帰京後三か月ほどで国文学者垣内松三が主宰する『国文学誌』創刊号に掲載された。『国文学誌』は、垣内が一九二三（大正一二）年に創刊した『読方と綴方』が一九二六（大正一五）年の『国文教育』への改題を経て、一九三一（昭和六）年に再度改題されたもので、垣内と交流があった文学、教育関係者を中心とした国語教育理論発表の場として機能した媒体である。[注12]

芦田に私淑した小樽市緑小学校校長の沖垣寛によれば、「先生が心から師とあおいで教えをうけたのは、垣内先生です」と述べ、「両先生が一体となって、大正から昭和への数十年にわたり、わが国語教育界を指導」してきたと讃美している。[注13] 他に国語教育界における垣内の存在感を推し量れる指標に、垣内の著書『国語の力』が一九二二（大正一一）年から一九四二（昭和一七）年の絶版まで、四〇版に渡って版を重ねたことがあげられる。[注14] 野地潤家は、垣内が提唱したセンテンス・メソッド理論を中心とした国語教育について「一九三〇年代の国語教育学の主流」と位置づけており、[注15]『国文学誌』は一九三〇年代の国語教育の理論と実践を報告する媒体として、教育関係者を中心に一定の注目を集めていたと考えて差し支えないだろう。

芦田は台湾出発の数日前にも垣内を訪ねて研究会についての打ち合わせをしており、台湾訪問は垣内も知るところであったと思われる。[注16] 帰京後すぐに原稿が掲載されたのもこうした二人の密接な交流が背景としてあり、回想録の執筆においては『国文学誌』への掲載と国文学及び国語教育に携わる読者が意識されていたと考えられるのである。[注17]

3　回想録における原住民族表象と「国語」教育観

回想録である「台湾遊行記」は『国文学誌』に三回に渡って掲載された。[注18] 基本的には読者は回想録を読みながら芦田の台湾訪問を継時的に追っていくような構成となっており、それぞれ次のような期間と内容に関する記述である（以降、回想録（上）、（中）、（下）と表記する）。ここでは、「台湾遊行記」に内在する原住民族を軸とした植民地表象について考察し、その上で「国語」教育と国民精神が紐づけられていく過程を明らかにする。

上（一九三〇年一二月二八日―一九三一年一月一〇日）
台湾訪問の動機と経緯・回想録の意図・出発と船内での出来事・工場と農場見学・教壇行脚

中（一九三一年一月三日―一七日）
屏東（へいとう）雑記（原住民族と農業について）・教壇行脚・嘉義（かぎ）、阿里山（ありさん）観光

下（一九三一年一月一八日―二月二日）
日月潭（にちげつたん）観光・霧社（むしゃ）事件の経緯・蕃童（ばんどう）教育所訪問と交流・教壇行脚・芝山巌（しざんがん）事件の経緯と芝山巌精神の位置づけ・総督府職員と台北州視学との交流

回想録（上）では、台湾訪問に対する信念が語られた後に、地理教授の参考になる情報を提供したいと述べている。その上で、「教育観のやうなところもあり」[注19]と自身の教育理念を発表する意図が示される。

3・1　画一的教育への批判と植民地教育に対する関心の所在

台湾の地理について「内地に比して如何なる次第に暑くなっていくのか」を説明し難かったと自身の経験を振り

返る芦田は、回想録の中で台湾を「あさましい程」暑い「異境」として印象づける。[注20] 熱帯の「異境」の産物であるバナナの補植や糖度について、台湾南部の後壁林（ごへきりん）の農場で見聞きしたことを紹介しながら、次にあげるように自身の教育理念を主張している。

> せめて後壁林の小学教育だけでも、もすこし土にしっかりとつけて、幼い霊光にかがやく眼に芭苗を見せ、施肥を考へさせたいと思ひます。〔中略〕幼きものの眼にかゞやく霊光が、紙に刷つた教材のために、滅びていくことが少なくありません。〔中略〕甘蔗の前に立つては、それが読方であり、綴方であり、理科であり、作業科であります。かうした骨をかの地の児童の教育に加味して、環境の中に行くべき道を発見させるやうにしたら、優良品種、優良肥料が或は児童の手から生まれることがないとも限りませぬ。〔中略〕普通教育の名にかくれて、画一教育を強ひてゐる今の教育は、その破綻を至る所に暴露してゐます。[注21]

画一的な教育を批判し、土地土地に根差した教育をすべきだという観点は、「都会と田舎と、海辺と山辺とでは、事情が非常に違って」いるにもかかわらず、[注22] 内地のどこでも一律の読本で学ぶことへの批判的な姿勢を敷衍したものである。右の引用からもわかるように、芦田は児童を取り巻く環境の全てを教材と見做し、児童の生活に根差した文章を読み、書く教育を重視した。朝鮮総督府の編修官時代に読本は「足の裏で書くべきもの」[注23] との考えに至ったことをこの回想録でも明かしており、土地の事情を反映させた教材こそが至高であるという考えは、芦田の一貫した主張でもある。台湾訪問に先んじて朝鮮と南洋の二つの植民地に滞在し、読本編纂にあたった経験がこの発言の背景にあると考えられるが、ここでの「せめて後壁林の小学教育だけでも」が台湾の初等教育全般を指すものか、それとも在台内地人児童の初等教育のみに限定した表現であるのかについては一考を要する。

植民地台湾の初等教育機関は三つに大別でき、原則的には内地人児童、漢人児童、原住民児童は別々の教育機関

に属した。[注24]

①小学校――「国語」を常用する在台内地人児童が対象

②公学校――「国語」を常用しない漢人児童が対象

③蕃童教育所および蕃人公学校――「国語」を常用しない原住民児童が対象

「国語」を常用しない児童たちが通う学校で使用する読本は台湾で独自に編纂されており、芦田の訪台時期に公学校で使用されていた読本を例にとれば、実学知識や台湾の郷土教材が取り入れられ、児童の日常生活に関係深い教材を採用するという方針で編纂されていた。[注25] 原住民児童向けの読本は、漢字を解さないことを念頭においた平易な教科書づくりが行われた。[注26]

滞在中、芦田は蕃人公学校を除いて全ての初等教育機関を訪れているが、「国語」を常用しない児童を対象に台湾総督府が編纂した読本については全く言及せずに、「もすこし土にしつかり」つけた教材が必要だと述べている。植民地の読本編纂の経験を持つ芦田が、台湾の読本編纂状況に関して極めて暗かったとは考えづらく、詳しい内容を知っていたわけではないにせよ、内地人児童と漢人および原住民児童が異なる教科書を使用しているという程度の知識を欠いていたとは考えにくい。そうだとすれば、「せめて後壁林の小学教育だけでも」が指し示したのは、在台内地人児童が対象である小学校の教育とそこで使用された内地の読本に関する意見であったと思われる。

回想録では、内地人の初等教育と次に見ていく原住民族に関する記述が中心となり、それと反比例するかのように公学校に通う漢人児童が関心から漏れ落ちている。このことは、後節で論じるように回想録での台湾の教育に対する芦田の関心の向け方の一端を表していると言える。というのも、台湾訪問は教壇行脚の一環として位置づけられ、少なくない公学校教員との交流があったにもかかわらず、回想録が提示する教育対象は内地人児童と原住民児童に収斂されているからである。

3・2　台湾表象としての原住民族

回想録（中）と（下）では、特に原住民族に関する記述に紙幅が割かれている。▼注27 その背景の一つには、一九三〇（昭和五）年一〇月二七日に起こった原住民族セデックの蜂起（霧社事件）▼注28 から二か月程度しか経たずの台湾訪問であったことがあげられる。内地でも大々的に取り上げられたこの蜂起については、「色々聞いて来たいといふ（ママ）が大いなるのぞみ」であったと述べるだけでなく、▼注29 原住民族に関する問題を「社会的にも、教育的にも」取り上げるべきことだという認識を示している。▼注30 回想録（中）では、台湾最南端の岬、鵝鑾鼻（がらんび）を有する屏東（へいとう）での出来事を「屏東雑記」と称して紹介しているが、その半分を占めるのも原住民族に関するエピソードである。「くさつよいとこ、一度はお出で」▼注31 を口ずさむ原住民族の女性への親近感が原住民族に対する第一印象として語られることに始まり、台湾製糖の万隆（ばんりゅう）農場で溝上場長に聞いた二つのエピソードを中心に原住民族像が形成される。

エピソード①万隆農場が水利工事中に豪雨に見舞われた際のエピソード

豪雨により工事が完了した基礎部分が押し流され、関係者は「皆失望喪失」していた。そこへ、竿の先にお見舞いの品である鹿肉を下げた原住民族が濁流の中泳いできて命がけのお見舞いをした。これに励まされた関係者は再び工事に着手し、無事に農場建設が成功した。

エピソード②万隆農場建設についての原住民族との取り決めに関するエピソード

農場建設のために付近の原住民集落の頭目と製糖会社関係者が会見をした。その際、契約書などは一切必要とされず、頭目からの「よろしい」という一言で双方の意見が一致し、速やかに農場建設への合意がなされた。

芦田は勇猛果敢な原住民族の「命がけのお見舞い」をまず讃美し、続く二つ目のエピソードに「非文化人」である原住民族の精神的な成熟を見出している。「文化人の考へ抜いて到達しよう」としている地点へ、「非文化人は既に到達」しており、「何をか文化といふか、今後文化人の真面目に研究しなければならない」と内地人の立場を相対化する視点を喚起する。[注32] しかし、続くエピソードでは原住民族が互いの襲撃に対して疑心暗鬼になり、内地人の元へ助けを求めてくるという話を紹介するにあたって、「いかにも大胆不敵のやうに」見えても、実は「卑怯」で、「敵を恐るる事の甚だしい」と未開性を印象づける記述が添えられる。[注33] その後も、原住民族は、「文化」のある内地人を再帰的に捉え返すための対立項として提示される。「純真未開」な原住民族は、「文化を追はず、求むる所の大ならざる」存在であり、[注34] そうした彼らとの邂逅を通じて、芦田は霧社事件を次のような位置づけに帰着させる。

勿論蕃人にも誤解があつたことは事実ですが、文化人にも弱点があると思ひました。蕃人のやうに純真誠意でむかはなければならないことを痛感致しました。教育をうけたがために、彼等があざむかれたり、もてあそばれたりするやうな事実が多くなるやうでは、彼等としてはうしと見し世が却つて恋しからうと思はれます。霧社事件はきけばきくほど、文化人と称する我々が、もつともつと純真に帰ることをつとめなければならないと思ひました。[注35]

このように内地人に「純真」にかえる必要性を説く一方で、「とにかく蕃人を教育して、台湾地積の大部分をしめている蕃地開放」を成し遂げることが「国利民福」の上で重要であるとも述べている。[注36] 教化の対象でありながら、内地人を相対化する存在でもある原住民族は、回想録において「異境」台湾の未開性の象徴として定置される。結局は、文化進化論的枠組みの中に置かれた「純真」と「文化」の間を自発的に行き来できる内地人に対して、原住民族は教化されなければ「純真未開」なままの対象として浮かび上がる。[注37] このことは、台湾の植民地統治に見られる二重の構造——内部化（日本化・文明化）しつつ、外部化（異質化・未開化）する——が、回想録の中に組み込まれていることを示していると言えるだろう。そしてこの構図は、後述する国民精神涵養のための「国語」教育という教育観を、原住民児童の素晴らしい「国語」を介して提起するための前提としても機能しているのである。

3・3　角板山蕃童教育所における国民精神涵養のための「国語」教育

❶角板山蕃童教育所を収めた絵葉書。和装の原住民児童が読本を読み、習字をする姿は、「国語」を介した「教化」の成果を象徴している。（Lafayette College libraries, East Asia Image Collection）

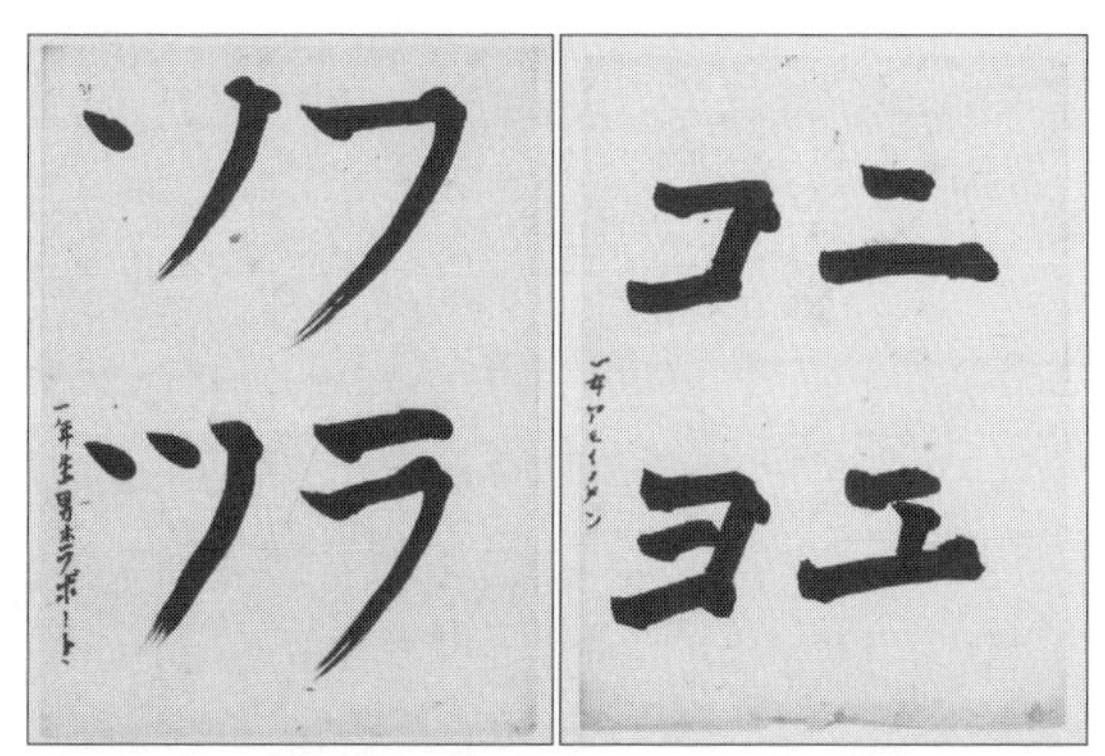

❷角板山蕃童教育所児童による習字作品。第一学年の生徒は文字学習を始めたばかりであるため、間違いやすいカタカナの書字を練習している。（琉球大学付属図書館矢内原忠雄文庫）

回想録の中で教壇行脚の内容として特に具体的に記されているのが、内地で芦田の講習を受けた巡査教師が指導する角板山（かくばんざん）蕃童教育所の事例である[注38]（❶❷❸）。

教育所の巡査教師である本野演暢は、佐賀県神崎郡で芦田の講習に参加した人物で、この教育所での教育は全て随意選題に端を発していると述べる。芦田は本野の教育所での体験を通じて、原住民児童の「国語」

習得過程における方言の不在という問題を発見し、「国語教育上の大問題」[注39]であると主張する。[注40]「方言訛音」を持つ内地人児童に対し、「標準語唯一つ」しか持たない原住民児童の存在は「国語教育に衝動」を与える問題ではないか、[注41]と提起している。

被植民者である原住民児童が「国語」の方言を持たないという当たり前の事実を「国語教育に衝動」を与える問題と評すること自体、内地の国語教育界の視界から植民地が如何に周縁化されていたかを物語っている。また、この記述は「方言」を真正な「国語」の下位に置き、「標準語」を準拠すべき正しい「国語」とする一方で、両者の歴史的一貫性を前提とする芦田の「国語」認識を同時に示している。「方言」と「国語」は一つの線で結ばれるからこそ、「方言訛音」を持つ内地人児童は「幸福」であり、「是正」する努力を厭ってはならないと力説されている。

それに対して、「標準語唯一つ」しか持たない原住民児童が置かれた状況は、「国語教育上の大問題」と評しながらも具体的には検討されない。一から「国語」を学ばねばならない角板山蕃童教育所の児童が「方言訛音」の不在を乗り越え、「国語」を習得する困難に関しては詳察されず、「内地でも多く聞き難いほどの読み」という称賛が際立って綴られる。方言の不在という気づきは、植民地の「国語」教育が内包し続けた「外国語とも云ふべき国語たる日本語」[注42]という問題への視座に連なることなく、「国語がわかるものは心が一つ」[注43]という国語教育を動力にした同化の論理への追随に帰結している。

それは、教育所の児童が霧社事件に言及し、自らも「蕃人」であるが、[注44]決してあのような蜂起をしようとは思わない、教育を受けて立派な日本人になりたいと述べたことを取り上げ、「蕃童のただ国語を語り、読むこと」のみを聞きに訪れたはずが、思わぬ「溌溂たる真精神」に触れたと報告していることからも見てとれる。[注45]ここにも「国語」教育は単なる言語習得に留まらず、「蕃人」を教化し日本人としての「真精神」をもたらすという意識が窺える。「方言訛音」の不在という植民地特有の言語事情に関する観察は、結局一九三〇年代以降内地においても顕著となった国民精神涵養の回路としての国語教育という観念によって上塗りされ、内地と植民地の間にある言語事情の不均衡さに対する気づきは放擲されたまま回想録は締め括られる。[注46] こうした内地—植民地間の言語事情の不均衡さに気づきながらも具体的な検討が伴わない姿勢は、芦田の朝鮮読本編纂にあたり、山口喜一郎が「内地流の教授法」[注47]であると批判的な指摘をしたことにも通底する問題点であると考えられる。「国語」教授のあり方を内地と植民地の間で殊更に区別しない、芦田の「国語」教育観の一端を示していると言える。

本節で見てきたように、回想録では原住民族に関する記述を通じて台湾表象が形づくられ、社会問題および教育観に関わる問題として提示される事柄も、原住民族に関係づけられる場合が多い。こうした性質を持つ回想録の記述に内在するのが、内地人と原住民族を「文化」と「純真」という二項対立の中で把握した上で、内部化（日本化・文明化）しつつ、外部化（異質化・未開化）するという植民地統治における包摂的排除の構造である。また、教壇行脚の一環と位置づけられる台湾訪問であるにもかかわらず、内地人児童に関する記述は、原住民児童のそれと比較して淡白であるし、漢人児童に関する詳細はないに等しい。帝国日本の「他者」表象の技法において、原住民表象が大きな役割を担っていたことはこれまで諸所で議論されてきたが、[注48] 芦田の回想録にもそうした技法が採用されている。「純真」な原住民児童を、「国語」習得を通じて日本人としての「溌溂たる真精神」を獲得する存在として描くことで、国語教育が国民精神涵養の要であるという論旨を形作っているのである。

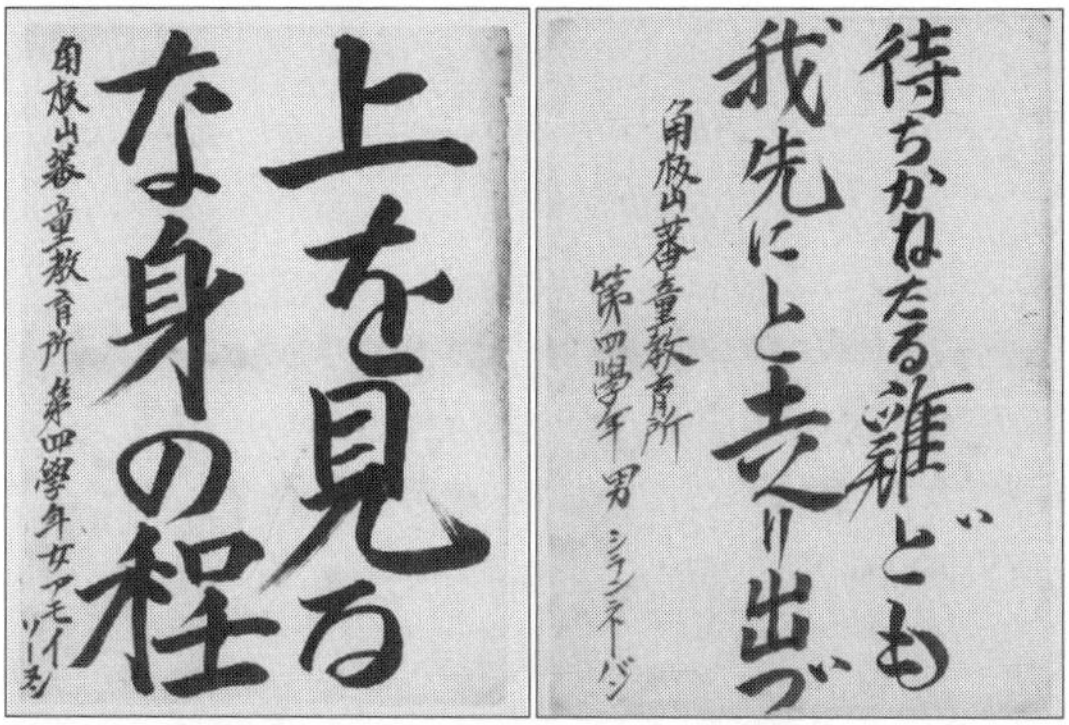

❸角板山蕃童教育所児童による習字作品。第四学年になると漢字混じりの文章を書いている。（琉球大学付属図書館矢内原忠雄文庫）

4　教壇日記にみる台湾経験と回想録との比較

前節では、回想録が植民地統治における包摂的排除の構造と国民精神陶冶のための「国語」教育の二つを骨子としていることについて論じた。本節では回想録と日記を比較し、その異同の精査から芦田による台湾表象のあり方を検討した上で、そうした台湾表象と「国語」教育観の関係性について考察する。

教壇日記は、おそらくは芦田の手製で、半紙を二つ折りにして糸で綴られた携帯に適した大きさである。罫線もない白紙に日付を書き、出来事や人物名などを綴っている。

4・1　日記と回想録に共通するエピソードと排除・加筆される記述

教壇日記が回想録の原案的な性質を持つ以上、原住民族に関して見聞きした内容が記される機会は多い。しかしながら、回想録には採用されなかった内容や変更を加えられた表現があることは、二つのテクストが同じ経験を綴りながらも異なる次元にあることを示している。

回想録にある「屏東雑記」の原住民族エピソードと角板山蕃童教育所については、日記にもあらましが比較的詳しく綴られている。万隆農場の溝上から聞いた「屏東雑記」の逸話は、一月四日の日記に次のように記されている。

一月四日

社の渡辺氏に案内されて万隆の農場を見る。場首溝上氏いはく「居蕃界に接して常に蕃人に接す。六千人の蕃人を知る。危険なし」と。又いはく「蕃人は正真で性怯。この程も他蕃におびやかされて、駐在所にはせあつまり、救を求む」と。この農場に見るべきことは、地下水の利用也、大工場也、国家的事業也。産業は単に救済のみにあらず、国家の基礎を固むる事業也。

日記の前半部は原住民族の臆病さを象徴するエピソードとして回想録に採用された一方で、続く農場の水利事業が国家的な事業であることは触れられない。水利事業に関係する回想録の記述は、3・2で確認したようにあくまでも原住民族の頑強さと内地人への融和的な態度を印象づけるエピソードの舞台設定に過ぎない。しかし、日記では芦田自身の所感として、同農場の水利事業を「国家の基礎を固むる」事業であると特筆している。同日の出来事であっても、回想録では原住民族の逸話が集中的に取り上げられ、その他の体験や所感に関しては記されていない。

一六日の日記も回想録の下敷きとなった記述が多く見出せるが、次に確認する「呉鳳廟(ごほうびょう)」に関しては、日記ではごく簡単に記されているのに対して、回想録では原住民族教化の必要性や方策を主張するための事例として登場する。日記には、嘉義の景勝地である阿里山を案内され、荘厳な景色に圧倒されたことや広葉杉の植林が失敗した話を聞いたことなどが細かく記されているほか、呉鳳を祀った廟を参拝したことが「呉鳳廟受難の地を見」と簡潔に綴られている。呉鳳は清朝統治下台湾の嘉義で、原住民族ツォウとの間の通事(通訳)を務めた人物で、ツォウの首狩りの風習をやめさせるために、身命を賭したとされている。この呉鳳伝説は、台湾総督府編纂の読本や『尋常小学校国語読本』にも収められ、芦田も教壇行脚の模擬授業で取り扱っている。▼注49

日記では呉鳳廟参拝の事実だけが簡潔に記されているのに対して、回想録では呉鳳廟の祭事に原住民族が数百人規模で集合したと紹介し、「入るには難いが、はいつてしまへば、蕃人の信仰は容易に抜けない」ようであると前置きをした上で、とにかく教育を徹底し、「蕃界開放」を成し遂げることが「国利民福」にとって大切であると主張する。▼注50 教育をもって原住民族を教化することこそが「国利民福」に適うとする見解は、続く角板山蕃童教育所での出来事を通じて、「国語」教育を介した国民精神陶冶を実現可能なものとして印象づけることに繋がっている。つまり回想録は、日記から原住民族に関する記述をもっぱら抽出した上で、日記には書かなかった教化の言説を加筆することで形成されているのである。

一方で、日記の原住民族に関する記述が全て回想録で採用されたのかと言えばそうではない。

> 一月三日
>
> 元始祭。〔中略〕午後、平山・筧両氏及び、筧氏の二令息と同車して、サンテイモンの蕃界に至る。〔中略〕飲んではうたひ、うたつては踊る。自足自給、人生の至極か。仲間での首取は蓋し一つの苦なるべし。教育所に蕃童に学ぶを見るに教育所訓といふあり。一、国語を使へ　二、礼儀を正しくせよ　三、能く働け　とあり。彼の生活よりいはゞ都合のよきことをいふといはむ。読本の読をきく。語をよむにあらず。字をよむ也。導くに道を以つてすべし。本位を彼におくべし。

一月三日の日記にあるサンテイモンの蕃童教育所については、回想録では訪問の事実を簡単に触れるのみで、教育所訓に対する「本位を彼におくべし」という批判的記述は見えない。梶村光郎はこの日記に着目し、「国語のわかるものは心が一つ」が同化主義に賛同する姿勢であると指摘した上で、「本位を彼におくべし」に植民地教育を批判する心性の萌芽を見出している。それは、この発言が児童の「自己」の確立を重視する芦田の教育理念に由来するものであり、被植民者の「自己」を尊重することは即ち、植民地教育を内在的に崩していく可能性を有していたという指摘である。[注51] ここでは「本位を彼におくべし」が植民地教育への批判として位置づけられるかについての検討は一旦保留し、回想録にこの一文とサンテイモンの教育所訓が取り上げられなかったことの意味について、前節で確認した角板山教育所の記述と比較することで問うてみたい。

角板山教育所の原住民族のエピソードは、「国語」教育の本旨が国民精神陶冶にあることを印象づけるもので、なかでも「内地でも多く聞き難いほどの読み」ぶりは「国語がわかるものは心が一つ」である証左として位置づけられている。加えて、巡査教師は芦田の随意選題に基づいた教授を実践していると明言しており、角板山教育所について注力して書くことは、芦田の教育家としての矜持を示す格好の機会でもあり、国民精神陶冶へと連なる「国語」教育という潮流の中で、自身の教授法の価値を提示する機会でもあったと考えられる。

この二つの教育所に対する扱いの差異には、垣内主宰の『国文学誌』に掲載され、読まれるテクストに対する芦田の意識的な方向づけが読み取れる。角板山の事例が、国民精神陶冶のための「国語」教育という文脈を構成し得る題材であるのに対して、サンテイモンの事例は、何とかかな文字が音読できるという程度の植民地期台湾の「国語」教育の実情を示すものである。「本意を彼におくべし」に植民地教育を批判する意図があったかどうかは置いておくとしても、児童中心主義的な教育の欠如が、同教育所の「国語」教育上の問題であるという批判的指摘であったと読み解ける。

このことから、サンテイモンの事例が詳しく回想録に反映されなかったのは、「国語」教育を介した国民精神陶冶、ひいては同化という文脈を成功裏に形成するには適さない記述であったからだと考えられるのである。

回想録は日記から原住民族に関する記述を集中的に採用するのみならず、呉鳳の記述に象徴されるように、日記にはない表現を加筆することで原住民族教化の言説を補強している。それにより国民精神陶冶のための「国語」教育の必要性と成果を提示し、その趣旨にそぐわない記述は排除された。こうした回想録執筆における方向づけに加えて、次節では具体的に読者を意識したために生じたであろう取捨選択、そして外地の「国語」教育に対する意識のあり方について考察する。

4・2 教壇行脚に関する日記記述の取捨選択と回想録の方向づけ

小学校と内地人児童への不満

回想録（中）で教壇行脚の内容が具体的に記されているのは、内地人児童が通う高雄第一小学校での綴方教授についてである。芦田の綴方講習会に参加した経験がある女性教師の学級で、「お正月」を題材に綴方教授をしたことが報告されている。そこでは「初対面のあいさつから、教授の進行は自然にまいりました」[注53]と好感触であった様子が報告されているが、同日の日記には異なる側面が記されている。

一月十日
高雄第一小学校で綴方と尋五の「登校の道」を取扱ふ。綴方「お正月」の批正はうまくいつたが読み方はやや失敗。文字や語句のみ重んじて而もその考趣味にあいてをる子には閉口閉口。

文字や語句のみに気を取られる児童を相手に手を焼いたことが綴られている。その他、一月四日には渓州小学校で一年生から六年生の読方朗読を聞いて、「読よし、声に力乏し」と述べているほか、一月三一日には宜蘭小学校に関して「この地方若き日本感強し。好指導者を要す」と評し、同校の国語指導がまだまだ発展途上にあるという認識を記している。また、次のように指導方法に対して疑問を呈する記述もある。

一月二十一日
午前中、台中第一小学校を参観す。ここは奈良式也。「相互学習」といふこと、大なる疑問なり。取込方によつては、物になるか。

ここでいう「奈良式」とは、奈良女子高等師範学校附属小学校の木下竹次（一八七二―一九四六）が提唱した学習理論である。[注54]芦田と同様に新教育の趨勢期に児童中心的な教育を模索し、児童の自学自習による自律的学習方法の構築を目指した人物である。[注55]芦田が樋口勘次郎の素読主義批判[注56]を踏襲して随意選題主義の提唱に至ったことは既に指摘されているが、樋口の指導を受けた木下竹次もまた児童の自発性を中心にすえた教育論の継承者であった。日記の記述からは「取込方によつては物になるか」と留保しつつも、児童の自律性を核とした教育観を共有する木下の学習方法に対して、その有効性を疑っていることがわかる。

こうした台湾での「国語」教育に対する不満や批判めいた記述が回想録に書かれなかったのは、読み手として内地だけでなく台湾の教育関係者が念頭にあったことが関係している。回想録（中）には台湾の教育雑誌である『台湾教育』に、嘉義尋常高等小学校の訓導村山信太郎が同校での教壇行脚について報告してくれたという記述があり、[注57] 帰京後も台湾の教員たちとやり取りがあったことが窺える。[注58] 読者におもねった記述をすること自体は一般的に見られる行為であるものの、芦田が特に意識的であったと考えられる背景として、恵雨会と雑誌『同志同行』の存在が指摘できる。

教壇行脚は、芦田の教育活動に賛同した全国の教師や保護者で組織された恵雨会を形成し、また恵雨会によって支えられていた。恵雨会の同人誌とも言える『同志同行』が発刊されたのは台湾訪問の前年一九三〇年である。訪台時の日記には、経済的問題から休刊を余儀なくされた同誌を惜しむ教員に出会ったという記述も見える[注59]（一月一五日）。また、同誌の復刊に際して相談の手紙を送付したと思われる「同志」として、台南師範学校附属公学校の高山勝治、台北州視学の赤羽操の名前が記されているほか、[注60] 日記と同様に芦田の手製と思われる「同志芳名録」巻一には「台北　市川瑞竹」との記載がある。[注61] これらの記述は、公職を辞した後の活動が、恵雨会を中心とした人的交流に下支えされていたことを示すものであろう。また、芦田は日記に出会った人々の氏名と所属を非常に細かく記録しており、社交に極めて意識的であったことを物語るひとつの証左であると言える。

こうした芦田の教育活動の性質上、回想録は内地の国語教育関係者を念頭に置いた構成に加えて、内地、外地台湾を問わず、自身を取り巻く社会関係に悪影響を与える懸念のある事柄に特に注意を払いながら執筆されたと思われる。その結果、芦田が台湾での教壇行脚を通じて看取した疑問や問題が、内地読者の目に触れることもなかったのである。

公学校の「国語」教育

もうひとつ日記にのみ見出せる記述に、漢人児童が通う公学校の「国語」教育に関するものがある。もちろん回想録でも公学校を訪れたことは記されているが、教育所での体験については筆を走らせているのに対し、公学校に関しては訪問したという一文が添えられる程度である。例えば、一九三一（昭和六）年一月二四日の日記には、公学校で台湾人教員の鄭燦礼と黄林水による話し方と読み方の授業を参観したことが記録されているが、回想録では触れられていない。[注62]台湾人教員による「国語」教授は、内地とは全く異なる状況下で「国語」教育が実施されていることの実例であるにもかかわらず、報告されないのである。

しかし公学校に関しては、日記においても参観した内容や感想が詳細に綴られているかといえば、そうではない。日記と回想録に通底する公学校に関する記述の薄さは、そもそも芦田が公学校教育に対してさほど関心を向けていなかった可能性を示唆している。その関心の薄さは、回想録で評価に値する小学校の「国語」教授として紹介されたエピソードが、実は公学校での出来事であったことからも推察できる。高山勝治氏の一年の話方教授手にいったもの也」（括弧内は引用者による）とあり、公学校訓導の高山による話し方教授を褒めている。これに対して回想録では、高山の授業は台南師範学校附属小学校で参観したことになっており、「台湾の教育視察の見落としてはならない教授」であると述べつつ、「一人の力よく天下を動かす」ことを信じて精進するようにと激励している。[注63]

回想録には日付や校名の誤記が他にも見えることから、公学校での出来事を作為的に小学校での出来事にすり替えたわけでないと思われる。そう考えると、この誤記は公学校の「国語」教育に対する関心の薄さと同時に、「国語」を第一言語としない児童に対する「国語」教育が、実態としては外国語教育であったという問題を織り込む必要性を、芦田が感じていなかったことを象徴していると言えるのではないだろうか。

次の一月一九日の日記にも、公学校児童と内地人児童の「国語」教育の間にある言語の不均衡を全く加味しない記述が見てとれる。

一月十九日
埔里の公学校を訪うて話方教授を見る。語るも第一義、聴くも第一義ならざるべからず。批評せんとて、他人の話をきく態度面白からず。おそらく国語教授の進まざる所以なるべし。

ここで取り上げられる問題点も、「国語」が第一言語でないことに起因しているのではなく、仮に内地人児童を対象とした場合にも成立する批判となっている。芦田にとって植民地の「国語」教育はあくまでも内地の国語教育と連続的に捉えられるもので、言語習得という観点は顕在化しない。こうした芦田の理解は、内地か植民地かによらず「国語」教育には変わりないという一面的なものに留まり、植民地特有の言語事情を「国語」教育上の問題として認識していなかった様子が窺える。公学校教育への関心の薄さからは、植民地教育に携わる経験が、必ずしも具体性を伴った植民地の「国語」教育に関する知見をもたらしたわけではなかったことがわかる。この点を踏まえると、先述の「本位を彼におくべし」は児童の「自己」を重視する教育理念の発露であったとしても、植民地特有の言語事情を具体的に勘案することなく発せられた、傍観者的な所感であったという理解も可能であろう。

回想録と日記の比較を通じて、回想録が日記の原住民族に関する記述を集中的に取り上げ、また時には加筆することで、原住民族を介した台湾表象が形成されたことが明らかとなった。国民精神陶冶のための「国語」教育という論旨を形づくる上でも、原住民族の適当なエピソードのみが採用され、漢人教員と児童の存在は希薄化されている。

他方で、公学校教育への関心の希薄さは、回想録でより顕著に窺えるものの、日記にも通底する。出会った公学校教員の氏名を細かに書き記している反面、一月一九日の日記のように「国語」が第一言語ではないという重大な差異が俎上にのることはない。植民地の「国語」教育が抱え続けた「外国語とも云ふべき国語たる日本語」という矛盾は、意識的か無意識的かによらず等閑に付されている。芦田の「国語」教育観における言語教育的視点の不在に関しては、訪台経験を綴った二つのテクスト間を超えて、芦田編纂の朝鮮読本や南洋読本にも通底する問題である可能性を考えていく必要があるだろう。[注64]

5　おわりに

本章では、芦田恵之助の台湾経験に関する回想録を相対化し得るテクストとして日記を位置づけ、読者を意識して書かれた回想録における台湾表象と「国語」観の形成について考察してきた。帝国日本の中で、原住民族は博覧会、絵葉書、文学作品などを介して、内地人の「異境」への憧憬や好奇心を喚起し、また満足させる存在として描かれる存在であった。そうしたエキゾチシズムに基づく関心は、彼らを「教化」が必要な「野蛮さ」(時には「純真さ」)と表裏一体に語り続ける、帝国日本の植民地表象の技法によって形成されていた。芦田の回想録においても、原住民族を介した台湾表象の構図が内在していることは、本章で論じてきた通りである。

こうした構造に加えて、回想録は内地と台湾双方の国語教育関係者を読者として想定したことで、批判的視座から原住民族がおかれた現状を報告することは回避され、国民精神陶冶の成功例として相応しい事例のみが読者に提示されたことが指摘できる。芦田の言説傾向として「国家権力と衝突しない範囲」を逸脱しないことは既に指摘されているが、[注65]台湾表象についても同時代で共有された台湾表象のあり方を踏襲し、かつ国語教育を国民精神陶冶と結びつけて論じていることは、そうした芦田の傾向を傍証するものであろう。

しかし本章で論じてきたように、そうした芦田の教育者としてのあり方は同業者からの視線を受けて形成されていた、という側面が回想録と日記の異同を精査することによって改めて提起できる。特に、教壇行脚開始以降の教育活動には良好な社会関係が不可欠であったことが、日記にのみ綴られた不満や批判が回想録では回避されたことからも推し量れる。開示を必ずしも前提としないエゴドキュメントとしての日記の性質が、読者に読まれることを前提としたテクストを相対化し得ることを示す一例と言えよう。

私的な自己記述である日記の分析は、個人の経験から出発する歴史叙述の可能性を開くとともに、芦田研究においても刊行を前提として書かれた著作にはない観点を提供する可能性を有している。他方で、回想録と日記双方の記述に植民地の「国語」教育に対する言語教育的観点が欠如する傾向が指摘できることは、芦田の「国語」教育観と読本編纂経験を含む植民地経験を考えていく上で重要であり、今後も検討していく必要があるだろう。

最後に、今後の課題について触れ、本章の結びとしたい。芦田の台湾訪問についてのテクストは、本章で扱った回想録と日記に加え、『恵雨自伝』のために改めて書かれたテクストがある。回想録と自伝では筆致や内容も部分的に異なっており、そこには「自伝」として書くことの意識や芦田を取り巻く社会関係の変化が関係していると推測できる。自己の物語の中では、台湾経験はどのように綴られ、回想録との差異は見出せるのか。また、同じ台湾経験について書かれた日記と回想録、自伝の三つのテクストの関係性は、それぞれどう位置づけられるのか。これらの課題については、他日を期すこととしたい。

▼注

1 徳富蘇峰、佐藤春夫、および野上弥生子の作品を比較分析した論考に下記がある。Shimizu, Naoko “Colonial Encounters: Japanese Travel Writing on Colonial Taiwan”, in Kikuchi, Yuko ed. (2017) *Refracted Modernity: Visual Culture and Identity in Colonial Taiwan*, pp.21-37. 北原白秋の台湾訪問とそれに基づく文学活動については、游珮芸『植民地台湾の児童文化』(明石書店、一九九九年)、中島利郎・河原功・下村作次郎編『台湾近現代文学史』の第一一章、陳萱「華麗島紀錄　探討訪台日本文人與台灣總督府之關連」(『致理學報』三八期、二〇一八年)および同「北原白秋の見た植民地台湾　華麗島への憧憬と異郷への反発」(『比較文学・文化論集』二八巻、二〇一一年）などがある。

2 筑波大学文化批評研究会編『植民地主義とアジアの表象』（佐藤印刷つくば営業所、一九九九年）。

3 実は、台湾訪問についての回想録は二つある。帰京後すぐに発表された「台湾遊行記」（『国文学誌』一九三二年五月、六月、八月）と「台湾遊行」（『恵雨自伝』下巻）である。この二つのテクストは筆致や内容にも異同があり、また書かれた時期も異なることから別のテクストとして扱うべきであることを鑑み、本章では一九三二年に書かれた「台湾遊行記」を主な分析対象とする。

4 芦田恵之助『読み方教授』（育英書院、一九一六年）、四四頁。

5 鈴木博雄・太郎良信・梶村光郎「芦田恵之助の人間観と教育実践　教壇行脚日記を手掛りにして」（『筑波大学教育学系論集』第一三巻二号、一九八九年）、三三頁。桑原哲郎「芦田恵之助の読み方教授における問いの技芸（一）教壇記録「乃木大将の幼年時代から」」（『上越教育大学国語研究』二六号、二〇一二年二月）、一三八―一二八頁。同「芦田恵之助の読み方教授における問いの技芸（二）教壇記録「釈迦」の分析を中心に」（『上越教育大学国語研究』三〇号、二〇一六年二月）、四一―二九頁。

6 永田和寛・山口刀也「「芦田恵之助先生教壇記録第一巻」芦田恵之助の『台湾遊行』」（『教育史フォーラム』一二号、二〇一七年六月）、一〇七―一二八頁。本章では、判読が困難な箇所については、永田・山口の翻刻資料にならった。同翻刻資料と鈴木・太郎良・梶村（一九八九）とは書き起こしに異なる点もある。

7 小読本は第三期国定国語読本の副読本として芦田自身が編纂し、巻一〇（小学五年相当）まで独力で刊行した。

8 台糖九〇年通史編纂委員会編『台糖九〇年通史』（台糖、一九九〇年）、二三頁。

9 芦田恵之助「台湾遊行」（『実践国語』二九〇号、一九六四年四月）、八七―八八頁。一九三〇年一二月二一日付の日記には、赤坂区檜町の平山宅を訪れ、出発前の挨拶をしたことが記録されている。

10 同前、八八頁。

11 『台湾日日新報』一九三二年一月二三日付、一一面。

12 一九三三年には再び改題し、『コトバ』（一九四三年終刊）となった。『国文学誌』へ改題後第一号（一九三一年五月）の「編輯後記」には、『読方と綴方』では普通教育における重要な問題を扱ったこと、それに続く『国文教育』では教育の問題を学問一般の問題として捉え、国文学の体系的考察を行ったと述べている。『国文教育』継続号である『国文学誌』ではそれまでの問題意識を継承しつつ、「学術的に原理を探究すると共に、他の一面には応用的方面」も広く扱いたいと宣言がなされる。

13 小林和彦「翻刻資料沖垣寛　芦田恵之助の国語教育　自己を読む（第六稿）」（『語学文学』三二号、一九九四年）、四一頁。

14 野地潤家「「国語の力」（垣内松三著）について　国語教育学説史研究」（『国語教育研究』一号、一九六〇年）。

15 野地潤家『国語教育学史』（共文社、一九七四年）。この他、石井庄司の『近代国語教育論史』（教育出版センター、一九八三年）

にも垣内国語学の成立が整理されている。一方で、横須賀薫（『世界教育学選集五四』編者解説）は垣内国語学の成立と位置づけに関する研究が、垣内門下生によって行われきたことを指摘し、相対化する必要性があると述べている。

16　「教壇日記」（一九三〇年一二月二一日）。

17　一九三二年には芦田恵之助編修の『垣内先生の御指導を仰ぐ記』（同志同行社）が刊行されており、同年二月に東京市千駄ヶ谷尋常高等小学校で行われた芦田恵之助の「乃木大将の幼年時代」の授業を垣内が参観し、そこで講演を行ったことや芦田が垣内を知った契機などが綴られている。

18　「台湾遊行記（上）」（『国文学誌』一巻一号、一九三一年五月）一〇六―一一四頁。「台湾遊行記（中）」（『国文学誌』一巻二号、一九三一年六月）、一〇六―一一四頁。「台湾遊行記（下）」（『国文学誌』一巻四号、一九三一年八月）、一〇七―一一七頁。

19　前掲、「台湾遊行記（上）」、一〇七頁。

20　同前、「台湾遊行記（上）」、一一〇頁。

21　前掲、「台湾遊行記（中）」、一〇八―一〇九頁。

22　芦田恵之助「読本の研究」（『教育研究』六七号、一九〇九年一〇月）。

23　前掲、「台湾遊行記（上）」、一〇六頁。

24　蕃人公学校は平地に居住する原住民児童を対象とした初等教育機関で、一九二一年の蕃人公学校規則廃止をもって名称が「公学校」と改められた。しかし、漢人児童を対象とした公学校とは事実上別学であり、教科書も異なった。そのため、本章では両公学校の差異を明確に示すために原住民児童を対象とした公学校を「蕃人公学校」と表記する。

25　陳虹彣『日本統治下の教科書と台湾の子どもたち』（風響社、二〇一九年）、二二頁。

26　『蕃人読本』（一九一五年―一六年）の編纂経緯については、北村嘉恵「台湾先住民征服戦争下における蕃童教育所の制度化」（『北海道大学大学院教育学研究科紀要』九六号、二〇〇五年六月）を参照のこと。『教育所用国語読本』（一九二八年刊行）および『公学校用国語読本第二種』（一九三〇年―一九三二年刊行）の内容の検討については、日下部龍太「日本統治下台湾の初等教科書に見られる社会観形成の論理」（『社会科研究』七四号、二〇一一年）を参照されたい。

27　台湾において「原住民（族）」に差別的含意はない。一九八〇年代以降の民主化運動の中で彼ら自身が獲得した呼称である。

28　昭和五（一九三〇）年一〇月二九日に霧社地区で起こった武装抗日蜂起。霧社公学校が襲撃され、運動会に集まっていた内地人を中心に一三二名が殺害された。

29　前掲、「台湾遊行記（下）」、一〇七頁。

30　前掲、「台湾遊行記（中）」、一一四頁。

31　同前、一〇六頁。
32　同前、一〇七頁。
33　同前。
34　前掲、「台湾遊行記（下）」、一〇八―一〇九頁。
35　同前、一〇九頁。
36　前掲、「台湾遊行記（中）」、一一四頁。
37　「純真に帰る」という表現を芦田が使うのは初めてではない。例えば、『綴り方教授に関する教師の修養』（育英書院、一九一五年）にも同様のレトリックが見えるが、植民地を訪れ、原住民族との邂逅を経た上で彼らを描写するために用いる「純真」と綴方教授において示した教育観としての「純真」とでは、意味づけが異なる部分があることに留意する必要がある。
38　原住民児童の学区に関しては、北村嘉恵『日本植民地下の台湾先住民教育史』（北海道大学出版、二〇〇八年）参照のこと。
39　前掲、「台湾遊行記（下）」、一一五頁。
40　角板山蕃童教育所は、原住民族教化のいわば「モデル集落」として視察の対象となっていた。一九二三年に皇太子裕仁、二五年に秩父宮、二七年に朝香宮、二八年に久邇宮が訪問しているほか、個人、集団を問わず少なくない内地人が訪れた。南満洲教育会もその一つで、詳しくは山本一生「南満洲教育会の台湾視察」（『植民地教育史研究年報　植民地言語教育の虚実』九号、皓星社、二〇〇七年）を参照されたい。
41　前掲、「台湾遊行記（下）」、一一六頁。
42　西岡英夫「台湾国語教育と標準語及び方言　声音教育と或日の問題（一）」（『台湾教育』四〇二号、一九三六年四月）、二六―二七頁。
43　前掲、「台湾遊行記（下）」、一一二頁。
44　原住民（族）には、野蛮の「蛮」に通じる「蕃」という字があてられた。一九二三年の皇太子台湾行啓の際に「高砂族」という新たな呼称が「与え」られたが、一般には「蕃人」が多く使われた。芦田も日記において原住民の村落を蕃社、原住民児童を蕃童と記している。
45　前掲、「台湾遊行記（下）」、一一二―一一三頁。
46　領台以降、日本精神あるいは国民精神醸成の手段としての「国語」教育という位置づけは、時期によって軽重の差はあるが植民地台湾における同化政策推進の旗印であった。翻って内地の国語教育界の動向を鑑みると、国民精神涵養を「国語」教育の第一義とし、盛んに言説化することが大勢となったのは一九三〇年代以降であったと思われる（西尾実『西尾実国語教育全集』第二巻、教育出版、一九七四年）。垣内が「国語教育の大本が、人間・民族・国民の形成にある」と国語教育の転換を明言したのも一九三四年のことである（「国語教育の実存的転向」、『実践国語教育』創刊号、一九三四年四月）。

47 山口喜一郎「普通学校に於ける国語教授法」（『文教の朝鮮』一三九号、一九三七年）、三六頁。

48 山路勝彦『台湾の植民地統治 〈無主の野蛮人〉という言説の展開』（日本図書センター、二〇〇四年）。『台湾タイヤル族の一〇〇年 漂流する伝統、蛇行する近代、脱植民地化への道のり』（風響社、二〇一一年）。松田京子『帝国の視線 博覧会と異文化表象』（吉川弘文館、二〇〇三年）。同『帝国の思考 日本「帝国」と台湾原住民』（有志舎、二〇一四年）。阿部純一郎『〈移動〉と〈比較〉の日本帝国史 統治技術としての観光・博覧会・フィールドワーク』（新曜社、二〇一四年）。その他、呂紹理『展示台灣 權力・空間與殖民統治的形象表述』（麥田出版、二〇〇五年）、吉見俊哉『博覧会の政治学』（中央公論社、一九九二年）は、博覧会について網羅的に検討している。呉宏明『日本統治下台湾の教育認識 書房・公学校を中心に』（春風社、二〇一六年）では、『台湾協会会報』と『東洋時報』の分析から、当時の台湾認識について論じている。

49 吉原英夫「芦田恵之助「呉鳳」の授業」（『札幌国語研究』二号、一九九七年）、六三―七六頁に詳しい。

50 前掲、「台湾遊行記（中）」、一一三―一一四頁。

51 前掲、鈴木・太郎良・梶村、一九八九年、三四頁。

52 なお、回想録（中）では高雄第二小学校となっているが、日記では高雄第一小学校とあり、同校校長の名として草野門蔵の名が記録されている。「台湾総督府職員録」によれば草野は第一小学校の校長であるため、回想録は芦田の誤記あるいは誤植であろう。

53 前掲、「台湾遊行記（中）」、一一〇頁。

54 児童が自らの興味感心に基づき、自らの生活と学習する題材を結びつけ、学習内容を選ぶことで自律的な学習を促すことを目指した学習理論。児童の内発性を重視した合科学習であった。

55 木下竹次『学習原論』（目黒書店、一九二三年）。

56 樋口勘次郎『統合主義新教授法』（同文館、一八九九年）、一四九頁。

57 村山信太郎以外にも芦田に言及した寄稿がいくつかある。杉本良「青年団に臨みて 芦田恵之助先生の訓話」（『台湾教育』三四四号、一九三一年三月）。肥後盛弘「再び『かな文字問題』に就いて」（『台湾教育』三五一号、一九三一年一〇月）。細野浩三「ただ一つ」（『台湾教育』三六二号、一九三二年九月）。

58 村山信太郎「教壇行脚芦田先生の読方教授を語る」（『台湾教育』三四四号、一九三一年三月）、九四―九八頁。同年五月号（三四六号）には「教壇行脚芦田先生の読方教授を聴く」と題した寄稿も見える。

59 一九三〇年一月に創刊したが、同年一〇月をもって休刊。一九三二年四月に復刊したが、戦時下の雑誌統廃合によって一九四一年一〇月に廃刊となった。

60 芦田恵之助「廃刊の辞」(『同志同行』一〇巻七号、一九三六年九月)、四一六頁。

61 教壇日記と同様に人間文化研究機構国立国語研究所研究図書室に所蔵されている。

62 台湾人教員の「国語」リテラシーとその実践については、田中祐介編『日記文化から近代日本を問う 人々はいかに書き、書かされ、書き遺してきたか』(笠間書院、二〇一七年)収録の拙稿「植民地台湾の知識人が綴った日記」(一四章)で、台湾人教員・黄旺成の筆記言語の選択と読書のあり方の関係性を検討している。

63 前掲、「台湾遊行記(中)」、一〇一頁。

64 芦田の朝鮮半島及び南洋諸島での活動を対象とした論考は、以下の通り。北川知子「国語教育と植民地 芦田恵之助と「朝鮮読本」」(『植民地教育史研究年報』八号、二〇〇六年)、四四―六一頁、「朝鮮総督府編纂『普通学校国語読本』が語ること」(『植民地教育史研究年報』九号、二〇〇七年)、一二三―一三四頁、金ボイエ「一九二〇年代朝鮮における日本語教授方針の転換」(『読書科学』六〇巻一号、二〇一八年三月)、一八―四三頁、福田須美子「芦田恵之助の南洋群島国語読本」(『成城文芸』一二六号、一九八九年三月)、一一三―一二六頁、多仁安代「芦田恵之助の南洋庁における日本語教育について」(『日本語教育』七四号、一九九一年七月)、一五〇―一六一頁。

65 戸田功「芦田恵之助の教育思想」(『国語指導研究』二巻、一九八九年三月)、九五―一〇五頁。

Part 4

Ⅳ 無数のひとりに出会う

Chapter 12

12章 映画『タリナイ』上映から一年（講演記録）

二〇一九年開催のシンポジウム「近代日本を生きた『人々』の日記に向き合い、未来へ継承する」の二日目（九月二九日）午前、大川史織氏の初監督となる映画作品『タリナイ』を特別上映した（於明治学院大学白金校地アートホール）。その午後には映画上映からちょうど一年を迎える大川氏の講演企画を設け、映画とその姉妹編の書籍（大川氏編『マーシャル、父の戦場』みずき書林、二〇一八年）の制作にまつわる大川氏の歴史実践について語っていただいた。本章にはその貴重な記録を収める。

大川史織

一年前の今日（二〇一八年九月二九日）、『タリナイ』を劇場公開しました。アジア・太平洋戦争中、マーシャル諸島で餓死した日本兵・佐藤冨五郎さんが亡くなる数時間前まで書いた日記を手がかりに、ご子息である佐藤勉さんと慰霊の旅に出るドキュメンタリー映画です。連日、上映後に多彩なゲストをお招きしてトークイベントを開催しました。封切りした劇場では、当初二週間の上映予定でしたが、二ヶ月のロングランとなり、最終日には田中祐介さんがゲストとしてご登壇くださいました。本日、シンポジウムでの上映と講演の機会をいただきとても光栄です。ありがとうございます。

❶映画『タリナイ』（春眠舎）

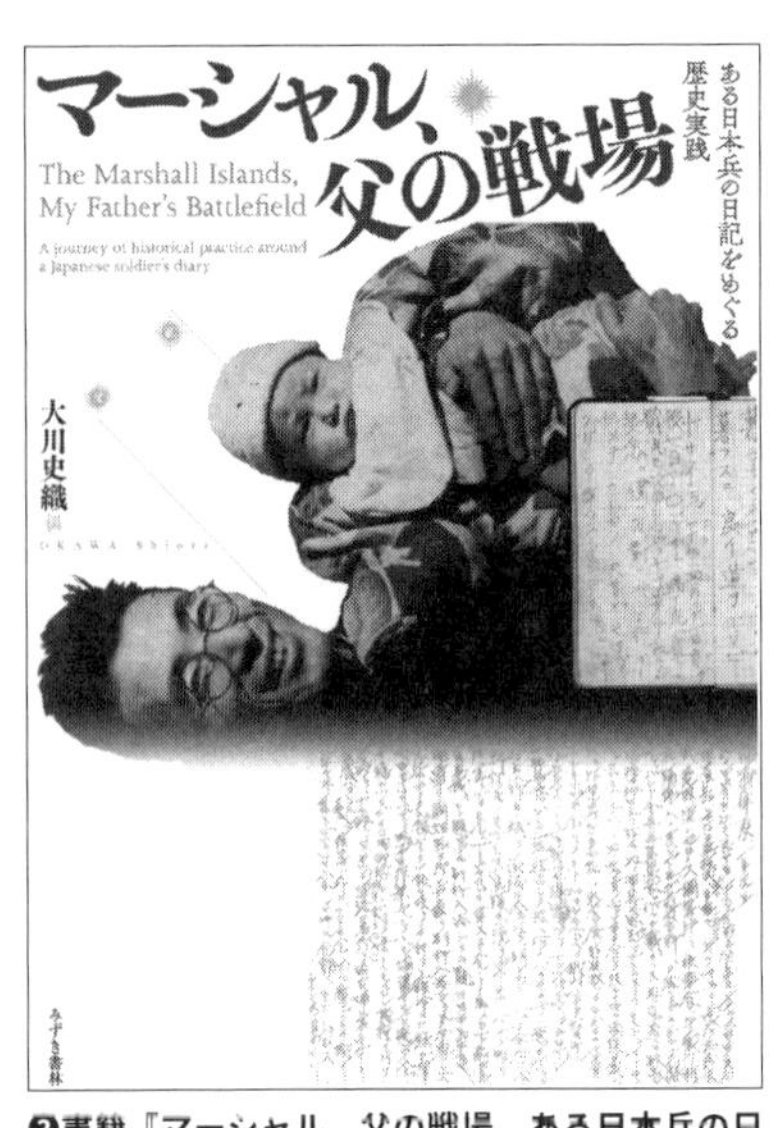

❷書籍『マーシャル、父の戦場　ある日本兵の日記をめぐる歴史実践』（みずき書林）

1　制作背景

私がマーシャル諸島共和国を知ったのは、一七歳の時でした。当時関心があった三つのキーワード「核　環境　開発」にツアーと加えて、インターネットで検索をすると、マーシャル諸島スタディーツアーの募集案内が出てきました。祖父母がマーシャル群島と親しみを込めて呼んだ島の名前も場所も知りませんでした。知らないからこそ、行ってみたいと思いました。ツアー中、私はビデオカメラを回していました。マーシャルの人びとは、いつも歌を歌って歓迎してくれました。なかには、日本語の歌もありました。三〇年に及ぶ日本統治時代の記憶と戦争の爪痕は、さまざまな形で人びとの生活に息づいていました。日本からもマーシャルが見えるようにしたい。視覚と聴覚、双方から日本とのつながりを感じられる映像で、敗戦がもたらした歪（いびつ）な関係を問い直したいと思いました。大学を卒業後、首都マジュロへ移住し、三年間現地で働きました。長期休暇や仕事の合間に撮影をしていましたが、形にすることはできませんでした。

転機は二〇一五（平成二七）年、戦後七〇年の年でした。

佐藤冨五郎さんの日記を唯一の形見として持っている、ご長男の佐藤勉さんと知り合いました。勉さんは、過去に三回、日本遺族会のツアーでマーシャルを訪れていました。しかし、冨五郎さんが配属された島に滞在できる時間は、毎回わずか二〇分。できれば一週間ほど滞在して、心ゆくまで父の供養がしたいと勉さんは願っていました。勉さんの強い思いを受けて、マーシャル在住歴がある友人とともに慰霊の旅に出ました。二〇一六(平成二八)年四月のことです。その旅を記録してうまれたのが『タリナイ』です(❶)。

映画では、佐藤冨五郎さんの日記を一部しか紹介できなかったので、日記全文を掲載した書籍『マーシャル、父の戦場――ある日本兵の日記をめぐる歴史実践』(❷)(みずき書林、二〇一八年)も作りました。日記の一部は、仁平義明さんが論文「佐藤冨五郎一等兵曹の遺書・戦場日記」[▼注1]で発表されています。論文には、日記を届けてくれた戦友の手紙も収録されていました。戦友は、山梨在住の原田という姓であることは文面からわかりましたが、それ以上のことはわかりませんでした。映画編集の傍ら戦友探しをしていたところ、国立公文書館アジア歴史資料センターの資料で、原田さんを特定できる公文書を見つけました。[▼注2]さらに、センターの職員採用募集の要項を見つけ、応募すると運よく採用されました。同僚となった歴史研究者の協力を得て、日記の全文翻刻が叶い、映画の姉妹本となる書籍を刊行しました。

❸家族写真

2 残された手帳とノート

この写真は、一九四三年七月七日、最後の家族面会となった日に撮影されたと思われる一枚です(❸)。日記には「一

❹東京市電気局の手帳とノート

同面会ニ来ル　皆健デ有ッタ」と綴られています。母親の膝の上で抱かれている子どもが、長男の勉さんです。手のひらサイズの手帳とノートに、冨五郎さんは二年間、日記を書き続けました。

昨日の鬼頭篤史さんのご発表「昭和戦後期の日本のサラリーマンをめぐる手帳文化」（注：本書第Ⅰ部3章となる）で、社訓が入った手帳の話がありました。冨五郎さんの手帳も職員手帳で、社訓が印字されたページがあります（❹）。冨五郎さんは出征前、この辺りの白金の自動車学校を卒業後、東京市電気局に勤め、バスの運転手をしていました。手帳は、召集令状が届く一年前の一九四二（昭和一七）年、東京市電気局職員に配布されたものです。一九四三（昭和一八）年の曜日に書き換えて使用しています。ポケットに入れて携帯するのに便利な小型手帳は、戦場でも持ち運びやすいと考えたのでしょうか。

河内聡子さんのご発表「女性と家計簿の近代　モノとしての家計簿の役割にみる」（注：本書第Ⅰ部2章となる）では、「家庭経済」という概念が導入されると、家計管理の担い手の多くは女性であったことが示されました。冨五郎さんは手帳に、酒保代、送金、給与、残高など支出内訳を細かく記しました。自分の死後、妻がひとりで四人の子どもを育てながら家計管理を担うことへの憂慮は、遺書にもうかがえます。「父ノ四十才簡イ保険満期ノモノ一ツアリマス。オタノシミ」、「掛金モラクニナルデセウ」など、具体的な備えと見通しを綴っています。

もう一冊は、職員手帳より少し大きい無地のノートです。最後のページに、絶筆となった言葉が綴られています。

二十五日　全ク働ケズ苦シム
日記書ケナイ　之ガ遺書
昭和二十年四月二十五日
最後カナ

この四行を、冨五郎さんは余白を埋めるように、大きな字で、力いっぱい綴っています。

一年間、職員手帳を使った後、こちらのノートを使い始めたようです。一九四五（昭和二〇）年四月二五日、亡くなる数時間前まで綴った、約一年九ヶ月の日々が克明に記されています。手紙の下書き、訓示、計算式、住所録、地図なども書き込まれ、日記以外の用途も果たしていました。

3　映画と書籍のつくりかた

大林宣彦監督は、『マーシャル、父の戦場』巻頭インタビューで「映画を見て考えたうえで、ゆっくりと時間をかけてこの本を読んでほしい。読むというより体験してほしい。できるだけ想像力を働かせて」と言葉を寄せてくださいました。映画と書籍は、日記を中心に編みましたが、つくり方はまったく異なりました。「映画と書籍のコラボレーションに、無限の可能性を感じた」というのは、勉さんの言葉です。ふたつのメディアの相乗効果で、遠くなってしまったマーシャルと戦争を立体的に伝えることを目指しました。

映画は高校の同級生、藤岡みなみさんと編集して作りました。制作から配給まで、二人三脚で行っています。書籍は翻刻メンバーを含めて、執筆者が二六人います。日記に多角的な補助線を引くことで、映画のパンフレットとしても読める一冊として編集しました。

『タリナイ』は、旅と日記が時系列順に並んでいるようにも見えますが、どちらも日付順ではありません。モノローグや解説などのナレーションも入れませんでした。唯一、日記の場面で、藤岡みなみさんが日記を音読する声を入れました。これは、映画で最初に登場する佐藤冨五郎日記です。

昭和一九年八月一日
昨年ノ今日　ウォッチェ入港
然ルニ本年一月三十日ヨリ
缶詰状態ニサレ　減食ニ減食

はじめは、当時の冨五郎さんの年齢に近い、三〇代後半の男性に日記を読んでもらいました。すると、冨五郎さんはどんな声だったのだろう、と想像してしまうことがわかりました。冨五郎さんが主役の作品であれば、それでよいのかもしれませんが、日記を読む声に冨五郎さんを重ねる場合、語りは冨五郎さんに固定化されてしまいます。『タリナイ』では、特定の存在を主役として描くことはしませんでした。冨五郎さんと異なる性の藤岡さんが音読することによって、時間と場所の隔たりを感じながら、冨五郎さんが書いた日々を追体験する。そうした異化効果とともに、冨五郎さんの言葉を届けたいと思いました。

次の一箇所だけ、音読は入れず、文字のみで日記を紹介しました。

昭和二十年三月一日
僕ガ帰レノ令来ル、
死ノセンコクノ様ナモノダト思ツタ
本島デハ一日平均二十五、六名死ンデ行クト聞ク。
僕モ其ノ一名カナ

補給路を絶たれ、一年半以上、日本軍は自給自足の生活を強いられました。この日記を書いた一九四五年三月、冨五郎さんは離島隊員として、しばらく本島を離れていました。離島は本島に比べて食べ物が手に入りやすく、衰弱していた身体が少しずつ回復している様子が日記の記述からうかがえます。しかし、本島では一日平均二五、六人が死にゆく状況での帰還命令は、死の宣告に等しいものでした。生死を分ける命令が下されたこの日の日記は、観る人の心の中で音読をしてもらえたらと思いました。

書籍化によって、冨五郎さんが書いた文字は活字になり、読みやすくなります。いっぽう、活字にすることで、直筆から伝わるものがどうしてもこぼれ落ちてしまいます。環境や体調の変化によって綴り方が変わるため、すべて同じ大きさのフォントで活字化してしまうと、直筆があらわす多義的な情報が失われてしまいます。本としての読みやすさとわかりやすさを追求しつつ、活字だけでは表現できないニュアンスを伝えたい。と考えた結果、図版として直筆の写真画像を入れることにしました。どのような書きぶりであったか、できるだけありのままに伝えたいと思ったからです。それにより、余白も含めた手帳とノートの使い方も伝えることができました。

複雑なものは、できるだけ複雑なまま伝えたいと葛藤した点は、映画と書籍で共通します。異なる点は、書籍では時代背景や文脈をできるかぎり言葉で補足することで、日記を通読してもらうことを意識しました。日記を読む上でかかる負荷をできるだけ減らすために、最低限の注を付し、深掘りしたいエピソードは、テーマ別のコラムを執筆しました。ページ上部には、日本や世界のおもな出来事を記すことで、冨五郎さんが日記に綴った日常を俯瞰して追体験できるようにしました。

経年劣化により、肉眼では判読が難しかったページは、国立歴史民俗博物館の三上喜孝さんが赤外線ビデオカメラで解析してくださいました。古代史から近現代史まで、幅広い時代と地域を専門とする歴史研究者と読み解くことができたことで、日記を全文翻刻した書籍をつくることができました。

4　誰のために日記を書いた？

一九四三（昭和一八）年四月、冨五郎さんのもとに充員招集の令状が届きました。出征前、「自分が招集されるということは、日本は戦争で負ける」と、冨五郎さんは妻に伝えています。負け戦へ動員されることに抗う唯一の方法が、日記を書くことであったのかもしれません。書くことで、刻々と変わる状況を冷静に見つめようと、感情や思考を整理していたようにも思えます。最後の一年半は、ほぼ毎日、日記を書いています。一日に書く分量も多くなり、いま・ここで体験していることを伝え残そうとする意志を感じます。

冨五郎さんが配属先のウォッチェ島に到着した翌月、マーシャルは絶対国防圏から外れました。家族と手紙のやりとりができたのも、到着後わずか三ヶ月ほどでした。

ノートには、住所が寄せ書きのように書き込まれたページがあります。戦争が終わったら、故郷へ遊びにおいでと仲間たちで住所を教えあったのでしょうか。あるいは、生き残った兵士が、亡くなった仲間の遺族を訪ね、戦地での最期を伝える約束をしたのかもしれません。

之ノ手紙文ダケヨク見テクレ

後ノ日記ハオ前ガ見テワカラナイ
僕ダケノ　キオクニ　書タノダ
今思イ付タ事書イテ見タ
二十年四月廿日　床ノ中

ここには、いつか家族に読まれることを想定した言葉が綴られています。また、遺書は子どもたちも読めるように、漢字にルビを振るなどの細やかな配慮も見られます。

亘理アラハマ〈荒浜〉同年兵戦死爆単〈弾〉デ
十九年九月三十日午前八時頃ダ
（佐藤新造）年39才。

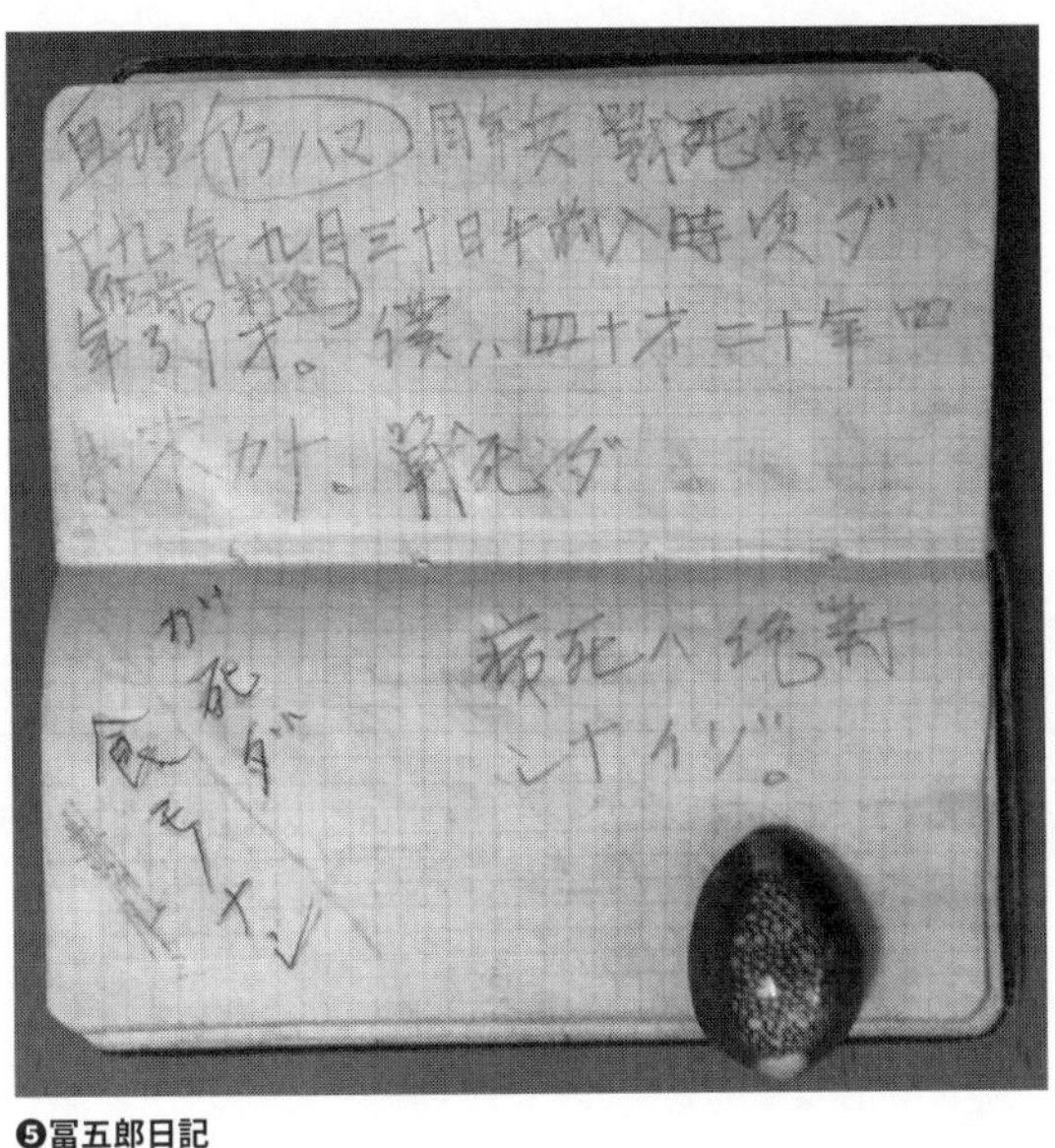

❺冨五郎日記

荒浜は、冨五郎さんの生まれ育った故郷、亘理（わたり）町の地名です。同い年で、同郷出身の仲間の死を受けて、冨五郎さんは次のように綴っています。「僕ハ四十才二十年四月末カナ。戦死ダ」（❺）。

冨五郎さんは、一九四五（昭和二〇）年四月二五日に亡くなりました。驚くほど、自分の死期を見通しています。「病死ハ絶対シナイゾ。」と、自分を奮い立たせる言葉も多く見られます。

ガ死ダ
食モノナシ

この二行の言葉は、斜めに書かれています。よく見ると、鉛筆とボールペンで二重書きをしています。目立つように意図して書かれたこの言葉は、図版で見せることで、強調の意味を端的に伝えることができます。いま・ここから見えること、感じたことを正確に記そうとした冨五郎さんは、床に伏してもなお強靭な自制心を持って日記を書き続けました。

5　日記をめぐる歴史実践

書籍『マーシャル、父の戦場』の副題は「ある日本兵の日記をめぐる歴史実践」です。日記の翻刻をめぐる過程が、歴史を実践する日々でした（❻・❼）。映画公開と書籍出版によって、観客や読者の歴史実践もうまれています。

映画の宣伝を開始した二〇一八（平成三〇）年の七月から、冨五郎さんが日記を書いた同じ日付に「七五年前の今日」をSNSで追体験しています。同じ日付に読むことで、過去と現在が地続きである感覚は深まります。

昨年の今日は、一九四三（昭和一八）年九月二九日の日記を読みました。「島民跡ヲ見学ス」と書いています。日本軍が占拠する前、ここには島民の暮らしがありました。居住していた跡を見て、どんなことを感じたのでしょうか。冨五郎さんと同じリズムで時を刻みながら日記を読むと、日記を介して、冨五郎さんと生きているような心地がします。

七五年前の今日、一九四四（昭和一九）年九月二九日の日記を読んでみます。「不思議ニ九ノ字ガツク／三十九年

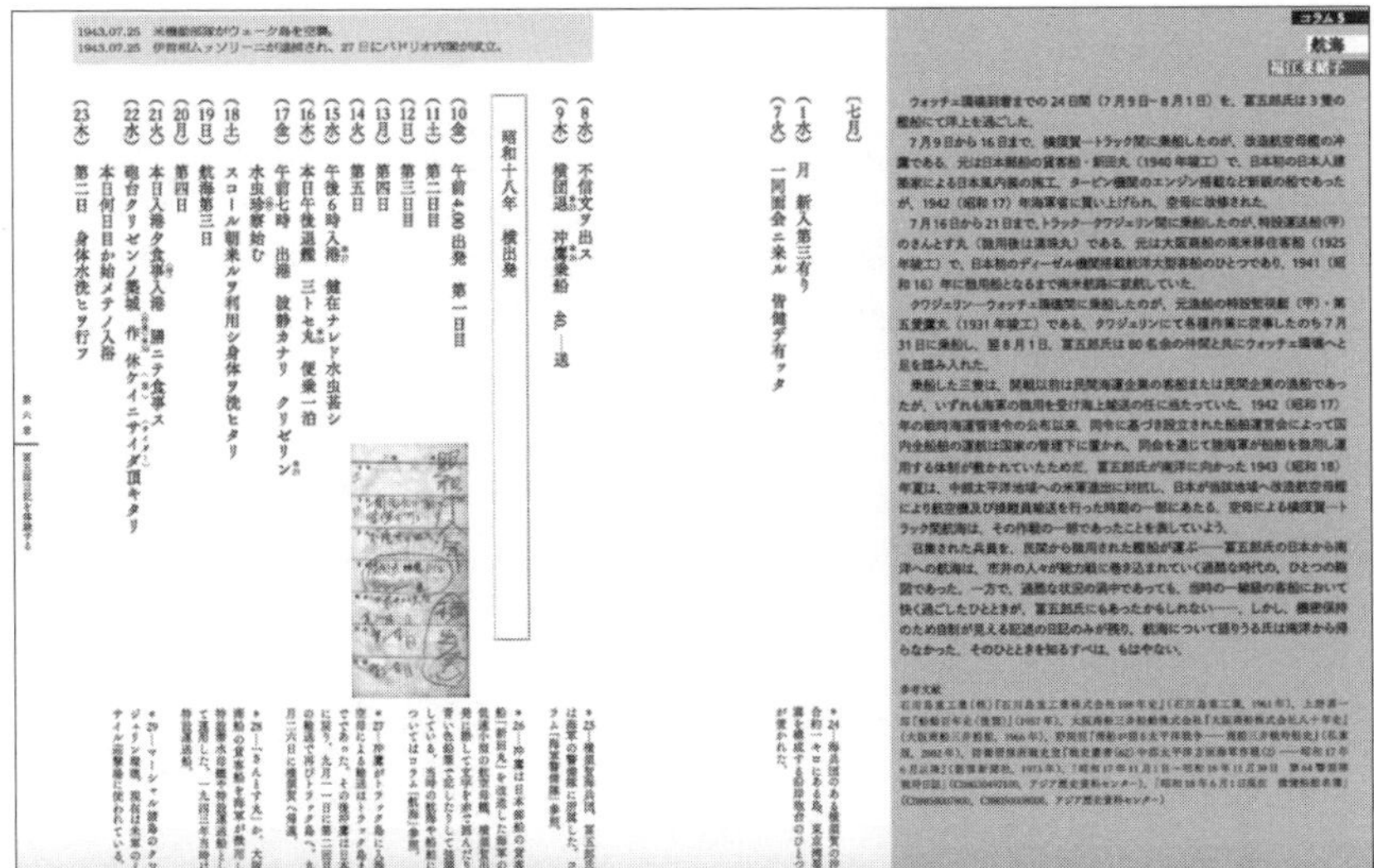

1943.07.25　米機動部隊がウェーク島を空襲。
1943.07.25　伊首相ムッソリーニが逮捕され、27日にバドリオ内閣が成立。

〔七月〕

（1水）　月　新入第三有リ
（7火）　一同面会ニ来ル　皆健デ有ッタ
（8水）　不信文ヲ出ス
（9木）　横団退　沖鷹乗船　歩—迭

昭和十八年　横出発

（10金）　午前4.00出発　第一日目
（11土）　第二日目
（12日）　第三日目
（13月）　第四日
（14火）　第五日
（15水）　午後6時入港　健在ナレド水虫苦シ
（16木）　本日午後退艦　三トセ丸　便乗一泊
（17金）　午前七時　出港　波静カナリ　クリゼリン
水虫診察始む
（18土）　スコール朝来ルヲ利用シ身体ヲ洗ヒタリ
（19日）　航海第三日
（20月）　第四日
（21火）　本日入港夕食事入港　謂ニテ食事ス
（22木）　砲台クリゼンノ拠城　作　休ケイニサイダ頂キタリ
本日何日目か始メテノ入浴
（23木）　第二日　身体水洗ヒヲ行フ

コラム5

航海

ウォッチェ環礁到着までの24日間（7月9日〜8月1日）を、冨五郎氏は3隻の艦船にて洋上を過ごした。

7月9日から16日まで、横須賀—トラック間に乗船したのが、改造航空母艦の沖鷹である。元は日本郵船の貨客船・新田丸（1940年竣工）で、日本初の日本人建築家による日本風内装の施工、タービン機関のエンジン搭載など新鋭の船であったが、1942（昭和17）年海軍省に買い上げられ、空母に改修された。

7月16日から21日まで、トラック—クワジェリン間に乗船したのが、特設運送船（甲）のさんとす丸（徴用後は瀬洋丸）である。元は大阪商船の南米移住客船（1925年竣工）で、日本初のディーゼル機関搭載航洋大型客船のひとつであり、1941（昭和16）年に徴用船となるまで南米航路に就航していた。

クワジェリン—ウォッチェ環礁間に乗船したのが、元漁船の特設監視艇（甲）・第五愛鷹丸（1931年竣工）である。クワジェリンにて各種作業に従事したのち7月31日に乗船し、翌8月1日、冨五郎氏は80名余の仲間と共にウォッチェ環礁へと足を踏み入れた。

乗船した三隻は、開戦以前は民間海運企業の客船または民間企業の漁船であったが、いずれも海軍の徴用を受け海上輸送の任に当たっていた。1942（昭和17）年の戦時海運管理令の公布以来、同令に基づき設立された船舶運営会によって国内全船舶の運航は国家の管理下に置かれ、同会を通じて陸海軍が船舶を徴用し運用する体制が敷かれていたためだ。冨五郎氏が南洋に向かった1943（昭和18）年夏は、中部太平洋地域への米軍進出に対抗し、日本が当該地域へ改造航空母艦により航空機及び搭乗員輸送を行った時期の一部にあたる。空母による横須賀—トラック間航海は、その作戦の一部であったことを表していよう。

召集された兵員を、民間から徴用された艦船が運ぶ——冨五郎氏の日本から南洋への航海は、市井の人々が総力戦に巻き込まれていく過酷な時代の、ひとつの縮図であった。一方で、過酷な状況の渦中であっても、当時の一級品の客船において快く過ごしたひとときが、冨五郎氏にもあったかもしれない……。しかし、機密保持のため抑制が見える記述の日記のみが残り、航海について語りうる氏は南洋から帰らなかった。そのひとときを知るすべは、もはやない。

❻『マーシャル、父の戦場』日記翻刻のページ

❼日記の翻刻・解読に携わった「金曜調査会」の様子

IV

無数のひとりに出会う

三十九才／昭和十九年、九月二十九日／本年ノ悪日ハ之レデ了ツタカナ」。冨五郎さんは「九」という数字が連なることを不吉に感じています。ちなみに今日は、二〇一九（令和元）年、九月二九日。『タリナイ』二九箇所目の上映です。こうした些細なことでも、日常と日記の記述が交わる体験を重ねるごとに、身の回りを見つめる眼差しが変化します。「冨五郎さんが風邪をひいた今日、自分も風邪をひいた」と、同じ日に風邪をひいた人は、冨五郎さんの体調を気にかけながら日記を読み、「カドヤの天丼を食べに、お店を探して行ってみた」人は、天丼を食べるという歴史実践を通して、冨五郎さんと時を超えてつながります。

患者のカルテを読むように日記を読み解いたのは、内科医の本田孝也さんです。先日、論考「冨五郎日記の医学的考察」（『月刊保団連』二〇一九年八・九月号）を発表されました。本田さんは、海産物の摂取状況に着目し、栄養失調に加え、ヨード欠乏症による心不全が死因ではないか、と医学的な観点から冨五郎さんの死因を日記の記述から考察されました。床についてから、亡くなる数時間前まで物を書く患者をいまだかつて見たことがないと、とても驚かれていました。

❽スベリ草

6　マーシャル諸島を再訪

先月、勉さんと三年ぶりにマーシャル諸島を再訪しました。[▼注3] 今回は冨五郎さんのお孫さん、ひ孫さんも一緒です。ウォッチェ島滞在中に読んだ七五年前の日記には「パ、イヤノ葉デ煙草等制作シテ吸フ。」と書かれた日がありました。配給の煙草が手に入らなくなると、パパイヤなど自生する葉っぱで冨五郎さんたちは煙草を自作して、吸っていたようです。お孫さんは、この日パパイヤの

❾「マーシャルコーナー」と勉さん

❿勉さんが 1975 年以来書き続けている日記

葉を見つけると、葉巻タバコを作り、慰霊祭で供えていました。印象的だった歴史実践のひとつです。

また、日記に頻出する「スベリ草」という草があります（❽）。道端にもよく生えている、赤い茎が特徴の雑草です。山形では郷土料理の食材として親しまれているスベリ草が初めて日記に登場する日、ウォッチェ島の滑走路跡のコンクリートから勢いよくスベリ草が生えているのをお孫さんと見つけました。三年前は日記を読んでいなかったので、同じ場所にスベリ草が生えていても、気づくことができませんでした。スベリ草がどんな草であるかを調べ、今日、冨五郎さんがこの島で初めて食べた日であることを意識していたことで、発見することができたのだと思います。こうした歴史実践を重ねていくことで、日常生活での視野も開かれていきます。

勉さんに、二歳で別れた父の記憶はありません。手帳を通して、日記に綴られた勉さんへの想いに触れ、親子であることを実感できます。日記だけが、冨五郎さんとつながりを感じられる形見でした。

勉さんの家の床の間は、「マーシャルコーナー」と呼ばれています（❾）。『タリナイ』のポスターやメディア掲載記事、旅の写真などが、冨五郎さんの写真とともに飾られています。

ここでは、日本より三時間早いマーシャルの時間にあわせたデジタル時計が、時を刻んでいます。

勉さんは毎朝、マーシャル時間の時計を見て、父が眠る島に想いを馳せつつ、三行日記を書いています。起きて必ず前日の日記を書かないと、心が落ち着かないそうです。日記を綴るという行為が、習慣化・身体化されています。淡々と、短い言葉で今日の出来事を綴る綴り方は、冨五郎さんと似ているようにも感じます。

先日、勉さんの日記を少し見せていただきました⑩。一九七五（昭和五〇）年から、四半世紀以上の歴史を毎日欠かさず綴っています。二〇〇五（平成一七）年、七月一七日。その日は「一六日の代替出勤。」と記されており、前日に休みを取得して振替出勤をしていたことが日記の記述からわかりました。日付の下に「仁平先生」と記されていることから、乗客として出会った仁平義明さんに、日記解読の相談をした日が特定できました。

一九〇六（明治三九）年生まれの冨五郎さんと、一九四一（昭和一六）年生まれの勉さん。ふたりあわせると、一一三年史が見えてきます。明治、大正、昭和、平成、令和を生き、日記がつないだ親子の綴り方を研究してみたら、どんなことが見えてくるでしょうか。冨五郎日記の新たな読み方を研究できる日も近いかもしれません。

▼注

1 『白鴎大学論集』第二五巻一号、二〇一〇年九月。
2 「今日の資料」——佐藤冨五郎日記を繙く　70年の時を超えて——」、『アジ歴ニューズレター』第二七号、二〇一九年一月三一日発行、https://www.jacar.go.jp/newsletter/newsletter_027j/newsletter_027j.html#article03-01（最終閲覧日二〇二一年一一月一七日）
　二〇二一年九月四日、日記を届けた戦友のご遺族と佐藤勉さんの対面が叶った。「マーシャルで戦死の父　日記届けた戦友…二つの家族、76年後の対面」毎日新聞、二〇二一年一〇月三日配信　https://mainichi.jp/articles/20211003/k00/00m/040/158000c（最終閲覧日二〇二一年一一月一七日）
3 二〇一九年七月三一日から八月一〇日まで、佐藤勉さんは冨五郎さんの孫、ひ孫とマーシャル諸島を再訪した。二〇二一年七月三〇日と三一日、再訪の旅で現地『タリナイ』上映会の様子も記録した新作『keememej』（製作・配給：春眠舎）を配信した。

Chapter13-1

13章−1　吉見義明氏インタビュー

聞き手
田中祐介・大川史織

吉見義明氏（中央大学名誉教授）は、長年にわたり市井の人々の日記資料を活用した研究を続けてこられた。日記資料との出会い、その後の読み解きのご苦労、「女性の日記から学ぶ会」へのご参加の経緯、今後の研究展望などを伺うために二〇二一年四月二五日（日）にインタビュー（オンライン）を実施した。インタビューの場には、戦時下のマーシャルで餓死した日本兵の日記（佐藤冨五郎日記）を読み解いたご経験のある大川史織氏にもご同席いただいた。なお本章後半（13−2）には高度経済成長期の日記を読み解いた吉見氏の最新の論考を収める。

1　史料としての日記との出会い

田中　今日は吉見義明さんのインタビューということで、どうぞよろしくお願いいたします。

長年日記を使った研究に携わっていらっしゃる吉見さんが日記の言葉、もっと大きく言えば過去の言葉にどう向き合ってきたのかということを是非伺いたいと思いました。過去の言葉に向きあい、理解する過程で、その過去の言葉が現在の自分に影響を及ぼすことがあります。読書一般にそう言えることはもちろんですが、史料でも同様に言葉を読み解くなかで、読み手自身が立ちどまって自分の考え方を問い直す瞬間がある。今回吉見さんの『焼跡からのデモクラシー』（岩波書店、上下巻、二〇一四年）を改めて読ませていただき、「あとがき」のエピソードがとても印象的でした。吉見さんが中学二年生の時に、社会科の授業で日本国憲法について教わり、本当に幸福な気分になったことを覚えているとありますね。それは言い換えれば、教えてくださった先生の言葉、教科書に書かれた日本国憲法の言葉が、中学校二年生の吉見さんに何かしら感化をもたらしたことにもなります。過去の言葉に向き合うことが、現在の言葉とどう繋がり、共鳴するかという問いは、今日もご同席くださっている大川史織さんの佐藤冨五郎日記との出会いと読み解きのエピソードを伺う中で強く実感したことでもあります。本日はそうした問題意識から吉見さんのキャリアを通じて日記の言葉にどう向き合ってきたかということを是非伺いたいと思います。改めましてどうぞよろしくお願いいたします。大川さんもご同席くださりありがとうございます。まず、吉見さんの長いキャリアのなかでも、『草の根のファシズム』（東京大学出版会、一九八七年）で市井の人々の日記に注目したのは、非常に先駆的な試みであったと考えます。吉見さんの研究人生における日記資料との出会いがどのようなものであり、そもそもなぜ着目したのかということを、記憶をたどって是非お話いただきたいと思います。

吉見　そうですね、近代の民衆の日記や体験記を資料としてかなり使ったのは『草の根のファシズム』という本が日本でもはやいものだと思います。これはシリーズ「新しい世界史」の一冊として出たのですが、日本ファシズムの形成・発展・崩壊というような、上から国家とか権力とか軍部はどのように動いてどうなったという内容のものを書こうと思ったのですが、一緒に書いている西洋史やアジア史の人たちはそんなものは面白くないといわれて困ったんですけれど、いろいろ悩んだ末に、普通の人たちのレベルで、戦争なりファシズムなりがどうなったのかっていうことを考えてみようと。その際に一つ手がかりになるのは政府とか警察とかが民衆意識の分析をしていますが、そういうのはある程度手がかりになるんですけれども、本当にそれだけでわかるのかという感じが強くするわけです。じゃあそれに代わるものでどういうものがあるかということですが、一つは日記、普通の人たちが書いた日記や体験記を分析すれば随分違った世界が見えてくるのではないかと思って、主に国会図書館に行ってそういう資料を集めたんですが、それは日記といってもすでに本になっているものですよね。現物のオリジナルの日記ではなくて、それを元に刊行されたものが中心になる。そういうものを見ていくというのが最初の出会いでした。それを集めて読んでいくうちに、思わぬ世界が広がるのが自分でも非常に驚きであり、興味深いことだったのですが、そこから日記の持つ魅力に取り憑かれていきました。

田中　「思わぬ世界」というのは具体的にはどのような世界と吉見さんには思われたのでしょうか。

吉見　一つは、兵士の人たちが戦場で書いた日記があるんですね。これがものすごい量がありますが、それらのうちのかなりのものが活字化されて自費出版・私家版の形で出されているんですね。例えば今でも非常に強く印象に残っているのは、岐阜から上海戦線に送り込まれて一〇日間で戦死した人の陣中日記が、遺族の人たちによって刊行されたのですが、それを読むと上海の戦場でどういうことが起こっているのかがわかる。それで今井龍一さんという未婚の二二歳の兵士が、上海戦線で百数十人の中国兵を追い詰める場面に遭遇するんですね。それを皆殺しにせよという命令が出て、実際に皆殺しに参加するんですけれども、その日の日記に、自分は何てことをしたんだと悩みながら書いているんですね。その翌日か二日後に銃弾を受けて戦死することになるのですが、非常に凄惨な場面に直面した普通の人たちが、どのような葛藤を抱えていたのかということがよくわかる。そういう日記に出会ったことですね。

田中　大きい歴史の語りの中ではなかなか見えてこないような、個々の兵士の葛藤、内面といったミクロの次元としての「思わぬ世界」ということでしょうか。

吉見　もう一つは、ほとんどの日記に共通しているんですけれども、兵士だから戦場で勇敢に戦ったということが書いてあるのが普通なのですが、それと同時にこの戦争がいかに醜いものであり、奇妙であるのかということをほとんどの兵士が書いているんです。それもちょっと意外な感じがしました。考えてみれば当たり前のことなのかもしれないですが、今でも記憶に残っているのが『草の根のファシズム』には収録されていないのですが、その後見つけた本で、梅田房雄さんという島根県のやはり二〇歳ぐらいの兵士が新婚早々で兵隊に取られていくんですね（『北支転戦記』一九七〇年刊）。それで中国の山西省で戦っているんですが、自分の日々やっていることは、「食うと寝てそして殺して盗みをはたらく」そういう毎日の繰り返しだと書いている。悩み続けるわけですね。そしてある日、田舎のお寺のお坊さんと一緒にお寺参りをする夢を見て、慈悲の中に生きるんだよと言われてはっと目が覚める。そのことを日記に書いている。戦場の認識が非常にリアルだっていうことと、この人も毎日ずっと非常に悩んで戦場で暮らしているということがわかって、これも非常に強く記憶に残っているケースです。そういう日記が残っているっていうこと自体が非常に興味深いですよね。

田中 なるほど。個々の内面の葛藤が、予想を裏切る内容であったという意味でも「思わぬ世界」であったのだと受けとめます。その頃の日記資料に対する世間の関心の度合いについては、今日どのようにふりかえられますか。

吉見 日本が戦争に負けて、それから多くの人たちが普通の生活に帰っていくわけです。それで戦場をふりかえるっていうのはしばらくはなくて、生活が安定して高度成長期になって、それから自分が現役から退くっていう頃に、あの戦争は何だったんだろうかとふりかえる時期が生まれるんですね。その時期に戦争体験をふりかえって自費出版をしたり、日記があればその日記を復刻して出したり、そういう時期があると思うんです。一九七〇～八〇年代ぐらいにそういうのがいっぱい出ているんだけれども、あまりみんなそれに気がつかなかった。あるいはその重要性に気がつかなかったというのがあると思います。たまたま僕がそういうのを調べてみようと思った時期と、そういう本がいっぱい出ていて、しかもそれを少なくとも一冊は国会図書館に寄贈したいという人がたくさんいる。膨大にそういうものが蓄積されていたということがあるのではないかと思うんです。

2　ある女性の日記を追い求めて

田中　先ほど吉見さんの言葉の中で、「リアル」というのがとても印象的で、それは後世、特にますます戦争が遠ざかっていくと知り難い、戦争経験者の喜怒哀楽の内実や葛藤がまさに窺える史料だと言えます。先ほどの兵士のお話がありましたが、当時出版されたのは主として男性の戦争経験を記した日記だったのではないかと思います。そのような中で女性の日記を扱ってみたい、あるいは扱わねばならないとのお考えがあって、「女性の日記から学ぶ会」の代表・島利栄子さんとの出会いに繋がるのかなと思うのですが、そのあたりはいかがでしょうか。

吉見　『草の根のファシズム』は戦前から戦中にかけての普通の人たちの戦争体験を扱ったわけですが、その中でも女性の体験というのはゼロではないけれどもあまり扱えませんでした。それがちょっと悔いとして残っていて、その次に敗戦直前から直後ぐらいにかけての本を書きたいと思って資料を集めていました。それで一つは、アメリカにプランゲ文庫というのがあって、アメリカの占領軍が占領期に全ての出版物を検閲して、一部は自分のところに置き、一部は書いた人に返すわけです。それで占領軍が自分のところに持っているものは、全部ではないけれども、アメリカのメリーランド大学のプランゲ文庫に保存されています。検閲したのは全ての出版物なので、ミニコミ誌もいっぱいあるわけです。企業誌とか、青年団の機関誌とか労働組合のものとか、ありとあらゆるものがあります。それを見れば少なくとも検閲が行われていた占領前半期ぐらいの民衆意識がつかめるんじゃないかと思ってアメリカにも行って調べたのですが、ある程度は書けても系統的に残っているわけではない。例えばある企業誌に「弱者の文明」という面白い論説を書いた労働者がいました。それは、日本は戦争に負けたけれども、これからは負けたということを前提にして新しい弱者の文明をつくっていくべきだというような、しっかりした論説なんだけれども、それは一体どういう人で、なぜこういうことを書いたのかということを調べようとしても、ちょっとできないっていうようなことがありました。点と点なんですよね。具体的に書けないのでこれだけではちょっと無理だなというふうに思った。しかし、日記を集めれば何とかなると思って、オリジナルの日記を探したんです。そうすると男性の日記はかなり出てくる。ところが女性の日記が全く見つからないんです。それで困って自費出版の本などを探して、たまたま島さんがかかわられた日記をもとにした本が見つかったんです。タイトルは『いくさと愛と　女性教師の戦中戦後日記』（東京新聞出版局、一九九七年）という、まさに時期的にも僕が探していたものとぴったり同じなので、島さんに手紙を書いてこの日記を見せていただけませんかと連絡したのが最初です。

田中　それは何年ほどのことかご記憶でしょうか。

吉見　その日記を探して長野県の飯田に行ったのが二〇一一（平成二三）年なので、その直前ぐらいじゃないかと思います。それで島さんは、その日記を使ってその本をお書きになったんだけれども、ご当人から返してくれと言われて全部返しちゃったから自分のところにはないと言われて、困ったんです。飯田に住んでおられることがわかったのでその住所に手紙を書いたんですけど全然返事も連絡も来ないんです。なので仕方がなく訪ねてみようと思って飯田に行ったら、お家はすぐに見つかったけれども、戸も窓も全部閉ざされていました。返事がないので困っていたら隣の人が出てきて、その方はもう亡くなりましたよと。それでこういう事情で来たんですけれど、どこか心当たりのある人いないですかって聞くと、近くのクリーニング屋さんの奥さんが世話をしていた。そこに行けばわかるんじゃないかと言われて、そこに行ってみたらおじいさんが出てこられて、そんなものは知らないと追い返されました。それで万事休すかなと思って念のためにクリーニング店にも行ったらたまたま奥さんが出てこられたんです。事情を話すと確かにこの人の世話をしていて、亡くなる時に日記を一部預かったとおっしゃるんですよね。それでまたびっくりしちゃって、それでその日記を全部は残っていないんですけれども見ることができて、ようやく突破口が開かれました。その後、島さんにお願いして他に何かそういう日記はないでしょうかって聞いたら、いっぱいあるとおっしゃるので、それから訪ねて行って、それから島さんも中央大学まで来てくださいました。一体どういう人間なのかを確かめられたんだと思うんですよ。それから三人の女性の日記を提供してもらって、ものすごく助かりました。それで初めて何か書けそうだなということになりました。

田中 島さんが中央大学に来られたというのはなかなか面白いエピソードですね。その後、初めて女性の日記から学ぶ会の催しに参加された時のことは覚えていらっしゃいますか。

吉見 飯田に行った前後だと思うんですよね。手紙を書いて、それでそういう会があると聞いて訪ねて行って、最初は例会だったかな、そこで初めてお会いして話をしたと思います。それからその直後に総会があって、それにも出席したんですけれども、みんなで小学唱歌とかを合唱するのが非常に和やかな感じで、微笑ましいというか、ちょっと今までにない、普通の研究会ではない非常に和やかな会だなという印象を持っています。

3　「女性の日記から学ぶ会」の四原則

田中 吉見さんは市民の集いに日本史の研究者として参加したことになりますが、どのように迎えられたかという自己認識みたいなものは当時、あるいは今からふりかえってもありましたか。

吉見 一つは、研究者というのは勝手にやってきて資料だけ見て、それで帰っていく、一種の略奪者みたいな感じのケースも少なくないわけで、やっぱりそれはまずいなというふうに思っています。それでそうならないためにはどうしたらいいのかと自分なりに考えて、もらうだけではなくて貢献し、お返しをするということが必要なんじゃないかという点は強く感じました。それからその会にすでに大学院生レベルの人たちが何人かいたので、これはとてもいいなと思い、若い人たちと日記の会の人たちがうまくコラボレートして何か新しいものが生まれるんじゃないかという印象も持ちました。

田中　ちょうど僕が「女性の日記から学ぶ会」に初めて参加したのが二〇一三（平成二五）年ですが、和やかな会というのは全く同感です。その後吉見さんもお忙しい中、ほぼ毎月通われていたかと思いますが、参加するみなさんとの交流などを含め、吉見さんにとってどのような場所だったのでしょうか。

吉見　なんというか、毎回出てみたいような、そういう会ですよね。非常に和やかで、それから最初は研究者として警戒されていたと思うんですけれど、そういう警戒も徐々になくなって、普通の付き合いができるようになったと思っています。一緒にみんなで日記を読んでいく中で、どうしても僕自身も読み方に偏りがあるし、実際に報告をしていろんな指摘をされると、確かにそういう面もあるなというふうに感じました。日記の読み方で学ぶところがいろいろあるというのは、自分にとって非常にありがたいことだと思っています。それで日記を読む時の四原則がありましたよね。

田中　はい。①日記筆者に感謝する、②社会の遺産にする、③生活者の視点を忘れない、④記述には虚実があることを学ぶ、の四点ですね。

吉見　四番目に日記の裏を読むっていう、これがちょっとすごいなと思って。確かに日記というのは非常に貴重な資料であると思うのですが、本人が書かなかったことも非常にたくさんあるし、書けなかったこともあるし、それから少し誇張したり隠したりしたこともあるだろうっていう、そこまできちっと見なければいけないという。ちょっとびっくりして、その通りだなと今でも思っています。

田中　びっくりしたというのは、日記の虚実や虚飾に注目する必要があるからということでしょうか。

吉見　きちんと注目しなければいけないと指摘されているところが、歴史学でいう史料批判ということになると思うんですけれども、あらゆる史料は、日記というか記録だけじゃなくて、文書や他の史料も、きちんと批判した上で使わないといけないという。そういうところがちゃんとふまえられているんです。

田中 それは僕も会の活動への参加を通じてすごく実感するところで、多様な経験を経たさまざまな年齢の方から、多角的なご意見をいただくというのがとても貴重な場だと思います。今日の冒頭で申し上げた過去の言葉に向き合う、それはすごく個人的な作業でもありますが、そうなるとやはり誰もが読み方の偏りというものがありがちだと思うんですよね。先ほど吉見さんの発言で、女性の日記から学ぶ会の発表を通じて自分の読み方の偏りに気づいたというご発言がありましたが、ご自身の読み方の偏りでこういう傾向があるなと意識されていることはありますか。

吉見 一つは日記というのはありとあらゆることが書かれているわけですよね。それからありとあらゆるものの中で何かが書かれていないということもあると思うんです。その中のどこに注目するのかというのは、その人によって違うんだろうなと思うんですよね。そこが非常に重要だと思います。僕が日記で読もうとしているのは日記全体の中のごく一部をある側面でしか見ていないという面があることは、日記の会でいろいろご批判を受ける中で改めて自覚するところです。ある日記を読んでその読み方は一通りではなくて、極めて多様ではあるし、どこに注目するかによって全く違う世界が現れるということはやはり自覚しなければいけないと感じています。

4　青木祥子日記との出会い

田中 女性の日記から学ぶ会でさまざまな日記を取り扱われるなかで、本書や『焼跡からのデモクラシー』でも取り上げられている青木祥子日記に出会うことになりますが、その経緯について教えていただけますか。

吉見 島さんに女性の日記で戦中から戦後にかけての日記を見せていただけませんかとお願いして、その時に三人の日記を示していただいた。そのうちの一つが青木祥子日記でした。そうして他の二冊と比べてこの青木祥子日記は子どもの頃からご本人が亡くなる直前ぐらいまでずっと書き続けられていたということ、それから一日の記述量がものすごく多いんです。そういう意味で歴史の研究者としては非常にありがたい日記だと思いました。戦中から占領期について書いたので、今度高度成長期を書いて、それを自分の最後の仕事にしたいと思っているんですが、高度成長期も全部カバーしているので、ずっと経過を追えるという点でものすごく貴重な日記だと思います。

田中 今伺った青木祥子日記が高度経済成長のことも詳しく書いた日記というのは、確かにそうだと思います。史料としての日記に向き合っていると、どうしても書いた人の個性、それが史料としての言葉であるのは当然ですけれど、やはり青木祥子さん自身の人柄が窺える言葉でもあると思うんですよね。吉見さんが日記を通じて出会う青木祥子さんは、ざっくばらんにいうとどのような方で、どんな印象をお持ちですか。

吉見 階層としては中流ぐらいですね。教育程度も高いし、文章も非常にうまいです。国語の先生でもあるし小学校の先生でもある。それと自分の行っていること、日々の行動をくまなくいろいろ書き込んでいこうとする、そういう特徴があると思います。ご本人は軍国少女・皇国少女として育って、そして自由学園を卒業した後、中島飛行機に就職して、一生懸命に飛行機生産・増産のために協力しようと全身全霊を捧げるわけです。そうして敗戦を迎えるわけですが、敗戦と同時に馘首されるわけですね、もう不要だということで。馘首されたことで特にショックは受けていないのだけれども、自分が戦争中に一生懸命だったっていうことは一体何なんだろうかということをふりかえって愕然とするわけですよね。そうして自分の家に帰って静かにふりかえってみると、今の戦争のない状態がいかにありがたいものなのかということを身にしみて実感するわけです。そういう身にしみて感じる平和のありがたさみたいなものは、僕なんかうまく表現できないけれど、彼女は見事な文章でそれを表現しているわけです。そういうところはすごいなと感じます。

その後結婚して離婚して小学校の先生になっていくわけですけれども、その小学校の先生になってから以降は高度成長期と重なっていくわけです。そうして教員組合の活動を一生懸命やるようになる。彼女の頭は皇室尊崇の意識が持続し、実際の日々の行動は社会民主主義というか社会党支持なのです。それから自分の心・精神を支えているのは自由学園の教えということで一貫していると感じます。それが高度成長の中でどういうふうに展開し変わっていくのかというのは、まだ全容はつかめていませんが、一つの典型的な普通の市民の形なのかなという感じはします。それからもう一つ、彼女は女性であるがゆえにいろんな問題に直面することになると思うんですが、例えば独身で教員を務めていると、労働組合の仕事なんかは、独身だからということで押し付けられるとか、そういう問題が出てくるわけです。その中で結婚しないでどういうふうに生きていくのかというところで、新しい女性の生き方を彼女は作り出していったのか、というあたりが自分でもよくわからないんですけれども、そういうことがわかればいいなと思っています。

田中　高度経済成長期を今後また取り扱われるということで、今、青木祥子さんの個性についてもお話いただいて、他の方の日記と比較することでその個性がさらに浮かび上がることもあると思います。これまで扱われた同時期の日記をふりかえって、そのような点で興味深いと思われた日記などはありましたでしょうか。

吉見　一つはですね、岐阜県の村役場に勤めていて一部農業もしている男性の日記があるのですが、この人は二人の息子さんが戦死あるいは戦病死してしまうんです。自分が頼りにしていた子どもが二人亡くなってしまうんです。非常に困窮する立場ですよね。村では役場の仕事と農業で暮らしているのですが、何で子ども二人が亡くなったのか、二人の子どもが亡くなったのに国は何の面倒も見てくれないのか、ということにすごく怒って、遺族会の運動に奔走するようになります。日記に毎日南無阿弥陀仏と書いたあと日記の本文を書いているのですが、そういう青木さんとは対照的な、草の根の保守というか、遺族会の運動を一生懸命やって、そのために自民党の岐阜では大野伴睦（おおのばんぼく）という代議士ともう一人三田村武夫という代議士を支援している。遺族会に参加した人はすごく多いんですが、その中のある意味で典型で、遺族会を底辺から熱心に支える。日記はずっと続いてあるんですけれどもそれがどう展開していくのか、青木さんと対比すると面白いと思います。それからもう一つは沖縄の北部の方で農業経営をしている、以前は役場にも勤めていた人の日記もあるんですが、これもずっと続けてあるんですよね。では沖縄の場合どうだったのか。この人は沖縄の革新ではなくて保守の側の人なんですけれど、息子さんが教員になって革新の側で活動します。息子さんの動きを見ていていろいろ感じるところがある。徐々に変わっていくんだけれども、やっぱり沖縄保守を支持しているという人なんです。この軌跡が本土・ヤマトに住んでる人とどう違うのかというのがわかると面白いと思っています。

5　書かれなかったことをどう想像するか

田中　ここからもう少し日記との向き合い方ということについてお話を伺いたいと思います。今日ご同席くださっている大川史織さんも、佐藤冨五郎日記というマーシャル諸島のウォッチェ島で餓死した兵士の日記を取り扱われたご経験がおありでした。その大川さんのご経験も伺いながら吉見さんに引き続きお話をいただければと思います。まずは大川さんが初めて「女性の日記から学ぶ会」でお話をする機会があり、大川さんはそこで吉見さんと初めて面識を得たと考えてよろしいんでしょうか。その際の吉見さんからのご質問が印象的だったというお話もあって、そのあたり大川さんの方からお話いただいた上で先に進みたいと思います。

大川　確か発表後、吉見さんからいただいた質問は「日記に書かれていなかったことには、どのようなことがあったと想像しますか」というものでした。私の関心は、佐藤冨五郎さんがマーシャル諸島の人について書いていたかどうかという点にありました。日記には、島民が暮らしていた跡を見たとは書かれていましたが、島民と交流をしたような記述は見つかりませんでした。でも、実際には一緒に作業をしたり何かしら接触があった可能性は十分にあると私は思います。戦時中、日本兵と一緒に祖父が働いていたという証言や、補給路が絶たれ、食糧がなくなるとマーシャル人が日本軍の標的になった話も聞きました。書くことを躊躇（ためら）う出来事を見聞きして、冨五郎さん自身が自己検閲をした結果、島民とのやりとりは一切書かないという選択をした可能性も考えながら、私は最後まで日記を読んでいました。日記以外に、冨五郎さんの人物像を窺い知る手がかりとしては、日記と一緒に届いた戦友の手紙がありました。発表をする時は、手紙もあわせて紹介しています。冨五郎さんがどんな人であったたか、戦友の言葉を通して想像できる唯一の資料なので。

田中　本書の総論でも触れていますが、書かれていないことというのは確かに興味深く、しかもなかなか悩ましい問題で、さまざまなケースがあり得ますね。書きたくなくて書かなかったとか、書こうとしたけど書けなかったこととか。吉見さんがこれまで日記と向き合う中で書かれなかったことをどう想像したかという点について是非伺いたいです。

吉見　直接関連するかわかりませんが、『草の根のファシズム』の中で山本武さんという福井から派遣され、中国の揚子江流域でずっと戦った人の体験記を使っています。この体験記は山本武さんが自分の日記をもとに、その体験記を書いているので、忠実に日記に書いてあることが体験記に書いてあるんですよね。だけどもその体験記が出版された時に編者の人が日記に書いてあって体験記に書いていないものがないかどうか点検するんです。そうすると少なくとも一つ徐州（じょしゅう）会戦である村を包囲して、一般の民衆も含めて皆殺しにしろという命令が出て、それを実行せざる得なくなります。それが日記にはちゃんと書いてあって、子どもも赤子も皆殺しをしたと、こんな戦争は嫌だというふうに書かれているのですが、ご本人が書いた体験記からはそこは省かれている、というのがわかっています。多分山本さんが心の中でずっと何かの折に思い出して苦しんでいたんだろうと思うんです。そうではなくて日記にも書かなかったっていうようなこともあると感じますね。書かれなかったことを想像するというのは非常に難しいとは思うのですが、もう一つはこの日記に関しては後日談があって、日記自体が復刻されるんです。それからＮＨＫのドキュメンタリーになっているんですが、ご本人が亡くなった後に息子さんたちにインタビューをすると、日記にないような話が出てくる。そうだとすると一番理想的なのは、日記を読んだ後、本人にインタビューができれば一番いい。しかしこれはご本人が亡くなっておられるのがほとんどで、なかなか難しいですね。それができない場合、周りにいる人たちにインタビューできればこれはかなりいいんじゃないかということです。本当はそこまでやらなくてはならないんだけれども、なかなか大変ですね。なお金沢大学の能川泰治さんはゼミ生と一緒に山本日記に関して二人の息子さんにインタビューした貴重な記録を刊行しています（金沢大学日本史学研究室編『かたりべ』第九集、二〇二一年）。それから日記を読んでいてよくわからないところってあるじゃないですか。これは何かと。人間関係でもよくわからないし、何を意味しているのか、それについて何か聞ける人がいれば一番いい。そこまでできるかどうかっていうのは大事だと思います。

田中　経験を日記に留めたり、後日その日記をもとに新たに語り直す際に記述の取捨選択が伴うこと自体は、考えてみれば当たり前ではありますが、では結果的に何が語られなかったかという点は非常に興味深い問題で、本書でも自己の小説の私小説化（本書第Ⅲ部９章、大木志門）、自伝と日記の相違（本書第Ⅲ部10章、西田昌之）、回想録と日記の相違（本書第Ⅲ部11章、大岡響子）の問題を取り扱う章があります。そして日記にそもそも書かなかった経験について、確かに当時を知る方々の回想や日記を書いたご本人の言葉があれば読み解く側としてはありがたいことですよね。でもご本人から語っていただくのが不可能な、例えば佐藤冨五郎さんの場合は、島民との出会いが実際になかったから書かなかったのか、それともあったけれども書かなかったのかはどうしても想像をたくましくしてしまうところであって、今の吉見さんのお話をふまえて大川さんに何かお考えがあれば伺いたいです。

大川　今はもう佐藤冨五郎さんを知る人に話を聞くことはできません。でも、今ひとつだけ新たな情報が得られる可能性が出てきました。実は、昨年、日記を届けてくれた戦友のご遺族が見つかりました。先週お孫さんからご連絡があり「祖父からよくマーシャルの話を聞きました。母や叔母たちは、祖父が預かっていた佐藤冨五郎さんの日記を読んだことを憶えています」と。コロナ禍ですが、状況を見てお会いしましょうという話になりました。冨五郎さんが日記には書かなかった話を知ることができるかもしれません。吉見さんは青木祥子さんと二〇歳ぐらい離れているのでしょうか。青木さんの兄弟などを探し出すことは可能なのでしょうか。

吉見　青木さんの兄弟は年齢的に無理かなという感じはします。青木さんの教育を受けた生徒たちというのは可能かなとも思うんだけれども、小学校の先生の記憶って鮮明に残っていますかね。本当は教育の効果っていうのはそれを受けた人たちがどう感じたかっていうのが一番大事なので、それは可能性としてはあるかなと思っています。

田中　僕自身もそれなりに小学校の教育は覚えているので可能性としてはあり得ますけれど、大川さんはいかがですか。

大川　小学校の先生は記憶にあります。でも、もし先生の日記を今読むことができて、記憶と全然違う先生の姿が見えてしまったら、ショックかもしれないですね（笑）。

6　日記に書かれている体験をたどる

吉見　僕が今一番悩んでいるのは、青木さんの日記で自分がどういう教育をしたのか、どういう方針でするのかということはあまり書いていないことです。生徒からもっと引き出せたはずだとか注意を受けたとかいうのは出てくるんですけれども、具体的な授業の様子がもっとわかるといいのですが、なかなか難しいところです。彼女にとっては毎日の授業というのはルーティーンでやっていることであって、特に具体的に今日の授業はどうだったっていうことを書き留める必要はないというふうに感じておられたのかもしれないですが、そこのところはよくわからない。もっとわかるといいなと思っています。

田中 関連して思い出したのですが、青木祥子さんというお名前はもちろん仮名ですが、二〇一七(平成二九)年に『日記文化から近代日本を問う』(笠間書院)を刊行した際に、読んでくださった知人の研究者からご質問をいただいたことがあって、例えばアルファベットの頭文字で匿名化するという方法もあったと思うのです。実際そのようにされている方々も多くありますが、そうではなく仮名を採用したのは何か理由がありますか。

吉見 これは好みの問題なんですけれども、仮名でAっていうふうに書くのと、青木祥子って書くのと、印象が随分違いますよね。

田中 具体的にはどのような印象でしょうか。

吉見 無味乾燥な、もともと僕の文章は無味乾燥なんですけれど、それがさらに無味乾燥になるかなっていうのを恐れて、例えば青木祥子というふうな名前にしています。

田中 まさしくそのご意見をいただいた時も、アルファベットで省略すると無味乾燥になってしまうような気がするという趣旨でのご意見だったので、吉見さんご自身からそれを伺ってやはりそういう背景があったんだなと思いました。日記ではありませんが、夏目漱石の『こころ』で冒頭で私が先生の記憶を思い出すたびに、「先生」と言いたくなる、よそよそしい頭文字などは使う気にならないと述べるところから物語が始まるんですよね。その自分が尊敬する先生が、自分の親友のことをKというまさしく頭文字で選んでいたことの意味を深く考えさせられるわけです。かといって頭文字表記がただちに悪いことにはなりませんが、日記の書き手をどう匿名化するかという点にも関わる問題だと思っていましたので、本日伺うことができてよかったです。

ありがとうございます。

日記に書かれた内容の背景を知るまた別の方法として、場所の問題についても吉見さんに伺いたいです。大川さんは日記に登場する場所に行ってみることをかなり意識されていますね。

大川 場所に行ってみることで、思いがけない発見が得られることがたくさんありました。佐藤冨五郎さんの故郷である宮城県の亘理と、出征前に暮らしていた東京豊島区の椎名町にも何度か行きました。椎名町時代は日記の記述が少なく、冨五郎さんがバスの運転手として働いていたこと以外は、どのような暮らしをしていたのか想像することが難しかったのですが、街を歩きながら出会う人との出会いが、探し求めていた当時の地図や写真との出会いを呼び寄せて、点と点が繋がっていく喜びと愉しさを味わいました。運転していたバスの路線は今もほぼ変わっていなかったので、勉さんとバスに乗ってみるなど、冨五郎さんの体験をたどることで、日記の読み方にも広がりが生まれたように感じました。

吉見 『草の根のファシズム』に登場していただいた方にはできる限り訪ねて行ってお話を聞いたりはしたんですが、本を出した後に行った場合もあって、やっぱり実際に会ってみないとわからないことはいっぱいありますよね。そこで初めて明らかになるようなこともある。現場に行くというのは、日記をちゃんと読み解くと同時に、その人が育った場所とか生活している場所に行ければ行くべきだなというのはその時に強く思いました。それで『草の根のファシズム』で登場するフィリピンにタイピストとして行って現地で結婚した新美彰(あや)さんという女性がいます。お子さんが生まれて、その後、夫が招集されて戦死し、本人は山の中に逃げて行って、その生まれたばかりの赤ちゃんは山の中で食料がなくなって、敗戦の直前ぐらいで餓死するんです。戦後、本人だけ日本に帰ってくるんですが、その書かれた回想記だけではわからないいろいろなことがあって、やっぱり実際に会って話が聞ければ絶対にその方がいいし、それから今どういうところで暮らしておられるのかということからも、いろいろわかることがあるのはそのとき痛感しました。ただ高度成長期の研究については、今まだ日記を読む段階で、日記を書いた人の暮らしていたところや、関係する人たちにインタビューをするところまではいっていません。できればそういうことまでやらないといけないと思っています。

田中 今、場所についても伺いましたが、これまでのお話をふまえて、冒頭でお話した過去の言葉に向き合うというところにもう一度戻ってみたいと思います。冒頭で中学二年生の頃の先生の言葉、憲法の言葉を一つの事例として出しましたが、その後のキャリアの中で、日記のリアルな言葉と向き合うことで、何か吉見さんが研究上、あるいはもっと身近な日常的な領域でも、気づいたり、何か思考と共鳴したり、自分の言葉と照らしあわせてみたり、そういうご経験がこれまでありましたでしょうか。青木祥子さんであれば高度経済成長という吉見さんも過ごされた時代の言葉でもあるので、その過去の言葉と今の吉見さんの言葉や思考が共鳴や反響をするようなことがあるのか。何かお感じになったことがあれば、是非教えていただきたいと思いますがいかがでしょう。

吉見 田中さんは文学だから、やっぱり言葉ということになるんだけれども、僕は歴史学の方だから、言葉より体験というか、経験というか、そっちになるんですよね。あまり言葉にこだわらないというと、何言ってんのって言われるかもしれないけれど、そこはちょっと発想が違うかなというふうに思います。それと今僕がやろうとしているのはその高度成長期に人々はどういう体験をしたのかということですよね。自分も実際にそこで体験をしているので、自分の体験もあるけれども、もっと深いいろいろな多様な体験があったのじゃないかと。それは自分がちょっと想像できないような、そういう内容のものもあるんじゃないかと期待して読んでいるわけです。例えば一九六五（昭和四〇）年は僕が大学に入学した年ですが、その同じ六五年の時に青木祥子さんは浦和でこういう体験をしていたというようなことですよね。重なる部分もないわけではないけれども、かなり違うわけだし、それは岐阜にいる遺族会の人とか、沖縄にいる農業経営をしている人の同じ時期の体験も随分違うと思うんです。それでそういう総合比較ができて、高度成長の体験が、重層的に明らかになればいいなというふうに期待しています。まだ期待の段階で、具体的にイメージできてはいないのですが、そういうことも考えています。おそらくその体験というのは、個々の人によって随分違うわけであって、その違いの意味がわかれば一番いいなと思うんですよね。あともう一つは青森の高等学校の先生の日記が見つかったので、それらも含めて、うまく描ければいいと思います。

田中 確かに言語化されないものも含めての体験というのが当然あるわけですから、吉見さんがおっしゃるように後世から見た過去の体験の意味を考えることにもなるのだろうなと思います。

7 コロナ禍における日記研究

田中 ここまではこれまでのキャリアを中心にお話を伺いましたが、今度はごく最近と今後のお話というところで、二〇二〇(令和二)年になって、新型コロナウイルスの感染拡大という予想しなかった事態を迎えました。「女性の日記から学ぶ会」も何とかZoomを利用したハイブリッド開催ができるようになり、吉見さんがご自宅からオンライン参加するという、かつて考えもしなかった開催形態になりました。これもざっくばらんに二〇二〇年度、コロナ禍の中での吉見さんの一年はふりかえってみてどういうものだったのでしょうか。

吉見 去年の二月に山口県に調査に行った後は、電車にも乗らずに、家の近くの今いるのが私設の研究室ですけれども、そこを往復するのと、それから時々中央大学の図書館、多摩センターから車で五分か一〇分で行けるので、そこに行くぐらいです。時々スーパーに買い物に行く、今までお昼は多摩センターで食べていたんですけれど、それもやめて冷凍食品を買ってきてお昼は私設の研究室で解凍して食べているという状況です。必要な資料については日記類は写真撮影がだいたいできていますので、それは困らないし、それからインターネット上で、例えば国会図書館のデジタルコレクションとか、アジア歴史資料センターの資料を見るとか、かなりデジタル化されたもので相当の仕事ができるのと、あと大学の図書館に行けばそこから必要な資料を取り寄せてもらうことができますので、そんなに困らないという感じです。ただ、見たい資料を各地に行ってみるとか、人の話を聞くとかっていうのが難しいですね。研究会はZoomでやっていただければ随時参加できますので、そういう面ではあまり困らないということはあります。だから新しい時代がなんとなく始まりつつあるのかなという予感がしています。

田中 いち早く順応されて、きっと他の研究者の励みになると思います。大川さんも二〇二〇年以降、新型コロナ禍でさまざまなことを感じたり考えたりしたと思いますが、ご自身の経験としていかがだったでしょうか。

大川 私はちょうど昨年の今頃から、日本政府のコロナ対応に怒りを抑えられず、刻々と状況が変わる日々の中で、今感じる気持ちを憶えておくために日記を書くようになりました。青木祥子さんの日記では、敗戦からわずか二〇日ばかりで、大きな悲しみと喪失の反動から、生活への充足に気持ちが大きく傾きます。思いのほか早く、新しい平和への希望を見出し始める。私も昨年書いた日記を読み返すと、この一年の心境の変化を感じます。怒ることにも疲れてしまったので、今はどうしたら日々を少しでも健やかに生きられるかということに心を砕いてしまう。激動の一年、吉見さんはご研究を通じて長期的な視点で日本社会を見つめてこられて、生活と政治と研究と、いろんな角度からこの一年をふりかえった時に、今どんなことを考えていらっしゃいますか。

吉見 個人的にはそんなに困ってはいないんですけれども、やっぱり一番の恐怖はいつ感染するかわからない、感染するともう治療も受けられないでそのまま死に至る恐れがあるというところがやっぱりすごく恐怖です。それでそれを防ぐためにやらなければいけないことは、ＰＣＲ検査を徹底的にやることなど、わかっているはずなのに全然それができないという、そういう憤りがすごくあります。何でこういうおかしな事態になってしまったのかっていうことは、非常に強く感じるところです。やっぱり大きな転機に来ているのかなということを感じます。それ以前は高度成長期っていうのは非常に大きな世の中が変わった時期だというふうに思っていたのですが、もしかするとその後の方の変化の方がより大きいのかなと感じてきていて、高度成長期の体験って一体何だったんだろうかと再考する、そういう時期に来たのかなと感じつつあります。

大川 ご論考にも書かれている、敗戦にもかかわらず根本的な反省が行われず、なし崩し的に変化する状況に対応するいろいろな人々の一つの傾向として、青木祥子日記を読み解くということ。そこから積極的な意味と問題点を考えていくということについては、高度経済成長、3・11、コロナ禍と今後もさまざまな出来事が重ねられていくのだろうと思います。私は一九八八年生まれで、バブルが弾ける少し前に生まれました。先日、現役大学生とSDGsを日常の中で実践している人がSDGsについて考えるオンラインイベントを視聴していたら、大学生の意見はとてもシビアなものでした。サステナブルな日常を送ることができる人なんて、ほんの一握りの人であると。時間にもお金にも余裕がある人しか実践することは難しいと、生活からほど遠いライフスタイルを提案しているという指摘が目立ちました。現実の苦しい生活からは、日本の未来も明るく思い描けない。学生の中でも貧富の差が二極化していると聞きました。吉見さんは日本の未来に希望を持っていますか?

吉見 僕はおそらくあと一〇年ぐらいでこの世からいなくなるので、未来の希望というのはあんまりないんですけれども、今、人新世と言われて、二〇世紀の半ばぐらいから、もうこの世界は持続可能ではなくなりつつあるんじゃないかという、そういう認識が今生まれてきているので、そういう意味では非常に大きな変革期、下っていく変革期なのでちょっと大変だと思います。そういう時期にさしかかっているというのは非常に強く感じますね。そうすると過去の歴史の見方も根本的に転換していかなければいけないんじゃないか、ということに最近ようやく気がつき始めたところです。じゃあどういうふうに変わっていくのかというのは具体的には言えないですけれども、そういう大変な時期に今さしかかってきているという感じはします。コロナがこんなに広まるというのもそういう意味では偶然ではなくて、もしかしたらもっと大きな災厄が降りかかってくることになるかもしれない。そういう時期にさしかかっている、そういう時代に生きているんだと改めて感じます。

大川 吉見さんは日記を書いていらっしゃいますか?

吉見 毎日のことを書こうと思っているんですが、なかなか続かないですね。それで数年前に、中学生の時に義務として毎日書いて先生に提出してみてもらっていた日記があるんですが、中学の三年間に書いていて、中学二年の時の日記が出てきたんです。それを読み返して非常にショックだったことがあるんです。自分が鮮明に記憶していることが日記に書かれていないというのが一つ。それからもう一つは、日記に書いてあることで自分が覚えていないことがいっぱいあって、これがもうショックで、一体何なんだろうと思いました。個人の記憶っていかにあやふやなものかっていう。

大川 今もその日記は手元にありますか?

吉見 あります。

大川 それは誰かに読み解かれてもよい日記ですか?

吉見 先生に提出するものだから、差し支えのあるようなことは書かれていなくて、それは記憶に残っていて日記に書いていないことだろうなというふうに思うんですよね。

田中 鮮明に記憶している、というのは学校の行事などでしょうか。あるいは学校外の個人的な体験でしょうか。

吉見 何か悪いことをして記憶に残っていることがあるんですが、それは日記に書いていないんです。日記に書いてあって自分が記憶していない、これもちょっとショックでしたね。鵜を使って鮎を捕る、鵜飼の体験は僕は子どもの時はしたことがないと思っていたんだけれども、日記にはちゃんと岩国に行って鵜飼を見たって書いてあるんですよ。

大川　面白いですね。妄想とか夢の話でもなく。

吉見　日記にはそうちゃんと書いてあるんです。それから徳山動物園に見学に行ったっていうのも全く記憶にないんですよ。そういうのがいっぱいあって、日記に書いてなくて覚えていることもたくさんある。人間の記憶は曖昧ということでしょうが、両方ともすごいショックでしたね。

8　今後の日記研究の展望

田中　特に今回青木祥子日記を扱われて、高度経済成長の分析を今後もテーマにということでお話がありましたが、今後の日記研究の展望について、改めてお話を少しいただいて締めることにしたいと思います。

吉見　高度成長期の個人の日記の比較研究みたいなものでまとめたいと思っています。一つは青木祥子日記ですね。社会党支持の人、しかし精神は皇室尊崇の人、それから先ほど言った遺族会を底辺で支えた二人の息子さんを亡くした人の日記、それから沖縄の北部で沖縄の保守を支えていた農業経営をしていた人、それから青森の高校の先生の日記をまとめたいと思います。それからできれば「女性の日記から学ぶ会」にある、女性の日記をもう一つ見せていただいて、それらで高度成長期の特徴が描けないかなというふうに妄想しています。それがこれまでの高度成長期の研究とどこがどう違うのかということは、まだ具体的には言えないんですけれども、普通の人たちのレベルでそれが何だったのか、そういう研究はまだないと思いますので、最低限その点では意味があると思っています。ただ先ほど言いましたように、いま人新世が大きく変わりつつある中で、そこを見直してみると何を見なきゃいけないのかというあたりが強く問われるところになると感じています。

田中　ありがとうございます。研究の上ではこの状況でも先ほどお話にあがったようにさまざまなデジタル技術で前進することもできると思うのですよね。そうは言っても八千代の「女性の日記から学ぶ会」の定例会で和気あいあいとやっていたこともすごく楽しく、またそういう場や、その後の懇親会でも吉見さんとご一緒できる機会を楽しみにしたいと思います。本日はどうもありがとうございました。

Chapter13-2

13章－2

戦争体験から高度成長期体験へ——「青木祥子日記」の検討から

吉見義明

アジア太平洋戦争中に中島飛行機に勤めていた青木祥子は熱烈な軍国青年だった。日本の敗戦後徐々に転換して平和と民主主義を支持するようになる。また、一九五〇年代に小学校教員になってから高度成長期にかけて日本教職員組合と日本社会党を熱心に支持するようになる。しかし、この転換はなし崩し的に進んでいき、彼女の中には相当異なる意識・立場が混在していた。

1　はじめに

戦後日本の経済の高度成長を担った人びとは、主としてアジア太平洋戦争を若者として下から支えた大正生まれの世代だった。その戦争体験は高度成長期体験とどうつながっているのだろうか。このような問題を、一人の女性の日記から検討する。取り上げるのは、青木祥子（仮名）の日記である。▼注1 なお、この日記の戦中から戦後（占領期）にかけての分析は、拙著『焼跡からのデモクラシー——草の根の占領期体験』（全二冊、岩波書店、二〇一四年）の第三章第三節と第七章第四節で詳しく行っているので、参照していただければ幸いである。

2　青木祥子における戦争体験と敗戦の意味

日記の筆者である青木祥子は、一九二三（大正一二）年四月三〇日に浦和に生まれている。一九四一（昭和一六）年三月、県立浦和第一高等女学校を卒業し、同年四月、自由学園女子高等部に入学した。一九四四（昭和一九）年三月、同学園女子高等部を卒業した。このとき、二〇歳だった。

同年四月、羽仁もと子の強い勧めで、湘南工機という軍需工場に勤めることになったが、浦和から通うには遠いので、五月に中島飛行機武蔵製作所に変えてもらい、総務部教育課に配属された。ここで「女子職場」（女子挺身隊）の生活指導を担当する。

ここでの主な体験をみてみると、同年一一月二四日、武蔵製作所が初空襲を受けた。一二月三日の空襲では同僚が死亡するが、彼女はたまたま親の郷里である秩父の夜祭を見に行っていたため難をのがれた。

その後も空襲が続くので、一九四五（昭和二〇）年六月二五日、女子挺身隊員とともに河口湖に疎開した。同年八月、敗戦とともに中島飛行機から解雇される。このとき、二二歳だった。

青木の戦争体験の主なものを日記からいくつかみてみよう。

一九四四年一〇月二四日に中島飛行機太田製作所を視察したときには、つぎのように記されている。

> エンジンのないばかりに出来上らぬヒコーキの機体がずらりと並んでゐる、首なしヒコーキの姿をまのあたりにみたら、本当に無念の涙にむせんだ。そしてかたく〳〵発動キを必ずつくってお届けしますとお誓ひしたことだった。

太田製作所は航空機の機体をつくるのだが、武蔵製作所でのエンジン生産が間に合わないので、未完成の機体が並んでいることを目の当たりにし、ショックを受けるとともに、増産の決意を新たにしているのである。工場の一部が河口湖に移ったときも、意気の上がらない動員女子学徒を指導し、その増産意欲を持続させるために奮闘している。

このような彼女にとって、敗戦はどのような意味をもったのだろうか。八月一五日の感慨は、満洲事変以来の多くの将兵の死をおもい、「あゝくやしい」と嘆いている。また、天皇陛下に申し訳ないと感じている。さらに、卒業後、きれいな着物ひとつ着ず、紅おしろいもつけずに、一心に働いてきたのは一体何のためだったのか、と無念な思いを深くしている。他方、敗戦後まもなく、中島飛行機から解雇されるが、これについてはとくに不満を記していない。負けたのだからしかたがないと思ったのだろうか。

とはいえ、まもなく大きな転換がおこる。一九四五年九月三日の日記にはつぎのように記されている。

> 白い式服ブラウス、紺ズボン、おねえさんに頂いたハンドバックもってゆく。今、自分は、娘としてしずかな幸ひな日々を送ってゐる。あせるまい。一人にも、しずかな幸福がこんなにも恵みゆたかにあたえへられてゐるではないか。大いによい本をよみ、料理、掃除、センタク、裁縫したい。えもかきたいし、お習字もしたい。おこともならひたい。

かつては、お化粧もせず、国家のために真っ黒になって働くことで精神の充実を感じていたのだが、そうではない生活の方が幸せである、と感じるようになったのだ。また、新しい平和の意味を発見することになる。

> 朝しっとりとつゆのをりた裏庭にたち、ラヂオの六時のボーンボーンといふ音、これをきゝつゝ、小鳥のさへづり、朝風の中にあるとき、柿のうすみどりの若葉うつくしく、白つゝじ、きいろい菜の花、山吹の花、白や

赤紫のえんどうの花、まきはじめたキヤベヂ、ほんとうに美しく、しづかな幸福、自由の気持を胸一杯にかんじる。私達は戦ひに敗れ、軍隊も飛行機も何もかも失ひ、食糧は乏しく、混沌とした悲しみを味ってゐる。しかし、敗れた山河の何と美はしいことか、季節の美しさを、しみ〴〵想ふ。去年の今ごろ、激化するＢ29の空襲に怯えてゐたことを思へば、かうして心安らかに、自由にくらせるだけでも何とありがたいことか。

（一九四六年五月一二日）

彼女も、他の多くの日本人とともに、敗戦にもかかわらず、また、軍隊や飛行機などの武器をうしなったにもかかわらず、戦争のない平和の大事さを発見したのである。

日本国憲法が公布されたことについても、とくに女性の権利に注目して、つぎのように記している。

この日より、日本、新たなる第一歩を踏みだす民主主義国家としての大いなる巨歩。主権在民、男女平等、大いなる歴史的転換の岐路にある私達の生活。今度の私の結婚に対しても、母の封建的思想。もっと私は、自己に対して忠実であればよかったのだ。苦しむ。新旧の思想的なた、かひにも。……お姉さん〔兄嫁〕だって……たゞ機械のやうにお台所のことばかり。

（一九四六年一一月三日）

戦中においても、青木は、自由学園の教えもあって、女性の自立という課題を意識していたが、憲法に男女平等規定が入ったことにより、大きな励ましを受ける。しかし、それを現実のものにしていくには、自身の男女観や結婚観の変革を含め、長い道のりが必要だった。

ところで、アジア太平洋戦争を支持し、戦った責任はどのように反省されたのだろうか。日記をみるかぎり、そのような自問はない。逆に、「大東亜戦争」については、目的・理想は正しかったが、方法は間違っていたという説を受け入れ、植民地放棄については憤懣やるかたなかった（一九四六年九月三日）。彼女の「帝国意識」、とくに日本以外のアジアに対する「帝国意識」は崩れることなく、持続していったのだろう。

これと関連して、彼女の皇室尊崇の意識もかわらなかった。それは、たとえば、一九五九（昭和三四）年の皇太子と美智子妃の結婚式についてのつぎのような記述からもうかがわれる。

結婚の儀（賢所の中のはよくみられず）、朝見の儀、それよりオープン馬車の行列はすばらしい天気に恵れ、本当によくみられた。……NHK、日本テレビ、KRTと、それ〴〵趣こうをこらし、いながらにして御盛儀をみられる。ありがたいことだ。（一九五九年四月九日）

心からこの結婚式を奉祝しているのだ。一九六〇（昭和三五）年二月二三日に皇太子の長男が生まれたときにも「母子共にすこやか、おめでとう‼」と記している。

3　青木祥子と安保闘争

青木は、不本意な思いを抱きながら一九四七（昭和二二）年一一月に結婚するが、結婚生活は波乱にみちたものとなり、一九五一（昭和二六）年に離婚する。ひとりになった彼女は、同年一一月一日に秩父の小学校教員になった。このとき二八歳だった。一九五四（昭和二九）年四月に大宮市の小学校に転任し、浦和に移住する。ついで一九五六（昭和三一）年四月に浦和市の小学校に転任した。一九六〇年四月、一年生担当の主任になった。このとき三六歳だった。

この頃の日記をみると、高度成長が始まっており、独身だが、教員としての生活が安定していったことがわかる。▼注2 一九五九（昭和三四）年一二月三一日の日記には、つぎのように記されている。

新しい家もでき、ラジオグラフ、テレビ、カメラ、自てん車、オルガンとそろい、貯金も貸付信託六十万円（元金）、割債十九万、減税六万、普通一万九千。感謝。

住宅、家電その他の生活備品、預貯金など、相当の余裕が生まれていることがわかる。一九六〇年四月分の給料は一万七一九八円で、貯金が三井・三菱・住友貸付信託に各二〇万、割引債が二一万、投資信託が一〇万、減税貯蓄が六万となった。一一月には、中だるみ是正があり、手取りが一万九九二四円プラス六一六一円となった。

毎月こんなに頂けたらすばらしいものだ。社債（電力）を買うことにしよう。○ちゃん（兄）も投信より安全といってくれた。今月のようにもらえたらすてきだな。中だるみ是正で重い月給袋。ほくほくがお。

（一九六〇年一一月二一日）

教員組合の力もあるだろうが、余裕のある経済生活となり、電力債への投資も行っている。この時期の学校の雰囲気は抑圧的ではなく、自由な雰囲気が漂っていた。つぎの記述はある日の学校の様子である。

校長教頭おるすで、私たちだけ。ストーブのまわりにあつまってベチャクチャ。それをきゝ乍ら、井上靖「風林火山」をよむ。あたたかいストーブで、これもお金になるかと思ったら、1じかんいくらのサラリーガールだろうと思う。まさに天国だ。○○さんより「都合わるく休む」のデンワあり。なおナイスだ。それで4じ半迄本よみ、○○さんと帰る。

（一九六〇年一月一八日）

このような中で安保闘争がはじまる。青木は、埼玉県教職員組合の運動に積極的に参加しており、日本社会党の支持者となっていた。一九六〇年五月一九日に岸内閣と自民党が衆議院で日米新安保条約の批准承認を強行採決したときには、つぎのように記されている。

昨夜、国会、自民党「会期延長」を計り、社会党議員がすわりこんだのを、議長ケイカン500人を要請して、ごぼうぬきにしてゆくところなどテレビでみた。そして野とうのいない議会で安保新条約可決、まんまとだしぬかれた形で、自由民主とうは、数をたのんでまさに暴力国会、ケイカン出動500人の中で行われたなんて、国会のけんいも地におちたかんじだ、怒りをかんじる。そしてアイクの訪日の一日前の日、50日間で自然に効力を発揮するなんて、策士の考えそうなことだ。

（一九六〇年五月二〇日）

今日では、国会での強行採決は日常茶飯事になっているが、一九六〇年当時は驚くべき暴挙と受け取られたことがわかる。彼女も激しく怒っている。ついで、女子学生、樺美智子が死亡する事件がおこる。その日の日記はつぎのとおりである。

7：50北浦和駅集合デモ→学校。6・15スト。右よくが全学連デモの（ママ）。いたましくも女子学生一人死亡、全身打撲をうけ、救急車ではこばれる途中死亡。請願デモにこの日参加した○さんからきゝ、そのあとテレビでみて、憤りをおぼえた。女子学生の名前はまだわからなかったが、心から冥福をいのる。

遂に最悪の事態にきた流血デモ、大惨事！　私がもの心づいてから2・26事件そして大東亜戦、戦后最大の社会不安をおぼえ、同□みな憂りょにたえぬ。

（一九六〇年六月一五日）

彼女にとって、この事件は、二・二六事件、アジア太平洋戦争に直接に続く大きな社会不安をもたらす大事件ととらえられているのである。続いて、一〇月には、浅沼稲次郎日本社会党委員長の暗殺事件が起こる。

なんたるテロリズムの横行、右よくの目に余る暴動、民主主義を根底からくつがえすものとして痛憤にたえない。

作文の（えんそく）指導添削をしながらボロボロ泣けた。

午后10:00〜10:45特別番組。私のすうけいするニュースの焦点の解説者（平沢和重）の人も、ほおの涙をそっとぬぐっていうに、今から10日前にアメリカでケネディとニクソンのはげしいせんきょえんぜつをきいてきたが、ディスカッションははげしくとも、人げん的には実にすばらしい。――どうしてこうした民主主義が日本には育たないのかとなげいていられた。ふたたび暗黒時代の再現。（一九六〇年一〇月一二日）

多くの人びとと同様に、彼女にとって、安保条約強行採決、樺美智子の死、浅沼暗殺事件は、暗黒時代の再現ととらえられたのだ。

教員組合運動に尽力したいという青木の意志はその後も継続する。たとえば、一一月一一日には教研埼玉集会に参加して、図工に関する発表をみて「自由な創作意欲が溢れていて」とても感心している。一二月一一日には、山本宣二の映画「武器なき斗い」の試写会をみて感激し、翌日、校長と対立する問題が起きたとき、山宣のような「生命をかけてたたかった人の勇気をおもい、私もあえてい」うという態度をとっている。一三日には、労働基本権奪還、一律三〇〇〇円ベースアップを要求するデモに参加している。

4　青木祥子と高度成長期体験

その後の青木の高度成長期体験をみてみよう。まず、生活が一層安定していくことが注目される。一九六一（昭和三六）年には、貯金を使って東南アジア旅行を申し込むようになり、同年には八幡製鉄などの株も買っている。

> 11月6日にかった（ママ）66円でかった八幡製鉄、どんどんあがり、70円になったので、一寸ゴキゲン。……夕刊や朝刊をひらくと先に鉄鋼の一番上の八幡をみちゃう。（一九六一年一一月一〇日）

一九六五（昭和四〇）年一二月には家を増築し、中国旅行にいくようになった。生活に対する充実感、満足感が満ちてくる。

他方で、彼女は再婚せずに独身を続ける。その思いはつぎのように記されている。

> 女ざかりを迎え、不自然な一人の生活を余儀なくされている。まあ一人の方がいいこともあるが、心も体も許し合える人が欲しい。（一九六一年八月一五日）

> 〔勧められた縁談について〕学歴思わしくなかった。従って収入も。どうしても今のままの方がいいから。先生もやめなければならないし……。（一九六一年一〇月二三日）

> 思いきって休む。体も疲れていて、やっぱりこうしてねていることができるのも、一人でいるおかげと生活が経済力をもつとけっこんなんてアホらしくなる。（一九六一年一一月三日）

彼女には強い結婚願望があったが、他方で、相手は高学歴で男らしく教養の高い男性でなければならないという信念があり、そのような男性はアジア太平洋戦争中に戦死したか、すでにほとんど結婚していた。「やっぱり私の一生も戦争さえなかったらと悲しく思う。「ひき裂かれた」切実感あり。」と思うほかなかったのだ（一九六一年一一月五日）。

青木は、ひきつづき教員組合運動に積極的にかかわっていき、一九六一年五月から組合の役員（北足立郡常任委員、婦人部副部長）となり、婦人部や母親大会で活躍した（一九六二年五月まで）。その後も、県教組人事対策委員を務めている。また、埼玉婦人連合・母親大会・母と女教師の会・教育を語る会・日中友好協会などの会合にも参加している。しかし、その活動を次第に負担に感じるようになる。日記にはつぎのような記述が現われはじめる。

婦人部長はたいへんだと涙がこぼれる思いだった。（一九六一年一〇月二四日）

校長に人事のかくにん書について、執行委員、学校委員で交渉したが、かくにん書はかかないとつっぱねられ、学校委員なんかやめたくなってしまった。（一九六五年一月一二日）

それでも彼女は教員組合運動を続け、一九六六年四月には他校へ不当配転される。日記には「組合のぶん断政策」と書かれている（三月三一日）。

この間、青木は、蓄えた貯金を使って、海外旅行に行くことになる。まず一九六三（昭和三八）年にソ連旅行を計画し（実現せず）、一九六五（昭和四〇）年には中国に行っている。また、一九六六（昭和四一）年には、当時旅券が必要だった沖縄に行っている。

学校の中では「何で共産圏ばかりに行きたがるんでしょうね。中国なんかちっともいってみたいと思わない」といった中傷もあったが（一九六五年六月二五日）、彼女は、各地の旅行に満足している。中国に関してはつぎのように記されている。友だちの家で、スライド（ポジフィルム）を映写機で拡大して写して、みんなで見たときのことである。

中国のスライド、国慶節のパレードのうしろの幕のようなのは全部人が旗でやったのだときいて、いくつにもかわるそのすばらしさにうっとりした。まさに社会主義的だ。やっている彼等にはその美しさがみえなくても信じて演じていることのすばらしさ——○ちゃんと二人、自由学園精神にどこか通じているものがあるねといいあう。

（一九六六年一月三日）

文化大革命の混乱がはじまる前ではあるが、中国社会主義の現実に対する観察、疑念などがみじんも感じられない記述である。

他方で、アメリカに対するあこがれは強烈だった。たとえば、一九六〇年三月四日にはつぎのように記している。

フゾク中○○先生のハワイとアメリカのニューヨークのスライドをみて、とても羨しくなった。すてきなハイウェイ、芝生のあるドライブウェイ、富の相違をまざまざとかんじた。ああいう所なら自動車の洪水も大丈夫……汽船（貨物船）でいけば往復16万円もあれば大丈夫。あちらの滞在ヒ10万として、30万あれば行けるとのことだ。将来いってみたいと思った。

アメリカに対してはあこがれとともに劣等感も強いことがうかがわれる。また、同年一一月に民主党のジョン・F・ケネディが大統領に当選したときには、「ケネディの勝利、万ざい、万ざい」と手離しで歓迎している（一一月九日）。

5　おわりに

青木は高度成長終了後も社会党・日教組支持者として生き続けた。一九九四（平成六）年に社会党が自民党などと連立与党になって自衛隊を合憲と認めるが、その後、総選挙に際しての無党派層に対するある新聞社のインタビューに答えて、彼女はつぎのようにのべている（インタビューした新聞記者による要約）。

社会党には生活者の視点があると思って、一途に投票してきた。でも連立与党になって自衛隊を合憲とし、「どんどん離れていった」。思い入れのある党に一票を入れ続けたのは「片思い」のようなものだった。「裏切られたような喪失感があったね。」

（二〇〇〇年六月一九日）

つまり、アジア太平洋戦争中の軍国少女・軍国青年から戦後の革新派へと転換した後は、一九九四年まで革新派支持の立場が持続していたのである。そこでは、皇室の尊崇と平和の護持と社会変革（中でも女性の権利の伸長）への期待が併存する。また、ソ連・中国への期待とアメリカへのあこがれも併存する。

これは、敗戦にもかかわらず、根本的な反省が行われず、なしくずし的に変化する状況に対応する多くの人びとに共通するあるひとつの大きな傾向であろう。それがもっている積極的意味と問題点をより詳しく解明することは今後の課題である。

▼注

1　この日記は「女性の日記から学ぶ会」（代表・島利栄子氏）が所蔵しているものであり、戦前から筆者が亡くなる少し前まで書きつがれた克明な記録である。引用に際しては原文通りとしたが、人名に関しては、有名人を除き、「〇〇さん」「〇ちゃん」などとした。なお、〔〕は引用者による補注である。

2　吉見義明「ある小学校教員の高度成長期体験――「青木祥子日記」（1960年）を読む」『商学論纂』（六一巻一・二号、二〇一九年九月）参照。

＊本稿の作成にあたり、「青木祥子日記」の筆者、同日記の閲覧を許可していただいた「女性の日記から学ぶ会」の代表、島利栄子氏と、同会の日記塾で行った本日記に関する報告に対して種々ご意見をくださった同会の皆様に厚くお礼申し上げたい。

Chapter 14

14章　特別展示　花の日記に私注をつける

山田鮎美

二〇一九年九月二八日、二九日開催のシンポジウム「近代日本を生きた『人々』の日記に向き合い、未来へ継承する」の会場（明治学院大学白金校地・本館一〇階大会議室）では、日記を主題とする展示企画を複数設け、来場者が自由に鑑賞できるようにした。本章では企画の一つである山田鮎美氏のパネル展示作品「花の日記に私注をつける」を紙面上に再現した。

「他人の書いた日記に私注をつける」という作品を初めて作ったのは大学三年生の時だった。エディトリアルデザインの授業で本を一冊作って提出するという課題が出たことがきっかけである。とりあえず自分の興味のあること、本を一冊作れるほどの内容量、情熱を捧げてもいいもの……と考えた時に、一六歳の時から続けている日記について書くのはどうだろうか？と浮かんだ。

私が日記を書くようになったのは、高校生の時になんでも話せる友達というのがいなくて、日記が話し相手になったらいいなと思ったからである。内容は今日やったこと、人間関係のモヤモヤだったり、嬉しかったことだったりを割と長めにダラダラ書くことが多い。自分の話を延々と話してもいい、どうでもいいことを書いてもいい日記には助けられてきた。日記は最長半年くらい間を空けることもあるが、今でも続けている。

一方で他人の書く日記というものにも強く惹かれた。インターネット上で公開されている、日記として書かれているブログで好きな文章の人を見つけるとバックナンバーを遡り読みふけっていた。その人の日常、思ったことなどを読んでは心の中で「そうだよねー」「こう思っているってことはやっぱり○○なのかな」などのひとり言を言う。「私はこうだったけど、この人はこうなんだな」と、他人の人生の一部に自分を重ねてみる。インターネットに触れるようになってから自然とやってきたこの行動が、最終的に「他人の書いた日記に私注をつける」という作品になった。最初に作った本の時は、私注をつける題材の日記を明治時代に書かれた日記が書籍化したものや、インターネット上にあるもの、手帳類図書室（本書第Ⅰ部4章、第Ⅳ部15章参照）に行き、公開しても大丈夫なものから選んで本を作った。年齢や性別、職業の違う人の日記に私注をつけていくのは、その人を見つめると言うよりは自分のことを見つめることに近いのではないかと思った。

二〇一九年のシンポジウムのために制作した展示パネル「花の日記に私注をつける」の題材になった『花の日記』（ヒマワリ出版部）は、本書の編者である田中祐介氏が管理されている〈近代日本の日記帳コレクション〉からお借りした（通し番号270、一九四二年一月一日～一一月二四日）。この日記の持ち主は、白金あたりに住む高等女学校の学生。書かれていた時期は太平洋戦争中であったが、戦争についてはほとんど書かれていない。内容を「生活」「女学生の関係」「家族」のセクションに分けてパネルと本にまとめた。「生活」では女学校の日常、「女学生の関係」では「エス」と呼ばれる友人でも恋人でもない女の子同士の親密な関係について、「家族」では思春期の女学生とその親との関係が書かれた日記を載せた。

現在になって思うのは、太平洋戦争中の日記なのに戦争のことがあまり書かれていないということに当時は不思議な気持ちを抱いたのだが、読み返すと最近の私自身の日記にはコロナ渦のことがあまり書かれていない。大変な世の中の渦中にいる人の日記は、案外そのことについては触れず、親しい人や趣味のことについて書かれているものなのかもしれないと身をもって知ったのであった。

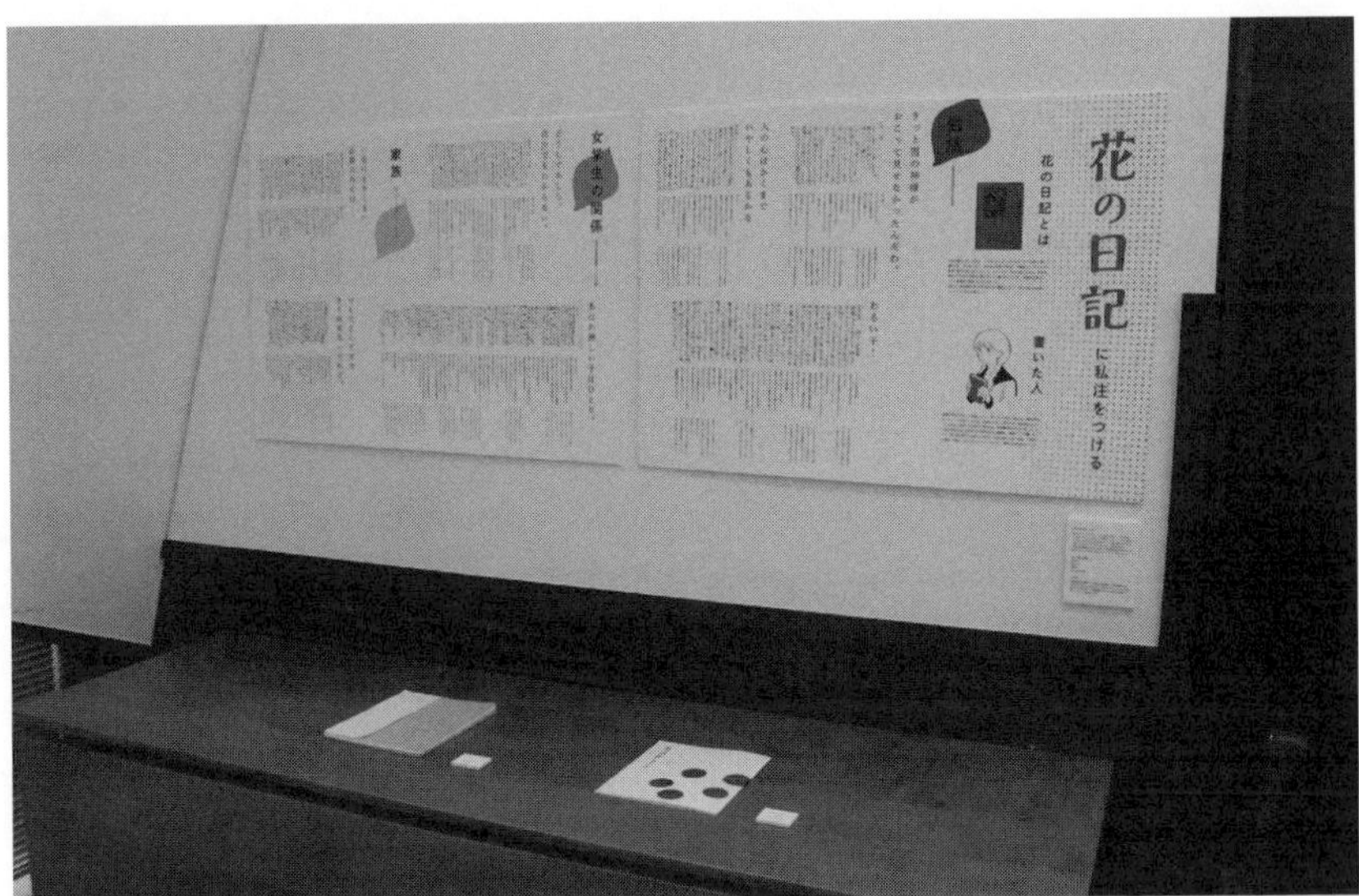

シンポジウム会場での展示の様子

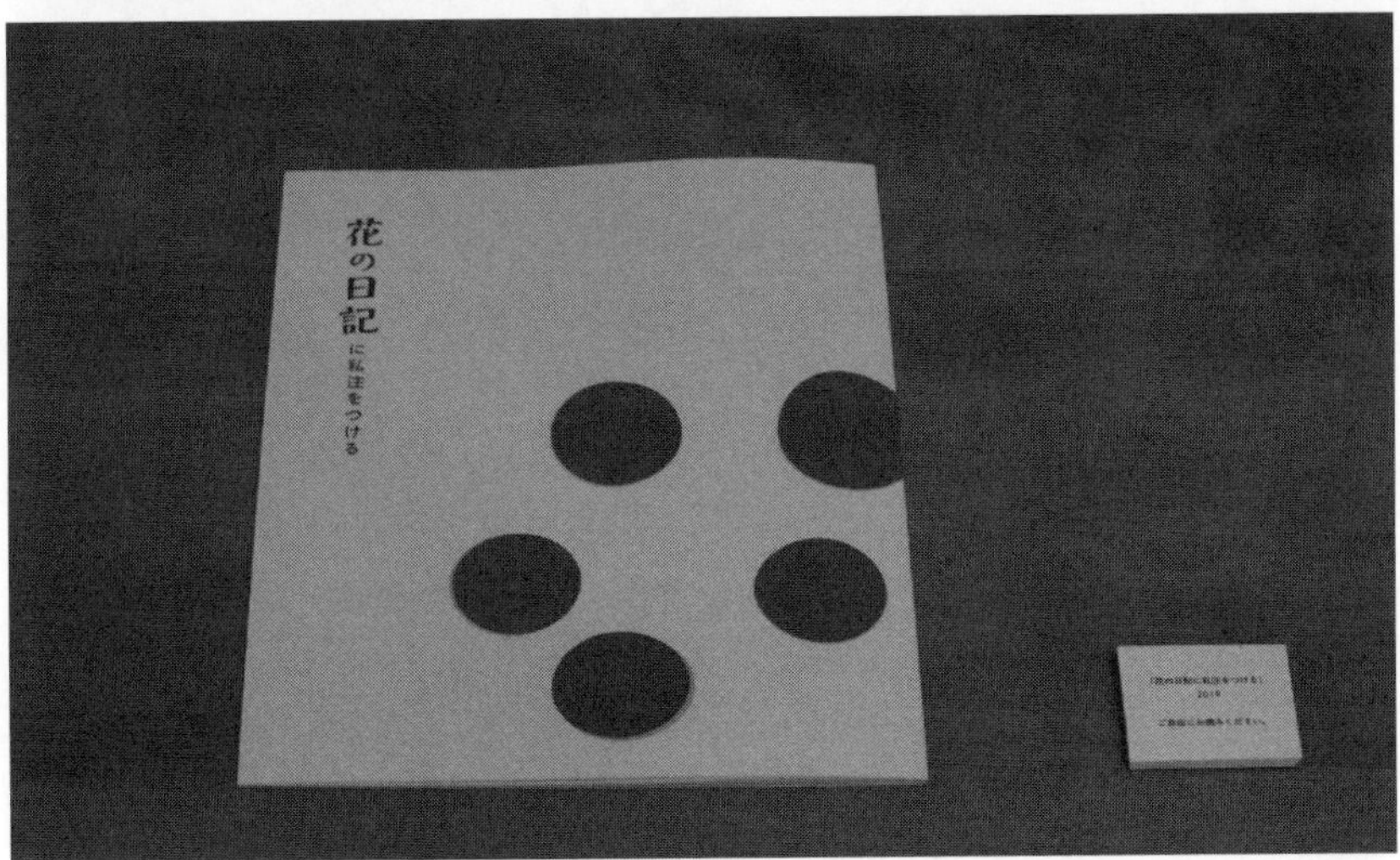

『花の日記に私注をつける』（冊子版）

きっと雪の神様がおこって見せなかったんだわ。

一日　雪

snow. snow. I like snow!
嬉しい一日。素敵な一日。
何ていう日曜だらう。
オ、我が愛するsnowよ。
結晶を見ようと思ったけれど
小さすぎてだめ。
きっと雪の神様が
おこって見せなかったんだわ。
折角研究しようと思ったのに、プン〱。
でも、一日中ふって大分つもったので
少し気を好くした。
野も山も
（とは云ふものの野や山なんかみないけれど）
私の想像によれば
純白のベールをかぶってゐる。
ロマンチックな夢をむすびたい。

雪が相当嬉しいらしい彼女。

この日記の舞台は東京の白金あたりだと推測するが、この時代も東京で雪が降るのは珍しかったのだろう。

雪にテンション上がりすぎて雪の神様が登場してしまう。

私も小さい頃に雪の結晶を図鑑で見てビックリした記憶がある。最近になって「ドミトリーともきんす」（高野文子・中央公論新社）で中谷宇吉郎さん（雪の研究をした物理学者）を知り、さらに興奮した。

都会の子だから、田舎の風景に憧れるのかもしれない。

アタイはモチさっそうとして行った。

二日

田中さんが向ふからヨチ〳〵

(一寸わるいけれどさう云ふより形容詞が

ないんだから)

あるいて来たので

一寸ばかりこっけいだった。

アタイはモチさっそうとして行った。

みっともナイヤ。

弓道がなくてつまんない。

五重の塔さんは

一寸こはいけれど好きだ。

さっぱりしてゐてい丶。

西川先生みたいに

ぐづ〳〵は大きらひ。

あんなにちこくする人って

あるかしら。

田中さんは日記の中でかなり出てくる名前で、結構仲のいい友達だとみられる。しかしこの日記の中では一番遠慮なく書かれている気がする。

この日記の一人称は基本「私」だが、たまに「アタイ」「ミィ」が出てくる。「モチ」ってこの時代から使っていたのか。

先生のあだ名?

西川先生はよく出てくる先生の名前。ここでは「ぐづ〳〵」と言っているが割と好きな先生だと考えられる。

人の心はかくまでいやしくもあるかな。

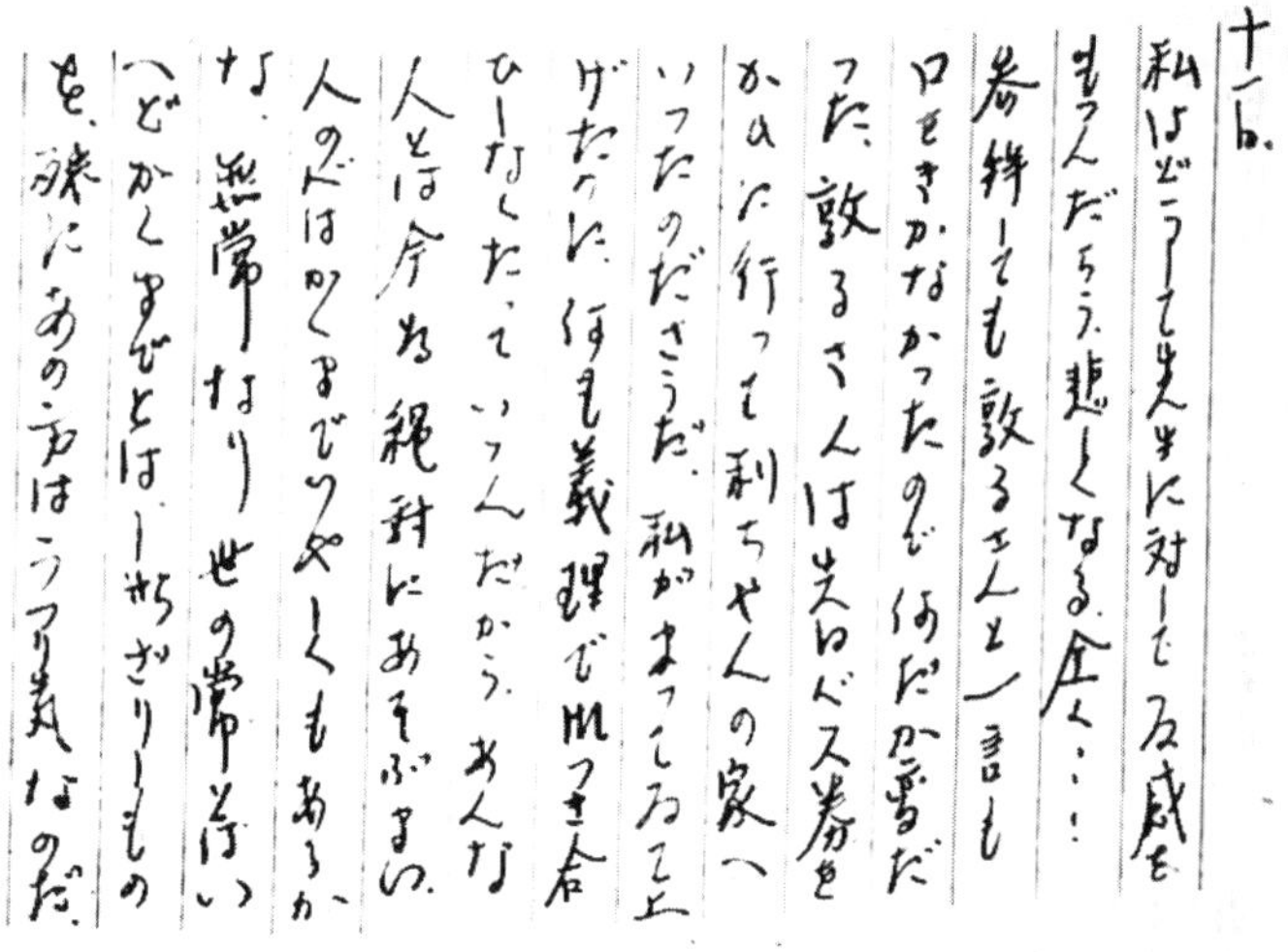

十一日
私はどうして先生に対して反感をもつんだらう。悲しくなる。全く…参拝しても敦子さんと一言も口をきかなかったので何だか変だった。敦子さんは先日バス券をかひに行って利ちゃんの家へいったのださうだ。私がまってゐて上げたのに。何も義理で御つき合ひしなくたっていゝんだから。あんな人とは今後絶対にあそぶまい。人の心はかくまでいやしくもあるかな。無常なり世の常とはいへどかくまでとは。しらざりしものを。殊にあの方はうつり気なのだ。

十一日
私はどうして先生に対して
反感をもつんだらう。悲しくなる。全く…
参拝しても敦子さんと一言も
口をきかなかったので何だか変だった。
敦子さんは先日バス券をかひに行って
利ちゃんの家へいったのださうだ。
私がまってゐて上げたのに。
何も義理で御つき合ひしなくたって
いゝんだから。
あんな人とは今後絶対にあそぶまい。
人の心はかくまでいやしくもあるかな。
無常なり世の常とはいへど
かくまでとは。しらざりしものを。
殊にあの方はうつり気なのだ。

反抗期というものなのか。彼女はよく母とも言い争ったという記述がある。

関係のギクシャクしたこの感じ！傷付いたのだろうけれど、それをバッサリ切り捨てることで気持ちを整理しているのか。

文語体が登場。彼女の日記にはたびたび文語体になる時がある。それは、きっと「世の中というものは…人間というものは…」というモードに入っているときだろう。

皆にエスチャンなんていはれるからいやだわ

十三日
漢文や家事のテスト。大体出来たつもり。学校からかへって来たら大西さんから御便りがきてゐた。どして毛、切っちゃったのかしら。長い方がおとなしくていいのに、つまらないわ。夜はラヂオの音楽をきいた。英習字もした。兄さんは毛利さんへいったらしい。一年の土橋さん、一寸可愛いけれど話しすると皆にエスチャンなんていはれるからいやだわ
福原さんに美しき世界とあなたの詩はをかして花ものがたりを御借りした。良い本だ。

十三日

漢文や家事のテスト。

大体出来たつもり。

学校からかへって来たら大西さんから

御便りがきてゐた。

どして毛、切っちゃったのかしら。

長い方がおとなしくていいのに、

つまらないわ。

夜はラヂオの音楽をきいた。

英習字もした。

兄さんは毛利さんへいったらしい。

一年の土橋さん、一寸可愛いけれど

話しすると皆にエスチャンなんて

いはれるからいやだわ

福原さんに

美しき世界とあなたの詩はをかして

花ものがたりを御借りした。良い本だ。

大西さんとは手紙の交換を頻繁にしている。以前は髪の毛が長かったのだろう。写真が送られてきたのか文の中で「切った」と来たのか分からないが、彼女はつまらないわとバッサリ。長いほうが好みらしい。

この「エスチャン」という言葉。「エス」という女学校の学生同士の親密な関係のことを指している。

「花物語」は吉屋信子の代表作で、いわゆる「エスの関係」が描かれている本である。

一生口をきくまい。必要以外には…

夜母と争った。
もうあんな母とは
子とよんでもらひたくない。
一生口をきくまい。必要以外には…
私は一生母をのろふであらう。
私はきっと母の愛をよく知らない
運命に生れているのであらう。
母なんかいらない、友達もいらない、
たった一人の方がどんなにいゝかわからない。
人間がたった一人残された時、
どんなに強くなるものか…
おそらく人々はそれを
味はっていないであらう?
今日ほど母を
こんなにくらいヒハンをくはへて、
つめたい目でみた事はかつてなかった。
今となっては子としての存在は
むしろ苦痛である。
一人でたびをしたい。
しみぐと人生の寂寞感を
味ひたいと思ふ。
今の私には無抵抗、非服従の策を
とる外ないだらう。

母とよく衝突する。

肉親とはいえ、性格の不一致と反抗期とが重なると同居生活は苦しいものとなる。

一生口をきかないと言いつつ、同居しているので仕方なく「必要以外には…」とつける。

母だけでなく友達もいらない、と何もかも嫌になるモードになっている。

母親や友達がいるから自分は強くなれない、一人になったら必要に迫られてきっと強く生きていけるはずだ、という考えなのだろう。

相当母親に嫌気がさしている。しかし、二日後の日記には「ひるま御米のごみをとったので母はとても助ったといって居られる、これからも又やりませう。」とある。その日は勝ちゃん(預かっている子ども)をお風呂に連れて行き、「子持ちの苦労を感じた」らしいので、そのせいだろう。

「ブラボー」！

二十三日　晴
例の如くつまらない講習会をすまして
帰宅後ねそべって本をよんでゐたら
奇妙キテレツ、天地がひっくり返るかと
思はれる程、珍らしく御父様が一緒に
未完成をみに行かうといったので
早速「ブラボー」！
ついでにレコードをかへしに
大西さんの家へいった。少し銀ブラした。
全く一年に一ペンあるかないかの収穫だった。
未完成も断然すてき。
夜は少しはや目？
十一時近くなってねた。

お父さんはここまで言われるほど娘と交流がないのか。「未完成」は「未完成交響楽」という1933年のオーストリア映画のことだろうか。「ブラボー」！とは彼女の心の叫び？　相当うれしそうである。

他の日の日記にも「父にスケートに誘われて喜んでお供した、一年にいっぺんあるかどうか」という記述があるので父と出かけることは珍しくはあるのだろう。

Chapter 15

15章 個人の記録を未来へ継承する（対談記録）

島利栄子
志良堂正史
田中祐介（司会）

二〇一九年開催のシンポジウム「近代日本を生きた『人々』の日記に向き合い、未来へ継承する」の初日（九月二八日）午後、二〇二一年に活動二五周年を迎えることになる「女性の日記から学ぶ会」代表の島利栄子氏と、二〇一四年に始動した「手帳類プロジェクト」代表の志良堂正史氏による特別対談の企画を設けた（司会は田中祐介）。個人の記録の蒐集に基づくそれぞれの事業の活動内容、共通点、相違点、今後の展望など、肩肘張らずに語った記録を本章に収めた。

田中 このたびのシンポジウムを企画しました田中祐介と申します。三年前（二〇一六年）に主催したシンポジウム「近代日本の日記文化と自己表象」（❶）のときにも特別対談を設けましたが、その際は私と「女性の日記から学ぶ会」代表の島利栄子さんの対談というかたちで実施しました。それから三年が経ち、また新たな出会いと交流が生まれまして、今回は島さんと、「手帳類プロジェクト」という活動をされている志良堂正史さんに対談をお願いしたいと思います。

❶学際シンポジウム「近代日本の日記文化と自己表象」（2016年9月17、18日開催）ポスター

私がお二人と出会ったときのことを簡潔にお話しします。私の恩師である福田秀一先生が日記資料を蒐集されていたのですが、活用される前にご逝去されまして、今回のシンポジウムのテーマとも関わりますが、遺った日記帳をどう未来に残したらよいかを考えながら目録を作って公開しました。ただ、目録を作成したはいいが、現物の日記帳をどうしていくか、なかなか糸口が見えませんでした。いろいろ調べていく中で、「女性の日記から学ぶ会」という、当時約二〇年近く活動されている団体があることを知って、その団体がどのようにお考えなのかを伺いたくて、島さんに連絡をとったのが二〇一三（平成二五）年の秋です。

志良堂さんとは、三年前に私が企画したシンポジウムの前日に開催をお知りになったとのことで、すぐに参加を決めてくださったという縁があります。

ここから本題に入りたいと思います。まず島さんには「女性の日記から学ぶ会」の活動がどのようなものか、志良堂さんには、現在まで取り組まれてきた内容についてご説明いただければと思います。では、島さんお願いします。

1　それぞれの活動紹介

島

「女性の日記から学ぶ会」の島でございます。「女性の日記から学ぶ会」は活動して二三年になります。

どうしてこの会を始めたのかといいますと、私は歴史の専門家でもありませんし、資料の収集などもあまり興味はなかったんですが、転勤族の夫と結婚して山口県の周南市というところに行きまして、縁があって昔話の収集を始めました。お年寄りのところを歩いてお話を聞くことがとても新鮮で、夢中になってその時代を生きてきた人の生活とか思いなどを聞くようになりました。それを地元の出版社から本にしていただきました。いくつか紹介しますと、『とくやま昔話』（マツノ書店、一九八四年）、『よばいのあったころ　証言・

周防の性風俗』（マツノ書店、一九八七年）、『周防の女たち　証言・嫁姑のたたかい』（マツノ書店、一九八八年）などです。

千葉に転勤になって、『山国からやってきた海苔商人　知られざる信州出稼ぎ意外史』（郷土出版社、一九九一年）という、信州と千葉の江戸時代の交流史を聞き、出版することができました。そうしているうちに、お年寄りから「自分の書いた戦時中の日記、家計簿、手紙を処分しなければいけないのだけれど、捨てるに捨てられない。役に立つ方法はないだろうか」というご相談を受けました。一代分の日記ですから一〇〇冊近いものもございまして、がーんと頭に雷が落ちたような気持ちがしました。私も書くこと、読むことが子供時代から好きで、日記は小学校二年生のときから先生におだてられて書いてきたものですから、これを役立てることを考えましょうということで、会の設立を思い立ちました。一九九六（平成八）年のことです。

日記を収集、保存して活用する会は日本でもめずらしいということで、マスコミによく取り上げられたんです。おかげで次第に日記が提供されるようになりました。どの日記も皆、貴重なもので、そこから何か学ばせてもらいながら伝えていく方法はないだろうかと、試行錯誤ながら真剣に考えて活動してきました。全国で真面目に活動している会ということで評価されまして、現在に至ってます。

提供された日記の目録を作ったり、読み解いて面白いところを発表する「日記塾」だったり、『日記ろまん』という会報を出して、全国の会員に伝えて啓蒙していきました。現在、日記塾は一一〇回、会報は七二号を数えています。全国的つどいも毎年おこなっています。

❷『時代を駆ける』

❸『時代を駆けるⅡ』

出版もおこないました。一代分の日記が当会に一〇人分くらいあるんです。その中に、明治・大正・昭和を生き抜いた吉田得子さんの日記が約七〇冊あります。古文書を読むような字で書かれておりまして、それを読んで出版するまでに、二〇年かかりました（『時代を駆ける　吉田得子日記　1907-1945』みずのわ出版、二〇一二年（❷））。昨年（二〇一八年）には戦後編（『時代を駆けるⅡ　吉田得子日記　戦後編1946-1974』みずのわ出版（❸））が出ました。この女性の日記をみんなで読み解いてきたことは、会の代表的な仕事ではないかと思っています。

田中　ありがとうございます。続いて志良堂さんから、自己紹介と「手帳類プロジェクト」の活動の紹介をお願いいたします。

志良堂　志良堂正史と申します。平成の人々の日記やスケジュール帳、家計簿といった、個人が書いた記録を買い取ったり寄贈してもらったりして集めています。それを誰もが読めるように東京の参宮橋Picaresque（ピカレスク）というギャラリーで「手帳類図書室」として展示しています（❹）。そういった共有する活動もしています。

個人の記録を集め始めたきっかけについて振り返ってみると、もともと僕はゲームが好きなのですが、ゲームの中で物語を進めていくタイプのものがあるんです。例えば、小説だったら「ここに行って、何かに入って、道具を取って倒してください」というように、一文でそのまま書かれていることも多いと思うんですが、ゲームの場合は、いろんなところに「ここには大きな敵がいる」とか、「アイテムがある」とか、「アイテム

❹手帳類図書室

を取ったら敵のところに行ける」といった情報が散らばっているんです。その散らばった情報を一通り手に入れたときに、はじめてどのように行動すればいいかわかる。こういうゲームの情報が一つになっていく瞬間が好きだったんですけれど、もしかしたら人が書いた手帳でも同じような体験ができるんじゃないかなと思いました。そういう記録は探してもなかなかないので、自分で集めることにしました。

2　お互いの印象

田中　ありがとうございます。島さんと志良堂さんに活動のきっかけについてお話しいただきました。「女性の日記から学ぶ会」という名前ですが、男性の日記もたくさんあります。また、志良堂さんの活動も「手帳類」という名前ですが、実際には予定を書いた手帳であったり、あるいは日記を書いていたりします。

　それぞれの活動の内容が重なるところもあると思いますが、はじめて面識を得たときの印象やご感想などをお話しいただきたいと思います。まず、島さんが志良堂さんといつ出会い、活動に対してどんな印象を受けたのか、お話をお願いします。

島　三年前に田中さんが主催したシンポジウムの席ではじめてお目にかかりました。志良堂さんが「僕、日記を買ったりして集めているんです」と言っていて、「とんでもないやつだ」と思ったような（笑）。私たちの会には三五〇〇〜四〇〇〇冊くらいの日記があるんですが、ほとんど寄贈いただいたものなんです。買い取っていると聞いたときに、まったく違うものではないかという印象を持ちました。

　でも、彼のやっている展示を一度見ておく必要があると思って「手帳類図書室」にうかがいました。そうしたら、目録も整理してありますし、ゆっくりお話しましたところ、哲学的なことをきちっとお話されていて、「真面目ないいやつだな」と好きになりました（笑）。それで「女性の日記から学ぶ会」の昨年（二〇一八年）

四月の特別講師として来ていただきました。会の皆さんは高年齢の人が多いので、最初は私と同じように志良堂さんの活動を理解できないのではないかと思いまして、お呼びしてお話をしていただいたわけです。志良堂さんはどうでしたか?

志良堂　実は朝日新聞に載っていた「日記帳の『終活』私らしく」(『朝日新聞』二〇一六年一月一九日、朝刊、三〇頁)という記事を見た友達が、「おまえが買い取ったらいいんじゃないか?」と勧めてきて、その記事ではじめて日記を集めている「女性の日記から学ぶ会」があることを知りました。

僕は手帳を集め始めるときに、似たような活動をしている人がいないか、かなり探したつもりだったんです。そのときはいないという結論を得ていたので、これは自分が最初だと自信を持っていたんですが、新聞で会の存在を知って、しかも二〇年も前から活動していて、三〇〇〇冊も集めているとあって、ショックで二、三日寝込みました(笑)。

そのあと、このまま活動してもいいのか真剣に考えたんですが、「女性の日記から学ぶ会」の活動をよくよく眺めると、戦前・戦時中の日記があるとか、買い取りもしていないとか、いつでも展示をやっているということはないということで、自分の活動が会のパクリではないと知っていくにつれて、少しずつ安心していきました。そのあと、田中さんが主催したシンポジウムに島さんが来られるということでうかがいました。ありがとうございます。

田中　活動の内容が重なりますと、ともするとこちらのほうが本物だとか、伝統があるのはこちらだという話になりがちですが、そうはならずに、懇親が深まったと理解しています。

活動内容は重なるところもあれば、そうではないところもあるというのは、会と志良堂さん個人の取り組みを比べたときの、一つの興味深い点になるのかなと思います。

これもご感想・印象という次元になりますが、島さんから見て「女性の日記から学ぶ会」の活動と、志良堂さんの活動の共通点、相違点はどういう印象があるのか、お考えをお聞かせいただければと思います。

3　活動の共通点・ちがい

島　ともに記録を扱っていて、それを保存して、社会に訴えていこうとしている点は同じだと思います。志良堂さんもおっしゃったように、私どもの会の資料で対象となっているのは、明治末くらいから大正・昭和、特に太平洋戦争の時期のものが一番多いです。それから終戦直後。最近特に増えてきたのが、高度成長期に親が書いた日記を処分したいという方です。そういうことですから、志良堂さんとは対象とする時間がかぶっていないと思います。志良堂さんは比較的新しい、若い方の日記ですので。だからこれをラインにして考えれば、五〇年先、三〇年先、ひょっとしたら一〇〇年先には、志良堂さんが対象としている資料も、有名人ではない一般の方の記録をすくい上げて世の中に訴えていく、「個人の記録を社会の遺産に」という私たちのテーマと、一緒になるのではないかなと考えています。

田中　扱う対象、時期が違うとお話しいただきましたが、他にもありますか。

島　もう一つあります。私たちの会の場合は、書いた人とそれを寄贈する人の、人間的なつながりとか信頼関係がないと寄贈に至らないんです。資料としての価値はさておき、それを授受するときに、何回も会ったり、電話したり、非常に丁寧に対応しながら寄贈していただきます。また資料としての日記の次に、やはり人間の営み、人間自体へのまなざしが、一緒に活動している同志たちのあいだにはすごく強いです。

田中　ありがとうございます。今のお話を受けて、志良堂さんにお話をお願いしたいと思います。志良堂さんは現在は資料の買い取りは中止していたでしょうか。

志良堂　今は寄贈中心でやらせていただいています。

田中　買い取っていた時期と、寄贈を受け付けている時期がある。島さんの「信頼」という言葉に重なるところもあると思いますが、全く面識のない人、あるいはネット上だけで知っている志良堂さんに、自分のものをあげてもいいと思う発想そのものも面白いと思います。感想をはさみましたが、志良堂さんがお考えになる共通点・相違点をお話しいただけますでしょうか。

志良堂 共通点に関しては、島さんがおっしゃられたようなことは僕も同じだと思いました。違うところは、やはり時代が大きくて、それによって読まれ方というのが、前の時代を生きていた人たちのものを、今の人が眺める視点になるのか、同時代に生きている、もしかしたらどこかですれ違うかもしれない人たちのものとして眺めるのかは、かなり違ってくると思います。僕の集めている資料は、書いた人の多くが基本的にまだ生きているので、この点について受け取り方が違うところがあると思います。

ただ、一〇年、二〇年経ってくると、集めたもののうちの古い資料は、島さんの活動に近づいていくかもしれません。例えば、今は二〇一八年のものを売っていただいたり、寄贈していただいたりしているんですが、これについてはまだまだ新しいものかなと思います。令和の時代になりましたけど、まだ直近の時代としての記録にはなるのかなと思います。

もう一点、活動のアプローチの仕方が違うというのがあります。島さんたちの活動はすごく丁寧で、時間をかけている。しかも会員が二〇〇人いらっしゃる。組織としてできることの違いはかなりあると思います。僕は個人プロジェクトとは言いつつ、何人かにお手伝いしてもらいながらやっている状態です。

なので成果物についても、今のところはその場で出せる成果が中心です。会のように毎月集まってこつこつ活動するとか、地道で体力のいる活動はなかなかできることではないと思います。僕もそういうことをやりたい気持ちはあるんですが真似できないので、短いスパンで何かを出したり、取り組んだりしています。それが忙しい現代の人たちを巻き込みやすい理由かもしれませんが、長いスパンで見たときには僕のプロジェクトの弱点かもしれないと考えています。

4　活動のこれから

田中　ありがとうございます。今後活動を続けていくと、重なるところが出てくるかもしれないというお話がありました。志良堂さんが活動を始められたのは二〇一四（平成二五）年でしたが、五年が経って、現在は「読み解きの会」が始まり、立ち上げたときとは変化した活動をされています。

今後はどう展開していくのか、現状に基づいてどういうふうに今後を見据えていくのか、このたびのシンポジウムのキーワードのひとつである「未来への継承」にも関わりますし、活動の未来を考えた場合、どういうご計画、あるいは野望や、理想・夢をお持ちか、伺いたいと思います。

まず島さん、二三年の活動を経て、いま何をお考えなのかお聞かせください。

島　全国の会員が、協力会員も入れて二四〇人という大勢の仲間たちとやっている会です。大勢の仲間と一緒でなければできなかった活動だと思いますし、とても感謝しているんですけれども、これから先のことを考えますと、資料が次から次へと増えまして、どのようなものが何冊あるのか、きちんと把握できていないことが大きな課題だと思います。

田中さんに会のホームページ（diaries-as-social-heritage.com ❺）

❺「女性の日記から学ぶ会」ホームページ

の管理人になっていただいているんですが、ホームページを通じて日記を寄贈したいという方も結構増えてきたんです。次第に増えていく資料をきちんと整理して、活用しやすいものにしなければいけません。詳細な財産目録がなければ後世に正しく伝えていくこともできません。今、この目録作成の仕事は田中さんたちの科研費の助けを得ながらやっています。もう少しかかるかなというところです。それができてから最終課題が残されています。つまり最後は日記をどこに保管するかという問題です。現在は千葉県の八千代市立中央図書館に寄託という形で六割近くを預かってもらっています。年々、日記が増えてきているので頭の痛いところです。

田中 二〇一八（平成三〇）年に「日記の館（やかた）1号館」（❻）がオープンしましたが、それについて一言いただけますでしょうか。

島 私の実家であります長野県の山村に、日記の館という小さな会館をオープンしました。村と都会との交流、それから日記を縁にしていろいろな人が集まればいいなと思います。それと、たまってきた資料を保存するスペアの場所が必要でした。ここでイベントを開催するのは年に二回くらいですが、若い人に活用のアイデアをいただきたいところです。

田中 ありがとうございます。では志良堂さんから、今後の展望をお話しいただければと思います。

志良堂 僕の場合は、先ほども言ったんですが、プロジェクト自体は自分が思うより早く広がったんですが、深みのほうがまだ足りないので、どういうふうにしたら深みを出していったり、その深みを人々に体験してもらっ

❻日記の館１号館

たり、その深みを体験することで自分が書くことにどう取り込んでいただけるのか、ということを伝えて、継承していきたいと思います。そのために、島さんもおっしゃいましたけど、資料をどう整理するかとか、やらないといけないことが積み重なっています。

僕もいま自宅の押し入れがいっぱいになってしまっていて、最近その一部を倉庫サービスに郵送しました。日記の館にも少し置けないかとか、そういったことも含めて考えていかないといけないということと、展示を訪れた人が面白いものを読んで楽しむということが今のところ活動の中心なので、そこを変えていきたいということです。どうすればいいのかというと、本のようなかたちで、どういう読み方や面白さ・味わい方が可能なのかというのを、自分一人では厳しいので仲間を集めて一緒に発見していって、それを整理して、新しい手帳類とはこういうものだというものを一回バージョンアップしたいというのが直近の目標になります。

田中 ありがとうございます。今後の展望をお話しいただいたところで、そろそろ締めたいと思います。このシンポジウムのタイトルは「近代日本を生きた『人々』の日記に向き合い、未来へ継承する」と銘打ちましたが、この「人々」とは、後世に名前が残っている方ではない。しかしその人の残した言葉の面白さ、興味深さ、それによって思考と感情がどういうふうに揺さぶられるか、なぜ揺さぶられるか、そういう意味を考えてみることは、非常に貴重なことだと思います。特に、過去を生きた人だけではなくて、現代の人々の資料の内容の面白さも、志良堂さんのお話の通りだと思います。これからも、残された言葉に向き合うことの意味、それを残していくことの意味というものを考えていきたいと思います。

最後に、特別対談をお引き受けくださったお二人に感謝申し上げたいと思います。どうもありがとうございました。

シンポジウム開催記録

学際シンポジウム

近代日本を生きた「人々」の日記に向き合い、未来へ継承する

日にち　二〇一九年九月二八日（土）、二九日（日）

場　所　明治学院大学白金校地、本館10階大会議室

★特別上映　映画『タリナイ』（大川史織監督）

★同時開催「高度経済成長期の日記」展（「女性の日記から学ぶ会」協力）、「花の日記に私注をつける」（山田鮎美）

□九月二八日（土）□

――12:30　受付開始

――13:00-13:05　開会の辞

――13:05-13:25

総論1　「『人々』はいかに、そしてなぜ、日記を綴ってきたか
根源的な問いから日記文化研究を展望する」

（田中祐介、明治学院大学）

第1部　日記帳と手帳の文化史に向けて

司会進行：大貫俊彦（千葉工業大学）

――13:30-15:35

「夏期休暇と子どもの日記帳　明治・大正期における定着と展開」

（柿本真代、仁愛大学）

「女性と家計簿の近代　モノとしての家計簿の役割にみる」

（河内聡子、東北大学）

「昭和戦後期の日本のサラリーマンをめぐる手帳文化」

（鬼頭篤史、京都大学）

「手帳類プロジェクトの取り組み　見物から研究へ、私的な記録がひらく可能性」（志良堂正史、「手帳類」プロジェクト代表）

――15:35-15:55　ティーブレイク

――15:55-17:35

第2部　自己をつづることの近代　教育制度編

司会進行：新藤雄介（福島大学）

「『六週間現役兵日誌』における軍隊経験　小学校教員はいかにして兵士にならなかったか」

（堤ひろゆき、上武大学）

「農村の『模範処女』としての自己表象　戦前・戦中期における県農会立女学校の生徒・卒業生作文に着目して」

（徳山倫子、関西学院大学）

「植民地期台湾における綴方教育の展開と教員　『台湾教育』と『第一教育』に着目して」

（大岡響子、東京大学大学院）

――17:35-17:45

展示企画の紹介

「高度経済成長期の日記展の概要と意義」（吉見義明、中央大学）

「未知の人々の日記を読み、私注をつける」

（山田鮎美、武蔵野美術大学学部生）

――17:45-18:00　ティーブレイク

――18:00-18:40

特別対談

島利栄子（「女性の日記から学ぶ会」代表）

志良堂正史（「手帳類」プロジェクト代表）

□九月二九日（日）□

——9:30　受付開始

——10:00-11:55

特別上映　映画『タリナイ』（大川史織監督）　会場：明治学院大学アートホール

——12:00-13:00　ランチブレイク

——13:00-13:20

総論2　『人々』の生きた証を留め、活かし、未来へ繋ぐために

（田中祐介、明治学院大学）

——13:25-15:05

第3部　自己をつづることの近代　真実と虚構編

司会進行：中野綾子（明治学院大学）

「自己記述の物語化における取捨選択と変容　漆芸家生駒弘のタイ滞在日記と自伝の比較から」

（西田昌之、チェンマイ大学・国際基督教大学）

「自己を書く日記／自己を書く書簡　中村古峡史料群の研究プロジェクトより」

（竹内瑞穂、愛知淑徳大学）

「水上勉文学における自己語りの諸相」

（大木志門、山梨大学）

——15:05-15:25　ティーブレイク

——15:25-17:30

第4部　個人記録に基づく戦争体験の再検証と未来への継承

司会進行：中野良（国立公文書館アジア歴史資料センター）

「飢える戦場の自己をつづりぬく　佐藤冨五郎日記における書くことの意思」

（田中祐介、明治学院大学）

「映画『タリナイ』上映から一年」

（大川史織、映画監督）

「届かなかった手紙　エゴ・ドキュメントのアーカイブズとしての病床日誌」

（中村江里、慶應義塾大学）

「戦争体験から高度成長期体験へ　「青木祥子日記」の検討から」

（吉見義明、中央大学）

——17:30-17:45　ティーブレイク

——17:45-18:25　総合討論

——18:25-18:30　閉会の辞

映画
タリナイ
tarinae
9月29日（日）
10:00-11:55
9:30開場
忘れた環礁は、憶えている

執筆者一覧

❶所属（専門）❷著作　❸日記習慣

田中祐介（たなか・ゆうすけ）

❶❷→編者・奥付参照

❸二〇一六年開催のシンポジウムの打ち上げで贈られた一〇年日記。その存在感と重みをひしひしと感じながら、立派な習慣には至っていません。「なぜ」自分は綴らないのか、書くことの意思と欲望が弱いのか、などと自問しながら、悶々とした日々を送っています。

柿本真代（かきもと・まよ）

❶京都華頂大学准教授（近代児童文化史）

❷「少年少女雑誌と日記帳――博文館・金港堂・実業之日本社を中心に」（『大阪国際児童文学振興財団研究紀要』三四号、二〇二一年三月）、「近代日本におけるキリスト教児童文学の受容――*Peep of Day* シリーズの翻訳をめぐって」（『キリスト教社会問題研究』六八号、二〇一九年一二月）、「教育手段としての日記が定着するまで――明治期少年の『日誌』にみる指導と規範」（田中祐介編『日記文化から近代日本を問う』笠間書院、二〇一七年）

❸原画展で購入したリサとガスパールの三年連用日記をたまに書きます。おそらく使い始めて三年以上経っていますが、気が向いたときしか書かないので中身はすかすかです。

河内聡子（かわち・さとこ）

❶東北工業大学講師（日本近代文学・雑誌メディア研究）

❷「如来寺蔵『雑誌抜粋』に見る近代メディアの受容と利用――明治期における仏教知の再編をめぐって――」（『リテラシー史研究』一三号、二〇二〇年一月）、「農民日記を綴るということ――近代農村における日記行為の表象をめぐって――」（田中祐介編『日記文化から近代日本を問う』笠間書院、二〇一七年一二月）

❸日記を綴る習慣はありません。家計簿をつける習慣もありません。レシートを撮影すればデータ化されるという家計簿アプリを使用しようと思いましたが、それすら続けることができませんでした。

鬼頭篤史（きとう・あつし）

❶京都大学大学院人間・環境学研究科博士後期課程研究指導認定退学（近現代日本のサラリーマンの歴史）

❷「『サラリマン物語』出版以前の「サラリーマン」は何者として語られ把握されたか」（『風俗史学』第六四号、二〇一七年三月）、「大正末期～昭和初期の店員像――雑誌『商店界』を中心に――」（『風俗史学』第六〇号、二〇一五年三月）、「大正末期～昭和初期のサラリーマンの模範像――『実業之日本』における「サラリーメンの頁」を中心に」（『人間・環境学』第二三号、二〇一四年一二月）

❸小学校の課題として書かされたグループ交換日記など、義務教育の一環で日記を綴ったことはありますが、自発的に書いたことは一度もありません。

手帳は、高校入学時に親からシステム手帳を使うように勧められてから、小さなメモ帳や小判のノートなどと、システム手帳とを並行して使用してきました。常時携帯するのはメモ帳や小判のノートで、スケジュールをメモしたり、思いついたことや疑問を整理する目的で書いたりしています。一方、システム手帳は失くさないようにするために自宅に置いておき、住所録や名刺入れとして使っています。

志良堂正史（しらどう・まさふみ）

❶ゲームプログラマー／手帳類プロジェクト

❸個人事業主になったのを機にSlackというウェブサービスに書くようになりました。主に個人プロジェクトと向き合い作業感覚を維持する意図があります。もちろん本業の忙しさに比例して文字数は減るのが実情です。それでも続けることで仕事以外の取り組みを細々と継続する力になってくれればと願っています。

竹内瑞穂（たけうち・みずほ）

❶愛知淑徳大学文学部教授（日本近代文学・文化史）

❷「『若草』の波紋──読者投稿欄の論争を読む」（『文芸雑誌『若草』』翰林書房、二〇一八年）、『〈変態〉二十面相──もうひとつの近代日本精神史』（六花出版、二〇一六年）、『「変態」という文化──近代日本の〈小さな革命〉』（ひつじ書房、二〇一四年）

❸夏休みの宿題として強制的に書かされた日記がトラウマとなり、それ以降全く綴ることもなく人生を歩んで参りました。おそらく日記に対するそうした怠惰な態度が祟ったのでしょう、あと数年は中村古峡の（非常に読みづらい）日記の読解をし続けなければならないようです。

堤ひろゆき（つつみ・ひろゆき）

❶上武大学ビジネス情報学部講師（日本教育史・学校文化史）

❷「大正期の教育実習日誌におけるまなざしの往還──師範学校生徒はいかにして教員となったか──」（田中祐介編著『日記文化から近代日本を問う』笠間書院、二〇一七年）、「旧制中学校における「校友」概念の形成──1890年代の長野県尋常中学校の校内雑誌『校友』を手がかりとして──」（『東京大学大学院教育学研究科紀要』第五四巻、二〇一五年三月）、「学校報国団による生徒の「自治」の変化──長野県松本中学校の「自治機関」に注目して──」（東京大学大学院教育学研究科基礎教育学研究室『研究室紀要』第四一号、二〇一五年七月）

❸大学四年生の頃、一年間にわたって大学ノート四冊分の日記をつけていましたが、①一日あたりの記述がなぜかどんどん長くなり負担に感じたこと、②振り返ってみたときにふと一抹のむなしさを感じたこと、などからつけなくなりました。ほどよい頃合いの日記はつけたいと思っています。

徳山倫子（とくやま・りんこ）

❶日本学術振興会特別研究員（PD）（農村女性史・女子教育史（近代日本））

❷「1920─30年代における県農会立女学校の指導理念と教育内容」（『農業史研究』第五四号、二〇二〇年三月）、「書記行為から〈女学生〉イメージを再考する──白河高等補習女学校生の日記帳と

佐野高等実践女学校校友会誌を題材に――」（田中祐介編『日記文化から近代日本を問う』笠間書院、二〇一七年）、「1930年代の公立職業学校における女子教育――大阪府立佐野高等実践女学校を中心に――」（『日本の教育史学』第五九集、二〇一六年一〇月）

❸前回の論集で「かつて綴った〈内面の日記〉はすでに燃やし、以後は綴っていない」と答え、今も変化はありません。ただ、最近になって、もう一度読み返してみたいと思う瞬間があったことが心境の変化でしょうか。「燃やさなくても良かった」と思う自分になるためには、「燃やさなければ先に進めない」自分を越えなければならない――日記を綴り、読み返し、処分し、それを悔いるという一連のサイクルもまた、日記文化を形成している――ということを体感するにつけ、過去を葬り去りたくならないような人生を送ることの大切さを噛み締めてしまいます。

山田鮎美（やまだ・あゆみ）

❶デザイナー

❸一六歳の頃から小さいノートに日記を書くことを続けています。頻度は毎日書くときもあれば半年ほど空けるときもあり、気まぐれです。長い独り言のようなノリでいつも書いています。

大木志門（おおき・しもん）

❶東海大学文学部教授（日本近現代文学）

❷『徳田秋聲と「文学」――可能性としての小説家』（鼎書房、二〇二一年）、『水上勉の時代』（共編著、田畑書店、二〇一九年）、『「私」から考える文学史――私小説という視座』（共編著、勉誠出版、二〇一八年）、『徳田秋聲の昭和』（立教大学出版会、二〇一六年）

❸酷いものぐさなのと自分のことに関心が薄いので夏休みの宿題以外で日記を付けたことはありません。他人の人生の物語を読む方が好きなのです。ただし、娘が生まれてから夫婦で毎日のように娘の写真を撮るようになったので、事実上それが日記の役割を果たしています。

西田昌之（にしだ・まさゆき）

❶チェンマイ大学人文学部日本研究センター客員助教授・国際基督教大学アジア文化研究所研究員（文化人類学・地域研究（東南アジア））

❷「チェンマイ漆器の復興と産業化――1957-1961年漆芸家生駒弘による技術移転をめぐって――」（『年報タイ研究』二〇号、二〇二〇年八月）、「近現代タイの日記文化――国民教導としての読ませる日記から民主化の黎明へ――」（田中祐介編『日記文化から近代日本を問う』笠間書院、二〇一七年）、"The Emergence of a Nature Conservation Ritual: Local Negotiations with Environmentalism in Northern Thailand."（『アジア文化研究』三九号、二〇一三年三月）

❸日記ではないかもしれませんが、調査時にフィールドノートをつけています。またFacebookの投稿がほぼご近所探検と旅の日記になっています。この研究会に感化され、そろそろ三年日記をつけてみようかなとも思っていますが、三年間なにも変わっていない事実を知ることになるのが怖くてまだ手を出せていません。

大岡響子（おおおか・きょうこ）

❶国際基督教大学アジア文化研究所研究員（文化人類学、台湾史研究）

❷「飲食文化」（赤松美和子・若松大祐編『台湾を知るための七二章』、明石書店、二〇二二年三月刊行予定）、「植民地台湾における内地刊行雑誌の受容に関する一考察　『赤い鳥』読者会員名簿を手掛かりに」（『リテラシー史研究』一四号、二〇二一年一月）、「植民地台湾における綴方教育の展開と教員　『台湾教育』と『第一教育』を中心に」（『天理台湾学報』二九、二〇二〇年七月）

❸あいかわらず日記を綴る習慣はありませんが、コロナ禍の蟄居生活の息抜きによく散歩をするようになり、写真を撮るようになりました。写真に一言添えて、月一くらいで簡単なアルバムを作っています。ただ写真は見返せても、内面を綴った日記などは恐ろしくて見返せないとの感を新たにしたこの頃です。

吉見義明（よしみ・よしあき）

❶中央大学名誉教授（日本近現代史）

❷『買春する帝国』（岩波書店、二〇一九年）、*Grassroots Fascism: The War Experience of the Japanese People*, Columbia University Press, New York, 2015.『焼跡からのデモクラシー』全二巻（岩波書店、二〇一四年）

❸中学生時代に担任の先生に全員が日記を書いて出す制度があり、毎日書いていましたが、卒業と共に書かなくなりました。二年生の時の日記がでてきたので、読み返したのですが、今でも記憶に残っていることの多くが日記には書いてなく、また、記憶にまったくないことが日記に書いてあることを知って愕然としました。定年退職後、手帳に一行でも記録しようと思いながら続きません。

大川史織（おおかわ・しおり）

❶国立公文書館アジア歴史資料センター調査員（歴史実践）

❷『なぜ戦争をえがくのか――戦争を知らない表現者たちの歴史実践』（編著、二〇二一年、みずき書林）、『マーシャル、父の戦場――ある日本兵の日記をめぐる歴史実践』（編著、二〇一八年、みずき書林）

❸コロナ禍で日記映画の制作をスタートし、プロデューサーの藤岡みなみさんと一日交代で日記を綴る習慣ができました。

島利栄子（しま・りえこ）

❶「女性の日記から学ぶ会」代表（庶民の日記の蒐集・保存・研究）

❷『時代を駆けるⅡ吉田得子日記　戦後編　1946-1974』（二〇一八年）、『親なき家の片づけ日記　信州坂北にて』（二〇一五年）、『手紙が語る戦争』（二〇〇九年）。三冊ともみずのわ出版。

❸小学二年生で先生に褒められて以来六七年間、書き続けている（飛び飛びの個所もあり）。

あとがき

本書は二〇一九年九月二八日（土）、二九日（日）の二日間に開催した学際シンポジウム「近代日本を生きた『人々』の日記に向き合い、未来へ継承する」の成果に基づく研究書である。

はじめに本書制作に至る背景について触れておきたい。編者は科学研究費助成事業の一環として、二〇一四年九月に研究会「近代日本の日記文化と自己表象」を立ち上げた。以後は研究分野も多岐にわたる研究者、大学院生や市民とともに二、三ヶ月の一度の頻度で定期開催し、二〇二一年一二月には第三一回を迎えるに至った。立ち上げから二年間の研究活動を総括すべく、二〇一六年九月には二日間のシンポジウムを開催し、その成果を田中祐介編『日記文化から近代日本を問う――人々はいかに書き、書かされ、書き遺してきたか』（笠間書院、二〇一七年）にまとめた。同書出版後の研究会活動の総括となるのが二〇一九年のシンポジウムであり、本書は研究会の活動成果に基づく二冊目の研究書となる。

シンポジウム成功の余韻から着手した本書の制作は、全てが計画通りに進んだ前著とは対照的な苦しい道程であった。各章の初稿をいただくべき時期を目前にして新型コロナ禍を迎え、国内外の移動制限により、寄稿者によっては論考完成に不可欠な資料調査が困難な状況が続いた。オンライン授業の準備等の予期せぬ業務は急増し、かつての普通が普通でなくなった日常に耐えながら、粘り強く初稿の執筆やその後の改稿に取り組んでくださった寄稿者もいる。私自身、幸いにも大事なく過ごすことができたが、心身ともに負荷のかかる状況で十二分な働きができずに心苦しく思う時期もあった。いち早く入稿可能な状態で原稿を届けてくださった寄稿者にはだいぶお待たせすることになり、申し訳ない思いで一杯であるが、やっと本書が完成するに至り安堵している。

本書の刊行にあたり、まずは出版を引き受けてくださった文学通信の岡田圭介さん、西内友美さん、渡辺哲史さんに御礼を申し上げたい。岡田さんと西内さんはお二人とも、前職である笠間書院時代に前著の制作をご担当くださった縁がある。岡田さんが創業された文学通信から日記文化の研究書を出すことは私の願いでもあったから、叶えてくださったことに心から感謝している。渡辺さんは本書の主担当として制作の全過程にお付き合いくださり、諸事にわたりご相談を申し上げた。対面が不自由なこの状況ならではと言うべきか、オンラインの会議や研究会では何度もお目にかかり、懇親会までご一緒しながら、実際に拝眉の機会に恵まれたことはいまだない。遠からず晴々とした気持ちで、本書制作の御礼を直接申し上げる機会を楽しみにしている。

本書の寄稿者をはじめ、研究会を支えてくださる皆さんにも感謝は尽きない。毎回の研究会を楽しみに、遠方からも駆けつけてくださったことは活動を続ける何よりの励みとなった。前著出版以後の研究会は、従来の参加者による研究深化の場であると同時に、新たにお迎えたした多くの参加者を交えた一層刺激的な学びの場となった。二〇二〇年七月、対面での研究会実施が困難な状況で初めてオンライン研究会を開催した際には、画面上とはいえ再会の喜びはひとしおであった。会の魅力でもあった懇親会をオンラインでも極力楽しめるよう、バーチャル空間を移動できる会議ツールをあれこれ試したことも懐かしい思い出である。

この数年で新たな日記資料との出会いに恵まれることも多かった。なかでも太平洋戦争下のウォッチェ島（マーシャル諸島）で綴られた佐藤冨五郎の日記（大川史織編『マーシャル、父の戦場――ある日本兵の日記をめぐる歴史実践』みずき書林、二〇一八年）との出会いは衝撃でもあった。餓死の直前まで日記を綴りぬいた冨五郎の日記を読み解くたびに、人は「なぜ」日記を綴るのかという前著のあとがきでも触れた根源的な問いについて考えずにはいられなかった。それとともに、過去を生きた個人の言葉が幸いにも後世に遺り、未知の読者に影響を与えることの意味と、その言葉を未来へ継承することの意義を改めて深く考えた。前著の制作時より意識的にこれらの問いに向きあう機会が得られたことに、冨五郎日記の読み解きを担った大川史織さんをはじめ、同書の出版計画に携わったすべての関係者に御礼を申し上げたい。

「女性の日記から学ぶ会」の代表である島利栄子さんにも変わらずお世話になった。同会に私が初めて参加したのは二〇一三年一〇月であったが、新しい参加者を快く迎えてくださった会の温かい雰囲気は今でも鮮明に覚えている。本書の寄稿者である志良堂正史さん、大川史織さんが定例会で報告する機会もあり、交流が深まることが嬉しかった。島さんには二〇一九年のシンポジウムでは特別対談をご快諾くださったうえ、同会の収蔵日記に基づく展示企画「高度経済成長期の日記」を会場で開催することもお認めくださり、ご厚情が大変ありがたかった。

明治学院大学で私の授業を履修した学生たちにも感謝を伝えたい。前著の刊行後となる二〇一八年度から、私が開講する日本文化論の一科目の主題を近代日本の日記文化に改めた。日記を綴った経験の共有から始まり、日記の定義、読者の眼差し、規範化と逸脱など、様々な話題でのグループ討議や考察課題から、学生と教員という垣根を越えて触発されることも多かった。明治から昭和戦前期に綴られた手書きの日記帳を読み解く時間を設けたところ、本来ならば絶対に関わらない他者の日記を時代を超えて読むことに感動を覚えたとの感想があり、新鮮な驚きであった。

最後に改めて、本書の主題はモノ・行為・史料の視座から近現代日本の「日記文化」を掘り下げることにあった。「日記」研究ではなく「日記文化」研究と謳うのは、日記の内容の分析はもとより、人間が自己の生活や心情を習慣的に書き綴るという営みと、それを成り立たせる制度の総体を研究対象にしたいとの意図による。本書の試みが後に続く諸分野の研究に資することを心から願っている。日記が身近なものであるだけに、狭義の研究に限らず、広く読者が人間の書くことの歴史と文化を考えるとともに、過去を生き、歴史を紡いだ無数のひとりと邂逅する手掛かりになることも期待したい。数年間のすべての出会いと学びから本書が成立したように、本書を受けとめてくださった方々との新たな出会いと協働を今から楽しみにしている。

田中祐介

※本書は科学研究費助成事業（課題番号 15H03243, 17K13397, 20K00300）の成果である。

［注記］

本書は明治期以降の様々な日記を資料として取り扱っています。公刊・未公刊の日記とも学術的な作法に則り引用等の参照をし、未公刊の日記については、本来であれば著作権者の許諾を得るべきものですが、その追跡のすべを持たないため、最大限、個人情報に配慮し利用しています。例えば、日記の執筆者の本名が分からないように匿名とするほか、固有名詞についても同様の処置をしたものがあります。個人が特定される恐れのあるものについても黒塗り等を施しました。日記を読み解き、解釈するに際しては、常に書き手に敬意を払うよう心掛けました。本書に取り上げられている日記について、書き手の方、ご遺族の方でお心当たりがある方は文学通信までご一報いただけませんでしょうか。あらためて許諾のお願いを申し上げたいと思います。

文学通信

編者・田中祐介

編者

田中祐介　Tanaka Yusuke

明治学院大学教養教育センター専任講師（日本近代文学・思想史）
著書・論文に、「制度化された近代日記の読み解き方　近代日本の「日記文化」を探究する」(『REKIHAKU』第3号、文学通信、2021年6月)、「真摯な自己語りに介入する他者たちの声　第二高等学校『忠愛寮日誌』にみるキリスト教主義学生の「読み書きのモード」」（井原あや・梅澤亜由美・大木志門・大原祐治・尾形大・小澤純・河野龍也・小林洋介編『「私」から考える文学史　私小説という視座』勉誠出版、2018年)、『日記文化から近代日本を問う』（編著、笠間書院、2017年）など。

執筆者

田中祐介／柿本真代／河内聡子／鬼頭篤史／志良堂正史／竹内瑞穂／堤ひろゆき／徳山倫子／大木志門／西田昌之／大岡響子／大川史織／吉見義明／山田鮎美／島利栄子

無数のひとりが紡ぐ歴史
日記文化から近現代日本を照射する

2022（令和4）年3月31日　第1版第1刷発行

ISBN978-4-909658-75-3　C0021

発行所　株式会社 **文学通信**
〒114-0001　東京都北区東十条1-18-1 東十条ビル1-101
電話 03-5939-9027　Fax 03-5939-9094
メール info@bungaku-report.com ウェブ http://bungaku-report.com

発行人　岡田圭介
印刷・製本　モリモト印刷

※乱丁・落丁本はお取り替えいたしますので、ご一報ください。書影は自由にお使いください。

ご意見・ご感想はこちらからも送れます。上記のQRコードを読み取ってください。

文学通信・発売の本

三上喜孝・内田順子編

『REKIHAKU　特集・日記がひらく歴史のトビラ』

（国立歴史民俗博物館発行）

ISBN978-4-909658-57-9 C0021
A5判・並製・112頁・フルカラー
定価：本体1,091円（税別）

一冊の日記は、これほどまでに人を動かし、歴史を見る目を変えていく。日記を書き、読むことは私たちが歴史に参加し、歴史を実践する行為だ。日記という一人称の史料から、どのような歴史が描けるのか、日記研究の魅力と困難を、時代や地域やジェンダーを越えて語ることを目的とする書。

和田敦彦

『読書の歴史を問う　書物と読者の近代　改訂増補版』

ISBN978-4-909658-34-0 C0000
A5判・並製・328頁
定価：本体1,900円（税別）

私たちは、読書を自分一人で行う孤独で内面的な営みだと思いがちだが、読書は一人では決して成り立たない。では読書とはどのようなものなのだろうか。そこにはどんな問いが隠れているのか。本書はそんな多様な問いを調べ、考えていくための実践的なマニュアルである。文学×教育学×歴史学、出版×流通×販売、など諸学が交差する「読書の歴史」という地点で、何をどう調べ、学べばいいのか。学び、調べることの豊かな可能性や広がりを存分に伝える名著の改訂増補版。

榛葉英治

『城壁』［解説・和田敦彦（早稲田大学教授）］

ISBN978-4-909658-30-2　C0095
四六判・並製・296頁
定価：本体2,400円（税別）

『城壁』は、南京大虐殺事件を複数の視点から描き出したばかりではなく、それをいかに歴史として残していくかを問うた最初の小説として、記憶されなくてはならない——。南京事件を正面からとりあげた唯一の長編小説といってもよい本書を、忘却の彼方から引きずり出す。南京事件をどういう立場から、どういう言葉で残し、記憶していくのか。1964年に河出書房新社から刊行された、直木賞作家が描いた問題作『城壁』を、いま、新たに光をあてるべく、半世紀を経て遂に復刊。